教育部高等学校高职高专汽车类专业教学指导委员会规划教材

总主编 仪垂杰

汽车服务企业管理

——如何获取竞争优势

主　编　邹德伟　焦　爽

副主编　杜绍研　王志刚　潘庆玉

吴新晓　冯英荐　朱彦熙　葛源慧

主　审　贺　萍

山东大学出版社

内容简介

《汽车服务企业管理——如何获取竞争优势》根据汽车服务企业特点及其对企业管理提出的特殊要求，融先进的企业管理理论、管理方法及交通行业职业技能规范标准于一体。主要针对高职高专汽车专业学生，阐述汽车服务企业各个主要部门的职责、功能，引导学生在掌握汽车服务企业管理知识的基础上，努力使自己在企业中脱颖而出，获取竞争优势，从而立于不败之地。

《汽车服务企业管理——如何获取竞争优势》主要包括汽车服务企业管理概论、汽车服务企业的筹建与开业、汽车服务企业生产管理、汽车服务企业人力资源管理、汽车服务企业设备和配件管理、汽车服务企业质量管理、汽车服务企业信息管理以及企业文化与企业形象等内容。

《汽车服务企业管理——如何获取竞争优势》既可作为高等职业院校汽车类相关专业的教学用书，也可供汽车服务企业的管理人员和有关从业人员学习参考。

图书在版编目(CIP)数据

汽车服务企业管理：如何获取竞争优势/邹德伟，焦爽主编．—济南：山东大学出版社，2011.8

教育部高等学校高职高专汽车类专业教学指导委员会规划教材/仪垂杰总主编

ISBN 978-7-5607-3752-2

Ⅰ.①汽…
Ⅱ.①邹… ②焦…
Ⅲ.①汽车工业—商业服务—高等职业教育—教材
Ⅳ.①F407.471.6

中国版本图书馆 CIP 数据核字(2011)第 157431 号

山东大学出版社出版发行
(山东省济南市山大南路 20 号　邮政编码:250100)
山东省新华书店经销
山东省英华印刷厂印刷
787×1092 毫米　1/16　17.75 印张　404 千字
2011 年 8 月第 1 版　2011 年 8 月第 1 次印刷

定价:28.50 元

教育部高等学校高职高专汽车类专业教学指导委员会规划教材

编审委员会

总序

进入新世纪以来，我国加快了转变经济发展方式的步伐，从而有力地推动着各领域的科学发展。随着科技创新能力的不断提高，科学技术的产业化进程日益加快，制造业不断优化结构，改善品种质量，并淘汰落后产能，汽车制造业尤其如此。《中华人民共和国国民经济和社会发展十二五规划纲要》提出的培育发展新能源汽车等新兴产业的战略目标就充分体现了这一点。

2010年，中国汽车产销量已超过1800万辆，居全球首位，市场潜力巨大，中国汽车与装备制造业已进入了一个新的发展阶段。汽车工业的飞速发展带动了汽车与制造相关产业链的发展，为汽车和机械制造类相关专业毕业生提供了广阔的就业空间和很好的发展前景。然而，老版本的汽车类教材已经远远不能满足汽车专业的教学需求，为广大汽车专业的师生提供一套新版教材成为当务之急。同时，为贯彻《教育部财政部关于实施国家示范性高等职业院校建设计划加快高等职业教育改革与发展的意见》（教高[2006]14号）和《教育部关于全面提高高等职业教育教学质量的若干意见》（教高[2006]16号）的精神，进一步推动职业教育由"重视规模发展"向"注重提高质量"的工作重心转变，适应我国现代汽车工业和职业教育发展的需要，教育部高等学校高职高专汽车类专业教学指导委员会决定在工学结合课程开发和教材建设方面进行探索，组织高校富有经验的教师和企业专家共同编写一套理论性和实践性相结合的汽车类专业教材。

教学质量是学校的生命线。提高教学质量，专业建设是龙头，课程建设是关键。高职教育的课程改革是一项长期的工作，它不是片面的课程内容的解构与重构，必须以人才培养模式创新为核心，以双师素质教师团队建设、实训条件建设、实训项目开发、教学方法改革、教学实施创新等一系列条件为支撑。多年来，在教育部高等学校高职高专汽车类专业教学指导委员会指导下，各高职高专院校进行了广泛的调研，以课程建设为抓手，以校企合作、工学结合为突破口，狠抓课程实施，在教材建设方面做出了高等职业教育的特色。本套教材既注重技能的提高，又兼顾理论的提升，力求满足广大高职高专汽车类专业学生学习的需要，为学生的就业和继续深造打下坚实的基础，充分体现了工学结合的职业教育特色。

经过各分册编写者和主审们的辛勤劳动，本套教材即将陆续面世。希望教育部高等学校高职高专汽车类专业教学指导委员会的工作可以为各高职院校提供一些借鉴，并通过这套教材进一步推动各地的高职高专教学与课程改革。同时，也希望业内专家和同仁对本套教材提出指导性和建设性意见，以便在教学实践中共同完善和提高。

在本套教材编写过程中，得到了教育部领导、行业专家、各高职高专院校和企业专家的支持，山东大学出版社对教材的出版给予了大力支持和帮助，在此一并致谢。

教育部高等学校高职高专汽车类专业
教学指导委员会主任委员　仪垂杰

2010年12月于青岛

前　言

伴随着我国汽车产量的迅猛增长、汽车产业的蓬勃发展，汽车市场人才供不应求。尤其是汽车服务企业管理方面的人才市场，常常出现千金难求的局面。介绍我国汽车服务企业管理的最新发展现状，满足教师、学生和其他读者学习新知识的强烈愿望，是我们编写本书的初衷。

汽车服务企业管理是汽车服务企业的管理人员和职工，针对汽车服务企业的生产经营特点，应用管理学的理论与方法，对汽车服务企业的生产经营活动所进行的计划、组织、指挥、控制和协调等工作的总称；是企业管理的一个分支。

本书以汽车服务企业的筹建—管理—宣传为主线，系统阐述了汽车服务企业的筹建与开业、生产管理、人力资源管理、设备和配件管理、质量管理、信息管理以及企业文化与企业形象等内容。

在本书编写过程中，我们结合汽车服务企业管理发展现状，并根据作者长期从事汽车服务企业管理教学的体会和对目前汽车服务企业的大量调研，对全书的内容编排及叙述方法进行了精心设计。

全书共分九章，第一章至第二章由冯英荐编写，第三章至第四章由焦爽、朱彦熙编写，第五章至第六章由王志刚、吴新晓编写，第七章至第九章由葛源慧编写，全书由邹德伟统稿。

深圳职业学院贺萍教授仔细审阅了书稿，并提出许多宝贵意见和建议，在此表示衷心感谢。

在本书的编写过程中，参考了大量的有关著作和文献资料，在此一并向有关作者、编者和文献资料的提供者表示真诚的感谢。

由于作者水平有限，加之时间仓促，书中不妥之处在所难免，恳请广大读者和师生批评指正。

编　者

2010年12月

目　录

第1章 汽车服务企业管理概论

学习目标

1. 掌握汽车服务企业的概念、类型及汽车服务企业组织机构的基本形式。
2. 能够分析汽车服务企业的经营特点及汽车服务企业组织结构。
3. 了解汽车服务企业的职能与任务。

考核标准

知识要求：掌握汽车服务企业的基本概念。

技能要求：能够分析汽车服务企业的类型、经营特点和组织机构。

教学建议

教具：计算机、图片、挂图、投影仪、多媒体设备、汽车服务企业管理软件。

建议：以一个汽车服务企业为例分析其类型、经营特点和组织机构。在介绍本章内容时建议安排学生到企业参观学习。本章内容建议使用多媒体教学。教学时参考《汽车服务企业管理》精品课程。

1.1 汽车服务企业概述

1.1.1 汽车服务企业

企业是指从事生产、流通、服务等经济活动，以产品或劳务满足社会需要，以盈利为目的，自主经营，独立核算，依法设立的经济组织，是现代社会经济的基本单位。按照产业标准，企业可分为工业企业、农业企业、交通运输企业、建筑企业、邮电企业、商业企业、金融企业、旅游企业及服务企业等。

汽车服务企业就是为潜在和现实汽车使用者或消费者提供服务的企业，主要是指从事汽车经销的企业和为汽车使用者或消费者提供备件、维修服务、保养服务以及其他服务的企业，它属于服务企业。目前，我国的汽车服务企业一般有汽车服务集团、汽车销售公司、汽车服务连锁店、汽车4S店、汽车维修服务企业等等，即从汽车出厂到汽车报废所进行的一系列服务的企业。

无论是汽车经销企业、汽车维修企业还是其他汽车服务企业，都是随着汽车的发明、使用与普及而诞生的企业形式。百年汽车发展历史给人们的社会生活带来了翻天覆地的变化。汽车无论是外观设计、质量性能，还是功能设定、技术含量都发生了许多本质的变化。早期的汽车是仿造马车的结构，而现代汽车则配备了电子燃油喷射(EFI)、电子控制制动防抱死系统(ABS)、先进的GPS卫星导航系统等。1949年，我国仅拥有5万余辆汽车，而截至2009年底，我国汽车保有量已达7619.31万辆。其中载客汽车保有量为4840.81万辆，占汽车总量的63.53%，载客汽车中小型客车保有量为4242.68万辆，全国载货汽车保有量1368.61万辆，占汽车总量的17.96%，其中轻型载货汽车保有量为764.48万辆，全国进口汽车保有量为254.69万辆。我国汽车驾驶人已达1.38亿人，是汽车保有量的1.81倍。近年来，我国汽车工业高速发展，汽车保有量在不久的将来还会显著增加，汽车后市场无论规模效益还是发展空间都十分惊人。与此相对应，汽车服务企业从企业形式、经营方式到管理理念也经历了由传统经营管理向现代公司制管理，由单一经营形式向复合经营形式的转变。汽车品牌专营、多品牌经销、旧车交易、连锁经营、综合型汽车维修企业、特约维修站、路边快修店，还有汽车改装、装饰、美容店、汽车金融、汽车保险、汽车租赁、汽车俱乐部等已形成了适应汽车消费者多层次需求的汽车服务体系。

汽车属于高技术含量产品，在整个汽车生命周期里，汽车使用者或消费者都需要专业的技术人员提供专门的帮助。汽车服务企业有良好的生存土壤。据统计测算，在美国1美元的汽车工业产值会带来8美元的汽车后市场的产值。因此，汽车服务业又具有广阔的发展空间。正是因为看到这一点，近年来，汽车服务企业在我国无论是数量还是经营形式，都呈现高速增长的趋势。据不完全统计，近年来全国每年汽车服务企业总数正以10%左右的速度增长。另外随着中国加入WTO，我国为保护弱小的民族汽车工业而设置的保护措施逐渐取消。随着服务贸易的逐步对外开放，国外汽车服务企业正逐步进入我国内地市场。汽车服务业的市场竞争将会日趋激烈。

1.1.2 汽车服务企业类型

汽车既是生产资料，也是生活消费品；既有几万元的微型汽车，也有价格近千万元的豪华轿车。其价格跨度之大，是其他一般商品所不能比拟的。汽车产品结构形式多种多样，每一部汽车又由成千上万个零部件组成，结构异常复杂。现代汽车广泛应用了科学技术、工业生产技术的最新研究成果，其技术含量非常之高，是高新技术得到广泛应用的产品。而汽车使用者或消费者无论是在地域分布、职业分布、文化层次分布，还是在可支配收入分布等方面都具有相当的离散性。因此，汽车使用者或消费者对产品服务的需求明显地具有多样性的特点。这些特点决定了汽车服务企业类型的多样性。

现阶段我国汽车服务企业按照业务类型大体可分为如下的类型：整车销售、配件与精品销售、汽车维修、汽车租赁、汽车金融服务、汽车保险服务、汽车俱乐部等。

各类企业按经营方式和方向还可以细分。

整车销售企业可分为新车销售和旧车交易企业，新车销售企业又可分为品牌专营和多品牌经销企业。

配件与精品销售企业可分为连锁经营企业和独立经营企业，亦可分为单品种或少品种经营企业和多品种经营企业。

汽车维修企业可分为特约维修站、汽车快修店、汽车美容与装饰店。下面举例介绍：

(1)汽车品牌专营店

汽车品牌专营店是汽车经销商与某一品牌汽车生产商签订特许专营合同，受许可合同制约。接受生产商指导、监督、考核，只经销该品牌汽车，并为该品牌汽车的消费者提供技术服务。这种形式是国外汽车特别是轿车服务企业的主流，已被大规模引进到国内，并成为目前我国轿车产品销售最普遍的一种形式。从经销的产品上，已经扩展至微型、轻型货车，甚至中型货车。汽车品牌专营店也称“4S 店”，是一种以“四位一体”为核心的汽车特许经营模式，包括整车销售(Sale)、零配件(Sparepart)、售后服务(Service)、信息反馈(Survey)等。它拥有统一的外观形象、统一的标识、统一的管理标准，只经营单一品牌的汽车。它是一种个性突出的有形市场，具有渠道一致性和统一的文化理念，在提升汽车品牌、汽车生产企业形象上具有明显优势。由于是专营某一品牌汽车，集销售与服务于一体，店面洁净，服务规范，走进店堂，使消费者拥有贵宾的感觉；能得到汽车生产商在技术和商务上的支持，能提供专业化的技术服务，更有利于为汽车消费者提供优质的服务，有利于吸引消费者。但这种形式也有缺憾，主要是建店成本较高。按照生产厂商的要求建立品牌专营店，在土地、厂房、设备等方面一般需要投资上千万元。当汽车市场竞争十分激烈或汽车市场需求疲软时，初期成本高置，给汽车经销商的生产经营带来沉重的资金负担，综合来看，这种形式较适合于经营市场保有量较大的汽车品牌或单车价格较高的汽车品牌。

(2)多品牌经销店

多品牌经销店是指汽车经销商在同一卖场同时经销多个品牌汽车的经销店。这种形式的优点是建店成本较低，有利于企业的经营；顾客在一个店里就可以对多种不同品牌汽车进行比较选购。它的缺点是没有提供专业化的技术服务，使消费者增添购买顾虑。综合来看，这种形式较适合于经营社会保有量较少的汽车品牌或生产厂商技术服务网络建设较规范和完善的汽车品牌。

(3)旧车交易企业

旧车交易企业是从事为旧车车主和旧车需求者提供交易方便、促进旧汽车交易的企业。旧车不一定是车况不好的汽车，主要是针对二次交易而言的(汽车生产厂商或经销商向用户售新车为一次交易)，即按车辆管理规定，需要办理车主过户手续的车辆。旧车交易的业务内容主要有旧车收购、旧车售卖、旧车寄售、撮合交易、车辆评估、拟订合同、代办手续，乃至车况检测和必要的维修服务。我国《旧机动车交易管理办法》(1998 年国内贸易部)规定：所有旧机动车交易行为必须在经合法审批后设立的旧机动车交易中心进行。

(4)汽车配件连锁经营企业(chain store)

连锁经营是经营汽车配件的若干企业在核心企业或总部的领导下，通过规范化经营实现规模效益的经营形式和组织形态。连锁系统的分店像锁链似的分布在各地，形成强有力的网络。它利用资本雄厚的特点大量进货，大量销售，具有很强的竞争能力。无论国内国外，配件连锁经营形式都是很有发展前景的方式。汽车配件加盟店美国 NAPA 创立于1925年的美国通用配件集团，NAPA汽车配件连锁网络是全球最大的汽车配件及相关产品销售网。汽车配件加盟店NAPA在全球以连锁形式经销欧洲、美国、日本、韩国等地生产的各种车型，汽车配件加盟店有30多万种汽车配件和数万种汽车检测与维修设备，以及包括NAPA在内的世界著名品牌修理工具、汽车配件加盟店汽车养护品和其他汽车相关用品。美国NAPA公司所经销的产品来自世界各地著名的汽车生产商、零部件生产商以及设备、工具、汽车用品、汽车配件加盟店油品的生产商。巨大的采购规模保证价格具有绝对的竞争优势。

汽车配件加盟店NAPA连锁网络采用先进的计算机网络系统管理，包括采购、仓储、分销、零售、结算、咨询、售后服务等在内的各项业务，汽车配件加盟店形成了庞大的销售与服务网络体系。美国NAPA公司在美国就有70多家分销中心，8000多家连锁店和10000多家连锁快修养护中心。汽车配件加盟店所有产品都通过国际认证体系的权威认证，享有很高的国际声誉，NAPA已成为汽配和修理行业专业服务的代名词。1998年NAPA进入中国，在北京成立了蓝霸汽车超市连锁公司。

(5)汽车配件销售企业

这类企业又可大致分为两大类型；一是批发商或代理商型，主要从事汽车配件及精品的批发业务，其服务对象是汽车配件零售商中各类汽车维修、美容、装饰企业；二是汽车配件零售商中主要从事汽车配件及精品的零售业务，其服务对象主要是私车车主。

(6)汽车特约维修站

汽车特约维修站与汽车生产厂商签署特约维修合同，负责某地区某品牌汽车的故障修理和质量保修工作。汽车特约维修站拥有该品牌汽车专业拆装和修理设备、工具，具有较强技术实力，并能及时获得生产厂商售后服务部门的技术支援。所有特约维修站构成汽车生产厂商售后服务网络的主干。主要业务内容为汽车养护、汽车故障诊断与维修和汽车检测等。

(7)汽车快修店

这类企业主要从事汽车生产厂商质量保修范围以外的故障维修工作，一般是汽车保养换件修理等无须专业诊断与作业设备的小修业务。它们分布在街头巷尾，道路、公路两旁，随时随地为汽车使用者提供汽车维修服务，十分贴近用户，因此也俗称为“路边店”，是汽车生产厂商售后服务网络的重要补充。

(8)汽车美容与装饰店

这类企业从事的主要业务是在不改变汽车基本使用性能的前提下根据客户要求对汽车进行内部装饰(更换座椅面料、地板胶、内饰等)，外部装饰(粘贴太阳膜、雨挡、表面光洁养护、婚庆车辆外部装饰等)和局部改装(中控门锁、电动门窗、电动后视镜、加装防盗装置、卡式录音机换CD机)等，随着汽车逐渐走近普通家庭，汽车使用者或消费者对汽车个性化追求的特征将会体现得越来越明显，这类业务的需求量亦会不断增加。

(9)汽车租赁企业

这类企业主要为短期或临时性的汽车使用者提供各类使用车辆，按使用时间或行驶里程收取相应的费用。汽车租赁企业为车辆(此时为生产资料)办理上路手续或证照，缴纳与车辆使用相关的各种税费，承担汽车维修、保养费用，为汽车使用者特别是短期或临时性用户，提供了很大的便利，还可以在很大程度上提高汽车的利用效率。汽车使用者除支付租金外，仅承担汽车使用的直接费用如燃油费、过路过桥费、停车费等。在国外，汽车租赁企业发展十分成熟，汽车租赁网络的实现，使汽车使用者可以在异地进行交接车，极大地方便了汽车使用者，也极大地促进了租赁业务的拓展。国外很多大型汽车生产厂商每年新车销量的20%左右流向了这类汽车租赁企业，汽车租赁也成为了一种变相的汽车销售方式。

(10)汽车金融服务企业

这类企业的主要业务是为汽车消费者提供资金融通服务，汽车金融服务企业以资本经营和资本保值增值为目标，主要提供客户资信调查与评估、提供贷款担保方式和方案、拟订贷款合同和还款计划、发放消费信贷、承担合理的金融风险等服务。汽车金融服务在国外已获得很好的发展，有资料显示在美国贷款购车占全年新车销售的比例达80%，汽车金融服务成为了汽车市场的助推器，但在我国其发展却不尽如人意。主要原因一方面是我国汽车消费者的消费观念的作用，另一方面是在我国较完善的消费者个人金融信用体系尚未建立及健全。但随着加入WTO后我国服务业对外开放进程的不断推进，国外大型汽车集团及其金融服务机构如美国通用、福特等，相继获准在我国国内开展汽车金融服务业务。我国汽车金融服务必将迎来美好的明天。

(11)汽车保险服务企业

机动车保险是第一大财产保险，在我国财产保险保费收入中有60%以上是机动车保险保费收入。汽车保险服务企业主要从事合理设计并向汽车使用者或消费者提供汽车保险产品，提供定责、定损、理赔服务等业务。一般附属于大型保险公司。随着我国服务业对外开放，国外保险公司纷纷制定了进入中国的计划，国内保险市场也打破了垄断市场格局，开始实行费率自由化、险种个性化、多样化等，汽车保险业务的市场竞争特征越发明显。近年来还出现了一种新型的汽车保险服务企业——保险公估企业，即以第三方的身份为汽车保险企业和汽车使用者或消费者提供客观公正的定责、定损意见。这种形式企业的诞生，有利于汽车保险市场的操作规范化，有利于平衡保险企业与汽车使用者或消费者间的强弱关系，有利于提高汽车保险服务业的服务水平。

(12)汽车俱乐部

汽车俱乐部是以会员制形式，向加盟会员提供能够满足会员要求的与汽车相关的各类服务的企业。汽车俱乐部主要从事代办汽车年检年审、代理汽车保险理赔、汽车救援、维修、主题汽车文化活动等业务。汽车俱乐部一船又可分为三种类型：经营型俱乐部，它为会员有偿提供所需的与汽车相关的服务；文化娱乐型俱乐部，它为会员提供一个文化娱乐、交友谈心、交流信息、切磋技艺的场所和环境；综合型俱乐部，它集前述两类俱乐部于一体。

现实中，汽车服务企业往往是以上述两种或多种类型的综合状态存在，比如4S店，既从事整车销售、配件供应、汽车维修业务，也从事代办保险、汽车救援、旧车置换等业务；大型汽车服务企业集团则由多个汽车销售、维修、配件经销企业构成。

1.1.3 汽车服务企业的经营特点

(1)服务的概念与特点

汽车服务企业在产业划分上属于服务业,服务业是农业、制造业外的第三产业,可见其在社会经济发展中是至关重要的产业。随着世界经济由前工业化到工业化直至后工业化社会的演进,服务业对经济的稳定与发展的贡献将越来越占主导地位。

1)服务的定义

"服务"一词包含了非常广泛的内容。自 20 世纪五六十年代开始,市场营销学界就从不同角度为服务作了许多定义,每一条都或多或少地包含了服务的某些特征。

1960 年美国市场营销协会(AMA)给服务的定义为"用于出售或者与产品连在一起进行出售的活动、利益或满足感"。

服务市场营销学专家格鲁诺斯教授认为:服务是以无形的方式,在顾客与服务人员、有形资源产品或服务系统之间发生的,可以为顾客提出的问题提供解决方案的一种或一系列行为。莱特南认为:服务是与某个中介人或机器设备相互作用并为消费者提供满足的一种或一系列活动。泽依沙摩则简化为:服务是行动、流程和绩效。

也许定义服务的最好方法是排除法。美国就用排除法来定义从事服务业的就业人数,除农业和制造业就业人数以外,其余全部是服务业的就业人数。

2)服务的特性

以上关于服务的定义,虽然表达形式不一,但都从某个侧面反映了服务的性质,包含了一些共同的方面,即强调了服务的无形性以及生产和消费的同时进行性。它具有以下特征:

①服务的无形性

服务是产品,但与有形产品不同,它是无形的,是不可触碰的。汽车使用者或消费者到汽车维修企业,并不是去购买汽车保修设备,而是去接受汽车故障检测、汽车维修、保养等服务;参加汽车俱乐部,购买会员资格并不是目的,实际的目的是享受由俱乐部提供的汽车救援、保险、牌证代理、专题汽车活动等服务。判断一项服务的好坏,主要取决于它的一些不可触摸的特性,如热情、周到、专业、技能等。

②服务的即时性

服务的生产过程和消费过程是同时发生、不可分割的。必须有顾客接受服务才能进行生产,消费过程的结束也就意味着生产过程的结束,因而,服务是无法储存的。服务的生产与消费过程在时间与空间上是重叠的。由于服务的即时性,服务企业服务能力的设定就非常关键。服务能力的大小,设备器具的布置,对服务企业的盈利能力影响巨大。如果服务能力不足,会带来机会损失,而服务能力过大,会浪费许多固定成本。由于服务的即时性,服务提供者与消费者之间的接触程度较高。在制造业中,生产过程与使用过程是可分离的,顾客看不到生产的进行过程。与此相反,在服务生产过程中,顾客是参与其中的。因此,质量控制对服务业来说,就与制造业可使用的方法完全不同,必须想办法在提供服务的同时保证提供相应的质量。为此,加强员工培训,提高其工作责任心和服务技能,对于保证服务质量至关重要。

③服务的易进入性

从事服务业生产，相对于制造业来讲，大多不需要太大投资，可在多个较小场地运作，有许多也并不需要非常专业的技术。对于这样的服务业来说，进入门槛很低。这就意味着，如果某行业具有较强吸引力，则新的竞争者会不断进入，竞争者的发展可能相当快。因此，服务企业必须对潜在和现实的竞争行为保持足够的警觉。

④服务的外部影响性

技术进步、政策法规等外部影响因素对服务业的影响很大。这些外部因素往往会改变服务企业的服务内容、服务提供方式及其规模结构。以前，汽车维修工艺中，经验诊断和各种修复工艺是主要服务内容，专门的拆装器具应用并不十分普遍。而随着汽车技术的电子化、结构的精致化，维修工艺中电脑诊断、换件修理成为主要服务内容，专门的拆装器具不可或缺。随着我国加入WTO后服务贸易领域对外开放进程的不断深入，随着国外汽车服务企业进入国内市场，汽车金融、保险服务将逐渐成为汽车服务业新的竞争热点。所以，汽车服务企业必须保持对技术进步和国家政策法规的高度敏感，不断更新服务内容才能使自身保持旺盛的活力。

(2)汽车服务企业的经营特点

正如前述，汽车服务企业服务内容涵盖非常广泛，服务形式也多种多样，其经营在表象上有很大差异。但仔细分析，实际上汽车服务企业的经营特点仍然是有许多共同特性的，为搞好汽车服务企业管理，有必要对以下这些特点进行分析。

1)汽车服务企业经营的顾客中心性

汽车服务企业以潜在和现实的汽车使用者或消费者为服务对象，企业经营的所有活动都是以顾客为中心展开的，特别是随着汽车市场买方市场特征的越来越明显，汽车市场同质化竞争越来越激烈，汽车使用者或消费者拥有越来越多的选择机会。汽车服务企业必须从顾客需求出发来确定自身经营目标和理念，以满足顾客需求来最终实现企业利润。又由于在汽车服务企业生产经营过程中，顾客参与程度较高，因此，顾客满意度就成为了考量企业经营优劣和管理水平高低的重要指标。比如，汽车生产厂商每年都会对其营销和服务网络的成员主要是汽车经销商和汽车特约维修站进行检查与考核，检查与考核中非常重要的内容就是顾客满意度调查。汽车服务企业都以提高顾客满意度为其重要的经营管理任务。

2)汽车服务企业经营的波动性

汽车作为社会经济生活中的一种重要工业品，其供求关系随国民经济运行的波动而波动。这种波动有时表现为以数年为周期的与国民经济周期性发展大致相符的一种循环波动；有时表现为以一年为周期的发生于某季某月的循环波动；有时表现为一个较长时期内，一种趋势性的发展态势；有时也表现为由于外部环境及其他因素引起的不定期、无规则的波动。因此，为汽车用户服务的汽车服务企业的经营活动表现出较为明显的波动性。比如，汽车市场常称的“金九银十”说的就是每年九至十月是汽车产品销售的黄金时间段，这时，汽车销售服务企业进销存业务比较繁忙。同时，汽车金融保险服务企业的经营活动也相应达到高潮。每逢节假日，汽车使用需求急剧扩大，这时汽车租赁企业就会感叹：每天都是节假日多好啊！汽车服务企业经营活动的波动性对企业管理提出的挑战是如何合理设计企业的服务能力，如何有效地进行需求管理，采取各种措施使企业的服务能力与服务需求相适应。目前，许多国内汽车服务企业正在尝试用客户关系管理工具、服务促销等方式进行需求管理。

3)汽车服务企业经营的社会性

汽车服务企业涉及的服务门类广泛。汽车既可作为消费品供私人使用，也可作为生产资料在经济生活中扮演重要角色。汽车服务业产业规模大，实现的经济利润也大，汽车服务企业提供的就业机会多，社会效益良好。汽车服务企业与社会的方方面面联系密切，在国民经济中具有重要的地位与作用，同时也极其容易受到外部环境的影响。因此，其经营活动表现出很强的社会性。这就要求汽车服务企业密切关注社会环境、技术环境、法律环境的变化，及时调整经营策略，完善与改进经营服务内容，以适应外部环境的变化。

1.1.4 汽车服务市场发展现状及趋势

(1)中国汽车行业的发展现状

现在中国的汽车产业正处于快速发展时期，无论是产量还是销量都在快速地上升，这主要和国家经济发展的大环境、人们生活水平的提高有着密不可分的关系。与此同时，中国的汽车后市场也在发展之中。

“汽车后市场服务”的定义是指汽车从经销商出售给顾客的那一刻起。直至该汽车报废送至回收站之前，为该汽车提供全过程的各项服务，包括车辆保险、上牌、年检、养护、维修、配件更换、装具添置、清洗加油、泊车管理、行使指挥、违章处罚、信息提供等等的一切服务。

1)中国汽车行业的需求状况

中国加入 WTO 以后，中国的汽车工业迎来了新的机遇和挑战，中国的汽车工业将发生深刻的改变，中国汽车也将从封闭走向开放，国外一些先进的汽车理念，也将会源源不断地输入到中国汽车行业中来。中国汽车市场持续、快速地增长，私人汽车消费比重逐年提高，有关专家估计，由于国内市场需求量大，私人购车的需求将成为推动中国汽车市场成为世界最具活力、增长最快速的区域市场的决定性力量。2004～2010 年中国汽车保有量以 16%～20%的速度增长，汽车需求量和保有量出现了快速增长的趋势，按照国际上通行的说法，汽车后市场所产生的利润，与相对的前市场比较，比例大约是 7∶3。也就是说，在整个汽车产业链上，后市场产生的利润至少要超过前市场 1 倍以上。我国汽车后市场已经进入了一个较高增长期。因为一般情况下，车辆使用 4～9 年，其售后服务的市场是最大的。汽车在中国日益发展成为一种大众消费品，将直接推动中国的汽车后市场发展。

2)我国汽车后市场的现状

目前我国汽车后市场的经营模式、管理服务、竞争意识等还存在一系列的问题。为了应对即将到来的国际竞争，我国汽车行业迫切需要明确汽车后市场在整个汽车行业市场中的重要地位，提高服务质量和服务水平。

①规模小，经营分散，缺乏行业组织性

我国汽车后市场目前的一个显著特点是小而散，新车销售、二手车交易、租赁、配件和用品供应、汽车改装、美容养护、检测维修、金融信贷、保险、俱乐部等各自为政，分散经营，各企业各自花费大量的时间和费用去搜集、分析有关政策法规、市场环境等信息，但由于种种原因，所得资料的置信水平较低，因而导致企业在制定一系列决策时产生偏差甚至重大失误，给企业发展带来严重的负面影响，也使企业经营难以形成规模效益。而规模大在某种程度上代表了资金和技术的实力，只有上规模，才能与国外企业抗衡。

②管理服务水平低

中国汽车后市场在发展过程中，由于长期受政府的行政干预而不能完全进入市场，人力资源的不足和人才培养体系不健全等，成为我国汽车后市场向前推进的瓶颈。这也是行业总体服务水平差的一个主要原因。当然服务意识及服务能力的欠缺也是导致服务水平差的一个主要原因。属于第三产业的汽车后市场中所涉及的各行业，“服务”即为它们所能提供给社会的“产品”，在以质量保证为前提的品牌化经营战略中，服务质量的低下必然使企业不能进行品牌化经营。面对即将带着知名品牌大举进入我国的国外同行，国内企业不能形成自己的品牌，在激烈的竞争之初无疑是先失一招。

③市场秩序混乱

中国现在的汽车后服务产业目前还处于 4S 主导的时代，也就是说，目前我国汽车后市场还很难完全脱离 4S 掌控汽车后市场服务而成为独立的市场，这种主导在专业技术或服务上会使车主得到保障，但是价格不透明是最大的隐患。

除此之外还存在着许多大小不一的汽车服务店，由于他们无法在专业性、技术上与 4S 对抗，而且又面临着同一档次竞争对手的挑战。行业体系不完善、法律法规的不健全、加之缺乏成本优势，造成它们进行恶性的价格竞争，以次充好，导致市场的混乱，结果对行业的发展、对客户的安全都产生了极大的影响。

④汽车后市场服务意识、观念淡薄

汽车销售的火暴，并没有使汽车后市场得到理想的发展，汽车 4S 店内的销售和售后是分属不同的部门，这会导致销售时给客户的承诺，到售后服务时不能得到完全的兑现。更何况那些小的汽车服务店，缺乏严格的管理制度，诚信度低，质量观念淡薄、服务不到位。

(2)改进汽车后市场服务，建立汽车服务综合体系

现在的中国汽车后市场显然是一种低层次的、粗放型的市场。这也是每一个成熟市场体发展必然经历的阶段，我们能够做的就是在有关政府主管部门和行业机构的组织和领导下尽快建立一种体制更完善、运营更合理、竞争更公平、服务更周到、又极具竞争实力的汽车后市场综合服务体系。

1)经营理念和模式

政府主管部门和行业机构要主导制定汽车后市场行业服务的总体规定和标准，建立汽车后市场服务的准入制度。在规范的行业制度下，形成良性的行业竞争，允许资本的自由进出。把行业发展 、为车主的满意服务作为一切工作的出发点和落脚点 。

“四位一体”以及“连锁经营”模式，将成为未来中国汽车后市场服务发展模式的主流。“四位一体”即目前在中国汽车市场上盛行的 4S 形式，这种模式源于欧洲，它具有信息的专业性、连续性以及规范性，能够适应汽车后市场的发展；“连锁经营”整合了各个品牌汽

车的资源，打破了纵向垄断，在价格、服务透明的基础上，满足汽车后市场发展的需求，解决了车主的问题。这两种模式都有各自的优点，能够促进中国汽车后市场的发展。

2)综合服务体系的范围

汽车后市场综合服务体系是为了提够给车主更规范、更合理、更全面的服务，车主用最合理的代价，享受汽车带给他们的方便、舒适。服务范围分为硬件(主要体现为售后服务)和软件(各种信息服务)两方面。

①硬件服务

a. 汽车维修

汽车后市场体系应以维修作为服务的重点之一和主要的利润来源之一，占总利润的比例能达到50%。因此，维修应更强调专业性、技术性、便利性，在保证维修质量的前提下尽量满足顾客求便利的需求。前台接待人员要主动热情地为客户解答疑问和提供服务；维修人员要经过专业技能培训，有相应的资格证书才能上岗，严格遵守各项维修制度。汽车维修的专业设备要齐全，用法要规范，尽可能地减少维修时对车的影响。

b. 汽车的深化保养

汽车深化保养所倡导的"以养代修，汽车七分养三分修"逐渐为有车一族所认可。任何一辆汽车其技术状况都将随着行驶里程增加而变坏。良好的保养可以延缓技术状况变坏的趋势，减少车辆可能出现的使用故障，增加车辆的使用寿命。随着汽车制造技术的提高，汽车各系统变得更加精密，常规保养存在一系列问题，诸如解决不了冷起动磨损问题；发动机中脏机油排不干净，污染新机油，影响效果。而现在在我国还有一部分汽车维修企业死抱着传统的保养观念不放，保养设备和工具陈旧落后，保养方法手段还是老一套，根本不适应现代汽车发展的需要，所以新的保养理念在客户中的推广，是从事汽车后市场服务人员的一种责任，不仅是对客户，而且对汽车服务公司、对环境都是有好处的。这也是汽车后市场服务新的经济增长点。

c. 定期检测

车主大多不懂车，他们很希望在汽车出现问题之前了解汽车现在的使用状况，会不会出现危险，定期检查将会解决车主的疑惑。这要求汽车服务机构要及时和定期地与客户联系，掌握和了解客户的车辆状况，便于及时发现问题，快速解决问题，给客户一种安全、放心的感觉。

d. 个性化改装

在客户要求要进行个性化改装的时候，在保证行车安全的前提下，尽量帮助客户达成自己的愿望。以后这方面会有规范化的市场体制。这也是汽车后市场的利润的增长点。

②软件服务

a. 新车及二手车交易

汽车后市场中汽车服务机构，根据顾客的经济能力、驾驶喜好、安全要求、经济性以及用途，为其提够专业的咨询，使顾客以最合理的方式获取适合自己驾驶的汽车。当车主需要置换汽车时，也能得到专业的鉴定，为顾客省事，减少顾客的风险。

b. 保险咨询服务

根据顾客的实际情况，为顾客设计出买车时适宜的保险组合，并对事故定损和保险索赔进行实务指导，减少顾客因发生交通事故而造成的损失。

c. 车务功能

为顾客的新车代上牌照、落户及代办车辆年检、驾驶证年审和代缴有关税费、违章费用等。

d. 车手培训

进行驾驶员培训以及有关汽车维修保养的相关专业知识培训。

e. 紧急救援

车辆在行驶过程中出现问题，只需拨打电话就可以享受综合服务体系提供的诸如换胎、开锁、急送油、拖车牵引和快速维修等服务。

f. 租赁及信贷

综合服务体系可以根据自身的实力选择开辟租赁交易市场或为顾客提供租赁信息服务，并为顾客买车等提供信贷服务。

g. 汽车文化娱乐

具有相同爱好的车迷聚在一起，交朋友，谈经验，是快节奏工作之余心情得以释放的好方法。基于这一点，综合服务体系可以提供诸如汽车发展史浏览、名车浏览、资料阅读、国家汽车消费政策新动向介绍以及组织参加汽车旅游、越野拉力赛、聚会等。

3)综合服务体系的竞争优势

全球化进程的不断推进，要求在全球范围重新分配资源，同质化竞争的结果必然是将达不到一定规模的“小字辈”淘汰出历史舞台。而发展大型连锁加盟店和一站式综合性服务体系平台，既可以为广大车主提供便利，又能在当前竞争激烈的市场中分得一杯羹，故而受到越来越多的商家的青睐。

①提供质优价廉的服务成为可能

一方面，企业着眼于长远发展，会将提供优质服务放在首位；另一方面，由于综合服务体系对内部加盟企业实施统一管理模式、统一技术标准和技术支持方式，统一服务价格，以减少不正当竞争；统一进货渠道，以从根本上杜绝假冒伪劣；统一物流配送，以降低运输成本；统一宣传品牌，以节约宣传费用等。这些无疑都会使综合服务体系的服务能力得到提升，并使经营成本得以降低，从而形成自己的价格优势。

②建立品牌化经营方式

实现品牌化经营是当今市场条件下对企业提出的新的战略经营方式。品牌是服务质量的载体，其本身就具有一定的商业价值。由于目前国内汽车后市场各子行业本身多而散，实力薄弱，一直处于竞争无序状态，且品牌观念落后，因而很难形成自己的品牌，也就谈不上品牌化经营。而今后的汽车后市场综合服务体系在形成的初期就聚集一定的规模和资金实力，统一的企业品牌、统一的技术装备、统一的配件供应、统一的维修标准、统一的操作规范、统一的服务承诺，以及公开作业项目、公开收费标准、公开质量保证。达到提高服务质量和增强价格竞争优势以及宣传品牌理念，为品牌的形成提供了条件，必将最终形成品牌化经营。

③建立规模化的运作方式

规模化经营已是大势所趋，综合服务体系借助“以点带面”和“点点连锁”的经营策略，以质优价廉、全面便捷的服务为首要任务，会在顾客中形成自己的良好的口碑，以此来扩大顾客规模，实现规模化经营。为此，服务网应统一服务价格，统一原材料进货渠道，引进先进设备，设立跟踪服务，努力使顾客得到方便、快捷的服务，使经营网络不断延伸，积累起雄厚的资金，使规模不断扩大。

④增强企业的核心竞争力

入世后，随着国外汽车修理业的大举进入，判别一个企业核心竞争能力高低的标准也会有所变化，即规模化、便利性、价格优势、服务质量、品牌化等是关键。综合服务体系的建立将使我国汽车后市场服务在这几个方面的实力得到极大的提升，促进中国汽车服务市场向大型化、专业化、联合化方向转变，整合现有资源，淘汰原有的小企业和马路店，形成规模优势。

⑤吸收和借鉴国外先进的管理经验与技术

国外的立足点是提高保质期限，推行保姆式服务、品牌化服务，不仅仅局限于为消费者提供方便，而是在传统意义上加入快乐消费、安全消费和文化消费等内容，给予车主一种可以无限延伸的生活，一种能彰显个性的特色。随着汽车技术的发展，汽车的电子化水平越来越高，汽车的保修越来越复杂，仅仅依靠凭经验就能解决问题的年代早就一去不复返了。专业化的技术和服务是未来汽车后市场服务上所要具备的基本素质。

(3)汽车后市场服务体系的运行保证

汽车后市场综合服务体系集众多服务为一体，没有雄厚的资金、技术和先进的管理手段是难以实现的。一个具有竞争实力的综合服务体系的建立和运行的必要保证可概括为以下几点：

1)政企共建

在全国打造一批实力雄厚的汽车后市场综合服务体系实体。政府部门除了应积极出台汽车行业消费政策以规范行业行为、促进行业竞争以外，应在实体的资金投入、发展规划、建设用地、税费征管、服务设施、环境保护等方面给予政策优惠，提供全方位服务。目前北京、武汉、广州、上海、西安、成都等主要城市已陆续建成一批汽车大市场，集销售、配件、服务于一体，且已初具规模，在汽车行业品牌化经营方面先行一步，也为建立完善的汽车后市场综合服务体系实体提供了宝贵的经验。

2)相关部门应积极配合、介入

金融、保险、工商、税务、交管等行业应全力介入汽车后市场综合服务体系实体，在政府部门的引导下，以上各行业相关部门应全面整合在一个建筑物内，实行一条龙服务。这样能方便及时地服务于客户，同时也能增强各行业间的沟通，给客户以完整的信息；在方便客户的同时也为综合服务体系实体塑造了一个完整的形象，从而在很大程度上提高顾客的忠诚度。当然金融部门在服务于综合服务体系实体的同时，自身也可从中获得综合效益。

3)发展电子商务

发展电子商务，建立信息交流系统，促进汽车后市场综合服务体系实体经营的系统化、网络化、现代化。集众多服务项目于一体的汽车后市场综合服务体系，要想使各部门能协调、顺利地开展工作，离开先进的管理手段——计算机网络管理是难以进行的。无论是以客户为中心的客户关系管理(CRM),还是展开网上营销或者是建立综合服务体系实体内多行业间的统一连锁服务平台,统一的物流配送系统和支付结算系统都离不开计算机网络的使用。一来可以简化实体管理的复杂性,提高实体信息处理的效率;二来方便客户通过实体网站进行产品或服务有关事项的咨询,增加客户对企业的信任感。在中国汽车行业即将进入快速的发展时期,必须及早实施现代化的管理手段,大力引进网络技术人才,使汽车行业的前后市场一起实现质的飞跃,早日与国际经济接轨。

综上,在汽车制造业已进入微利时代,更多的获利机会将在贸易服务领域,即汽车后市场中展开。所以我国汽车后市场还有很大的发展空间和潜力。但是它的发展也是需要一个过程的,在这其中首先是需要国家对汽车后市场的规章、制度、政策规范化。吸收国外先进的汽车后市场服务技术,再加上符合自身汽车国情的实际,建立中国特色的汽车后市场体系。而各种行业资源优势的加入也可以为提高汽车后市场服务水平和硬件实力,增强这个领域的发展活力。只有汽车前市场和后市场两个市场都发展起来,才能让中国汽车在世界汽车市场上占有一席之地。

拓展阅读

《我国本土专业服务企业的现状、成因与出路》,http://www.14edu.com/jingji/jyzl/0ZN5Q42010.html.

1.2 汽车服务企业的职能与任务

1.2.1 汽车服务企业管理的职能

(1)基本职能

马克思认为,管理具有二重性,即:一方面它具有与生产力、社会化大生产相联系的自然属性;另一方面它又具有与生产关系、社会制度相联系的社会属性。企业管理的职能是由企业管理的二重性决定的。因此,企业管理具有两方面的基本职能:一是合理组织生产力,它是企业管理自然属性的表现,是企业管理的一般职能;二是维护与完善现有的生产关系,它是企业管理社会属性的表现,是企业管理的特殊职能。

在企业管理实践中,这两种职能总是结合在一起发生作用的。当它们结合作用于生产过程时又表现为管理的具体职能。

(2)具体职能

根据汽车服务企业管理工作的基本内容或过程,汽车服务企业管理的具体职能主要是计划、组织、指挥、协调和控制,这些职能贯彻到企业生产经营活动的各个方面,是统筹全局的综合性职能。

1)计划职能

计划职能是管理的首要职能,是指把企业的各种生产经营活动按照实现企业目标的要求,纳入统一的计划。广义的计划还包括研究和预测未来汽车服务市场的变化,以及据此作出正确的决策,决定企业的经营目标和经营方针,并编制为实现此目标服务的综合经营计划以及各项专业活动的具体执行计划及对计划执行情况进行的检查、分析、评价、修正等。计划的职能在于确定企业的计划目标和制定计划,以便有计划地进行生产经营活动,保证企业经营目标的实现。

2)组织职能

管理的组织职能是指按照制定的计划,把企业的劳动力、劳动资料和劳动对象,从生产的分工协作上下左右的关系上、时间和空间的联结上合理地组织起来,组成一个协调一致的整体,使企业的人、财、物得到最合理的使用。

企业组织可分为管理机构组织、生产组织和劳动组织三部分。管理机构组织规定着企业管理的组织层次和组织系统,各个组织单位(部门)的职责分工以及相互关系。生产组织是对企业进行生产布局,将各个生产环节进行合理的衔接。劳动组织规定每个职工的职责分工及其相互关系。

3)指挥职能

为了保证企业的生产经营活动按计划、有组织地运转,企业的一切活动,都必须服从统一的指挥,这是社会化大生产的客观要求。指挥职能包括领导、指挥、教育、鼓励、正确处理各种关系等。

指挥的基本原则是:目标协调原则,即指挥应使每个职工的工作都与企业的整体目标、计划要求相协调,为完成企业的任务而有效地工作;指挥统一化原则,即指挥要统一,命令要统一,避免多头领导。

指挥的方式有:强调运用管理权力,以命令、指示等进行指挥和领导的强制性方式;强调人际关系,反对强制性指挥,强调以民主方式进行指导、教育和激励,使被领导者产生自觉的工作热情、责任心和积极性的思想政治工作和行政命令相结合的方式。

4)协调职能

管理的协调职能是指为完成企业计划任务而对企业内外各部门、各环节的活动加以统一调节,使之配合适当的管理活动。它的目的就是为了使各种活动不发生矛盾或互相重复,保证相互间建立良好的配合关系,以实现共同的目标。协调可分成垂直协调和水平协调,对内协调和对外协调等。垂直协调,是指各级领导人员和各职能部门之间的纵向协调;水平协调,就是企业内各专业、各部门、各单位之间的横向协调。对内协调,是指企业内部的协调活动;对外协调,则指企业与外部环境的协调,如企业与国家、企业与其他生产经济单位之间的协调活动。

5)控制职能

管理的控制职能,是指根据经营目标、计划、标准以及经济原则对企业的生产经营活动及其成果进行监督、检查,使之符合于计划,以及为消除实际和计划间差异所进行的管理活动。控制的目的和要求,就在于把生产经营活动及其实际成果与计划、标准做比较,发现差异,找出问题,查明原因,并及时采取措施。加以消除,防止再度发生。

以上各种管理职能,并不是独立存在的,而是互相密切联系,是在同一管理过程中实施的,这就是管理职能的总体性。管理的整个过程,就是以计划为出发点,按各项具体职能的顺序,依次进行而达到企业目标的活动过程。

1.2.2　汽车服务企业管理的任务和内容

(1)汽车服务企业管理的任务

汽车服务企业管理的任务，就是按照汽车服务市场的客观规律，对企业的全部生产、销售、服务等经营活动进行计划、组织、指挥、协调和控制，使各汽车服务环节互相衔接，密切配合，使人、财、物各因素得到合理组织、充分利用，以最小的投入取得满意的产出，完成企业的任务，实现企业的经营目标。

对汽车服务企业而言，为实现良好的经济效益，必须不断扩大本企业产品(服务)的市场占有率。所谓市场占有率，可用相对市场占有率和绝对市场占有率来表示，它是反映企业市场地位的一个指标。这可能表现为本企业销售新车或旧车的数量，或销售额与同期市场总销量或销售额的比值关系；或者表现为本企业汽车维修台次或维修收入占同期市场总维修台次或维修收入的比例；也可表现为本企业承揽的汽车保险费收入与同期市场的汽车保险费收入之比；还有可能表现为汽车俱乐部拥有的会员数量，占同期该区域汽车驾驶员数量的百分比等。以销售量表示的基本计算公式为：

绝对市场占有率＝该产品本企业销售量/同期该产品市场总销售量

相对市场占有率＝该产品本企业销售量/同期该产品最大竞争对手销售量

市场占有率的提高，在产品同质化趋势日益明显的市场中，很大程度上取决于顾客的满意度。所以，所有汽车服务企业都将提高顾客满意度作为企业最重要的任务之一。汽车服务企业的管理应该也必须与提高顾客满意度相适应。从某种意义上说，汽车服务企业管理的任务就是充分利用企业的内部和外部各种可利用的资源，对生产(服务)经营活动进行计划、组织、指挥、协调和控制，努力提高顾客满意度，提高顾客忠诚度，不断提高本企业产品的市场占有率，从而达到实现企业最佳经济效益的目的。

(2)顾客满意与顾客满意度

科特勒认为“满意是一种感觉状态的水平，它来源于对一件产品所设想的绩效或产出与人们的期望所进行的比较”。顾客对产品或服务的期望来源于其以往的经验、他人经验的影响以及营销人员或竞争者的信息与承诺。而绩效来源于整体顾客价值(由产品价值、服务价值、人员价值、形象价值构成)与整体顾客成本(由货币成本、时间成本、体力成本、精力成本构成)之间的差异。

购买行为往往是顾客形成了一个价值判断，并根据这种判断采取的行动。购买者在购买后是否满意取决于与购买者的期望值相关联的供应品的功效。顾客满意的定义是指一个人通过对一个产品的可感知的效果(或结果)与他的期望值相比较后所形成的感觉状态。用公式表达为：

顾客满意＝可感知效果/期望值

满意水平是可感知效果和期望值之间的差异函数。能否实现顾客满意有三个重要因素：

①顾客对产品的先期期望；②产品的实际表现；③产品表现与顾客期望的比较。如果效果低于期望，顾客就会不满意。如果可感知效果与期望相匹配，顾客就满意。如果可感知效果超过期望，顾客就会高度满意、高兴或欣喜。

实际上，世界上许多成功的企业，不仅追求顾客满意，而且超越了顾客满意，追求的是全面顾客满意。之所以要追求全面顾客满意是因为那些所谓“满意”的顾客一旦发现有更好的产品，依然会很容易地更换供应商。据调查统计，有44%据称“满意”的顾客后来改变了品牌选择。而只有那些真正十分满意的顾客（即“忠诚的顾客”）才不打算更换供应商。这就为汽车服务企业提出了具体的要求，那就是要让顾客达到高度的满意。

一项调查显示，丰田公司顾客中有75%是高度满意的，约75%的顾客说他们打算再购买丰田产品。事实是，顾客的高度满意和愉快引发了一种对某品牌在情绪上的共鸣，而不仅仅是一种理性偏好，这种共鸣树立了顾客的高度忠诚。这里的挑战就是要创造一种企业文化，要求企业内每一位员工都努力使顾客愉悦。对于以顾客为导向的企业来说，顾客满意既是目标，也是工具，顾客满意率高的企业应该在其目标市场建立顾客满意的美誉。所以，汽车服务企业经营战略必须以全面顾客满意为中心，企业经营成败的关键是能否赢得市场和顾客。企业能做到让顾客全面满意，赢得顾客，就能争取到汽车服务市场份额，在激烈的竞争中获得胜利。

顾客满意度就是量化了的顾客满意。顾客满意度是指人们对所购买的产品或服务的满意程度，以及由此产生的决定他们今后是否继续购买的可能性。满意度的高低取决于购前期待与购后实际体验之间的关系，即：

顾客满意度＝购后实际体验/购前期待

企业要实现高的顾客满意度，必须从以下几方面来真正理解顾客需求：表达出来的需求、真正的需求、没有表达的需求、核心需求满足后的附加需求、秘密需求等。值得注意的是，对诸多需求的满足，其次序件、结构性并非是刚性的，而是受许多内外部因素影响的。因此，顾客需求研究是汽车服务企业必须高度重视的工作。

1)顾客忠诚

所谓顾客忠诚(customer loyalty)，是指顾客在满意的基础上，进一步对某品牌或企业做出长期购买的行为，是顾客一种意识和行为的结合。顾客忠诚所表现的特征主要有以下四点：

①再次或大量地购买同一企业该品牌的产品或服务；

②主动向亲朋好友和周围的人员推荐该品牌产品或服务；

③几乎没有选择其他品牌产品、服务的念头，能抵制其他品牌的促销诱惑；

④发现该品牌产品或服务的某些缺陷，能以谅解的心情主动向企业反馈信息，而且不影响再次购买。

“老顾客是最好的顾客”。高度忠诚的顾客是企业最宝贵的财富。建立顾客忠诚非常重要。强调顾客对企业贡献的帕累托原理指出：企业80%的利润来自20%的顾客(忠诚消费者)。美国的一家策略咨询公司认为，客户保持率上升5个百分点，利润可上升25%～80%。开发一个顾客比维护一个顾客要多花几倍甚至更多的精力和费用。

2)顾客满意与忠诚的关系

“满意”与“忠诚”是两个完全不同的概念，满意度不断增加并不代表顾客对你的忠诚度也在增加。满意本身具有多个层次，声称“满意”的人们，其满意的水平和原因可能是大相径庭的；其中有些顾客会对产品产生高度的满意，如惊喜的感受，并再次购买，从而表现出忠诚行为；而大部分顾客所经历的满意程度则不足以产生这种效果。因此，顾客满意先于顾客忠诚并且有可能直接引起忠诚。但是，又非必然如此。调查显示，65%～85%表示“满意”的顾客会毫不犹豫地选择竞争对手的产品。所以顾客满意的最高目标是提升顾客的忠诚度，而不是满意度。

对于汽车服务企业而言，顾客忠诚，并不是汽车服务企业要求顾客做到对其企业忠诚，而是汽车服务企业以卓越的服务理念，向顾客提供卓越的产品和卓越的服务而感动顾客，使顾客成为企业的伙伴、朋友，顾客自愿做到对企业“忠诚”。这种“忠诚”关系最终可以达到双赢，汽车服务企业和顾客都是受益者。

(3)汽车服务企业管理的内容

根据汽车服务企业生产经营的内容和特点，企业管理包含如下几个方面的内容：

1)经营管理

经营管理是指为实现企业目标，使企业生产技术经济活动与企业外部环境达成动态平衡的一系列管理活动，是一项战略性、决策性的管理。其主要内容包括通过对企业外部经营环境的研究，确定企业的经营思想和方针，制定企业的发展战略和目标，搞好企业经营决策、经营计划、市场营销、产品开发、技术创新等管理工作。

2)服务管理

服务管理是指对服务的全过程进行管理。它包括以下几个方面：

①服务质量管理：通过建立质量保障体系，设计与推行标准服务流程，完善服务补救程序等提高服务质量，从而提高顾客满意度，使顾客由满意而生感动，直至成为企业的忠诚顾客。

②设备管理：合理设计企业的服务能力如销售能力、维修能力等，对服务设施定期计量检定，维护保养，适时更新和报废。

③定额管理：制定、执行、修改和管理各类技术经济定额、费用定额等。

④备件管理：保障备件供应率是提高服务质量的重要内容，要提高备件供应率必须确立适当的备件经营机制，做好备件的计划、采购和仓储管理工作。

3)财务管理

财务管理是企业再生产过程中对资金运作的管理，是对企业再生产过程以价值形态表现的全部活动，包括物质基础配置、产销经营过程、经营活动成果以及最后处理的全过程在账面上的正确反映和分析。所以现代财务管理的主要内容包括资金的筹集、运用、资产的管理、收入、成本、利润管理、分配管理等。

4)人力资源管理

人力资源管理是现代企业管理的重要方面。因为寻找到优秀的雇员，并创造有利条件，充分调动发挥雇员的主观能动性和其各自的优势，对企业的市场竞争力有巨大的影响，人力资源管理包括人员的招募与选聘、岗位设计和职能划分、人员薪酬和考核评估设计、人员的培训等。

5)信息管理

现代企业的竞争，在占有信息以及充分控制信息价值方面显得非常激烈。因此，信息管理是汽车服务企业管理的重要内容之一。信息管理的主要内容包括：产品质量与保修信息管理、客户信息管理（其理论上的发展是客户关系管理 CRM）和外部环境信息管理（包括国家政策、法规、行业发展动态、市场竞争情报等）。

汽车服务企业管理的内容可用图 1-1 来表述。

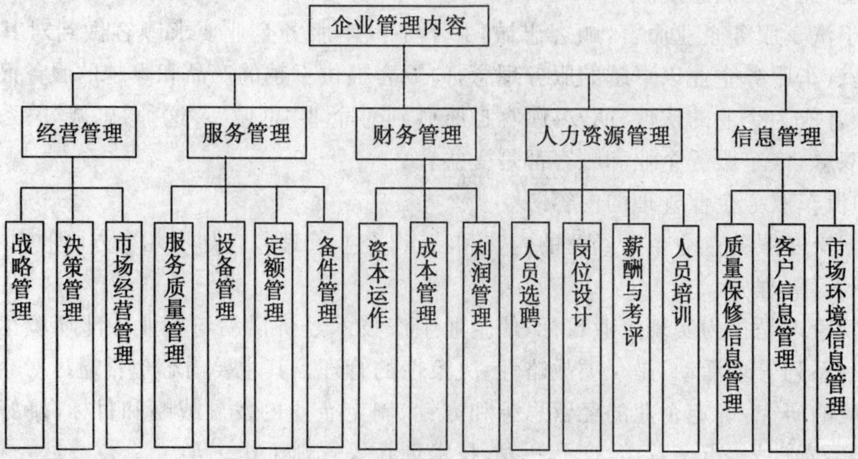

图 1-1　汽车服务企业管理的内容

需要说明的是，汽车服务企业管理所涉及的内容非常广泛，本书仅涉及企业组织结构、经营战略管理、运营管理、服务质量管理、人力资源管理和信息管理等内容。

拓展阅读

★陈南新、曹锟生、张建芬：《浅析我国企业服务营销的现状和对策》，载《江苏商论》2003 年第 8 期。

1.3　汽车服务企业组织结构

1.3.1　汽车服务企业管理组织设计的原则

管理组织设计主要是选择合理的管理组织结构，确定相应的组织系统，规定各部门及管理人员的职责和权限等，它以协调组织中人与事、人与人的关系，最大限度地发挥人的积极性，提高工作绩效，更好地实现组织目标为基本目的。在进行组织设计时应遵循以下几项基本原则：

(1)系统整体性原则

企业是一个复杂社会系统，组织结构的设计应站在整体的高度，以系统的观点使企业各层次、各部门、各职位之间形成相互配合、相互协作的关系，并把它们联结。这主要体现在如下两个方面：首先，企业应有一个完整的、健全的运作系统，它由决策中心、执行系统、操作系统、监督系统及反馈系统构成；其次，组织中人员、岗位的设置，权力和责任的规定，应该做到“事事有人管、人人有事做”，不仅如此，各职责、各职权之间要避免出现重叠和空缺，以防止在工作中产生不必要的矛盾、摩擦以及相互推诿、无人负责的问题。

(2)权责一致原则

各级机构、各个部门的职位是根据各项业务设立的,为此,就要明确每个职位应完成的工作,应承担的责任,赋予相应的权力,建立相应的奖惩制度。尤其要强调的是权责一致。权责一致就是强调,有多大责任,就要有多大权力,必须防止两种偏差:一种是有责无权或责大权小;另一种是有权无责或权大责小。

一个管理者如果没有必要的决策权、指挥权和赏罚权,就无法对他所管理的部门负责;一个工人如果没有拒绝使用不合格工具、配件的权力,就无法对他维修汽车的质量负责。有责无权或责大权小会束缚和压制员工承担任务的积极性;权大责小或有权无责,就必然会导致瞎指挥滥用权力的官僚主义。

(3)有效管理幅度原则

管理幅度是管理者能够直接有效地指挥监督其直接下级员工的数目,有效管理幅度是一个变量,它受多种因素影响。如工作性质、人员素质、授权程度以及组织机构健全程度等。一般认为高层管理幅度为 5～8 人,中层 8～15 人,基层 15 人以上。为避免管理效率下降,在管理幅度超过限度时,应增加管理层次。管理层次是组织机构自下而上或自上而下的机构层次。管理层次与管理幅度的关系是:在企业规范已定时,管理幅度大则管理层次少;管理幅度小,则管理层次多。

权力是指企业经营与管理的决策权力。集权与分权指的是决策权的集中化和分散化。集中化就是趋向把较多和较大的决策权集中到企业高层组织,中下层组织只负责日常业务;分散化就是高层组织只保留对项目的选择和控制等重大决策权,而给予中下层组织较多和较大的决策授权。集权与分权各有利弊。任何企业都必须根据本企业的具体情况,处理好集权与分权的关系,掌握好两者的平衡。影响集权与分权程度的主要因素有:

1)企业规模。规模越大,则分权应较多;反之集权应多些。

2)生产经营特点。企业各生产环节之间协作和联系比较紧密,则应集权多些;反之,则应分权多些。

3)市场状况。市场面小,且稳定少变,宜于集权;市场复杂多变,且市场面大的,则宜分权多些。

4)管理人员素质。管理人员素质高,宜分权多些;反之,应集权多些。

5)控制手段的完善程度。控制手段强的,宜于分权;反之,则应集权。

1.3.2　汽车服务企业组织机构的基本形式

按照管理组织理论,企业组织机构的基本形式主要有以下几种:直线制、职能制、直线职能制、事业部制、矩阵结构。

(1)直线制

直线制是最古老、最简单的一种组织形式。这种组织结构中各级职位按垂直方向依次排列,命令传递和信息沟通只有一条直线通道,任何下级都只受各自唯一上级的领导。其结构见图 1-2。

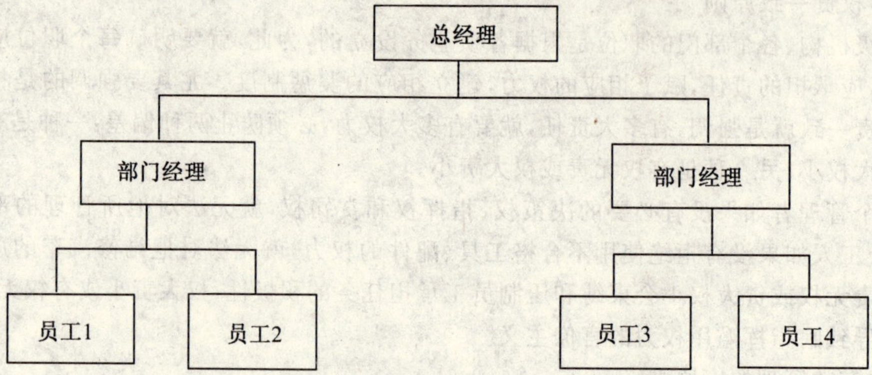

图 1-2　直线制结构示意图

(2)职能制

这种组织结构按不同管理职能设立职能部门,负责各自职能范围内的业务管理,接受直线上级管理者的领导外,还必须接受其他职能部门的领导。这种组织结构由于形成了“多头领导”的结果,因而并未在实际中广泛使用。其结构见图 1-3。

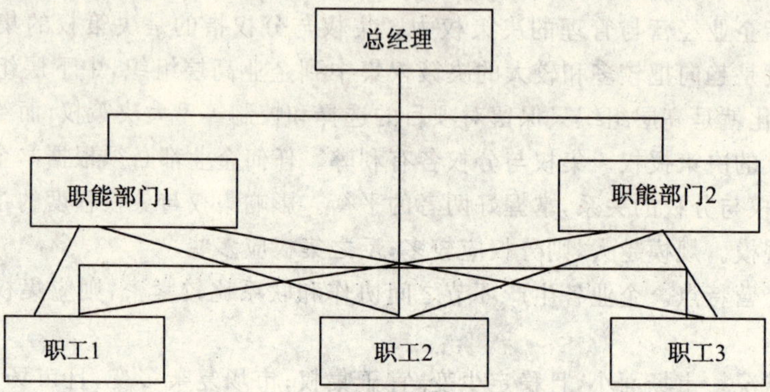

图 1-3　职能制结构示意图

(3)直线职能制

这种组织形式是在直线制和职能制的基础上发展起来的。

它的主要特点是,由直线部门构成指挥命令系统,管理所属下级,对本部门负责全面责任;按专业分工原则设立的职能部门构成参谋系统,充当直线人员的参谋,他们对直线部门没有任何指挥命令权,只能向直线部门提供建议和业务指导。一般来说,直线职能制组织结构适用于中小规模企业,其组织结构见图 1-4。

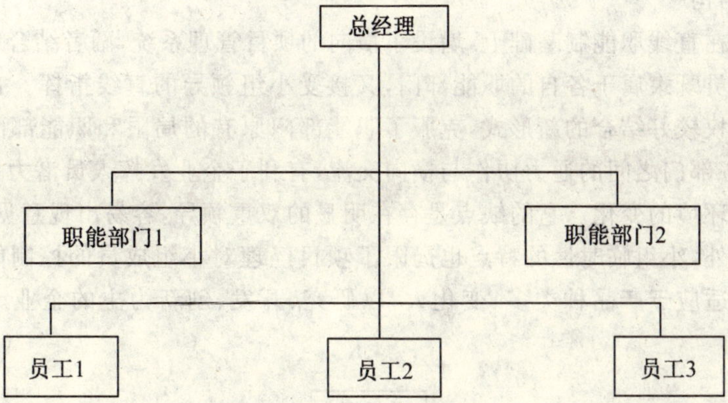

图 1-4　直线职能制组织结构示意图

(4)事业部制

这种结构的关键特点是,把企业划分成若干个相对独立的事业部,各事业部拥有各自独立的产品和市场,是独立核算、自负盈亏的利润中心,在最高管理层设计的统一发展战略框架中,可运用自主经营权、财务独立性,谋求自我发展。这就使企业实现了“集中决策,分散经营”。它的优点是,有利于企业的最高管理层(公司总部)摆脱具体的日常事务性工作,集中对关系企业全局和长远战略发展的重大问题作出正确决策,有利于发挥各事业部的积极性、主动性,有利于培养和训练具有全面管理才能的管理人员,提高了整个企业的稳定性和对环境变化的灵活适应性,为企业规模的扩大与多样化经营提供了极大的空间。它的缺点是,机构的重复设置,造成了管理人员的增加和管理成本的上升;同时,由于各事业部的相对独立性,造成了各事业部之间支援较差,难于协调以及本位主义,忽视整体和长远利益等问题。它适用于大规模、多样化经营的企业。其结构见图 1-5。

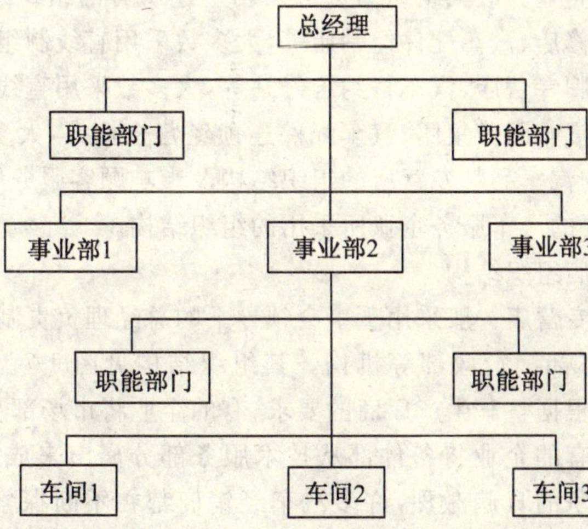

图 1-5　事业部制组织结构示意图

(5)矩阵结构

这种结构在直线职能制基础上，增设了横向的项目管理系统，两者结合组成了若干小组。小组的成员既隶属于各自的职能部门，又接受小组领导的直线指挥。它的优点是创造了集权与分权较好结合的新形式，克服了职能部门原有的局限和职能部门之间的脱节现象，加强了各部门之间的通力协作与横向交流，有利于企业发挥人员潜力，不断创新，机动灵活地适应环境的变化。它的缺点是存在明显的双重领导，容易出现意见分歧、协调困难等问题。另外，小组临时性的特点也局限了项目经理对小组成员的控制能力。矩阵式组织结构特别适应于产品种类多、变化大，以研究、开发、创新为主的企业。其结构见图1-6。

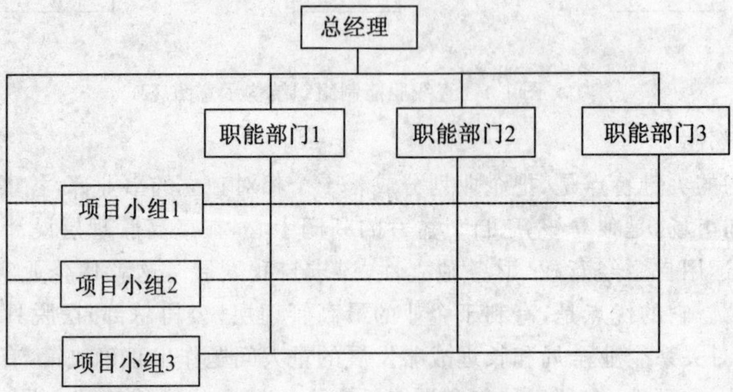

图 1-6　矩阵结构示意图

1.3.3　汽车服务企业组织机构设置与职能规划

正如前述，不同的企业规模应采用不同的组织结构形式。汽车服务企业从规模上来讲，可分为大、中、小型企业。故其组织结构可采用上述所有的组织结构形式。对小型汽车服务企业，如汽车快修店、汽车配件经销店等，大多数采用直线制组织结构；对中小型汽车服务企业，如汽车品牌专营店、汽车特约维修站等，大多数采用直线职能制组织结构；对大型汽车服务企业，如汽车服务集团、汽车配件连锁经营企业等，大多采用事业部制组织结构。下面介绍典型的汽车品牌专营店的组织结构及影响顾客服务质量的主要职位的职责说明。介绍几种主要的汽车服务企业所采用的组织结构。

(1)汽车品牌专营店组织结构

在我国，汽车品牌专营店一般采用董事会领导下的总经理负责制。在总经理下设：销售部、技术服务部、财务部和行政部等机构。其组织结构见图 1-7。随着企业规模的扩大，整车销量的增加或根据整车生产厂商的要求，有的企业将市场部从销售部分离出来成为一个独立的部门；还有的企业将备件部从技术服务部分离出来成为一个独立的部门。另外，随着汽车市场竞争的日趋激烈，许多汽车经销商都在不断探索新的盈利模式和手段，拓展了一些新的服务业务内容，如旧车置换、会员服务等，从而成立以旧车置换中心、车友俱乐部等部门组成的特殊事业部。

销售部：主要负责与整车销售活动有关的业务。如开发潜在客户、接受客户咨询、市场营销策划、制定购车计划、实现整车销售等。

技术服务部：主要负责与整车维修、保养活动有关的业务。如服务接待、建立客户档案、汽车质量保修、备件供应、服务促销等。

财务部：主要负责与企业对资金运作的管理活动有关的工作。如资金筹措、结算、核算、资金管理等。

行政部：主要负责企业人事管理、日常事务和劳动保险与福利等工作。

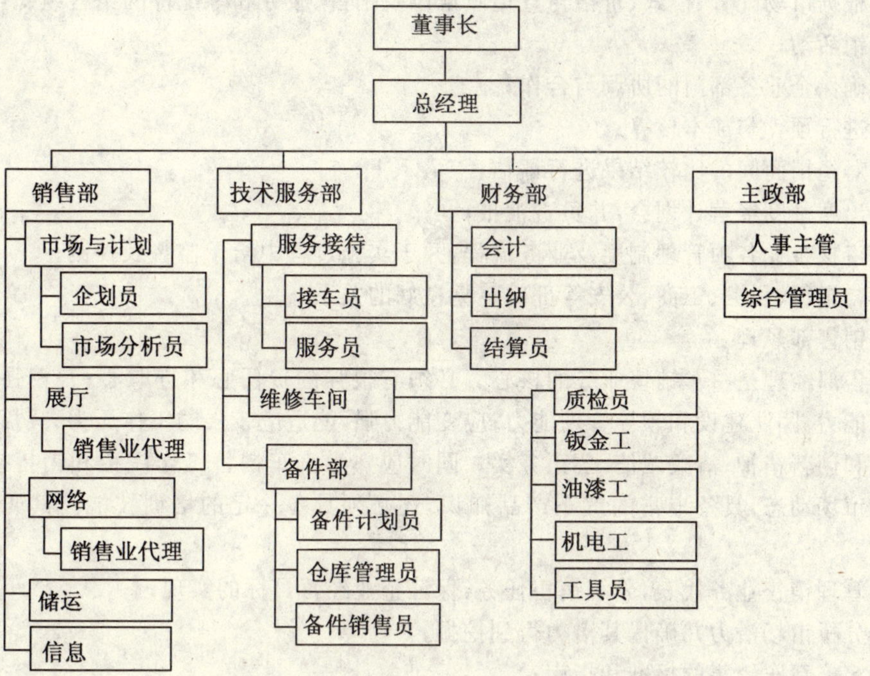

图 1-7　汽车品牌专营店组织结构示意图

(2)汽车品牌专营店主要职位的职责说明

1)总经理

总经理是汽车品牌专营店所有经营活动的首脑，对企业经营成败起决定性作用。总经理应该富有激情，思维敏捷，具创新精神，有远见及洞察力，敢于正视困难，承受压力能力强；并且熟悉 4S 店的管理模式及工作流程，具备丰富的汽车产品知识，较强的管理能力、营销能力，具备一定的财务知识和良好的交流能力。总经理全面负责企业的经营战略制定与执行；全面负责企业组织机构设定与人力资源管理；全面负责企业经营管理工作；全面负责企业的公共关系处理，为企业建立良好的外部环境。总经理是顾客满意度的第一负责人。其职责范围如下：

①分析企业目前形势(企业的市场地位、竞争形势和客户组成等)，明确优势与不足；

②制定企业的指导思想与远景规划(如客户定位、员工定位与利润定位)，制定实施措施；

③企业组织结构及人员编制初审；

④规划人员要求，明确工作要求与岗位职责；

⑤以员工为导向管理并激励员工，使员工认同企业目标；

⑥对主管骨干、部门经理及以上人员的面试、录用、考评、薪酬、任免的决策；

⑦明确说明与贯彻公司目标、定价方针，以及厂家所规定的销售、服务与零配件的标准，制定月度、年度经营目标，并负责监督实施；制定销售、服务与零配件销售的市场营销战略。

⑧根据市场配置、模式、价格与宣传政策以及销售、服务和零配件的销售组织，组织积极的营销活动；

⑨确保企业各部门的协调与合作；

⑩进行预算与成本核算；

⑪对经销商间的比较结果进行评估；

⑫出席月度经营计划会，并负责汇报；

⑬审核企业各项管理制度及业务流程，并于实施过程中给予监督及控制；

⑪与银行、税务、工商、公安等部门建立良好的关系。

2)销售部经理

销售部经理是整车销售业务的核心。必须有很强的责任心和进取心；有较强的组织和沟通能力，团队建设和领导管理能力；应变能力强，能适应较强的工作压力；具极强的服务意识和创新精神；清廉诚信，公正务实。同时应熟悉汽车销售工作流程和销售技能，了解汽车市场动态，具备丰富的汽车产品知识，还必须具备一定的培训技能。其职责范围如下：

①管理销售业务代表，分解销售任务，保证企业经营目标的实现；

②分析市场潜力并确保其潜力得到挖掘；

③实施新车销售的标准和指南；

④监督新车销售和二手车销售标准、指南的执行；

⑤监督销售量和销售额(每天/每月报告)；

⑥监督销售领域的经销商业绩对比数据，并实施经常性的反馈/检查讨论；

⑦负责汽车展厅与展示车的管理；

⑧创建和更新销售队伍的组织结构和岗位描述；

⑨制定销售人员需求计划，参与人员甄选；

⑩建立保质保量的销售调查、销售和客户关怀目标；

⑪负责处理客户投诉，协助达到客户满意度和忠诚度；

⑫销售人员培训、激励。

3)市场部经理

市场部经理是总经理或销售部经理的智囊，负责对市场环境进行观察与分析，管理企业客户数据库，评价竞争对手竞争行为的影响与效果，为企业制定适应市场需求的商务政策提供咨询建议，评价本企业销售推广活动的效果。他/她必须有很强的责任心和进取心；有较强的组织和沟通能力，团队建设和领导管理能力；应变能力强，能适应较强的工作压力；具备极强的服务意识和创新精神；具有较强的市场洞察能力及市场分析、预测能力；熟悉汽车销售工作流程和销售技能，掌握汽车市场动态，具备扎实的汽车产品和丰富的汽车市场营销理论知识与实践经验。其职责范围如下：

①负责观察汽车市场，进行市场分析并对市场发展趋势和市场变化进行评估；

②监察竞争对手的市场活动；

③负责广告活动策划、客户联络和客户关系的衡量等；

④实施广告活动；

⑤实施生产商市场部策划的销售推广计划和本企业内部的销售推广措施；

⑥从相应的客户资料中选择并建立客户档案，检查客户数据库的质量，确保客户数据库清晰完整；

⑦确保沟通销售部和技术服务部对客户联络的信息，并使双方信息充分共享；

⑧根据生产商的标准框架创建本企业网站，并更新和维护本企业的网站；

⑨处理收到的电子邮件并将信息转到相关部门或人员；

⑩分析广告实施的有效性并对比投入与产出。

4)技术服务部经理

技术服务部经理是售后服务的责任人，必须致力于使技术服务部门通过优质的保养维修服务，为提高顾客满意度和挖掘市场潜力作贡献。其中，必须使全体员工树立顾客至上的理念，并在工作中贯彻执行。必须有很强的责任心和进取心；有较强的组织和沟通能力，团队建设和领导管理能力；应变能力强，能适应较强的工作压力；具极强的服务意识和创新精神；清廉诚信，公正务实。具备重大事件的判断力和处理能力，有丰富的汽车故障诊断与维修经验，熟悉技术服务工作流程，熟悉汽车的构造、备件管理知识，还必须具备一定的培训技能。其职责范围如下：

①制定定性和定量的年度目标；

②执行并达到服务目标(服务满意度质量等方面)；

③分析服务市场潜力并确保发掘这种潜力；

④进行调查，评价区域市场和竞争信息；

⑤在执行生产商为经销商服务部门统一制定的标准/方针的同时，在特殊情况下执行特别的服务标准/方针；

⑥定期进行内部质量评估并制定改进措施；

⑦部署、实施并监督市场和广告活动；

⑧确保维修车间的持续利用率并监督人员配备与工作安排情况；

⑨根据生产商要求和本企业实际情况组织并检查产品召回、保修和商誉保修处理情况；

⑩为服务部门员工创建并更新组织机构图与工作描述；

⑪负责计划并执行服务部门内的人事要求(招聘/解雇)；

⑫定期与员工进行内部讨论，制定培训措施，促进服务部门员工培训；

⑬策划并实施服务促销活动；

⑭负责维护服务信息和内部信息通道；

⑮负责技术召回活动以及促进并评估服务部门内的改进措施；

⑯确保遵守工作安全与事故预防规定；

⑰计划并检查维修车间设备、所用资源和工具；

⑱为服务部门制订单独的流程图和检查表，以便优化流程；

⑲制订工作进度表和假期时间表，规定维修车间工作时间与服务部门营业时间；

⑳在服务部门内使用与工作业绩挂钩的奖惩体系。

5）备件部经理

备件部经理负责在一定的库存成本基础上，维持适当的备件库存，确保合理的备件供应率，确保顾客满意度的实现。备件部经理必须有很强的责任心和进取心；有较强的组织和沟通能力、团队建设和领导管理能力；应变能力强，能适应较强的工作压力；具备极强的服务意识和创新精神；文字功底强。

熟悉汽车专营店备件经营实际运作，了解汽车的维修、保养工作及其相关知识。其职责范围如下：

①全面负责备件经营（含精品）计划的制定及实施；

②负责执行本企业及生产商各类备件管理标准、规范；

③确保维修用备件供应及时、合乎要求；

④全面负责备件部安全、有序地工作；

⑤负责订货发票的审核、订货资料的存档；

⑥收集、反馈各种备件市场及技术信息；

⑦填写备件检验表，对备件市场进行预测和分析，并将相关信息及时反馈生产商；

⑧负责组织备件人员的技术交流，不断提高相关技能。

（3）其他汽车服务企业的组织结构

汽车配件连锁经营企业组织结构见图1-8。

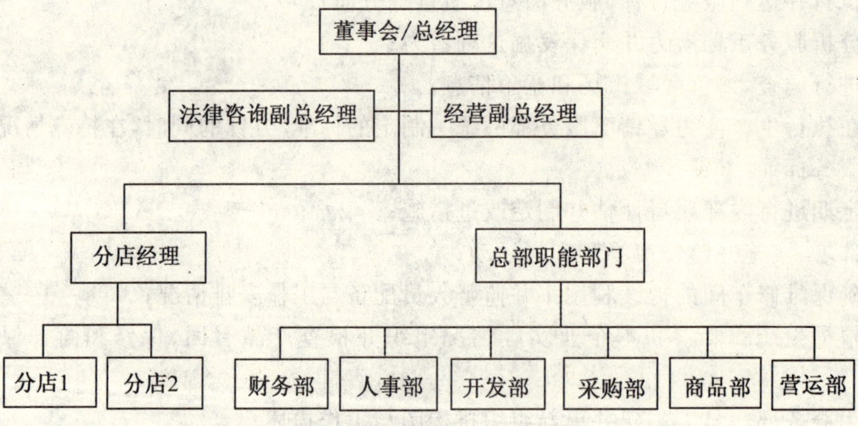

图1-8　汽车配件连锁经营企业组织结构示意图

企业组织结构见图1-9。

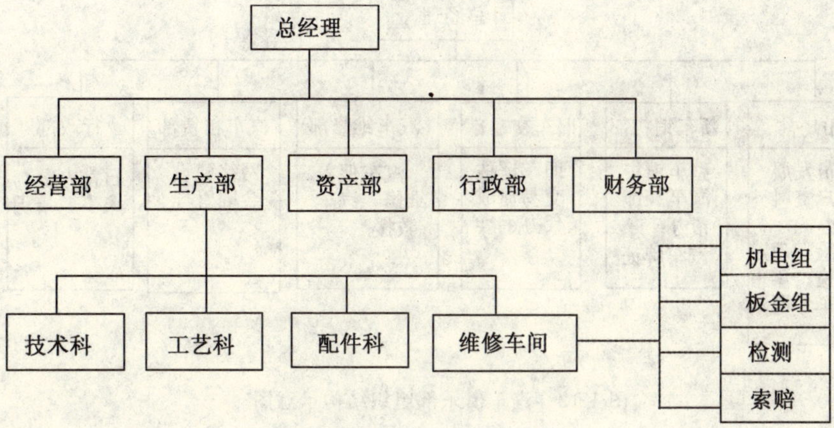

图 1-9　企业组织结构示意图

旧机动车交易企业组织结构见图 1-10。

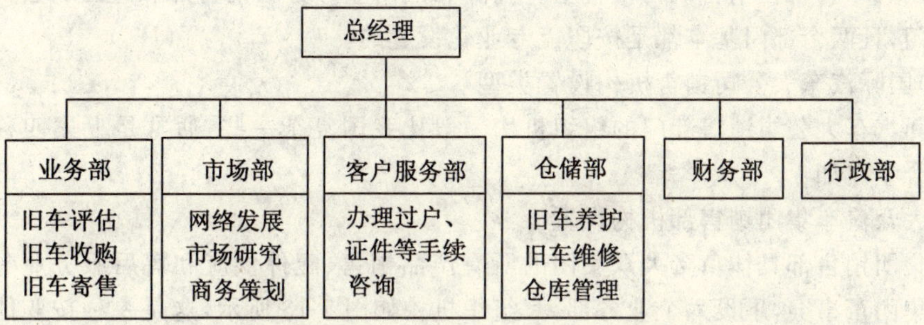

图 1-10　旧机动车交易企业组织结构示意图

汽车租赁企业组织结构见图 1-11。

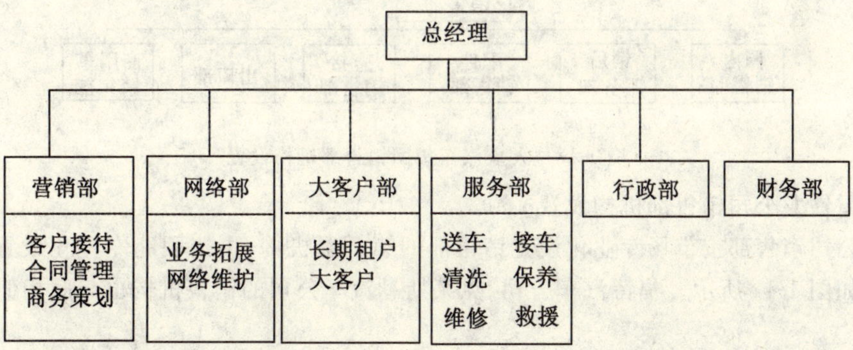

图 1-11　汽车租赁企业组织结构示意图

汽车俱乐部组织结构见图 1-12。

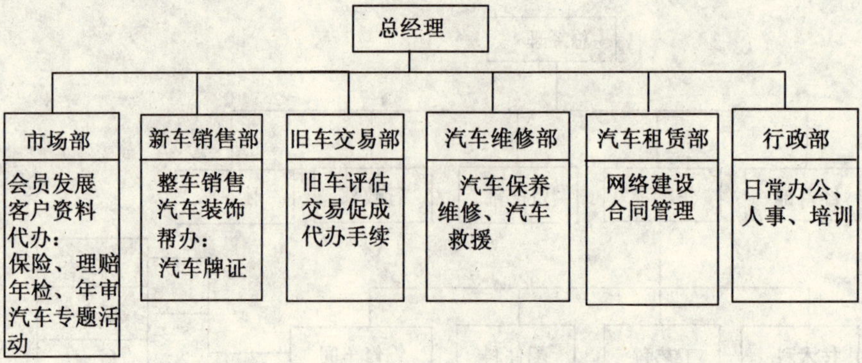

图 1-12　汽车俱乐部组织结构示意图

1.3.4　中国和国际汽车公司销售机构设置对比

(1)中国汽车公司销售机构设置类型

我国汽车公司在销售机构设置上将国际和国内业务分属销售部和进出口公司两个独立的部门，且两个部门基本都是按职能专业化设置的。

(2)国际汽车大公司销售机构设置类型

国际汽车大公司销售部门的组织机构一般比我国复杂一些，通常是上述四种理论结构的复合型。如：

1)大众汽车集团销售部机构设置

该集团销售部具体负责大众集团的所有产品销售、配件供应和售后服务业务。销售部直属集团董事会，下设六个业务部，其组织机构如图 1-13 所示，这是一种按职能设置的销售机构。除国内销售部和直接销售部外，其他部对所属区域行使管理职能。

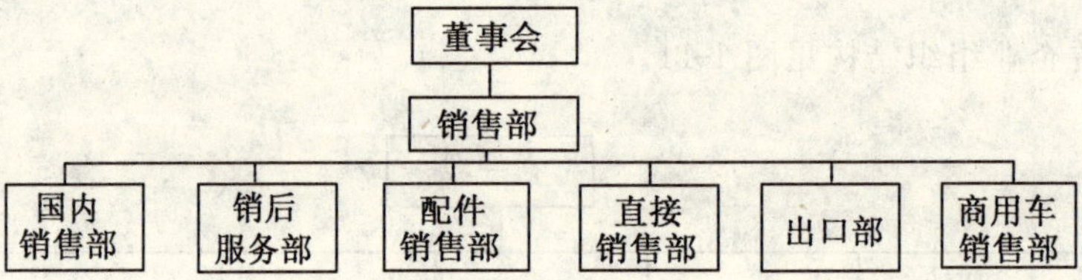

图 1-13　大众汽车集团销售部机构设置

2)雪铁龙公司销售部机构设置

该公司销售部按市场专业化设置销售部的第一层机构，再按职能专业化设置第二层机构。如图 1-14 所示。福特汽车公司、克莱斯勒汽车公司的销售机构也与此相似。

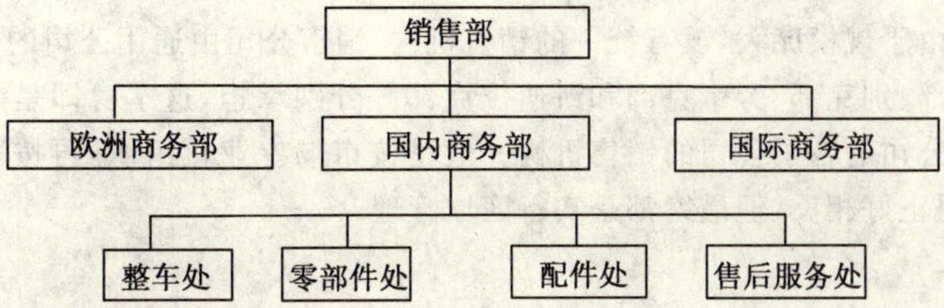

图 1-14 雪铁龙公司销售部机构设置

3）依维柯工业车辆工业公司销售部机构设置

该公司的销售与售后服务机构的设置，与雪铁龙公司正好相反，它先按职能专业化设置销售机构的第一层机构，再按市场专业化设置第二层机构（见图 1-15）。

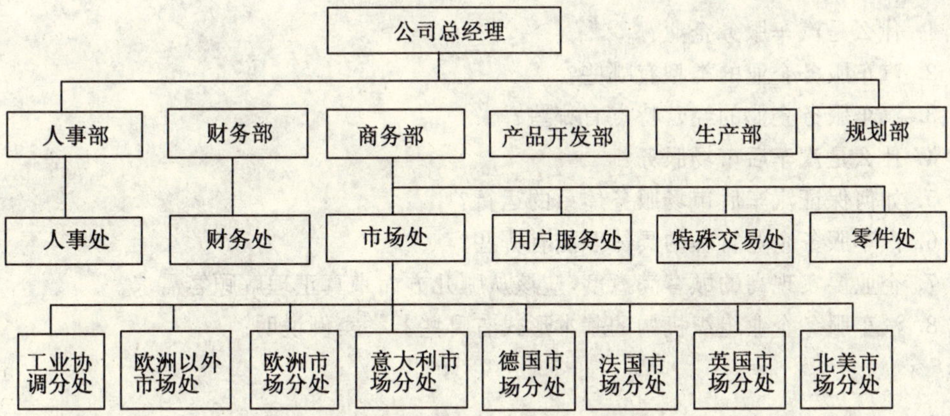

图 1-15 依维柯工业车辆工业公司销售部机构设置

4）日本汽车公司销售部机构设置

日本的一些汽车公司，如丰田汽车公司和日产汽车公司以及汽车贸易公司，他们的销售部门机构设置通常首先按车型（产品专业化）设置，然后再按职能专业化或市场专业化设置第二层机构。从而形成多个产品销售系统，每一系统只负责一种特定车型的销售和售后服务工作。这样更符合专业化要求，可提高销售工作效率和向用户提供更好的服务（见图 1-16）。

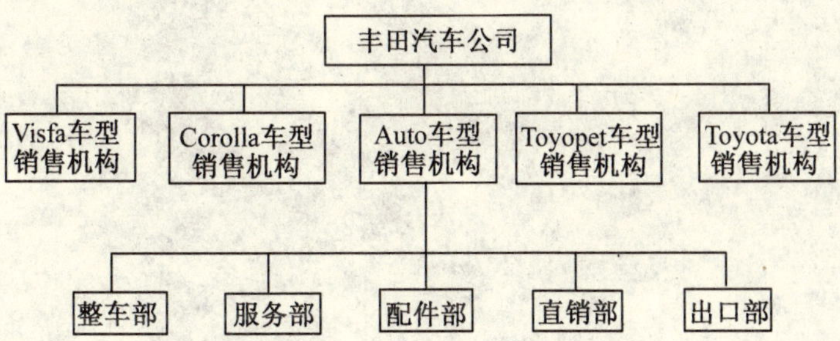

图 1-16 日本汽车公司销售部机构设置

5)通用汽车公司销售部机构设置

通用公司由于规模庞大,没有统一的销售机构,销售公司由通用公司的子公司及其事业部如雪弗兰部、别克部、旁帝克部和凯迪拉克部等分别承担,这本身即是一种产品专业化组织。通用公司的各子公司的销售机构一般是按市场专业化组织,再按职能专业化组织;有的分公司正好相反,但最终都是实行区域管理。

拓展阅读

★阎文兵、姜绍忠:《汽车美容与装饰》,北京理工大学出版社 2007 年版。

★周燕:《汽车美容与装饰》,机械工业出版社 2008 年版。

★刘晓锋、高婷婷:《汽车美容与装饰》,科学出版社 2009 年版。

★宋孟辉、孙涛:《汽车美容与装饰》,机械工业出版社 2010 年版。

复习思考

1. 什么是汽车服务企业?
2. 汽车服务企业的类型有哪些?
3. 汽车服务企业的经营特点有哪些?
4. 什么是汽车后市场服务?
5. 如何保证汽车后市场服务体系的运行?
6. 汽车服务企业管理的具体职能有哪些?
7. 企业要实现高的顾客满意度,应该从哪几方面来真正理解顾客需求?
8. 汽车服务企业组织机构的基本形式有哪些?举实例说明。

第 2 章　汽车服务企业的筹建与开业

学习目标

1. 了解汽车服务企业筹建的一般流程。
2. 熟悉厂址选定、基础设施建设、经营资格审批的一般原则和实施方法。
3. 熟悉汽车服务企业的开业标准。

考核标准

知识要求：熟悉汽车服务企业筹建和开业的一般流程和实施方法。

技能要求：能够根据本章知识对中小型汽车服务企业的厂址、设备等情况进行项目分析及规划设计。

教学建议

教具：图片、挂图、计算机、投影仪。
建议：本章内容建议使用多媒体教学。
教学时参考《汽车服务企业管理》精品课程。

任务导向

按照拓展阅读的内容更多地了解一些有关汽车服务企业筹建和开业的知识。

2.1　汽车服务企业的筹建

2.1.1　企业厂点的选择

汽车服务企业的厂点选择的要求是为了达到投资最高的回报。厂点的选择将直接关系到服务半径地区内潜在的客户群主体，同时，市场需求的变化也会关系到整个企业的规模及特征。厂址的选择和布局规划是一项重大的、长期性的投资，关系到企业的长期发展。

汽车服务企业的选址流程简单来看包括市场调研、确定企业位置类型和确定厂址方案三大方面。

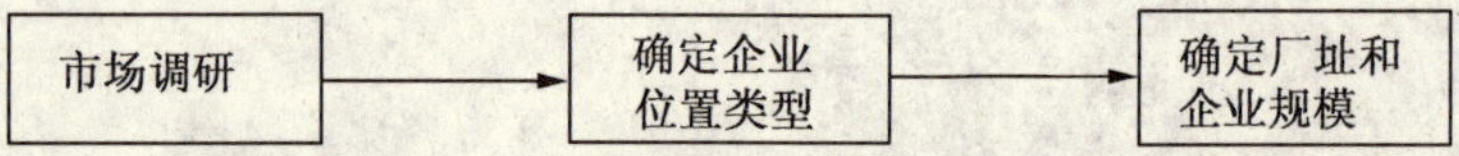

图 2-1　汽车服务企业选址流程图

(1)市场调研

1)市场调研的含义与意义

市场调研是运用科学方法，有目的、有计划地搜集、整理和分析有关供求双方的各种情报、信息和资料，把握供求现状和发展趋势，为销售计划的制定和企业决策提供正确依据的信息管理活动。

在汽车服务行业蓬勃发展的今天，只有根据市场形势的不断变化制定企业的发展道路，才能做到正确而有效。而要了解和掌握这些企业外部情况，就必须依赖市场调研，依赖市场调研获取市场信息资料，分析这些市场信息资料，预测市场发展趋势。通过市场调研，可以了解市场总的供求情况、市场的大小和未来发展趋势，以便确定企业的运营模式和发展方向。市场调研对于汽车服务企业的经营管理有着重要的意义。

①明确企业发展方向。通过市场调研，有利于企业了解汽车维修市场的现状和趋势，了解市场的供求关系，结合自身的情况，建立和发展差异化竞争优势，明确和调整企业的发展方向，形成自己鲜明独特的形象。

②进行服务产品定位。通过市场调查，了解市场动态，促进企业产品品质的提升。产品共分五个部分，即核心产品、形式产品、期望产品、附加产品和潜在产品。对于产品的任意一个层面，都有重要内容。只有在这些方面与竞争者有所差别，才能让消费者有所偏爱。对于汽车服务企业来说，涉及服务质量、服务态度、工期长短、服务价格等几个方面。当然，通过市场调研了解消费者需求，也将促进新的服务产品的开发，开拓新的利润增长点。例如，有的地区总是汽油紧缺，但天然气资源较为丰富，一些汽车服务企业得到这样的信息，就开展了汽车使用天然气的改装业务，迅速抢占市场，取得了良好的经营成果。

③进行消费者分析。汽车服务企业希望拥有尽可能多的消费者，通过市场调研，可以了解消费者的集中程度、盈利能力、对于价格的敏感程度，企业产品对于消费者的影响程度，以及消费者掌握信息的情况等。

④进行竞争者观察。通过市场调研，了解竞争对手的情况，知己知彼方能百战不殆。分析本行业中竞争者数量；竞争者的异同点；本行业中的大部分企业经营现状以及其他行业对于本企业的影响等。

2)市场调研的方法

①室内调研。企业在进行市场调研时，从成本效益角度考虑，首先要进行的不是实地调查，而是室内研究，以便充分利用企业内外已经存在的信息。以一家汽车服务企业为例，可以先行搜集、整理和分析本企业已经掌握的本地区、市场的信息，特别是利用统计部门咨询公司发布的行业市场统计数据和情报，以及一些学者所发表的学术研究成果，这就是室内研究过程。

②实地调查。实地调查就是运用科学的方法，系统地进行现场搜集、记录、整理和分析有关市场信息，了解商品或劳务在供需双方之间转移的状况和趋势，为市场预测和经常

性决策提供正确可靠的信息。企业自行展开的实地调查，无论对于企业准备、实施或是调整经营战略和经营决策，都是不可缺少的。仅仅依靠室内调研的结果，就匆忙进行经营决策，往往会失之偏颇。实地调查可以按照企业的迫切需要进行设计，因此是针对性和实用性都很强的市场调研方法，可以解决企业迫切需要解决的问题，其主要存在以下几种方式：

a. 询问法。询问法就是利用调查人员和调查对象之间的交流来直接搜集调查者信息的调查方法。这种方法的特点是，调查人员将事先准备好的调查事项以不同的方式向调查对象提问，将获得调查对象的反应收集起来，作为亟待分析的信息。

询问法分面谈询问、电话询问以及书信询问多种形式。面谈询问，即调查人员按照选出的调查者和规定的访问内容步骤进行的个人面谈或小组面谈，是调查中最常用的方法。电话询问，即调查人员用电话向抽样调查对象询问调查。这种方法的主要优点在于能很快获得所需要的信息，而且调查人员无须有太大的心理压力。书面询问，即将设计好的书面材料交予邮寄或者派发调查对象，请其填写，再收回。这种方法的主要优点是可以用于受调查者广泛分布的较大的地区，答复时间相对充裕。其缺点是造成调查对象可能误解问题的含义，因此不适宜询问较多问题，调查时间较长，无法获得观察资料。

b. 观察法。观察法就是调查人员通过直接观察和记录调查对象的言行来搜集信息资料，这种方法的特点是调查人员与调查对象直接接触，可以观察了解调查对象的真实反应。但是也导致了无法了解调查对象的内心活动及其他一些可以用询问法获得的资料，如收入情况、潜在购买需求和爱好等，也可能由于调查者的判断错误导致信息的准确性偏移。观察法主要用于零售商家了解顾客和潜在顾客对商店商场的内部布局、进货品种、价格水平和服务态度的看法。这一方法对于调查者要求较高，可采用一些现代化工具配合。

c. 试验法。目前普遍应用在消费品市场的调查方法是试验法。向市场投放一部分产品，进行试验，收集顾客的反馈意见。凡是要调查商品品种、质量、包装、价格、设计、商标、广告以及陈列方式时，都可以采取试验法。但是这种方法成本过高，范围过小。

3)市场调研步骤

①准备阶段

a. 确定市场调研目标。从经营管理角度出发，市场调研的目的在于通过搜集整理资料，帮助企业准确地作出经营战略和决策，在此之前，就必须根据企业亟待解决的问题，确定市场调研的目标和范围。

b. 确定所需信息资料。企业进行市场调研必须根据已确定的目标和范围去收集相关的资料，如今资料繁多复杂，如果没有正确地确定所需信息资料范围，就如同大海捞针，费时且费力。

c. 进行室内调研。为有效地利用企业内外现有资料，可以利用室内调研方法，获取既定的信息资源。这包括对企业内部资料、政府统计数据，咨询公司所做的行业调查报告和学术研究成果的搜集和整理。

②实施阶段

a. 决定搜集资料方式。搜集资料一定要围绕先期所确定的调研目标和信息资料范围去开展，同时考虑资料的准确性、及时性、系统性和针对性，选择合理的调查方法，如实试法、观察法、询问法等。

b. 设计调查方案。市场调查几乎都是抽样调查，抽样调查最核心的问题是抽样对象的选取和问卷的设计。如何抽样，须视调查目的和准确性要求而定。而问卷的设计，要求完全依据要了解的内容拟订问句。要求调查方案的问题应符合尽量减轻被调查者的负担原则，问题简单明了，逻辑通畅，不具有诱导性，回答的备选答案要求完备，最后设计的问题方式要求多样化。

c. 组织实地调查。就是到现场去搜集资料，应该加强对调查活动的规划和监控，及时调整和补救调查中出现的问题。要认真地开展实地调查工作，收集的信息才具有科学性和预见性。

d. 进行观察试验。在调查结果不足以揭示既定目标要求和信息广度和深度时，还可以采用实地观察和试验方法，组织有经验的市场调研人员对调查对象进行观察，或是进行对比试验，以获得更具有针对性的信息。

③总结阶段

a. 整理分析资料。对获得的信息和资料进行进一步统计分析，市场调研人员须以客观的态度和科学的方法，运用调查所得的资料、数据和事实，进行细致的统计计算，以获得高度概括的市场动向指标，以揭示市场发展的现状和趋势。具体包括编辑整理、分类汇总、统计分析等工作。

b. 准备研究报告。市场调研的最后阶段是根据比较、分析和预测结果写出书面调研报告，内容一般为调查目的和调查结论的比较，阐明针对既定目标所获结果，以及建立在这种结果基础上的经营思路和可执行的行动方案。

④分析结果

特别要注意的是，对调研结果进行统计、分析和预测后所获得的信息，要达到如下要求：

a. 准确性。对于市场的调查必须坚持科学的态度和求实的精神，客观地反映事实。要认真鉴别信息的真实性和可信度。

b. 及时性。任何市场信息都有严格的时间要求。所以市场调研必须适时提出，快速实施，定时完成，所获得的情报也应该及时利用。

c. 针对性。市场信息繁多，所以市场调研首先要明确其目的。根据调研目的的要求，有的放矢，才能事倍功半。

d. 系统性。市场信息在时间上应有连贯性，在空间上应有关联性，随着时间、空间的推移和改变，市场将发生日新月异的变化，信息也将不断扩充。企业对市场调研的资料加以统计、分类和整理，并提炼为符合事物内在本质联系的情报。

(2)确定企业位置类型

1)商圈的内容

商圈是商业企业吸引顾客的空间范围，是指以企业厂址为中心向外延伸一定距离而形成的一个方圆范围，是店铺吸引顾客的地理区域。它由核心商业圈、次级商业圈和边缘商业圈构成。商圈具有以下几个形态：

① 商业区。商业的集中区，其特色为商圈大、流动人口多、热闹、各种商店林立。其

消费特点为快速、流行、娱乐、冲动购买多及消费金额比较高等。

② 住宅区。该区户数多,至少需有 1000 户以上。住宅区的消费特点为消费者群稳定,便利、有亲切感、家庭用品购买率高等。

③ 办公区。该区为办公大楼林立。办公区的消费特点为便利、外来人口多、消费水准较高等。

④ 混合区。住商混合、住办混合。混合区具备单一商圈形态的消费特色,属多元化的消费习性。

商圈的要素主要包括以下六点:

① 消费人群。

② 有效经营者。

③ 有效的商业管理。

④ 商业发展前景,商圈未来的形象、概念。

⑤ 商业形象。商圈必须有自己的形象和特色。消费环境、对外宣传等都是商圈树立形象的重要环节。

⑥ 商圈功能。商圈按功能分为传统商圈和主题、概念商圈。北京王府井商圈等属于传统商圈,而像数码城、汽车城等属于主题商圈。

2)商圈分析内容

商圈分析的内容主要由以下部分组成:

①人口规模及特征:人口总量和密度,以及相关的汽车保有量。

②劳动力保障:管理层员工学历工资水平,普通员工学历工资水平。

③供货来源:运输成本;运输与供货时间;可获得性与可靠性。

④促销:促销手段以及可传播性;成本与经费情况。

⑤经济情况:主导产业;季节性经济性波动;经济增长点。

⑥竞争情况:现有竞争者的商业形式、位置、数量、规模、营业方针、经营风格、经营商品、服务对象;所有竞争者的优势与弱点分析;长期和短期的企业变动。

⑦法规:税收;执照;环境保护制度。

⑧其他:租金;投资的最高金额;四周交通的情况等。

上述内容作具体分析如下:

① 人口特征分析。关于商圈内的人口规模、家庭数目、收入分配、教育水平和年龄分布等情况可从政府的人口普查、购买力调查、年度统计等资料中获知。

② 竞争分析。在作商圈内竞争分析时必须考虑下列因素:现有企业的数量、现有企业的规模分布、新店开张率、所有企业的优势与弱点、短期和长期变动以及饱和情况等。任何一个商圈都可能会处于企业过少、过多和饱和的情况。饱和指数表明一个商圈所能支持的商店不可能超过一个固定数量,饱和指数可由以下公式求得:

$$IRS = C \times RE / RF$$

式中:IRS——商业圈的零售饱和指数;

C——商业圈内的潜在顾客数目;

RE——商圈内消费者人均零售支出;

RF——商圈内商店的营业面积。

假设在某地区汽车服务企业每平方米营业额 2000 元，一商圈内有 5000 户家庭有车，每年在汽车维修保养中支出人民币 5000 元，共有 10 个汽车服务企业在商圈内，共有 20000m^2 企业面积。则该商圈的饱和指数为：

$IRS = 5000 \times 5000/20000 = 1250$

这一数字离 2000 元有近 800 元的差距，饱和指数越高则意味着该商圈内的饱和度越小；该数字越小，则意味着该商圈内的饱和度越高。在不同的商圈中，应选择零售饱和指数较高的商圈开店。

③ 对商圈内经济状况的分析如果商圈内经济很好，居民收入稳定增长，汽车保有量逐渐增多，汽车服务消费逐渐增强，就表明在商圈内建立企业的成功率越高。

3)汽车企业位置类型选择

汽车企业位置类型可以简单地分为三类：市郊孤立汽车服务经营区域、半饱和汽车服务经营区和汽车城或汽车服务中心。

①孤立汽车服务经营区域内汽车服务商较少，企业单独坐落在市郊公路旁，其优点在于竞争对手给予的压力相对较小，企业厂址租金相对便宜，而且在选择地点、场地规划上都相对自由。但是也存在明显的缺点，如比较难吸引顾客、宣传成本较高、零配件运送费高、营运业务需求比较全面。

②半饱和汽车服务经营区内汽车服务商处于半饱和状态，这一类经营区内客流比较大，在经营业务方面各个企业之间可以互补，同时也带来企业相同业务间的竞争，并且由于地处市区将导致地租成本过高、仓储难、交通紧张、停车配套设施缺乏统一规划等。

③汽车城或汽车服务中心是指经过统一的规划而建设在一起的汽车经营区域。其管理相对集中，配套设施比较齐全，公共成本较低，宣传力度、广度较大，客流群体多为车主，各服务商的互补相对充分。但是统一的规划也会导致企业缺乏经营灵活性，且企业间竞争更加激烈。

(3)确定厂址和企业规模

1)确定企业厂址

经过市场调研和企业位置类型的选择后，对于候选的厂址方案进行仔细的评估，主要考虑以下几个方面：

①所选经营区域的人口情况和消费购买力。

②区域房租和投资成本。

③交通进出的便捷性和周围充足的停车车位。

④区域竞争情况和竞争者地址。

⑤良好的地势可视性，容易看到企业标识。

⑥区域政府规划和限制。

2)企业经营厂区规划

汽车服务企业的厂区规划直接影响着企业的品牌形象，作为给客户留下第一印象的厂区布局，必须周密规划。厂区设施应包括：业务大厅、维修车间、顾客休息区、办公区、配件库、停车区等，厂区规划的原则要求方便顾客、方便工作，人车路线分开，工作区与非工作区分开，通风照明符合要求，各个区间标识清楚。

①经营环境。企业服务的布置应将其功能性和企业理念文化相结合，企业通过经营环境给员工和大众传达企业价值观和文化特征，因此良好的环境氛围体现着一个企业的优秀管理和品牌优势。一般来说，很多汽车厂商对其旗下的销售服务企业有严格的环境布置要求，而对于非品牌服务商也尤为重要，其原则主要包括以下几点：

a. 厂牌标识规格统一，清晰醒目，远近可见，与周围环境协调。

b. 所有场所设施保持清洁，墙壁不可残缺、铁架不可残缺锈蚀，玻璃透明可见，厂区绿化优美。

c. 经营环境保持充足照明，道路上设有箭头，门口设有安全出口标识并且无障碍，方便人车出入。

d. 重要服务内容、服务项目、服务流程等信息应向顾客公开。

e. 业务大厅办公用品摆放整齐，顾客休息区域提供娱乐设施和茶水。

f. 人员着装统一，并佩戴胸卡方便客户辨认，微笑服务。

g. 应为员工提供适当的休息场所。

②业务大厅。业务大厅是顾客进入的第一站。作为为车主服务的最直接场所，业务大厅整体感觉需要亲切、友好、舒适，它是客户透视企业文化内涵的最佳载体。

a. 大规模汽车服务厂，在业务大厅内应设立跟踪服务台、救援服务热线电话、保险带路服务，收银柜台需要专职专位，全部工作人员要求统一着装佩戴胸卡。需要设立宽敞舒适的客户休息室，休息室内的娱乐设施要保持完好有效，报纸杂志需定期更新，服务人员应提供饮料，洗手间容易找到，也可在休息区域与车间内设玻璃墙，便于客户观看车间情况，使车主在业务大厅等候的同时，得到身心的休息和放松。如果在维修质量和速度上也有很好的保证，就能给客户留下一个很好的印象，利用客户的人际网，吸引更多的客户接受服务。在同等服务质量下，客户当然会选择使自己心旷神怡的舒适环境。

b. 中小汽车服务厂，根据资金的支持力度，可相对减少投资，搞好企业形象。业务大厅地面须整洁、玻璃干净，光线明亮、灯光设施完好，保持良好通风，使空气清新。大厅可悬挂企业服务宗旨、零件宣传资料，张贴车辆维修流程图和常用维修配件的工时价格。服务人员需笑容可掬，向客户示意表示尊重。

③维修车间。维修车间是汽车服务企业的生产部门，是工人生产的第一线。在维修车间，要求所有硬件齐备，员工充足，保证效率，对于较大型的服务企业，要有完善的工位，包括检修工位、专用工位、保养工位、一般维修工位、电气修理工位，还需要钣金车间、喷漆车间和洗车场所等。对于中小型汽车服务企业，应保证常用工位的完整，配件库和工具设备要布局合理，便于利用，提高工作效率。对于维修车间的安全，需使用 36V 安全电压，操作规程上墙以及钣金、喷漆车间分开，以防噪声和化学污染。

④办公区。办公室工作的对象为员工以及企业内外的来访者。办公室设计布置有三个目标，第一是经济实用，满足日常工作，以较少的费用追求更高的功能费用比。第二是美观大方，能够满足人的生理和心理需要，创造出一个轻松良好的工作环境；第三是独具品位，办公室也是企业文化的物质载体，要努力体现企业物质文化和精神文化，反映企业的特色和形象。

办公室在设计上都应符合下述基本要求：

a. 符合企业实际，一味追求办公室的高档豪华气派反而会与其他厂区设施不符；符合使用要求，例如，总经理办公室在楼层安排、使用面积、室内装修、配套设备等方面都与一般职员的办公室不同，不是因为身份差异，而是取决于他们的办公室具有不同的使用要求；符合工作性质，例如，技术部门的办公室需要配备微机、绘图仪器等技术工作必需的设备，而公共关系部门则显然更需要电话、传真机、沙发、茶几等接待工作相应的设备和家具。

b. 办公室布局有两个要求：一方面要利于沟通，办公室作为一个工作系统，必须保证工作人员之间充分的沟通，才能实现信息及时有效地流传，各环节才能动作协调地运行。另一方面要便于监督，办公室是集体工作的场所，上下级之间、同事之间既需要沟通，也需要相互督促检查。由于个性的差异，每个人都有优点和缺点，而个人的缺点往往又是自己难以觉察到的，如不及时纠正，便会给工作带来损失。同事之间的相互监督，能够有效地避免这一问题。因此，办公室的布置必须有利于在工作中相互督促、相互提醒，从而把工作中的失误减少到最低限度。

⑤配件库。配件库的布局原则是要根据仓库的作业程序，方便工作，提高效率。配件库应有足够的仓储面积，保证进货出货的通畅，在进口处还需预留一定面积作为卸货的处理区，库房内需单独设立危险品的放置区，并要有明显的警示牌标志，仓库的地面由于需承受重压，要有一定的强度，仓库由于堆积货物众多，更需要做好通风、防火、防盗工作。

⑥停车区。停放场地需要合理布局，给客户提供方便，车辆的停放车位需用油漆画出，并标有明显标识划分客户停车区、接待区域、待修区域等，整个停车区域要保持清洁，车辆保持整齐有序。

⑦厂区道路。厂区内设立限速牌，道路应有标识，方便出入，转弯处需设有反光镜，上下坡需有减速带，防止汽车碰擦。

2.1.2 汽车服务企业经营审批程序

(1)汽车维修企业和经营业户立项、开业、变更审批程序

1)汽车维修企业和经营业户筹建、立项程序

①申请从事汽车维修企业经营的，应向所在地县级以上道路运输管理机构提出筹建立项申请。

②在受理筹建立项申请时，申请人应提交的文件：

a. 经营项目、经营场所、经营规模，法人代表、职工人数等书面材料。

b. 有效的资金担保书和信誉证明。

c. 申请具有法人资格的企业应有可行性报告以及主管部门的立项批准书，没有主管部门的，提交所在地乡镇级人民政府的许可证明。

d. 法律、法规规定及应提交的其他资料。

③道路运输管理机构自受理日起 30 日内审查完毕，按审批权限做出审批决定。批准筹建的，向申请者发出立项批准书，规定筹建时限，不批准的给予书面答复申请人。

④审批筹建立项的原则是该申请是否符合本地区的汽车维修行业发展规划要求，是

否符合开业条件。

2)汽车维修企业和经营业户经营许可申请程序

①对申请从事汽车维修经营许可的,筹建就绪后,即可在规定时间内填写《开业申请表》,提出开业申请,同时向道路运输管理机构提交法人身份证、质检员证等有效证件复印件,厂点布置分布图、车间工艺布置图,相关设备清单、资产清单等,特约经销维修的需提交正式的签约合同。

②道路运输管理机构应在受理日起 30 天内完成审查,做出许可或不予许可的决定。一类汽车维修企业由省级道路运输管理机构审批;二类汽车维修企业由市级道路运输管理机构审批;三类汽车维修企业由县级道路运输管理机构审批。

③汽车维修经营许可证可由各省、自治区、直辖市道路运输管理机构统一印制并编号,由县级道路运输管理机构发放并管理。

④获得经营许可证的申请人,由审批机构核发“汽车维修业技术合格证”及铜牌“汽车维修企业经营标志牌”,还需持证依法向当地工商行政部门办理工商执照,向税务部门办理税务登记手续。

⑤汽车维修经营许可证的有效期如下:一类汽车维修企业 6 年,二类汽车维修企业 4 年,三类汽车维修企业 3 年。

⑥在有效期届满前 30 日,应向原许可的道路运输管理机构提出申请。

3)汽车维修企业或经营业户变更申请、审批程序

①名称变更

a.因合并、分立、联营或隶属关系改变时,由经营者提交上级主管部门的批文或有关协议等。

b.因营业场所变动时,由经营者说明变动原因,提交有关文件。

c.因扩大或缩小经营范围时,应要求提交原经营状况和申请计划。

②经营权变更

a.转让或出售企业的汽车维修经营者,出让方按歇业程序办理,受让方持转让证明,根据具体情况分别按“名称变更”、“经营范围变更”等程序办理。

b.向非经营者转让或出售企业的汽车维修经营者,出卖方按歇业、停业程序办理手续,受让方按开业程序办理手续。

③租赁或承包经营权的变更。个人租赁或承包经营者若因财产等原因引发产权和经营权的变更,由个人租赁或承包经营者抵押协议到企业所在地道路运输管理机构备案。道路运输管理机构对于经营者的变更,应认真审查,重新核定其经营范围、经济性质和管理办法等。

④经营范围的变更。汽车维修企业或经营业户因故变更其经营范围的,由原标准开业的道路运输管理机构受理。汽车维修经营范围的变更主要属于同类变更,属于扩大经营范围的企业按开业程序办理,属于缩小经营范围的企业应由经营者填报变更表,经审核同意的,换发经营证件,必要时向社会通告。

拓展阅读

★杨善林:《企业管理学》,高等教育出版社2004年版。

★朱杰:《汽车服务企业管理》,电子工业出版社2005年版。

★赵艳萍:《设备管理与维修》,化工工业出版社2004年版。

★李葆文:《现代设备资产管理》,机械工业出版社2006年版。

2.2 汽车服务企业的开业

2.2.1 市场开发部的建立及内容

(1)市场开发部建立的意义

随着社会的发展和市场经济的建立,新市场、新客户的开发,是每个公司都必须面临和解决的现实问题。对于刚刚起步的企业来说,新市场开发的多少与质量的好坏更加影响着企业的发展。

如今汽车维修企业总是将服务对象单纯地看成对维修车辆的技术服务,其技术服务特性越来越突出,含量越来越高,往往忽视对于车主的感情投入,导致很多企业有良好的技术支持,却总是抱怨客户的严重丢失,这种对于车主的忽视使得企业与客户之间的关系走上了歧路。市场开发部的建立,一方面可以促进企业公司形象的宣传,有利于企业取得客户信任,另一方面可以对客户进行全面的了解,将对客户的服务做得更周到、更具体。

(2)新市场开发的步骤

1)事前准备。市场开发人员开发新市场,事前的准备非常重要,孙子曰:"知己知彼,百战不殆。"准备充分的谈判才能有的放矢,才能立于不败之地,因此对自己公司和对目标市场的了解就显得尤为重要。市场开发人员正式上岗之前,应该进行一段时间的岗前培训,安排有关企业文化、技术、生产、财务、法律等专业人士对他们分别进行企业情况、产品技术与服务条款等基本知识培训。

还需了解市场和竞争对手。我们通过市场调查的方式得到社会状况、市场状况以及客户状况等信息。社会状况包括目标市场的人文环境、所处地理位置、人口数量、经济水平、消费习惯等;市场状况是指市场容量及竞争状况;客户状况是通过直接或间接的方式,了解当地服务商的状况,包括已有服务商及潜在服务商。通过以上市场调查,其目的是熟悉市场行情,掌握第一手的客户资料,确定潜在目标客户群。在寻找潜在客户的方式上,可采用追根溯源倒推的方法,找到合适的客户。

2)商业谈判。市场调研结束了,就可以根据已经确定的潜在目标客户,依据服务商所须具备的条件及其优劣势,列出一个目标客户清单,并进行筛选。

谈判前可先进行电话预约,这样一方面表示对对方的尊重,同时,通过初步的电话沟通、了解,使其对公司服务有一个大致的印象,便于下一步确定谈判的侧重点,也便于自己更好地利用时间。上门洽谈是客户开发的成败之举,洽谈内容中的重点为服务产品的质量、定价、促销手段、企业的品牌规划等,谈得越详细客户将越感兴趣,最好还能把未来的美好蓝图充分地向客户展示。在此要注意的是,在洽谈过程中,要注意聆听的艺术,一方面表示对对方的尊重,另一方面,也有利于了解和回答对方的问题。

3)签约。如果谈判进行的顺利,跟着就是签约,但是往往在签约之前,客户会提出一些异议,只有消除了客户的异议,目标客户就基本上确定下来了。然后,通过邀请其到公司参观考察等方式,进一步扫除客户心里的疑团和障碍。最后,趁热打铁,签订服务协议。

2.2.2　开业筹备工作与开业典礼

(1)开业筹备工作

企业的开业筹备工作需在厂房建设和签订租赁合同进行中同时开展,当厂房建设完毕的同时,大部分的开业筹备工作也应该结束。具体筹备工作包括以下几个方面:

1)基础管理工作

①各种规章制度的制定,包括综合管理制度、人员管理制度、安全生产制度等。

②完善健全组织构架,明确各部门的职责范围及从属关系。

③技术资料、业务资料、资产报表等准备完毕。

2) 仪器及备件

①按汽车维修企业开业条件,对仪器设备、工具购置完毕,做好书面记录。

②仪器设备安装到位,并且需调试成功,将仪器性能操作方法等文件归类保存。

③整理仓库配件,做好记录,并保持配件的库存量满足日常服务需求。

3) 基础设施

维修车间、办公室、接待室等基础设施准备完毕,消防、卫生、用电等要求达到规范标准。

4)员工

①罗列招聘列表,开展员工招聘工作,并确认员工工作职责要求。

②进行员工培训,使其掌握企业文化和明确业务要求。

5)企业形象

设计企业标识,按标准制作厂牌、指示路标等。开发企业网页,同时开展多项宣传手段。

6)后勤及其他

统一制作工作服、工作证,设立厂区道路禁停区标识、仪器危险警示牌等,各类规章制度、工作说明上墙。

(2)开业典礼

企业开业时都需要举行开业典礼,过去企业总是不重视开业典礼,把它作为形式举行。但是对于现代企业来说,尤其是汽车服务企业,开业典礼既是一个值得纪念的日子,也是一次向大众宣传企业形象和展示企业文化的好时机。

1)邀请嘉宾

嘉宾包括维修企业的主管部门负责人、当地行政单位车管领导、有影响力的企事业单位、特约顾客、媒体宣传人员等。邀请的部分贵宾要提前给予请帖,确定来参加的嘉宾人数。

2)媒体宣传

可请电台、报纸、网站进行先期新闻媒体的宣传,也可以结合自己的产品和客户网进行宣传活动。开业庆典当天,应该在企业门口悬挂横幅和广告气球等。将当天活动盛举用照片或录像的形式保存下来,发给宣传媒体加强宣传效果。

3)安排现场活动和优惠活动

开业典礼的当天,一方面要求企业开展舞狮等各类活动增加典礼的气派和观看性,另一方面可以开展优惠服务活动,帮助车主免费检测车辆或者优惠购买增值物品等,让客户有实实在在的利益可得,进一步体现企业服务客户的形象。

4)开业庆典程序

①宣布开业庆典开始。

②介绍到场嘉宾名单,宣读贺电、贺信。

③邀请领导或者嘉宾讲话。

④宣布开业,邀请嘉宾参加剪彩、挂牌仪式,并鸣炮或舞狮加以庆祝。

⑤向在场人员介绍企业经营业务、先进技术和设备、优惠的价格等企业优势。

⑥带领嘉宾参观企业厂区,并且开展车主、业主的优惠活动。

5)开业庆典后续工作

企业在开业庆典后,应该加强后续工作,其中主要包括:

①马上对参会的重要客户和领导嘉宾进行回访,征询他们对于企业建设和发展的意见,以及对企业的想法。

②对参加优惠活动的客户进行回访,询问活动的效果和服务的质量,表明希望继续为他们服务的意向。

③对于重点客户和潜在客户进一步跟进,要求技术和服务人员一同登门拜访,尽可能为他们解决实际困难。

2.2.3 汽车整车维修企业开业标准

新的国家标准《汽车维修业开业条件》(GB/T 16739—2004)由国家质量监督检验检疫总局发布,并于2005年5月1日开始实施。

(1)范围

本部分规定了汽车整车维修企业必须具备的人员、组织管理、设施、设备等条件。

本部分适用于汽车整车维修企业(一类、二类),是交通行政主管部门对汽车整车维修企业开业审核和管理的依据。

(2)规范性引用文件

下列文件中的条款通过GB/T 16739的本部分的引用而成为本部分的条款。凡是注日期的引用文件,其随后所有的修改单(不包括勘误的内容)或修订版均不适用于本部分,然而,鼓励根据本部分达成协议的各方研究是否可使用这些文件的最新版本。凡是不注日期的引用文件,其最新版本适用于本部分。

GB/T 5624:汽车维修术语。

GB/T 16739.2:汽车维修业开业条件第2部分汽车专项维修业户。

(3)术语和定义

GB/T 5624 确立的下列术语和定义适用于 GB/T 16739 的本部分。

1)汽车整车维修企业

有能力对所维修车型的整车、各个总成及主要零部件进行各级维护、修理及更换，使汽车的技术状况和运行性能完全(或接近完全)恢复到原车的技术要求，并符合相应国家标准和行业标准规定的汽车维修企业。按规模大小分为一类汽车整车维修企业和二类汽车整车维修企业。

2)小型车

车身总长不超过 6m 的载客车辆和最大设计总质量不超过 3 500kg 的载货车辆。

3)大中型客车

车身总长超过 6m 的载客车辆。

4)大型货车

最大设计总质量超过 3 500kg 的载货车辆、挂车及专用汽车的车辆部分。

(4)人员条件

1)企业管理负责人、技术负责人及检验、业务、价格核算、维修(机修、电器、钣金、油漆)等关键岗位至少应配备 1 人，并应经过有关培训，取得行业主管部门颁发的从业资格证书，持证上岗。

2)企业管理负责人应熟悉汽车维修业务，具备企业经营、管理能力，并了解汽车维修及相关行业的法规及标准。

3)技术负责人应具有汽车维修或相关专业的大专以上文化程度，或具有汽车维修或相关专业的中级以上专业技术职称。应熟悉汽车维修业务，并掌握汽车维修及相关行业的法规及标准。

4)检验人员数量应与其经营规模相适应，其中至少应有 1 名总检验员和 1 名进厂检验员。

5)业务人员应熟悉各类汽车维修检测作业，从事汽车维修工作 3 年以上，具备丰富的汽车技术状况诊断经验，熟练掌握汽车维修服务收费标准及相关政策法规。

6)企业工种设置应覆盖维修业务中涉及的各专业。维修人员的专业知识和业务技能应达到行业主管部门规定的要求。

(5)组织管理条件

1)经营管理

①应具有与汽车维修有关的法规等文件资料。

②应具有规范的业务工作流程，并明示业务受理程序、服务承诺、用户抱怨受理制度等。

③应具有健全的经营管理体系，设置技术负责、业务受理、质量检验、文件资料管理、材料管理、仪器设备管理、价格结算等岗位并落实责任人。

④应实行计算机管理。

2)质量管理

①应具有汽车维修的国家标准和行业标准以及相关技术标准。

②应具有所维修车型的维修技术资料及工艺文件，确保完整有效并及时更新。

③应具有汽车维修质量承诺、进出厂登记、检验、竣工出厂合格证管理、技术档案管理、标准和计量管理、设备管理及维护、人员技术培训等制度。

④应建立汽车维修档案和进出厂登记台账。汽车维修档案应包括维修合同、进厂过程、竣工检验记录、出厂合格证副页，结算凭证和工时、材料清单等。

(6)安全生产条件

1)企业应具有与其维修作业内容相适应的安全管理制度和安全保护措施，建立并实施安全生产责任制。安全保护设施、消防设施等应符合有关规定。

2)企业应有各工种、各类机电设备的安全操作规程，并将安全操作规程明示在相应的工位或设备处。

3)使用、存储有毒、易燃、易爆物品，腐蚀剂、压力容器等均应有相应的安全防护措施和设施。

4)生产厂房和停车场应符合安全、环保和消防等各项要求。

(7)环境保护条件

1)企业应具有废油、废液、废气、废蓄电池、废轮胎及垃圾等有害物质集中收集、有效处理和保持环境整洁的环境保护管理制度。有害物质存储区域应界定清楚，必要时应有隔离、控制措施。

2)作业环境以及按生产工艺配置的处理“三废”(废油、废液、废气)、通风、吸尘、净化、消声等设施，均应符合有关规定。

3)涂漆车间应设有专用的废水排放及处理设施，采用打磨工艺的，应有粉尘收集装置和除尘设备，应设有通风设备。

4)调试车间或调试工位应设置汽车尾气收集净化装置。

(8)设施条件

1)接待室(含客户休息室)

①企业应设有接待室，一类企业的面积不少于 40m²，二类企业的面积不少于 20m²。

②接待室应整洁明亮，明示各类证、照、主修车型、作业项目、工时定额及单价等，并应有客户休息的设施。

2)停车场

①企业应有与承修车型、经营规模相适应的合法停车场地，一类企业的面积不少于 200m²，二类企业的面积不少于 150m²。

②企业租赁的停车场地，应具有合法的书面合同书。

③停车场地面平整坚实，区域界定标志明显。

3)生产厂房

①生产厂房地面应平整坚实，面积应能满足生产必要设备的工位布置、生产工艺和正常作业，一类企业的面积不少于 800m²，二类企业的面积不少于 200m²。

②租赁的生产厂房应具有合法的书面合同书。

(9)设备条件

1)企业应配备与其所承修车型相适应的量具、机工具及手工具。量具应定期进行检定。

2)企业应配备生产必要的通用设备、专用设备及检测设备,其规格和数量应与其生产纲领和生产工艺相适应。

3)各种设备应符合相应的产品技术条件等国家标准和行业标准的要求。

4)各种设备应能满足加工、检测精度的要求和使用要求。主要检测设备应通过形式认定,并按规定经有资质的计量检定机构检定合格。

5)允许外协的设备,应具有合法的合同书,并能证明其技术状况符合 9.3 和 9.4 的要求。

2.2.4　汽车专项维修企业开业标准

(1)范围

本部分规定了汽车专项维修业户应具备的通用条件,以及各专项维修的经营范围、人员、设施、设备等条件。

本部分适用于汽车专项维修业户(三类),是交通行政主管部门对汽车专项维修业户开业审核和管理的依据。

(2)规范性引用文件

下列文件中的条款通过 GB/T 16739 的本部分的引用而成为本部分的条款。凡是注日期的引用文件,其随后所有的修改单(不包括勘误的内容)或修订版均不适用于本部分,然而,鼓励根据本部分达成协议的各方研究是否可使用这些文件的最新版本。凡是不注日期的引用文件,其最新版本适用于本部分。

(3)术语和定义

GB/T 5624 确立的下列术语和定义适用于 GB/T 16739 的本部分。

汽车专项维修业户:从事汽车发动机、车身、电气系统、自动变速器、车身清洁维护、涂漆、轮胎动平衡及修补、四轮定位检测调整、供油系统维护及油品更换、喷油泵和喷油器维修、曲轴修磨、汽缸镗磨、散热器(水箱)、空调维修、汽车装潢(篷布、坐垫及内装饰)、门窗玻璃安装等专项维修作业的业户(三类)。

(4)通用条件

1)从事专项维修关键岗位的人员数量应能满足生产的需要,并取得行业主管部门颁发的从业资格证书,持证上岗。

2)应具有相关的法规、标准、规章等文件以及相关的维修技术资料和工艺文件等,并确保完整有效、及时更新。

3)应具有规范的业务工作流程,并明示业务受理程序、服务承诺、用户抱怨受理制度等。

4)生产厂房的面积、结构及设施应满足专项维修作业设备的工位布置、生产工艺和正常作业要求。停车场地界定标志明显,不得占用道路和公共场所进行作业和停车,地面应平整坚实。租赁的生产厂房、停车场地应具有合法的书面合同书。应符合安全生产、环保和消防等各项要求。

5)配备的设备应与其生产作业规模及生产工艺相适应,其技术状况应完好,符合相应的产品技术条件等国家标准或行业标准的要求，并能满足加工、检测精度的要求和使用要求。检测设备及量具应按规定经有资质的计量检定机构检定合格。

6)使用、存储有毒、易燃、易爆物品，粉尘、腐蚀剂、污染物、压力容器等均应有安全防护措施和设施。作业环境以及按生产工艺安装、配置的处理“三废”(废油、废液、废气)、通风、吸尘、净化、消声等设施，均应符合国家有关法规、标准的规定。

(5)专项维修经营范围、人员、设施、设备条件

1)发动机修理

①人员条件

a.企业管理负责人、技术负责人及检验人员等均应经过有关培训，并取得行业主管部门颁发的从业资格证书，持证上岗。

b.企业管理负责人应熟悉汽车维修业务，具备企业经营、管理能力，并了解发动机维修及相关行业的法规及标准。

c.技术负责人应具有汽车维修或相关专业的大专以上文化程度，或具有汽车维修或相关专业的中级以上专业技术职称。应熟悉汽车维修业务，并掌握汽车维修相关行业的法规及标准。

d. 检验人员应不少于2名。

e.发动机主修人员应不少于2名。

②组织管理

a.应具有健全的经营管理体系，设置技术负责、业务受理、质量检验、文件资料管理、材料管理、仪器设备管理、价格结算等岗位并落实责任人。

b.应具有汽车维修质量承诺、进出厂登记、检验记录及技术档案管理、标准和计量管理、设备管理及维护、人员技术培训等制度并严格实施。

③设施条件

a.应设有接待室，其面积应不少于$20m^2$。接待室应整洁明亮，明示各类证、照、作业项目及计费工时定额等，并应有客户休息的设施。

b.停车场面积应不少于$30m^2$。

c.生产厂房应不少于$200m^2$。

④主要设备：压力机；空气压缩机；发动机解体清洗设备；发动机等总成吊装设备；发动机试验设备；废油收集机；数字式万用表；汽缸压力表；量缸表；正时仪；汽油喷油器清洗及流量测量仪；燃油压力表；喷油泵试验设备；喷油器试验设备；连杆校正器；排气分析仪；烟度计；无损探伤设备；立式精镗床；立式珩磨机；曲轴磨床；曲轴校正设备；凸轮轴磨床；激光淬火设备；曲轴、飞轮与离合器总成动平衡机。

2)车身维修

①人员条件

a.企业管理负责人、技术负责人及检验人员应符合的要求同发动机修理人员条件前三条。

b.检验人员应不少于1名。

c.车身主修及维修涂漆人员均不少于2名。

②组织管理条件：企业的组织管理条件应符合的要求同发动机修理组织管理条件。

③设施条件

a. 应设有接待室，其面积应不少于 $20m^2$。接待室应整洁明亮，明示各类证、照、作业项目及计费工时定额等，并应有客户休息的设施。

b. 停车场面积应不少于 $30m^2$。

c. 生产厂房应不少于 $120m^2$。

④主要设备：电焊及气体保护焊设备；气焊设备；压力机；空气压缩机；汽车外部清洗设备；打磨抛光设备；除尘除垢设备；型材切割机；车身整形设备；车身校正设备；车身尺寸测量设备；喷烤漆房及设备；调漆设备(允许外协)。

3)电气系统维修

①人员条件

a. 企业管理负责人、技术负责人及检验人员应符合的要求同发动机修理人员条件前三条。

b. 检验人员应不少于 1 名。

c. 电子电器主修人员应不少于 2 名。

②组织管理条件：企业的组织管理条件应符合的要求同发动机修理组织管理条件。

③设施条件

a. 应设有接待室，其面积应不少于 $20m^2$。接待室应整洁明亮，明示各类证、照、作业项目及计费工时定额等，并应有客户休息的设施。

b. 停车场面积应不少于 $30m^2$。

c. 生产厂房应不少于 $120m^2$。

④主要设备：空气压缩机；故障诊断设备；数字式万用表；充电机；电解液比重计；高频放电叉；汽车前照灯检测设备(允许外协)；电路检测设备。

4)自动变速器修理

①人员条件

a. 企业管理负责人、技术负责人及检验人员应符合的要求同发动机修理人员条件前三条。

b. 检验人员应不少于 1 名。

c. 自动变速器专业主修人员应不少于 2 名。

②组织管理条件：企业的组织管理条件应符合的要求同发动机修理组织管理条件。

③设施条件

a. 应设有接待室，其面积应不少于 $20m^2$。接待室应整洁明亮，明示各类证、照、作业项目及计费工时定额等，并应有客户休息的设施。

b. 停车场面积应不少于 $30m^2$。

c. 生产厂房应不少于 $200m^2$。

④主要设备：自动变速器翻转设备；自动变速器拆解设备；变扭器维修设备；变扭器切割设备；变扭器焊接设备；变扭器检测(漏)设备；零件高压清洗设备；电控变速器测试仪；油路总成测试机；液压油压力表；自动变速器总成测试机；自动变速器专用测量器具。

5)车身清洁维护

①人员条件:至少有2名经过专业培训的车身清洁人员。

②设施条件

a.生产厂房面积不少于$40m^2$。

b.停车场面积不少于$30m^2$。

③主要设备:举升设备或地沟;汽车外部清洗设备及污水处理设备;吸尘设备;除尘、除垢设备;打蜡设备;抛光设备。

④节水条件:取得节水管理部门的批准,符合当地节水及环保要求。

6)涂漆

①人员条件:至少有1名经过专业培训的汽车维修涂漆人员。

②设施条件:

a.生产厂房面积不少于$120m^2$。

b.停车场面积不少于$40m^2$。

③主要设备:举升设备;除锈设备;砂轮机;空气压缩机;喷烤漆房(从事轿车喷漆必备)或喷漆设备;调漆设备(允许外协);吸尘、通风设备。

7) 轮胎动平衡及修补

①人员条件:至少有1名经过专业培训的轮胎维修人员。

②设施条件

a.生产厂房面积不少于$30m^2$。

b.停车场面积不少于$30m^2$。

③主要设备:空气压缩机;漏气试验设备;轮胎气压表;千斤顶;轮胎螺母拆装机或专用拆装工具;轮胎轮辋拆装、除锈设备或专用工具;轮胎修补设备;车轮动平衡机。

8)四轮定位检测调整

①人员条件:至少有1名经过专业培训的汽车维修人员。

②设施条件:

a.生产厂房面积不少于$40m^2$。

b.停车场面积不少于$30m^2$。

③主要设备:举升设备;四轮定位仪;空气压缩机;轮胎气压表。

9)供油系统维护及油品更换

①人员条件:至少有1名经过专业培训的汽车维修人员。

②设施条件:

a.生产厂房面积不少于$40m^2$。

b.停车场面积不少于$30m^2$。

③主要设备:不解体油路清洗设备;换油设备;废油收集设备;举升设备或地沟;空气压缩机。

10)喷油泵、喷油器维修

①人员条件:至少有1名经过专业培训的汽车高压油泵维修人员。

②设施条件

a. 生产厂房面积不少于 30m²。

b. 停车场面积不少于 30m²。

③主要设备：喷油泵、喷油器清洗和试验设备；喷油泵—喷油器密封性试验设备（从事喷油泵、喷油器维修的业户）；弹簧试验仪；千分尺；厚薄规。

11）曲轴修磨

①人员条件：至少有 1 名经过专业培训的曲轴修磨人员。

②设施条件：

a. 生产厂房面积不少于 60m²。

b. 停车场面积不少于 30m²。

③主要设备：曲轴磨床；曲轴校正设备；曲轴动平衡设备；平板；V 形块；百分表及磁力表座；外径千分尺；无损探伤设备；吊装设备。

12）气缸镗磨

①人员条件：至少有 1 名经过专业培训的气缸镗磨人员。

②设施条件

a. 生产厂房面积不少于 60m²。

b. 停车场面积不少于 30m²。

③主要设备：立式精镗床；立式珩磨机；压力机；吊装起重设备；气缸体水压试验设备；量缸表；外径千分尺；厚薄规；激光淬火设备（从事激光淬火必备）；平板。

13）散热器维修

①人员条件：至少有 1 名经过专业培训的专业维修人员。

②设施条件：

a. 生产厂房面积不少于 30m²。

b. 停车场面积不少于 30m²。

③主要设备：清洗及管道疏通设备；气焊设备；钎焊设备；空气压缩机；喷漆设备；散热器密封试验设备。

14）空调维修

①人员条件：至少有 1 名经过专业培训的汽车空调维修人员。

②设施条件：

a. 生产厂房面积不少于 40m²。

b. 停车场面积不少于 30m²。

③主要设备：汽车空调冷媒加注回收设备；气焊设备；空调电器检测设备；空调专用检测设备；数字式万用电表。

15）汽车装潢（篷布、坐垫及内装饰）

①人员条件：至少有 1 名经过专业培训的维修人员。

②设施条件

a. 生产厂房面积不少于 30m²。

b. 停车场面积不少于 30m²。

③主要设备：缝纫机；锁边机；工作台或工作案；台钻或手电钻；电熨斗；裁剪工具；烘

干设备。

16)汽车玻璃安装

①人员条件：至少有1名经过专业培训的维修人员。

②设施条件：

a.生产厂房面积不少于30m²。

b.停车场面积不少于30m²。

③主要设备：工作台；玻璃切割工具；注胶工具；玻璃固定工具；直尺、弯尺；玻璃拆装工具；吸尘器。

【案例】

徐州润东一汽丰田4S店的建设。

徐州润东丰田汽车销售服务有限公司是“全国十佳汽车营销集团”徐州润东集团的下属企业，成立于2006年4月，并于2006年10月份通过厂家的验收，同年11月份正式营业，公司坐落于徐州市云龙区两山口北104国道西，距徐州市新城区2公里，距连霍、京福、京沪高速3公里。公司占地面积18亩，是按丰田汽车最新标准建设的集整车销售、售后服务、零件供应、信息反馈为一体的4S专营店。公司员工全部接受过FTMS的专业培训，拥有丰富的汽车行业从业经验和优质专业的汽车维修设备。

一汽丰田4S店展厅筹备条件：

(1)展厅整体

①在非常显眼的外玻璃墙上张贴4S店营业时间看牌，较好地告知消费者。

②展厅的内外墙面、地面、玻璃墙、展台、灯具、空调器、视听设备等设置均保持了良好的清洁度。

③展厅的光线非常明亮，无时无刻不给人一种舒适的感觉。

④展厅内摆设了型录架，其上整齐放置与店内所有车辆相对应的各种型录。

⑤展厅内装有隐蔽式音响系统，播放优美音乐，带给顾客放松感和美德享受。

⑥展厅内的墙壁均有序的贴有关于一汽丰田汽车的海报，随处让顾客识记本店加深印象。

(2)车辆展示区

①每辆车都有人员在擦拭，显示汽车非常闪亮，带给顾客豪华的感觉。

②每辆展车附近的规定位置设有一个规格架，其上摆有与该展车一致的规格表，便于顾客参考和询问。

③展厅内每辆车排放非常有序，给人一种充实尊贵的感觉。

(3)顾客休息区

①休息区保持整齐清洁，沙发、茶几等摆放整齐并保持清洁。

②休息区的茶几上的烟灰缸里面没有烟蒂。

③店内放置很多绿色盆景，使整个店显得很富有生机。

(4)业务洽谈区

①业务洽谈区设置在展厅内，桌椅摆放有序，桌面干净，铺有桌布，很整洁。

②桌面上不仅有烟灰缸，而且还有一盆孩子和女性喜欢吃的糖果，很好地服务了

顾客。

(5)客户接待台

①客户接待台桌面干净，无杂物乱放，宣传册都摆放得很有序，桌面整齐地放置销售顾问的名片。

②接待台旁边放有咖啡壶和果汁壶，还有纯净水和纸杯，方便一旦有顾客来及时准备茶水。

(6)儿童游戏区

①儿童活动区设在展厅的里端，位置比较相对独立，也有专人负责儿童活动时看护工作。

②儿童区的设施要比较安全。

拓展阅读

★胡建军:《汽车维修企业创新管理》，机械工业出版社 2004 年版。

★李葆文:《现代设备资产管理》，机械工业出版社 2006 年版。

★栾琪文:《现代汽车维修企业管理实务》，机械工业出版社 2005 年版。

★张国方:《汽车服务工程》，电子工业出版社 2004 年版。

复习思考

1. 汽车服务企业厂址的选择要经过哪几个流程?

2. 汽车服务企业在筹建过程中，建立市场开发部的意义和内容是什么?

3. 汽车服务企业办公室布局的要求和目标是什么?

4. 如何在企业筹建时进行市场调研? 简述其基本步骤，并绘制一个关于汽车服务需求的客户调查表。

5. 简述一下商圈的类型以及商圈的分析内容。

6. 发动机修理专项维修的经营范围以及人员、设施、设备的条件各是什么?

第3章　汽车服务企业生产管理

学习目标

1. 了解汽车服务企业经营计划的特点、作用和分类。
2. 熟悉汽车服务企业经营计划的主要任务及编制方法。
3. 熟悉汽车服务企业经营计划的实施与控制方法。
4. 了解汽车服务企业的生产组织和运营管理方法。

考核标准

知识要求：熟悉汽车服务企业管理方法、经营计划的实施与控制方法。

技能要求：通过本章的学习，学生应具备编制简单的企业经营规划的能力并掌握一定的生产组织管理的基本方法。

教学建议

教具：计算机、图片、挂图、投影仪。

建议：在介绍本章内容建议安排学生到企业车间参观。本章内容建议使用多媒体教学。

教学时参考《汽车服务企业管理》精品课程。

任务导向

应用本章知识编制简单的企业经营规划。

3.1　汽车服务企业经营计划

3.1.1　汽车服务企业经营计划的主要任务与内容

(1)汽车服务企业经营计划的定义和作用

经营计划是指在经营决策基础上，根据经营目标对企业的生产经营活动和所需要的各项资源，从时间和空间上进行具体统筹安排所形成的计划体系。事实上，经营计划是企业围绕市场,为实现自身经营目标而进行的具体规划、安排和组织实施的一系列管理活动。企业经营计划是企业经营活动的先导,并始终贯穿于企业经营活动的全过程。

经营计划体系的纵向可以分为三个层次:战略计划、业务计划和基层作业计划。三者之间的关系是:战略计划提供由上而下的指导;基层作业计划提供由下而上的保证;业务计划发挥承上启下、上传下达的作用。

汽车服务企业的经营计划是企业经营的纲领性文件,在制定过程中能帮助企业深入地思考自己的业务发展,弄清企业的目标,分析市场、产品和服务,进而评估汽车市场、经营与财务行为,并为发展企业做出可行性计划;作为一个目标管理工具,经营计划能用于对实际经营状况和计划经营情况进行比较,并帮助管理者理解和明确实际经营状况和计划经营情况之间的任何偏差,并协助他们找出原因,以在需要的时候采取补救措施。

汽车服务企业的经营计划除了作为企业内部目标管理的工具外,同时它也是与供应商进行业务沟通、协调运作的基础性文件,供应商据此安排其相应的生产与物流计划,协调整体性的市场运作。

(2)汽车服务企业经营计划的主要任务

企业经营计划是在一定时期内确定和组织全部生产经营活动的综合规划。它在国民经济计划指导下,根据市场需求和企业内外环境和条件的变化并结合长远和当前的发展需要,合理地利用人力、物力和财力资源,组织筹划企业全部经营活动,以达到预期的目标和提高经济效益。

企业经营计划按时间可分为长期经营计划、中期经营计划和短期经营计划;按管理层次可分为全企业经营计划、职能部门经营计划和车间经营计划;按计划内容又可分为供应、销售、生产、劳动、财务、产品开发、技术改造和设备投资等计划。

长期经营计划是企业五年和五年以上的长远规划。它的任务是选择、改变或调整企业的经营服务领域和业务单位,确定企业的发展方向和目标,确定实现目标的最佳途径和方法。长期经营计划具有明确的方向性和指导性,具有统率全局的作用。它是一种战略性规划。

中期经营计划是企业2~5年的计划。它的任务是建立企业的经营结构,为实现长远经营计划所确定的战略目标设计合理的设备、人员、资金等的结构,以形成企业的经营能力和综合素质。中期经营计划起着承上启下的重要纽带作用。

短期经营计划是企业的年度计划。它的任务是适应企业内外的实际情况,组织和安排好企业的经营活动,以分年度逐步实现企业的经营目标。

(3)汽车服务企业经营计划的内容

汽车服务企业的经营计划作为未来一个经营周期中的进行管理和绩效考核的纲领性文件,主要包含销售计划、服务计划、市场推广计划、投资计划、财务计划、人员配置计划和培训计划等几个方面:

1)销售计划

销售计划主要是根据近几年本地汽车市场上品牌车辆的销售情况和市场发展预期,在考虑竞争对手商务政策与市场举措的条件下,合理确定未来一段时期内(通常是一年)企业整车和延伸产品的销售状况,并做出按月和按车型的详细分布计划,这是与供应商进行协调和谈判的基础和最重要内容。

2)服务计划

服务计划中包含根据预测的未来年度市场情况和自身的销售计划,计算来年内辖区汽车服务企业代理品牌车辆的保有数量,根据该品牌车辆以往在维修保养方面的经验数据,计算出来年的服务总工时和备件消费的总数量。

3)市场推广计划

汽车服务企业为了扩大市场影响,挖掘潜在客户,提高已有客户对企业的认知,提高销售与服务市场份额,需要开展系统、多样的市场推广活动。汽车销售服务企业可以选择的市场推广活动有平面广告(报纸、杂志)、电视广告、广播广告、户外路牌广告、宣传品制作、车展活动、客户活动、新产品推介活动、服务活动、直邮、试乘试驾等。汽车服务企业应根据所代理品牌汽车的定位以及产品的特点,选择合适的广告媒体,结合消费者的习惯和往年市场情况,进行有针对的宣传活动。一般来说,广告由于其传播面广、传播效率高等原因应用得最为广泛,企业可根据不同媒体形式的特点、不同媒体在发行量和收视率方面差异以及媒体形象等多方面的因素决定预算的投向,并根据销售服务市场的波动确定测算随时间的分布情况。

4)人员配置计划

按照销售规模、维修服务计划、配件的消耗量以及业务开展的情况,确定每个岗位的人数。销售人员规模的确定可简单按照每个销售人员每年销售的车辆数量车来确定人员的数量,可先估算全年所需的销售接待或访问的工作量,再除以每个销售人员每年所能完成的平均工作量来确定。但是在实际工作中,不同品牌、不同目标市场的销售人员的年均工作量和所能完成的销量是有所不同的,例如高档轿车和中档轿车的消费市场肯定是不一样的。

备件人员一般按照年经营额的多少来确定人员数量,备件人员单人年度销售额的确定和汽车产品的定位有很大的关系,应大致均衡不同品牌车辆备件人员的工作强度,如一些低档汽车的单人年度销售额应比高档车的低。

服务顾问可按每人每天接待的用户人数来确定。

维修人员的人数按照不同工种的年度服务计划,以及每位维修人员年度能完成的总工时,在保证用户能及时得到服务的前提下,确定最佳数量。

财务人员的工作量相对来说与汽车的销量有直接的关系,只需要按照年度销售计划来确定财务人员的数量即可。

其他岗位的人员可根据业务的开展范围来确定,比如车间主任、财务总监等。

5)培训计划

按照不同的内容,针对不同的岗位开展有针对性的培训活动,以满足汽车服务企业的业务运作需要,提升汽车服务企业的整体服务水平。如:针对管理培训,服务总监要进行服务理念、管理模式、企业诊断的服务总监管理培训。服务经理要进行服务理念、经营分析、时间控制模式、核心流程的服务经理管理培训。服务顾问要进行服务理念、售后服务核心流程、接待艺术的服务顾问管理培训。内审员要进行质量管理基础知识、ISO9001 标准、审核方法等内审员培训。

培训一般分基础技术培训、高级培训和专家级培训。对于初上岗人员,必须接受相应的基础技术培训。所有人员只有参加低一级的培训并取得合格成绩后,方能参加下一阶段的学习。培训内容包括厂家的强制培训内容和汽车服务企业自己组织的为提高员工水平和素质的培训活动。

6)财务计划

汽车服务企业的收入包括新车销售收入、二手车业务收入、维修收入、备件收入、延伸业务收入及其他收入等;开支包括人工费用、营销费用、办公费用及其他维持业务正常运作的开支费用。据此估算出汽车服务企业来年的销售收入及资金支出情况,分析利润率、投资收益率,确定细节计划的可行性,并根据现金流量图做好资金的合理利用,取得资金的最大收益。

3.1.2　汽车服务企业经营计划的编制

经营计划是企业经营活动的先导,并始终贯穿于企业经营活动的全过程。制定经营计划既要有一定的前瞻性,又要有一定的现实性;既要有先进性,又要有可行性。

从企业运营管理的角度看,合理的经营计划是实现目标管理、提高运营效率的基础,计划制定过程中,管理人员按照企业总体发展战略的要求,系统地对未来一定时间内的企业内外部环境做系统的分析与预测,并提出合理的目标和实施计划,这有利于辨别企业的资源条件和竞争态势,确定各职能部门的职责和发展目标,进而提高管理效率。

汽车服务企业经营计划的制定,关键在于对未来销售、服务市场进行预测和新增投资项目的可行性分析。

(1)市场预测工具介绍

市场预测方法大体可分为两大类:一类是定性预测方法,另一类是定量预测方法。在实际工作中往往将这两种方法结合运用,取长补短,即定量预测接受定性预测的指导。

1)定性预测方法。定性预测主要依靠营销调研,采用少量数据和直观材料,预测人员利用自己的知识和经验,对未来的状况作出判断。它主要依赖预测人员本身的经验、知识和技能素质。

它的理论依据是相类似原则。包括两个内容:

①按发展时间顺序类推。即利用某一事物和与其类似的其他事物在发展时间上的差别,把先发展的事物的表现过程类推到后发展的事物上去,从而对后发展事物的前景做好预测。例如,通过对某些国家家用轿车普及过程的研究结论,来预测我国家用轿车走向家庭的时间、车型以及购买和政策特点等,就属于时间类推。时间类推的关键是把握事物的发展过程是否相似,如相似性太小,那么预测效果就会较差。

②由局部类推总体。即通过抽样,调查研究某些局部或小范围的状况,预测整体和大范围的状况。例如:通过对一省一市汽车更新工作的调查,来预测全国汽车更新工作的情况。由局部类推总体时,应注意局部的特征是否反映了整体的特征,是否具有代表性,如果不是,预测就可能失败。

定性预测方法有很多种,其中最常用的是德尔菲法。该种方法是 20 世纪 40 年代末期,由美国兰德公司首创并使用的。至今,这种方法已经成为国内外广为应用的预测方法。它可以用于技术预测和经济预测，短期预测和长期预测，尤其是对于缺乏统计数据的领域，需要对很多相关因素的影响作出判断的领域，以及事物的发展在很大程度上受政策影响的领域，都是非常适合的。

该种方法的预测过程与营销调研的过程基本一致。首先由预测主持人将需要预测的问题逐一拟出，然后请专家对预测问题一一填写自己的预测看法，主持人进行分类汇总后，将一些专家意见相差较大的问题再抽出来，并附上几种典型的专家意见，请专家进行第二轮预测。如此循环往复，经过几轮预测后，专家的意见便趋向一致或者集中于几种看法上，主持人便以此作为预测结果。由于这种方法使参与预测的专家能够背靠背地充分发表自己的意见，不受权威人士态度的影响，这就保证了预测活动的民主性和科学性。

定性预测方法还有社会（用户）调查法（即面向社会公众或用户展开调查）、综合业务人员意见法（综合销售或其他业务人员意见）、小组讨论法（会议座谈形式）、单独预测集中法（由预测专家独立提出预测看法，再由预测人员予以综合）、领先指标法（利用与预测对象关系密切的某个指标变化对预测对象进行预测）、主观概率法（预测人员对预测对象未来变化的各种情况作出主观概率估计）等。

2)定量预测方法。定量预测方法是依据必要的统计资料，借用数学方法特别是数理统计方法，通过建立数学模型，对预测对象未来在数量上的表现进行预测的方法的总称。

常用的方法有时间序列分析法、因果分析预测法、市场细分集成法和需求弹性法等。

3)汽车市场预测应注意的几个问题

预测人员在实际进行预测活动时，应注意以下问题：

①政策变量。汽车市场受国家经济政策和非经济政策的影响很大。在进行汽车市场预测时，政策变量常常影响到模型曲线的拐点和走势，影响到曲线的突变点。政策变量虽然不是很好把握，但并不是不可预测的。政策的制定总有其目的性，它往往是针对某些经济或社会问题制定的，最终目的总是要促进经济和社会的稳定发展。只要预测人员加强对经济运行和政策的研究，便可以通过对未来经济运行的预知达到政策预知的目的。

②预测的方案。实际预测活动中，应尽可能多做几个预测方案，以增加决策的适应性，避免单方案造成的决策刚性。

③预测的期限。按预测时间可分为长期预测和中短期预测。一般来说，对短期预测较好的模型，不一定对长期预测也较好；反之亦然。

④预测模型。现在有将模型复杂化、多因素化的趋势，虽然这种发展趋势一般有利于提高预测的精度，因为这包括了更多因素的影响；但有时复杂模型不一定比简单模型的预测精度好，而且因素过多，对这些因素的未来走势不易判断。

⑤想象与实际。很多预测人员在预测活动开始时，就对预测对象的未来做了想象，并以此想象来不断地修正预测结果。其实这是一种本末倒置的做法，尤其是中间预测值的取舍，应力求避免这一易犯的错误。

(2)投资项目可行性研究

对于保证企业的持续盈利能力，通过扩大经营规模或寻找新的利润增长点进行投资是十分必要的，但是，为了规避投资中的风险，企业在实施投资前都应对该投资项目进行深入细致的可行性分析，在将风险控制在最低水平下的同时，保证资金的使用效率。一般

来说,进行投资项目的可行性分析主要做好以下几个方面的工作:

1)项目概况分析。首先,应对项目实施的背景和基本概况进行简要分析,对于基本投资项目,主要评估项目的投资者、建设性质、建设内容、产品服务方案、项目隶属关系以及项目得以成立的依据(立项批复文件、选址意见)等。对于更新改造项目,除上述内容外,还要评估现有企业外部的基本概况、历史沿革、组织机构、技术经济水平、自信程度、经济效益等,涉及引进外部资金的,还应对外部投资方的资信等各方面概况进行分析。

2)项目建设必要性评估。主要从企业可持续发展战略的角度对项目进行分析,论证新增投资项目对于营造持久竞争优势的意义,同时要适当考虑项目是否符合国家、地区的产业政策、发展规划和城市总体布局等因素。

3)项目市场需求分析。主要分析项目产出的产品与服务的市场状况、未来发展趋势以及企业在该项目投入运营后在市场上的竞争力状况。

4)项目生产规模的确定。在必要性评估与市场需求分析的基础上,结合项目的具体情况(如项目选址、资金筹措能力、技术和管理水平、规模经济等),确定项目的最佳经济规模。

5)项目建设生产条件评估。主要分析项目的建设施工条件能否满足项目正常实施的需要,项目的生产条件能否满足正常生产经营活动的需要。

6)投资估算与资金筹措。主要估算项目总投资额(包括建设投资、流动资金投资与建设期利息等),并制定相应的资金筹措方案和资金使用计划。

7)财务效益分析。从企业或项目的角度出发,根据收集和估算出的财务数据,以财务价格为基础,计算相应的技术经济指标,据此判断项目的财务盈利能力和清偿能力。

8)项目风险分析。主要从市场竞争和经营环境变化的角度分析投资项目的风险来源、风险规模和风险类型等有关问题,并提出规避风险的初步设想。

9)项目总评估。在上述各项评估的基础上,得出项目可行性分析的结论,并提出相应的问题和建议。

3.1.3 汽车服务企业经营计划的实施与控制

经营计划在实施时往往会出现偏差,为了保质保量地完成经营计划,就必须对经营计划的实施进行控制。

(1)经营计划控制的基本任务

1)发现偏差。在经营计划执行过程中通过各类手段和方法,分析计划的执行情况,以便发现计划执行中的问题。

2)分析偏差。分析偏差实际上是对经营计划执行过程中出现的问题和偏差进行研究,找出出现问题和偏差的原因,以便采取针对性的措施。

3)纠正偏差。根据偏差产生的原因采取针对性的纠偏对策,使企业生产经营活动能按既定的经营计划进行,或者通过修改经营计划,使它能继续指导企业生产经营活动。

(2)经营计划控制的步骤

1)确立标准。企业经营计划的指标、各种技术经济定额、技术要求等,都是检查计划执行情况的标准。

2)测定执行结果。一般可以通过统计报表和原始记录等资料来测定经营计划的执行结果。这些资料越准确、越完整,测定的结果就越准确,越能反映计划执行的实际状况,使得控制恰到好处,取得比较满意的控制效果。

3)比较执行结果。这一步骤将测定的执行结果与预期目标进行比较分析。比较分析的目的是看执行结果是否与预期目标发生偏差。比较分析的常用方法是经营计划执行情况图表。

4)纠正偏差。纠正偏差的方式有两种:一种是采取措施使经营计划的执行结果接近预期目标;另一种是修正预期目标。

(3)经营计划的实施控制方法

1)滚动计划法。滚动计划法是将计划分为若干时期,近期计划具体详细,是具体实施部分;远期计划则较为简略笼统,是准备实施部分。计划执行一定时期后,根据环境的变化和具体情况的变化,对以后各期的计划内容进行适当的修改调整,并向前延续一个新的执行期。它是一种连续、灵活、有弹性地根据一定时期计划执行情况,通过定期调整,依次将计划时期顺延,再确定计划内容的方法。

采用滚动计划法可以使计划在环境变化时具有一定的灵活性,通过适当地调整使不利因素减至最少,使各个不同周期的计划前后衔接,使企业与市场衔接。

2)PDCA 循环法。PDCA 循环法就是按照"P—计划"、"D—执行"、"C—检查"、"A—处理"四个阶段的顺序,周而复始地循环进行计划管理的一种方法。

3)综合平衡法。所谓综合平衡就是通过协调与计划要达到目标有关的因素,使其在计划期内保持合理的比例,以取得最理想的经济效益的活动。综合平衡法是计划工作的基本方法。做好综合平衡是计划工作的中心内容,也是提高计划水平的关键所在。

综合平衡要解决的核心问题,就是研究如何正确确定企业生产经营活动中的一些主要比例关系,并使这些比例关系协调一致。

拓展阅读

★傅厚扬:《汽车维修企业设计与管理》,人民交通出版社 2006 年版。

★许平:《汽车维修企业管理基础》,电子工业出版社 2005 年版。

★李兆崑:《实用汽车维修企业管理制度与指导》,机械工业出版社 2010 年版。

3.2 汽车服务企业的生产组织

3.2.1 汽车服务企业服务系统设计与能力规划

(1)汽车服务企业服务系统设计

汽车服务企业的服务系统设计是指为了满足顾客需求,企业在工作环境、工作设施、工作组织与流程、作业标准等方面作出的系统安排。服务系统的设计是一项富有创造性的工作,它需要从能够在将来提供一种与竞争对手有所不同的服务概念和战略开始,具体解决汽车服务企业的地点选择;使顾客服务和工作流程更加有效的设计和布局;服务生产能力规划与设备选择;服务人员的工作程序和工作内容以及质量保证措施等问题。

1)汽车服务企业的选址

受服务半径的影响,汽车服务企业的选址直接左右着其目标市场的选择,同时,市场的需求也会影响机构的数量、规模和特征。原则上汽车服务企业的选址追求的是利润最大化,所以汽车服务企业选址决策的重点应该放在确定业务量和收入的多少上。

汽车服务企业的选址流程主要包含商圈调查、确定营业网点位置类型、选择大体位置的备选方案、评价可供选择的店址方案和最终确定店址五个步骤。

①商圈调查。商圈是指经营某种产品或服务的某类企业的顾客分布的地理区域,它是汽车服务企业的服务辐射范围。进行商圈调查和分析可以帮助投资者了解该位置的市场概况、计算该区域内经营网点的饱和程度和竞争状况,为投资者的营销活动和经营重点确定方向。

商圈一般由主要商圈、次级商圈和边缘商圈构成。主要商圈一般容纳经销商 50%～80%的顾客,它是离经销商最近、顾客密度最大和平均营业额最高的区域;次级商圈一般包含另外 15%～25%的顾客,它位于主要商圈之外,顾客分布较分散;边缘商圈包含剩下的顾客,分布更加分散。商圈调查主要是了解拟设立汽车服务企业地域的一般经营形式、竞争者的分布、竞争者的经营特点、汽车保有量、行程所需时间和交通状况等方面的情况,根据这些实际情况描绘汽车服务企业未来客户的分布状况。

②确定营业点的位置类型。汽车服务企业在调查了可供选择的商圈之后,必须根据自身的业务规划确定位置类型,一般说来,汽车服务企业的位置可简单分为三种类型:孤立的汽车服务经营区域、无规划的汽车服务经营区域和规划的汽车服务经营区域。

a. 孤立的汽车服务经营区域。它是指单独坐落在公路或街道旁,这类企业附近没有其他服务商与之竞争。这一零售网点类型的优点是无竞争对手,一般情况下经营场所的租金相对较便宜,经营上比较灵活,在地点选择、场地规划、经营规范上相对自由,可视性强,停车较为方便。缺点是难以吸引新顾客,难以与同行形成经营业务的互补,经营品种受限,广告费用可能较高。公共设施的运行费用不能分担,成本较高。

b. 无规划的汽车服务经营区域。它是指该地区存在多家汽车销售服务商,但区域的总体布局或商店的组合方式未经长期规划。我国汽车服务市场发展早期形成的汽车销售大市场或汽车维修服务一条街就是这类经营场所的典型代表,这一类经营区域客流量比较大,但相应的仓储、物流、交通、停车等配套设施由于缺乏统一规划,一般条件有限,整体形象也较差。但由于较多经营者在这一地区集中经营,在经营品种、库存数量上相互补充,适合于顾客一站式的购物需求,但同行之间的竞争也激烈。

c. 规划的汽车服务经营区域。它是指经由统一规划、统一建设在一起的汽车服务经营区域。如各地在政府统一规划下建设的汽车销售服务区域,其产权和管理相对集中,配套设施齐备,集中了众多经营不同品牌、不同类别汽车销售服务商,其在经营上也具有鲜明的特点。它的优点是由于集中经营,统一规划协调,公共设施的运行费用共同分摊,成本较低。在统一规划下,各汽车服务企业能够建立和分享以相对良好的共有品牌和形象。各汽车服务企业的客流在集中经营区域中最大,租金和税收通常较低。经销商的经营品种和库存相互补充,更适合从事专业化经营的汽车服务商的发展。缺点是由于经营场所统一规划，单个汽车服务企业经营的灵活性受到一定的影响，同行之间竞争激烈，同一区域不同地段客流分布对经营绩效影响大。公共设施使用强度大，易于造成设备老化。

各种不同类型的经营地点具有不同的优势和不足，汽车服务企业可根据自身的经营战略规划，对每一类地点做出慎重评价，选择适合自己业务发展的类型。

③选择汽车服务企业位置的备选方案投资者在根据自身的业务规划综合考虑了众多备选地点的商圈状况后，可初步列出基本满足设立汽车服务企业条件的地点进行仔细的评估。

④评估可供选择的店址方案。投资者在确定了汽车服务企业位置的备选方案后，则应根据每一个方案涉及的具体商业环境因素和市场环境因素对其进行仔细评估，评估时主要考虑以下几个方面的因素：

a. 所选地区人口情况；

b. 所选地区的消费者购买力；

c. 地区竞争情况；

d. 竞争水平；

e. 企业的独特性及竞争对手的选址；

f. 设施的物质水平和相邻产业情况。

⑤服务机构的最终位置研究。汽车服务企业的选址不仅要考虑地点选择，而且还要考虑可利用的不动产。一般影响最终决策因素有：

a. 交通：能够表明潜在购买能力的交通流量和道路的方便性；

b. 可视性：距离街道是否有障碍，标牌放置；

c. 停车：充足的停车位；

d. 扩展性：便于扩展的房屋或场地；

e. 环境：能说明完成服务工作的周围条件；

f. 竞争性：竞争对手的定位；

g. 政府：区域限制，税收。

2）汽车服务企业的环境

①汽车服务企业经营环境。汽车服务企业的经营环境直接影响着其品牌形象建设，合理的环境布置有利于将各种静态因素变成各种动态的竞争优势。

在一般情况下，服务场所有三个主要组成部分：环境条件；空间布置及其功能性；徽牌、标志和装饰品。汽车服务企业的环境条件是指运行场所的背景特征，如装修、噪声、音乐、照明、温度等，这些都包含影响雇员的具体表现和士气的因素，同时也影响了顾客对服务的满意程度、顾客的逗留时间以及顾客的消费。空间布置及其功能性则是服务场所的功能区、设施的布置。徽牌、标志和装饰品是服务场所中有重要社会意义的标识物，这些物品与周围环境常常体现了建筑物的风格。一般来说，汽车厂商都向旗下的汽车销售服务企业提出了详细具体的环境布置和形象建设要求，总体布局和外观形象严格符合统一的 CI 设计，并将企业经营理念、经营方针、价值观和文化特征等整体传达给企业员工和社会大众。其原则一般包含以下几点：

a. 所有的环境和设施应始终保持清洁整齐，建筑物及其他实施保持完好，绿化完整；

b. 所有的通道都应设立通行标识并且无障碍，方便出入；

c. 所有业务部门和相应业务岗位均应设置相应指示牌以方便顾客识读和寻找；

d. 经营环境中应保持充足的照明，有必要时还应对招牌和其他的重要指示进行补充照明；

e. 人员着装统一整齐，并应佩戴胸卡以方便客户识别；

f. 重要的服务项目、服务内容和服务流程等信息应公开展示；

g. 接待区域办公用品摆放整齐，客户休息区提供适量休息、娱乐设施和茶水；

h. 作业区域必须合理规划以保证作业安全、环保和作业效率；

i. 维修、钣喷车间应相互独立分割；

j. 应设置废气、废水、废油的集中排放及存放设备。

②仓库布置。仓库布置总的原则就是寻找一种布置方案，使得总搬运量最小。对于汽车服务企业而言，其仓库主要分为两类，一类是商品车仓库，一类是备品备件仓库。商品车仓库较为简单，其建设标准符合一般停车场要求即可。

汽车服务企业的备件仓库，在总体布局上首先应留出可以让送配件的车辆进出的通道及卸货处理区，以用作卸货和清点配件。根据业务量的大小，配件仓库应设计足够的仓储面积和高度，保证多层货架的安装，保证进货、发货通道的畅通。地面最好涂上树脂漆以防灰尘。库房内应设立独立的危险品放置区和索赔件存放区，配备相应的通风防盗设施并保证光线明亮、充足、分布均匀。通道宽度的设计不仅要满足人员通过的要求，还必须方便配件存取。库位的设定应根据拣货、搬运的方便性与零件的出货频次及每次出货量的关系来综合考虑。在货架中应专门设立一排库位作为缺料预约零件的存放，并有可插信息卡的地方。该信息卡上应包含零件号、中文名称、车牌号、维修工单号、预计使用日期，以便于跟踪并及时为客户修理。

③办公室布置。办公室布置对于办公效率的提高、工作人员劳动生产率的提高以及改善工作质量都有重要意义。

办公室工作的处理对象主要是信息以及组织内外的来访者，因此，信息的传递和交流方便与否，来访者办事是否方便、快速是主要的考虑因素。其中信息的传递和交流不但包括各种书面文件、电子信息的传递，而且还包括人与人之间的信息传递和交流。对于需要跨越多个部门才能完成的工作，部门之间的相对地理位置也是一个重要问题。办公室布置需要考虑的另一个主要因素是办公室人员的劳动生产率。当办公室人员主要是由高智力、高工资的专业技术人员所构成时，劳动生产率的提高就具有更重要的意义。所以要根据工作性质的不同、工作目标的不同来考虑什么样的布置更有利于生产率的提高。例如，在财务、备件储运部门，开放式的大办公室布置使人们感到交流方便，促进了工作效率的提高；而在市场推广、人力资源管理等部门，这种开放式的办公室布置可能会使员工们感到干扰，无法专心工作。

尽管办公室布置根据行业的不同、工作任务的不同有多种，但仍然存在几种基本的模式。一种是传统的封闭式办公室，办公楼被分割成多个小房间。这种布置可以保持工作人员足够的独立性，但却不利于人与人之间的信息交流和传递，使人与人之间产生了疏远感，也不利于上下级的沟通，而且几乎没有改变和调整布局的余地。但值得注意的是随着信息技术的发展，网络技术能将处于不同地点的人们联系在一起，共同完成工作。另一种方式是开放式办公室布置。在一间很大的办公室里，同时容纳一个或几个部门的人员工作。这种布置方式不但方便了同事之间的交流，而且还方便了部门领导和一般职员的交流，在某种程度上消除了等级的隔阂。但这种方式的一个弊端是，有时会相互干扰，会带来职员之间的闲聊等。因此，后来进一步发展起来的一种布置是带有半截屏风的组合办公模块。这种布置既利用了开放式办公室布置的优点，又在某种程度上避免了开放式布置情况下的相互干扰、闲聊等毛病。而且，这种模块式布置有很大的柔性，可随时根据情况进行调整和布置。

④服务设施的设计。服务运营直接受到设施设计的影响。良好的设计和布局可以吸引顾客、并使他们感到舒适、安全等。

影响汽车服务企业的设施设计的主要因素有：

a. 服务组织的性质和目标。核心服务的性质应该决定其设计的参数。例如，仅仅提供维修服务的汽车服务企业与"4S"品牌经营店因其经营性质的不同就决定了他们对服务内容和服务设施的要求不同。汽车快修店与大型维修企业因服务对象的差异也带来了他们在设施上的明显差异。应该注意的是，外部的设计可以为服务的内在性质提供暗示。

b. 地面的有效性和空间的需要。用于服务设施上的土地资源通常要受到很多的限制，比如成本、规划要求以及实际面积。良好的设计必须考虑到所有这些限制。在市区，土地是超值的，建筑物只能向上发展，为了有效利用相对较小的空间，在他们的设计中必须表现出巨大的创造性和灵活性。另外，任何情况下，都应当为将来的扩展留出空间。

c. 柔性。成功的汽车服务企业是可以适应需求数量和性质变化的动态组织。服务对需求的适应如何，在很大程度上取决于当初设计时所赋予的柔性。柔性也可以称之为"为未来而设计"。面对未来的设计常常能够转化成财务上的节约。在设计阶段就应考虑以下问题：怎样设计才能满足当前服务的未来扩张；怎样设计设施才能适用于将来新的或不同的服务开展。

d. 美学因素。设计的美学因素在消费者的感觉和行为上有着显著的影响，同时，它们也影响了雇员及其提供的服务。

f. 社会和环境。在进行设施规划时必须要考虑对社会和环境的影响。所有的设计必须符合行业管理、城市规划、环保以及其他法律法规的要求，必须考虑与汽车服务企业周边社会的和谐相处。

3)服务设施的布局

②环境心理和定向。定向是指当一个人进入到一个地方时的第一行为需要，它包括地点定向问题和功能定向问题。当进入某一环境时，顾客可以利用空间线索以及先前的经验获得控制，来确定他们现在在哪里，将要去哪里，以及他们需要做什么。如果空间线索不存在或先前经验无法用来避免定向力障碍，可能会导致顾客的焦虑和无助。一般情况下，汽车服务企业在进行服务设施设计时可以通过合并如下各项的设施设计来减弱定向力障碍：可以通过在服务设施中设置有形线索提示顾客先前的愉快经历，这样就能大大降低顾客在消费过程中的焦虑、无助感和对风险的感知。特许连锁经营的统一服务设计就是成功地运用了这一概念。也可以在进行服务设施设计时，使顾客穿越空间进行观察，

使服务流程、服务地点及有关服务信息在整个空间中可以被一眼看到并表达出它的概念，同时，允许顾客观察其他人的活动以获得行为方面的线索。另外，在适当的位置提供详尽的指示牌或服务说明，巧妙地安置植物、艺术品和招贴画也能大大改善顾客的定向障碍。

②服务设施的布局。对于汽车服务企业的服务设施设计来说，服务设施的布局对于为顾客和服务者提供方便十分重要。一个不合理的布局可能会使服务人员从事大量与服务无关的辅助活动而大大降低服务效率。

a. 服务区域布局和服务线平衡问题。有些标准的服务可以被分解为一系列的所有消费者必须经历的非柔性的步骤或操作。例如，顾客在汽车服务企业完成服务后的结算过程中，必须经历在服务顾问处获得结算清单、到财务部门出纳窗口交费、获取发票然后再回到服务部门领取车钥匙和出门证等一系列过程。安排这样的服务需要在不同的服务者之间分配任务，使生成的工作需要近似相等的时间。为每个顾客花费时间最多的工作会成为瓶颈，并且限定了完成这套服务流程的服务线的服务能力。对服务线能力的任何改变都需要注意瓶颈作业，只有解决了瓶颈问题，才能提高整体的服务能力。为解决瓶颈问题，一般有这样几种解决方法：为这项工作增加工人、提供帮助以减少作业时间或重组任务，以形成新的不同作业分配平衡的服务线。

一条良好平衡的服务线应该使所有工作的持续时间基本相等，以避免在工作转移过程中出现不必要的空闲和积压。

b. 过程布局与相对位置问题。在过程布局中，执行相似任务或承担相同责任的服务人员被分成一组。过程布局允许顾客定义服务作业系统，以满足他们的需要，进而承担一定程度的定制。过程布局也允许服务适应用户的要求以求提供个性化的服务。定制服务能力要求服务提供者具有更高技能，并且拥有辨别个性化服务能力以满足顾客需求。从服务提供者的角度来看，顾客的流动是间歇性的，这就需要每个部门都有等待的区域。在每个部门中需求的不同决定了顾客选择不同的服务系列，并且通过所提供的服务满足不同的需求。

(2)汽车服务企业生产能力规划

汽车服务企业服务能力一般指服务企业单位时间内完成的服务工作量(工时)。汽车服务企业服务能力与企业的场地面积、设备配置等有关。

1)汽车服务企业占地面积的确定

汽车服务企业占地面积一般可按照以下方法确定：占地面积等于汽车服务企业的建筑面积与露天停车场面积之和。

2)汽车服务企业的设备配置

汽车服务企业设备包括五种类型：

① 通用设备类，如车床；

② 专用设备类，如烤漆设备；

③ 检测设备类，如动平衡机；

④ 台架设备类，如各总成检修台；

⑤ 电教、通信和办公设备类，如投影仪、传真机等。

按照我国的行业管理规定，不同级别的汽车维修企业其设备配置应达到一定的标准

（参见国家《汽车维修开业条件》，GB/T 16739.1—1997）。另外，各大汽车厂商在进行其销售服务网点建设时，也对服务网点的维修设备提出了相应要求。

在确定汽车服务企业的设备种类之后，还需要确定每一种设备所需的数量，一般来说可简单地以估算对每一种设备所需的全年服务工时数除以每台设备每年理论上所能够提供的服务工时数来确定。

3.2.2 汽车服务企业服务流程设计

（1）服务流程设计的影响要素

从进行有效管理的角度看，汽车服务企业中各种实际业务都应进行合理的流程设计以保证服务质量和提高管理效率。但不同的业务因其服务性质和服务对象的不同，在具体的流程设计过程中又具有各自的特点。总的来说，汽车服务企业的服务流程设计有以下三个影响因素：

1）差异性的程度。这里所说的差异性是指服务过程中服务情景变化的多样性。低差异性的服务简单重复，对服务人员的要求不高，可通过范围狭窄的集中的服务或制定详细的操作流程、操作标准获得高的服务效率。也可以适当使用自动化设备来更多地代替人力，减少服务人员的判断，实现稳定的服务质量。高差异性的服务，完成工作则需要较多的灵活性和判断力，同时在顾客和服务人员之间要适时地进行信息沟通，这就使得此类服务过程无固定模式可循，且未被严格界定，因此需要高水平的技巧和分析技能。因此，为了使客户满意，在进行高差异性服务流程设计时，应该授予服务人员较大的自主决策权。

2）服务过程的客体。当涉及实体产品时，一定要分清楚它是属于顾客提供的还是属于公司提供的辅助产品。如果服务作用的客体是属于顾客的，那么服务流程就应作出适当安排以保证工作人员不要让它有任何损坏；在一些服务中，服务企业提供辅助产品，并将其作为服务包的重要组成部分，这时，必须考虑这些辅助产品适当的库存和质量。

3）顾客参与的类型。顾客有三种基本方式参与服务传递。第一，在服务过程中顾客与员工直接参与。在这种情况下，顾客会对服务环境有彻底的了解。例如在汽车贷款申请过程中，需要顾客与汽车销售服务企业和银行员工直接会晤。第二，顾客在家中或办公室通过电子媒介间接参与。顾客就车辆保养中的小问题通过电话在家与汽车服务企业的服务顾问沟通，获取建议就是这种情况。第三，有的服务可以在完全没有客户参与的条件下完成。如顾客分期付款记账由银行后台人员就可完成。顾客直接参与又可以分为两类：与服务人员无交互作用（自助服务）和与服务人员有交互作用。

顾客间接参与或没有参与的服务过程，可能不会受到由于顾客的出现而在服务过程中产生某些问题的限制。由于顾客与服务传递系统分割开来，通常可以看成是企业内部的“制造”活动，所以可以采取更类似于制造业的有关方法，可以在关于场所选址、人员配置、工作安排、员工培训等问题的决策时，可以从效率的角度来考虑。

（2）服务系统设计的方法

汽车维修企业的主要业务是汽车的维护保养、故障检查和排除以及事故汽车的修理等工作。为了顺利开展并有效地管理这些业务，需要相应的工作流程。维修服务流程实际上就是汽车维修企业的业务管理流程。一个汽车维修企业是否有一套科学完整的业务流程以及这种业务流程执行的是否全面和细致，直接体现了企业的经营管理水平。

对维修服务流程狭义的理解是从车辆进厂接待开始，经过任务委托书、派工、维修作业、质量检验、试车、结算和车辆交付出厂这样一个过程，这也是多数修理企业常见的传统流程。而对维修服务流程广义的理解是不但包括从车辆进厂到出厂的这样一个传统的全过程，而且还包括车辆进厂前的预约、准备工作和车辆交付出厂后的跟踪回访工作。

预约是同用户预先约好何时维修和维修什么项目。预约有主动预约和被动预约两种，用户主动打电话与维修企业联系，对于维修企业来说是被动预约；维修企业积极主动地给用户打电话称为主动预约。

完成预约工作之后，为了能够按照维修企业给用户的承诺，在进行维修之前还应做好必要的准备工作，如人员、工位、配件等方面的准备。

跟踪回访工作是为了了解用户车辆维修出厂后对维修服务工作的满意程度，而专门与用户进行的联系工作，一般采用电话沟通方式。

综上所述，标准全面的维修服务流程应当是以下过程：预约、准备工作、接车处理、维修作业、交车准备、结算/交车、跟踪回访，如图 3-1 所示。

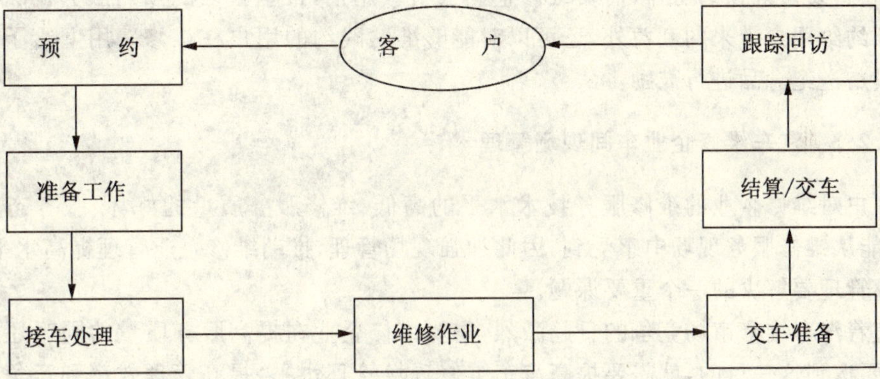

图 3-1　标准全面的维修服务流程

汽车维修企业的业务核心流程是预约。许多用户因时间的原因不可能对自己的车辆时时关注，同时用户的汽车专业知识也不一定十分丰富，不一定了解车辆何时需要何种维护或修理，这就需要维修企业定期地对用户进行电话访问，及时了解车辆的使用状况，提出合理的维修建议，根据用户的时间和维修企业的生产情况进行积极主动的合理安排，这样称为主动预约。主动预约不但体现维修企业对用户的关怀、增进与用户之间的感情交流，而且还是服务营销工作向用户展示维修企业的服务形象、介绍和推销维修企业的服务、增加维修企业的业务量、提高营业收入的需要。

通过做好预约服务，维修企业可以合理安排生产，避免客户集中时很忙碌，对客户的接待和维修工作质量有可能受影响；客户稀少时，接待和维修任务不饱满，能力闲置，资源浪费的现象发生。为了均衡维修企业的维修生产，需要用户有计划、有秩序地进厂维修，这就是预约式维修服务的意义所在。

在维修企业，同用户的预约工作一般由业务接待或用户顾问来完成。在进行预约之前应该清楚两方面的情况：一方面应当了解用户信息和用户的车辆情况，如用户的名称、联系方式、车辆牌照号、车辆型号、行驶里程数、以往的维修情况、车辆需要做何种维护或有何种故障现象需要何种维修等；另一方面需要了解本厂的维修生产情况和收费情况，如维修车间是否可以安排工位、维修工，专用工具、资料是否可用，相应的配件是否有现货或何时到货，相应维修项目的工时费和材料费等。如果预约人员对上面情况很清楚，那么同用户做预约就会得心应手，也显得非常专业，同用户的沟通交流也就很方便。如果预约人员当时不清楚情况，就需要及时了解清楚之后再同用户电话确认。不要不清楚情况就盲目预约，以免到时无法践约给用户造成时间损失，引起用户抱怨，影响维修企业信誉。

同用户的预约一般通过电话来实现，电话是一种有声的名片，代表着维修企业形象，电话沟通交流技巧也是一门艺术，因此预约人员需要专门的电话培训。

预约人员同用户做好预约之后应当及时做好记录汇总，以便有据可查。如有必要，预约人员在客户到来之前(比如与用户约定修车的前一天)对用户进行一次电话提醒，对预约进行进一步的确认。

在设计服务系统时还要注意处理好客户未按预约而来进行维修的情况，既要合理地留有预约维修车辆的余量，又要保证企业工作效率。

当然，要做好预约工作，需要维修企业去引导用户，推销自己的预约服务。除了大力宣传预约给用户带来的利益外，还可以对能够准时践约的用户在维修费用上给予适当的优惠或赠送纪念品进行鼓励。

3.2.3 汽车维修企业车间现场管理

客户对维修企业的维修服务技术水平的高低、维修服务质量的好坏、服务态度的优劣，都能从维修服务现场中感受到，因此加强现场管理，推动维修企业管理提高水平，是维修企业管理要解决的一个重要课题。

随着汽车维修市场竞争的日趋激烈，需要维修企业在提高服务质量的同时还要降低成本，要达到这一目的，就需要提高汽车维修现场管理水平，提高管理效率和竞争力。改善企业运营绩效的关键在于现场管理。现场管理是维修企业管理的一个重要组成部分，是维修第一线的综合管理，现场管理的好坏直接影响着维修服务质量和维修企业经济效益，也是维修企业占领市场、拓宽市场的坚实基础。

维修现场管理就是运用科学的管理思想、方法和手段对维修现场的各种维修要素进行合理的配置和优化组合，通过计划、组织、控制、协调、激励等管理职能，实现优质、高效、低耗、均衡、安全、文明的维修。

维修现场的各种维修要素包括人员(操作者、管理者)、机器设备、原材料、工艺和检测方法、环境和信息等。

维修现场是一个动态的作业环境，实际的情况每时每刻都发生着变化，不同的作业内容可能会出现不同的问题。这就需要我们加强现场管理，理顺各种关系，建立一个文明、整洁、有序、舒畅的维修作业现场，提高维修效率和保障生产安全，真正做到安全和维修的高度统一。

维修现场管理的重要性主要体现在下面几个方面：

(1)提高维修企业管理水平的需要

建立现场管理体系，是提高维修企业管理水平的必然。从全局看，我国大多数维修企业的现场管理水平还比较落后。有的维修企业注重抓市场而忽视抓现场，维修企业管理水平不高。我国维修企业现场管理成效不显著的原因，最关键是未对现场管理进行系统的管理，往往注意了一方面的工作改进，而忽视各项工作的配套改善；往往强调了各专业管理的重要性，而不注意它们在维修现场的协调配合，因而各项专业管理自成体系，整体功能发挥不好。要克服这种综合管理较“弱”的现象，就必须把现场管理的各个环节组织起来，由线到面，从面到体，形成一个严密、完整、高效的现场管理体系，这既是现场管理的需要，也是维修企业管理深入发展的必然结果。现场管理体系的建立，可以保证维修企业从现场整体出发，而不是从某个专业管理出发，有联系而不是割裂地分析现场产生的问题，解决现场的问题，使现场管理标准化、程序化、高效率化，这就从根本上解决了通过现场管理推动维修企业管理提高水平的问题。加强现场管理体系的建设，是维修企业管理深化的重要标志。

(2)适应市场经济的需要

在当前维修企业面临加快转换经营机制，建立现代维修企业制度，以适应市场经济的新形势下，建立现场管理体系就更为必要，更为迫切。维修企业也必须靠优质的维修服务占领市场，只有这样，才能在市场上立于不败之地。市场与现场是“前后工序”的关系，密不可分，内抓现场，外抓市场，是维修企业维修经营的两个重要环节，都要抓住，并且要抓好。从这个形势要求出发，建立一个与市场紧密连接的完整的现场管理体系，是适应当前经济发展的当务之急。

(3)与国际标准接轨的需要

建立现场管理体系，是市场经济与国际标准接轨的必然要求。随着市场经济的发展及国内、国际交流的增多，作为维修企业就必须以良好的现场管理来树立良好的维修企业形象，以增强市场对维修企业、维修服务的信任感和提高维修企业信誉及知名度。

(4)管理优化的需要

建立现场管理体系是维修企业管理优化的必然要求。现场管理要求维修企业的各项专业管理、各项基础管理和现代化管理都要与维修现场有机结合并予以落实。维修企业管理优化必须建立在优化各种专业管理并使其在现场相互协调配合的基础上。因此，抓住现场管理，也就抓住了维修企业管理优化的关键。

【案例】

济南某丰田汽车销售服务公司的车间调度管理制度。

车间调度管理制度为了保障生产有序、高效进行，制定本制度：

1. 生产调度工作的主要任务：以生产作业的维修单为依据，合理组织企业的日常生产活动，经常检查维修作业过程情况，及时、有效地调整和处理生产过程中的异常情况，组织新的平衡，保证全面完成生产任务。

2. 每日开班前，应检查生产准备情况，包括班组人员到位情况，设备工具准备情况，配件供应或修复待装情况，督促和协助有关部门、班组按时做好多项生产准备工作。

3. 根据当日安排的作业“维修单”，及时、均衡地安排班组进行作业。调度指令必须绝对服从。班组或员工个人对调度有意见，必须先执行指令。下班后再提意见，必要时可向经理报告。

4. 对车间进行周期性巡视检查，不断地到各个作业工位检查工作情况，发现异常，及时处理和协调。一般情况下，每班次(4小时)车间巡查不少于4次，每次不少于25分钟。

5. 根据生产需要，合理组织，调剂作业安排，以确保各工位之间的有效配合。当班组作业完成时，及时通知技术检验员迅速到工位检验。

6. 经常与配件部联系，了解配件情况，督促配件部及时把配件供应到车间班组。

7. 出现维修增加项目情况时，应立即与客户取得联系。在接到客户同意增项处理意见时，应及时通知班组进行增项作业。

8. 检查督促车间合理使用和维护设备。一是检查、督促操作者按章操作；二是检查、督促设备工具的日常维护保养，禁止设备带病运行；三是督促和检查有关单位和班组严格执行设备维修规定。

9. 做好车间生产作业安排的记录，统计和分析，及时总结生产过程中的问题与经验，并负责完成该工作报告。

10. 督促车间文明环境建设、每日检查生产现场，经常引导教育员工文明施工，爱护环境、爱护设备、爱护车辆，遵守安全生产规定，保持车间整洁的卫生环境。

11. 组织好生产调度会，对全车间的典型问题或情况，要及时告诉员工，以吸取教训；对工作中的优良表现，要予以表扬，以鼓励员工积极向上。调度人员在调度会前安排好准备工作，要以专业管理者的态度发言，简明扼要，启发号召力强。

【案例】

济南某丰田汽车销售服务公司的设备管理制度。

一、设备管理

技术部门设专职技术员，负责全厂的设备管理工作。设专职或兼职设备管理员，为保证设备完好的技术状况，充分地发挥设备潜力，提高工作效率，制定设备制度。

1. 负责全厂设备维修及重点设备的定期保养和制定设备的采购计划。

2. 部门应指定一(或两名)兼职设备管理员负责本部门设备管理，其主要职责是督促指导本部门员工按安全技术操作规定正确使用设备，保养设备，同时负责向厂部提出设备维修计划。

3. 所有设备操作人员必须培训上岗，建立设备的技术档案，维修技术资料的管理由专职技术员负责。

4. 专职技术员按计划对各部门设备进行检查鉴定，及时上报厂部。

二、设备维修与保养

本厂设备维修保养实行日常维护、例行保养、季度保养、年度保养的制度。

1. 例行保养

(1)设备启用前应先检查设备状况是否良好，各操作手柄，是否灵活可靠，设备各部有无异常情况，确认技术状况正常方可开机。

(2)操作过程中或工作完成后，应清除设备存留的铁屑、污物，对设备进行一次清洁维护，并将设备放置原位切断电源。

2. 季度保养

(1)全部设备清洁,润滑。

(2)拆洗各润滑油毡,清除污物,加换新润滑油,检查举升器油量,必要时加注。

(3)全面检查各传动部位,如发现松动、失调,应及时进行处理。严格检查液压、气压部件是否泄漏并处理,清洗油水分离器。

(4)严格检查自动控制开关、电源插头、座、线路接头、操作手柄等是否灵活、正常,发现问题应及时解决。

3. 年度保养

(1)执行季度保养的全部内容。

(2)按设备使用规定更换或过滤液压油,并清洗容器和过滤系统。

(3)清洗密封传动件,更换油封或紧固部件,调整各部位。

(4)测试电机及电器安全性能检查并检查设备精度及各项性能。日常维护由各班组指定专人负责,不能处理的及时上报。

(5)设备保养计划由专职技术员根据设备使用率、技术状况编制下达各部门。部门主管、车间主任应在计划内组织实施。

拓展阅读

★傅厚扬:《汽车维修企业设计与管理》,人民交通出版社2006年版。

★庞远智:《汽车运输企业机务管理》,重庆大学出版社2008年版。

★王一斐:《汽车维修企业管理》,机械工业出版社2008年版。

★倪勇:《汽车4S企业管理制度与前台接待》,机械工业出版社2009年版。

3.3 汽车服务企业运营管理

汽车服务企业的运营效率直接影响着企业生产成本和服务质量等一系列决定企业持久竞争优势的关键因素。随着近年来汽车服务市场的发展和经营模式的演变,市场竞争日益激烈,同时汽车服务企业的规模和业务范围不断扩大,使得汽车服务企业的运营管理不再是一个简单的常规决策过程,其复杂性和难度大大提高。为此,现代汽车服务企业的管理者应从系统的观点出发,整合企业的资源,对服务系统不断创新,以适应市场需求的变化。

3.3.1 汽车服务企业服务供给与服务需求

汽车服务企业在实际运作中往往面临服务能力供给和维修业务需求难以达到平衡的状况,在维修业务需求高峰期,由于服务设施的接待量有限造成顾客流失;而在非维修业务需求高峰期,服务能力有时大量闲置,造成不必要的损失。这是由于服务产品具有不可储存性和易逝性等特点,无法像制造企业那样预先对服务产品作出安排以平抑供给和需求的波动,因此必须制定相应的管理措施以实现需求与供给的平衡,提高服务企业的运营效率和收益能力。

在汽车服务企业的实际运营过程中，服务能力与服务需求之间的完全平衡是很难达到的，不平衡是绝对的，而平衡则是相对的。常见的服务能力与服务需求不平衡的现象有两类，一类是服务能力相对固定，而服务需求是波动的。例如，如果不作出特别安排，汽车服务企业的场地、设施、人力资源相对固定，因此服务能力基本稳定，而维修业务需求却可能受社会文化和工作和生活习惯的影响。另一类是服务能力和服务需求都发生波动的情形，会出现服务供给与服务需求平衡、服务供给大于服务需求和服务供给小于服务需求等三种情况，服务需求与服务供给只会在两条曲线相交或重合时才能达到均衡。这类现象通常由随机事件引起。例如，汽车服务企业为了满足即将到来的夏季对车辆空调系统保养的需求，并通过促销以期提高在该短期季节性市场中的份额，但当年气候反常，入夏较晚，气温上升缓慢，这就造成预先准备的服务能力在一段时间内相对过剩及广告投入的浪费。

3.3.2 服务能力与服务需求平衡的管理

通过以上的分析可以看出，造成服务能力与服务需求不平衡的原因主要来自两个方面，第一个方面来自服务提供者，从经济利益的角度考虑，服务提供者通常并不按最大需求来设置自己的服务能力，而是按照正常需求量来安排服务能力。这是因为按最大需求量安排服务能力会带来服务能力的闲置，进而增大运营成本。第二个方面的原因来自顾客需求的变化，顾客需求具有非确定性，社会、经济和环境等因素的变化都可能对顾客需求带来影响。由此可见，如何实现相对固定的服务能力与随机波动的服务需求之间的平衡是服务管理的重点和难点问题，它涉及服务供给和服务需求两个方面的管理，对服务供给方面主要是调整服务能力以适应服务需求，而对服务需求方面而言则是采取各种措施减少服务需求的不确定性。

(1)汽车服务企业服务需求管理策略

服务需求是随机波动的，这就对企业的应变能力提出了较高的要求。企业要运用服务系统通过使用主动和被动的方法来调节需求。通过调节需求，可以降低服务需求周期性的变化。虽然顾客到来的时间间隔总是随机的，但平均到达率在长期中将会是稳定的。因此，为了做好服务供给与服务需求的平衡工作，可以采用如下方法调节需求：

1)储存需求策略。如前所述，服务的一个重要特征是不可储存性，汽车服务企业面临的供需矛盾不能用库存解决。但需求可以“储存”，所谓“储存”其实质是把服务高峰时不能满足的需求滞后或分散，利用顾客能接受的“时间差”或“空间差”，解决在一定生产能力下的服务需求过剩矛盾。

① 排队策略。排队策略即让顾客排队等候服务，但汽车服务企业应主动给予一定的补偿，减轻排队给顾客带来的负面影响。实行排队策略的前提是，根据汽车服务企业所提供的不同服务的性质，确定顾客能接受的最长等待时间。企业让顾客等待的时间，不能超过这个时间，否则便会使潜在的利润流失，并会动摇企业在顾客心目中的形象。

当需求高于生产能力时，服务企业按先来后到的原则提供服务，同时为那些等待服务的顾客提供良好的补偿环境，如舒适优雅的氛围、消遣的书籍杂志、娱乐项目、食物及饮料以及为服务提供适当价格折扣等。

② 建立预约系统。预订等于预先提供了潜在服务。这一方法在汽车服务企业中的应用，作用尤为明显，通过需求划分和建立预约系统可以帮助服务管理人员缓解供需矛盾，避免经济损失。汽车服务企业可根据顾客预约和主动以电话回访等形式主动收集预约信息，在服务能力超过需求时，预约能够挖掘潜在需求，蚕食竞争对手的市场；当预约服务需求超过服务能力时，汽车服务企业能及时将过剩的需求转移到其他时间，或将顾客转移到企业的另一连锁服务窗口，有效维持需求的规模。同时维修企业甚至可以从预约系统中预测自己的需求周期，为合理地安排生产提供依据。预约服务还可以通过减少等候时间和保证随时提供服务来使顾客受益，创造竞争优势。

为了避免因为顾客未能履行其预订时而产生的服务能力过剩问题，汽车服务企业可在仔细分析以往预约记录的基础上尝试超额预订的策略。即通过接受数量超过服务能力的预订，以防范出现大量顾客未履行预约的风险。当然，接受太多的预约也需要承担一定的风险，一个好的超额预订策略应该既能最大限度地降低由服务设施空闲产生的机会成本，又能最大限度地降低由于未能提供预约服务而带来的负面影响。因此，采用超额预订策略需要对一线员工（如汽车服务企业的前台服务人员和服务顾问等）进行培训，以应付那些未能获得预约服务的客人。

2)通过提供价格诱因改变需求。价格机制是最常用的平衡供求矛盾的方式，但运用在服务业情况就很不一样。在使用价格机制平衡供求矛盾时，要具体分析服务本身的特性，了解其需求规律，正确使用定价策略，在具体制定价格时，首先要找到均衡点。

3)服务产品改变策略。服务产品改变策略主要是针对顾客的不同特点，在产品组合的广度和深度上作出改进，创造或引导消费者需求变化，并给予满足。通过提供更加丰富的服务产品组合，能够使服务产品线之间在需求的波动上相互抵消，从而在整体达到平抑需求波动的目的。例如越来越多的汽车销售服务企业提供更多清洗、美容等日常维护的选择（这些选择在普通维修保养中并不一定是必需的），在服务区周围开设小酒吧、汽车相关纪念品销售门市等服务，这些举措既可以为汽车服务企业带来利润，又可以缓解顾客焦急等待的心情。

4)信息沟通。信息沟通往往伴随以上策略同时进行。实施定价策略、产品变化策略时，必须把这些信息及时准确地传达给消费者，这关系到各种策略能否达到预定目标。除此之外，信息沟通自身也可帮助缓解高峰需求。汽车服务企业利用广告和其他促销手段告知服务高峰期，并鼓励消费者避开这样的时间，而选择在不拥挤的时间获得更快、更舒适的高质量服务。例如，“黄金周”来临之前，汽车服务企业可提前一定时间开展与驾车出游相应的维修、保养服务，并通过电话、平面广告、户外招贴等形式广泛传递相应信息，使得相对集中的需求分散到一个相对较长的时段内。这些信息的沟通起到了很好的效果，并有利于企业培养与顾客之间的良好关系。

(2)汽车服务企业供给管理策略

对于汽车服务企业来说，要使其需求均匀是非常困难的，没有什么办法能够从根本上改变需求的波动性，因此，在采取措施平抑需求的波动性的同时，还应考虑通过调节服务供给来与需求匹配。

1)应用每日工作班次计划。通过仔细制定工作班次计划，可以使服务供给水平接近于需求。工作班次计划对于面临周期性需求的汽车服务企业来说是一个重要的人员安排问题，该方法首先要对每单位时间内的需求进行预测（单位时间根据班次计划的时间跨度不同，可以是天也可以是月，视具体情况而定），将这种预测转化为单位时间内对服务人员的需求。然后根据需求制定工作时间或班次的计划，以便尽可能地适应人员安排要求。最后，要将特定服务人员分配到不同的工作时间、工作班次中去。

2）创造可调整的能力。通过将服务系统设计得更具柔性化，使服务能力具有一定的弹性。例如，汽车服务企业可将一些非核心的延伸服务内容适当外包，在服务能力超过需求时，这些服务项目可由汽车服务企业自行完成以获取更多收益；一旦需求超过服务能力，汽车服务企业则可将这类服务项目交由战略合作伙伴完成，以保持市场份额。另外，通过有效使用空闲时间也可以扩大高峰期的服务能力。空闲时完成一些辅助性的工作，可以使员工在高峰期将精力和时间专注于必要的工作以提高工作效率，满足需求。这种策略要求对员工进行一些交叉培训，以便他们能够在非高峰期完成一些不接触顾客的工作。

3）共享能力。服务传递系统在进行服务设施设计和规划时，应适当考虑有关设备的通用性，这样，当几个同时进行的服务项目出现供需不平衡时，就可利用相对供过于求的服务项目的设施为那些供不应求的服务项目提供额外服务，从而实现调整汽车服务企业整体服务能力的目的。

4）交叉培训员工。汽车服务企业的服务项目一般由几种作业构成。当一种作业繁忙时，另一种作业可能闲置。交叉培训员工，使其能够从事几种作业中的工作，创造灵活的工作能力来满足高峰需求。以维修为例，当机械修理项目的服务能力供不应求时，如果事前对电子电气修理人员进行机械维护的培训，就可以在这时让他们承担一些相对简单的机修工作量，从而扩大汽车服务企业整体提供机械修理的服务能力。另外，在交叉培训过程中，不同部门或不同专业的员工有更多的机会进行交流，有助于建立团队精神，而且可将员工从单调乏味的工作中解脱出来，即在空闲的时候可将任务重新分配给少数几个员工（暂时将工作扩大化），而在繁忙的时候使工作更加专业化（劳动分工）。

5）雇用临时工。当业务高峰是持续的而且可以预测的时候，对于汽车服务企业中一些专业性和技术性要求不高的作业岗位，如清洁车辆、发送整理备品备件、文件传递等岗位，可以雇临时工，经过短期培训后补充正式员工的不足。

3.3.3 汽车服务企业的顾客满意管理

（1）汽车服务企业进行顾客满意管理的意义

1）顾客满意度决定企业市场份额和竞争优势。在汽车服务市场中，企业为顾客提供的服务质量和服务水平很大程度上决定了顾客的满意程度。而顾客的满意程度将直接影响他们重复购买服务时的选择，顾客的满意程度可以影响企业的口碑，从而间接地影响着企业的市场份额大小，影响企业的收入。

一般情况下，顾客更倾向于同那些能让自己更满意的企业打交道，同时，顾客的满意通常倾向于愿意为他们所获得的利益付出较高的价格，而且对价格上涨的容忍度也会增加。这意味着企业将能获得较高的营业收入和投资回报，这又使企业有更多的资源用于对顾客满意度的提高上，从而形成良性循环，改善企业长期的收入状况和盈利能力。由此可见，顾客满意度已成为决定企业市场份额、赢得持续竞争优势的重要因素。

2)顾客满意能够降低企业的成本支出。企业使顾客满意的过程，也包含了顾客对企业及企业产品与服务的了解。因此，在顾客对企业产品与服务进行重复购买时，企业可以减少与顾客就交易条件进行费时费力的沟通所花费的时间，从而降低管理成本。同时，较高的顾客满意度将能为企业带来较高的顾客保持率和较低的顾客流失率。顾客满意度高的企业没有必要花很多的时间、金钱去争取新顾客，因为满意的顾客可能更频繁、更大量地购买他们认为满意的产品与服务以及企业其他的产品与服务。可见较高的顾客满意度可以大大降低企业开拓市场的成本。另外，顾客满意水平高可以降低失败成本。这里的失败成本是指企业处理顾客不满意的成本。如果顾客不满意，顾客的行为会给企业带来损失。不满意的顾客会产生购买后的心理不平衡感觉，为了消除这种不平衡，顾客就会采取相应的行动，如要求退货、公开投诉等，使企业的营销活动受到阻力。因此，企业必须花费时间、金钱、人力等资源来处理顾客的这些不满行为。如果顾客满意水平高则意味着在处理顾客不满上花费更少的资源。

3)满意的顾客会产生良好的口碑效应和学习效应。市场营销的基本任务是吸引和维持顾客并促成交易。由于汽车销售服务市场日趋成熟、竞争日益激烈，用传统的广告和促销手段来吸引顾客难度越来越大。相反，顾客之间的口碑效应和相互的学习效应对消费者选择产品与服务的影响力越来越大。

4)顾客满意能提升企业的认知价值和总体声誉。顾客对汽车销售服务企业的认知是指顾客对企业的经营方针、经营作风、经营战略和产品服务水准等的认识、了解和认同，顾客满意程度高，顾客忠诚度高，会帮助企业树立良好的形象，引导公众对该企业的正面的认知，从而提高企业的认知价值和总体声誉。总体声誉的提高，一方面能降低顾客的尝试风险而使顾客协助新产品的导入；另一方面有助于建立和保持与核心供应商、分销商、战略联盟的关系。

(2)顾客满意的结构维度和形成机制

要进行有效的顾客满意管理，了解顾客满意影响因素的分类结构(结构维度)和形成机制是十分必要的。它是设计一切顾客满意管理模式和管理方法的出发点，营销和管理理论发展至今，不同的学者从不同的视角对顾客满意的结构维度和形成机制进行了阐述。

1)顾客满意的结构维度是指顾客满意决定因素的结构层次。关于顾客满意和不满意是具有相同的结构、相反的结构还是部分独立的结构，目前对这一问题的解释主要有三种观点。

①单维结构。传统的观点认为顾客满意与不满意是一个一维变量的两极，它们不能同时出现，出现其中的一个必然没有另外一个。认为满意和不满意处于坐标轴上的两个极端位置，而在这两极之间，还存在着各种类似的强度不同的满意或不满意。顾客满意的单维结构理论假设，满意和不满意的影响因素是相同的，当满意因素未被满足时就导致不满意。

②二维结构。二维结构对满意的评价是“满意的对立面不是不满意，而是没有满意”；“不满意的对立面不是满意，而是没有不满意”，他们认为任何影响顾客满意的因素，都可

以归结为两大类:保健因素(即在企业管理中,管理质量、薪金水平、公司政策、工作环境、与他人的关系和工作稳定性等因素)——避免产生不满意;激励因素(即包括工作本身、认可、成就和责任等因素)——产生满意。满意与不满意是两个完全不同范畴的概念,导致满意感的因素与导致不满意感的因素是彼此独立而不同的。由于满意和不满意不存在任何内在的关系,满意的程度与不满意的程度也无任何对应关系。一个顾客可能对同一产品同时存在着满意和不满意的两种感觉状态。

有的学者对双因素理论进行了修改,用"工具性绩效"和"表达性绩效"来替代保健因素和激励因素的称谓。工具性绩效是指产品的物理绩效是否满足实际需要(也称"物理绩效");而表达性绩效则是指产品所带来的心理上的满足感(也称"心理绩效")。他们认为,只有表达性绩效才会产生满意,而不尽人意的工具性绩效则导致不满意,可接受的工具性绩效并不能带来满意。

显然,双因素理论比单维结构理论对顾客满意的描述考虑得更全面,相对于单维结构理论而言,在双因素理论的观点下,营销人员所应追求的是顾客满意最大化和顾客不满意最小化这个双重目标。

③三维结构。双因素理论进一步的发展,是根据人的需求的三个层次,将影响顾客满意和不满意的因素分成三类:基本属性、绩效属性和激励属性。

a. 基本属性是指顾客的一些需要,这些需要如果没有给予满足,将会导致高度的不满意,而如果得到满足,也几乎不会产生满意。究其原因,是因为基本属性是顾客预期将要得到的。例如,当顾客来到汽车销售服务企业维修车辆时,他们都期望服务人员为其排除车辆的故障,如果企业不能顺利为其解决这一问题,顾客将会感到不满,甚至会抱怨。但如果汽车销售服务企业只是仅仅为顾客修好了车辆,顾客一般也不会给予特别的赞扬。

b. 顾客需要的第二种类型是顾客满意程度正比于产品或服务的绩效水平,这种属性称为绩效属性。一般来说,绩效属性能够产生线性的反应,提高绩效属性的表现水平将带来相应满意水平的提高。如顾客来到汽车销售服务企业维修车辆时一般都希望车辆能够尽快地得到修复,服务人员越是能够迅速而准确地排除故障,那么顾客就会越满意。

c. 激励属性是指顾客得到的一些他们没有期望、没有要求、甚至认为不可能的产品或服务属性,这些属性的获得使顾客感到兴奋、愉悦。激励属性在任何执行水平上,都可以产生积极的顾客满意。例如,汽车销售服务企业在顾客没有要求和事先没有公告的情况下,在车辆故障排除后,免费为顾客提供车辆安全系统检测和清洗服务(特别是企业的竞争对手尚不提供类似服务时),顾客将会感到意外的惊喜和愉快。激励属性能使顾客产生指数级反应,它的小小改进将会产生相对较大的满意提升。

值得注意的是,人的需要随着时间的推移而变化。一些属性在第一次被提供或介绍给顾客时,顾客会感到非常兴奋,但随着这类市场的不断熟悉和竞争对手的模仿,这些属性也就成了顾客所期望得到的属性了。因此,随着时间的变化,激励属性将变成绩效属性,并很可能变成基本需求。

2)影响顾客满意的形成机制有许多理论模型,比较有代表性和操作性较强的主要有以下几种:

① 传统顾客满意模型。传统顾客满意模型是一个将感知价值与顾客满意相联系起

来的模型。在这个模型里，感知价值是顾客根据产品或服务的感知绩效与产品或服务的属性或整体绩效标准相比较后而形成的，感知价值对满意有三种影响效果：积极的影响（一般产生令人满意的结果）、消极的影响（一般产生令人不满意的结果）、零影响。从效果上看，顾客的满意程度会影响到顾客的购买决策。

其中的感知绩效通常不同于产品本身的客观实绩或技术实绩，特别是当产品或服务非常复杂，且顾客不熟悉时，尤为如此。比较标准可以有不同的来源，这些来源可能因个人、产品或服务类型的不同而广泛变化。

这个模型认为满意感是一种心理状态，顾客对消费产品或服务的不同部分可能有不同的满意层次。满意感的结果包括重购意向、口碑和抱怨。但是应该注意到这样一个问题，满意感的结果中的重购意向、口碑和抱怨等这些结果是否发生，还要受到其他变量的调节。例如，非常不满未必产生抱怨行为，尤其是当顾客相信抱怨将没有任何作用时，他们几乎会放弃这种行为。

② 期望一致/不一致模型。该模型是目前顾客满意模型研究中占主流地位的一种观点，其思想是源于期望理论。这个模型认为，顾客在购买之前先会根据过去经历、广告宣传等途径，形成对产品或服务绩效特征的期望，然后在购买和使用中感受到产品或服务的绩效水平，最后将感受到的绩效与顾客期望进行比较。比较的结果有三种可能情况：如果感受到的绩效低于期望，此时产生负的不一致，顾客就会产生不满；如果感受到的绩效超过期望，此时产生正的不一致，顾客就会满意；如果感受到的绩效与期望相同，此时这二者达到了协调一致，不一致为零，即简单一致。

③ 绩效模型。尽管期望一致/不一致模型为理论界和企业界大多数人所接受，一些研究者还是对其提出了疑问，指出达到或超过期望值一定导致满意的观点在逻辑上是不一致的。例如，设想一位顾客购买一个产品，预期其性能很差，事实上的确很差的性能也达到了期望值，但大多不可能产生满意。于是人们发现，顾客实际感受到的产品绩效也是影响其满意与否的一个重要决定因素，由此产生了绩效模型。

在绩效模型里，顾客对产品或服务绩效的感知是顾客满意的主要预测变量，他们的期望对顾客满意度也有积极的影响。这里的绩效是相对于他们支付的货币而言的，顾客所感知的产品或服务的质量水平。

在绩效模型中，期望对顾客满意度有直接的积极的影响。绩效和期望对满意度的作用大小取决于它们在该结构中的相对强弱。相对于期望而言，绩效信息越强、越突出，那么所感受到的产品绩效对顾客满意度的积极影响就越大；绩效的信息越弱、越含糊，那么期望对满意度的效应就越大。

(3)汽车服务企业的顾客满意管理

顾客满意战略的核心思想是企业的全部经营活动都要从满足顾客的需要出发，以提供满足顾客需要的产品或服务作为企业的责任和义务，以满足顾客的需要、使顾客满意作为企业的经营目的。因此，汽车服务企业推行顾客满意战略的关键是提高服务过程中顾客感知利得与感知利失之差。为此，从管理的角度推行顾客满意战略，其基本程序一般包含如下几个步骤：

1)汽车服务企业顾客满意现状调查与诊断。汽车服务企业进行顾客满意现状调查与诊断是导入顾客满意战略的基础。其目的是为了深入了解企业组织与管理现状。具体包括调查和研究组织的架构、组织的效率与活力、组织的管理流程、员工的观念、服务观念与意识、服务行为与服务心态、服务培训、服务传播与相互沟通等方面。只有了解了企业组织与管理现状，才能制定针对性策略，优化企业架构与企业管理流程以适应顾客满意战略的需要。

企业顾客满意现状调查与诊断的基本方法主要是企业各层级深度访谈、企业部门小组访谈以及有关企业内外针对性专题问卷调查及有关客户资料的分析。调查与诊断要从组织架构、服务观念与意识、服务行为与服务心态、服务培训、服务传播与沟通等多个方面进行。

2)基于顾客满意战略的企业组织架构优化。创造顾客满意，需要一个以顾客满意为目标、协调高效、应变能力强的服务组织体系，传统的组织结构，往往不同程度地存在着上下级之间单向沟通(往往表现为由上而下的“下行沟通”)、部门与部门之间互动协调不力、监控支持系统与市场监控系统不完善、内部反馈系统流于形式等弊端。因此，要改善顾客满意，必须在组织结构上作出适当安排，通过扁平化、网络化和适当的组织弹性，提高对顾客需求作出反应的效率，进而实现企业整体顾客满意的改善。

3)企业顾客满意度动态测评模型及其运用。企业顾客满意度测评为企业提供了对顾客满意服务状况迅速、有益和客观的反馈。通过测评，企业决策人员可以清楚地了解目前工作做得如何？如何改善和提高？因此，汽车服务企业应根据自己所开展业务的具体特点和竞争的实际状况，建立一套适合本企业的测评模型，这将大大有助于建立健全满意服务标准，并指导企业的满意服务工作。

4)企业顾客满意动态监控体系的建立与维护。汽车服务企业建立顾客满意动态监控体系，主要目的是通过专业的动态调查、监控手段，收集、监控企业自身顾客服务满意状况及竞争对手满意服务状况，提供企业顾客满意服务与竞争对手满意服务的动态分析报告，作为企业进行顾客满意度管理的依据。在实施过程中，汽车服务企业可设立专门机构对企业顾客的满意服务进行动态监控。如果企业没有相应的专业机构或人员，也可以委托专业的第三方进行，但企业必须有专人对该监控体系的运作方案和实施情况进行审核和监督。

5)企业顾客满意服务标准的确立与执行。高品质顾客服务包括服务程序和服务提供者两个方面。其中服务程序涵盖了满意服务工作如何进行的所有程序，提供了满足顾客需要、令顾客满意的各种机制和途径；服务提供者则是指服务过程中的人性的一面，涵盖提供满意服务的过程中与顾客接触所表现的态度、行为和语言技巧。从管理的角度看，为了保证服务的可靠性、相应性等影响服务质量的因素，对服务岗位执行满意服务的规范是十分必要的，特别要注意的是，满意服务标准并非恒定不变的，而是动态的，随着客户对服务要求的提高，必须对满意服务标准作出阶段性更新和提升。

6)提高顾客满意度的途径

①进行顾客满意度调查，明确顾客的需求和愿望。汽车服务企业实施顾客满意经营，必须把握顾客的期望、顾客服务感知模式、顾客的满意度以及竞争者的有关情况。了解顾客的期望和要求可进行顾客满意度调查。顾客满意度调查和衡量的方法有投诉和建议制度、顾客满意度调查、佯装消费、流失顾客分析等。企业在进行顾客满意度调查时，应尽量

做到公正、客观、科学，这样才能使企业了解自己提供产品或服务的质量标准与顾客期望的差距所在，认识目前在经营、管理、战略方面的薄弱环节以及主要优势，确定下一步的工作重点，并明确今后的工作目标。“顾客满意度调查”研究特别要强调“连续性”，因为顾客的期望不是一成不变的，它会随着外变量及自变量的变化而变化。外变量指竞争对手、行业及经济的变化等；自变量指收入、社会地位、价值观、环境的变化等，其中任何一项因素的变化都会导致顾客的期望和需求发生变化。因此，对顾客的研究分析要持续进行，把握顾客的变化趋势并及时跟踪，才能使企业更好地掌握市场主动权。

②为顾客提供个性化的产品或服务。不同顾客有不同的消费心理，顾客的个性需求是提高顾客感知价值进而提高让渡价值的重要手段。企业可在进行顾客调查的基础上，建立顾客信息数据库，开展客户关系管理。利用顾客数据库探索满足顾客需求的途径，并按顾客满意的要求选择适当的方式改造企业的经营理念、产品、服务等。同时汽车服务企业可运用顾客数据，分析顾客的消费心理和个性需求，创造能满足顾客个性需求的产品或服务及接近顾客的渠道，利用明显的区别优势吸引未来的新顾客，而且要尽可能地阻止老顾客的流失。

③提供优质产品和服务。感知服务质量是影响顾客满意的一个重要因素，当顾客预期被清楚了解后，能否提供符合顾客要求的高质量产品和服务对创造顾客满意具有决定性意义。因此，汽车服务企业应从服务系统设计开始，系统地进行服务质量规划与控制，不断改善服务质量，向顾客提供优质产品和服务。

④利用新技术进行流程再造，快速实现顾客满意。企业要使顾客满意，必须善于利用新的技术，针对顾客需求，对企业传统的服务项目、服务流程不断创新，特别在当今信息技术极大地改变了消费者消费习惯和决策模式的条件下，一方面要认清环境的变化，适时地对服务系统进行改造，同时也要善于利用信息技术为进行顾客满意管理所带来的便利，更加充分、系统地收集和分析各利益相关者的信息，构建客户关系管理系统，提高供应链管理水平，通过更好地识别和满足顾客需求来创造顾客满意。

⑤建立以顾客满意为核心的企业文化。汽车服务企业运作过程中，不仅仅管理者和一线员工的行为影响顾客满意，企业中任何一个成员的行为都影响着整个服务系统的运行效率和顾客对服务的认知，因此，在建立相应管理制度的同时必须构建以顾客为中心的企业文化，并通过“内部营销”的手段，将企业管理层的经营理念、经营思想和各种制度措施传播至每一个员工。让企业文化和管理制度相辅相成，规范和引导全体成员的行为，使顾客在享受企业服务的每一个环节都能切实感到汽车服务企业的真诚关怀，从而实现顾客满意。

【案例】

汽车服务质量案例分析。

王女士开一辆中档轿车，最令她感到不满的就是每次去 4S 店做保养，对方都在不告知的情况下，擅自做主给汽车添加各种昂贵的添加剂，这样一来每次的保养费用都高达 500～600 元，而且还以质量管理为名不让她看整个保养流程。同样的项目在一些非定点维修站只要 200 元左右，这让她感觉“无福消受”经销商的特约服务。从此可以看出诚信可以体现企业的管理水平，也可以有一个好的口碑，为了体现诚信，应该让消费者参与互动，贴近服务过程。

拓展阅读

★刘同福:《汽车维修企业8项管理》,机械工业出版社2008年版。

★倪勇:《汽车4S企业管理制度与前台接待》,机械工业出版社2009年版。

★李兆崑:《实用汽车维修企业管理制度与指导》,机械工业出版社2010年版。

复习思考

1. 汽车服务企业经营计划特点和作用是什么?
2. 制定经营计划时应该遵循的原则是什么?
3. 汽车服务企业经营计划的分类和主要任务是什么?
4. 汽车服务企业经营计划的主要内容是什么?
5. 汽车服务企业经营计划的编制要注意什么问题?
6. 如何实施与控制汽车服务企业经营计划?
7. 汽车服务企业服务系统设计时要注意什么问题?
8. 如何做好汽车维修企业车间的现场管理?
9. 汽车服务企业服务供给与服务需求矛盾产生的原因和解决办法是什么?
10. 汽车服务企业进行顾客满意管理的意义是什么?

第4章　汽车服务企业的人力资源管理

学习目标

1. 掌握人力资源管理的相关概念、有效的培训体系应当具备的特征、企业所需员工的素质要求。

2. 了解美、日汽车服务企业人力资源管理模式的特点。

3. 能运用所学知识制定符合自身发展需求的素质提高策略。

考核标准

知识要求：人力资源管理的相关概念，有效的培训体系应当具备的特征，企业所需员工的素质要求。

技能要求：能够分析汽车服务企业的人力资源管理特征，并能为企业建立有效的员工培训体系。

教学建议

教具：多媒体、汽车服务企业管理软件。

建议：以一个汽车服务企业为例，结合自身情况说明汽车服务企业的人才应具备哪些方面的素质。

教学时参考《汽车服务企业管理》精品课程。

任务导向

1. 调查附近一家企业服务企业的员工招聘与员工培训情况，写出调查报告。

2. 在本地选择一家4S店，调查其员工薪酬情况，并写出分析报告。

4.1　人力资源管理概述

21世纪初，人类社会继工业文明之后，进入知识经济时代。高新技术迅猛发展，信息技术广泛应用，互联网络日益普及，全球经济趋向一体化。伴随着新时代的到来，人力资源的开发和利用起着举足轻重的作用，人力资本已超过物质资本和自然资本，成为最主要的生产要素和社会财富，成为经济、财富增长的源泉。对人力资源的争夺，创新人才的培养成为当今各个企业时刻关注的重心。汽车服务企业要想生存和发展，就必须有效地提供适销对路的服务，而人力资源正是提供这些服务的要素之一，有时甚至是唯一的要素。人力资源不仅是汽车服务企业中最重要的资源之一，同时也是最昂贵的资源，对人力资源的有效利用是汽车服务企业不断提高竞争力、保持竞争优势的必要条件。

4.1.1 汽车服务企业的人力资源管理

(1)人力资源管理的定义

人力资源管理，就是指运用现代化的科学方法，对与一定物力相结合的人力进行合理的培训和调配，使人力、物力经常保持最佳比例，同时对人的思想、心理和行为进行恰当的诱导、控制和协调，充分发挥人的主观能动性，使人尽其才，事得其人，人事相宜，以实现企业的发展目标。

(2)汽车服务企业人力资源管理的主要职能

人力资源管理工作直接影响整个汽车服务企业的经营状况。这种影响可能是有利的，也可能是不利的，具体效果如何，取决于人力资源的具体政策、体制设计和贯彻实施。汽车服务企业人力资源管理工作的任务，就是在汽车服务企业内部设计各种有关的制度，使之有利于充分发挥员工的才干，从而圆满地实现汽车服务企业的各种目标。通过改进员工的职责、技能和动机，来调动员工的积极性和提高工作效率。人力资源管理工作的主要职能包括：

1)人力资源配置(包括规划、招聘、选拔、录用、调配、晋升、降职、转岗等)。

2)绩效考核。

3)薪酬体系(工资、奖金、福利等)。

4)制度建设(汽车服务企业设计、工作分析、员工关系、员工参与、人事行政等)。

5)培训与开发(包括技能培训、潜能培训、职业生涯管理、汽车服务企业学习等)。

(3)汽车服务企业人力资源开发与管理的特征

1)地位具有战略性

人力资源在现代汽车服务企业中的职能和作用至关重要，人力资源管理、市场管理、财务管理和生产管理被视为企业的四大运营职能。在当今世界市场领先和市场营销人员比重很大的情况下，在虚拟生产方式出现后对管理的要求非常高的情况下，技术竞争非常严酷且经营管理、服务人才的作用进一步增加的情况下，人力资源开发与管理的作用就更为重要。因此，许多汽车服务企业的经营层把人力资源看作是“第一资源”，把人力资源开发与管理工作放在汽车服务企业战略的高度。由此，人力资源开发与管理部门的地位也随之日益提高，可以说已经处于汽车服务企业发展战略的高度，并能够在一定程度上参与汽车服务企业的决策。

2)主体具有多方性

在传统的劳动人事管理之中，管理者是专职的劳动人事部门人员。这种管理主体的单一化特征，有着分工明确、责任落实的优点，但其管理往往刻扳化、行政化，缺乏汽车服务企业中其他方面的支持，而且往往与其管理对象——员工处于对立状态。在现代汽车服务企业人力资源开发与管理活动中，管理主体由多方面的人员所组成。在这一格局下，各个管理主体的角色和职能是：

①部门经理。他们从事着大量的日常人力资源开发与管理工作，甚至是汽车服务企业独有的人力资源开发与管理的主要内容。

②高层领导者。许多汽车服务企业的高层领导相当重视和大量参与人力资源开发与管理，在汽车服务企业的宏观和战略层面上把握人力资源开发与管理活动，甚至直接主持人力资源开发与管理的关键性工作，例如参与人才招聘、进行人事调配、决定年终分配等。

③一般员工。在现代汽车服务企业中，广大员工不仅以主人翁的姿态搞好工作、管理自身，而且以主人翁的角色积极参与管理，并且在诸多场合发挥着管理者的作用，例如在全面质量管理（TQM）中对其他人员错误的纠正、对自己的上级和同级人员的考核打分等。

④人力资源部门人员。汽车服务企业人力资源部门中的人员，不仅积极从事着自身的专职人力资源开发与管理工作，而且作为汽车服务企业高层决策的专业顾问和对其他部门进行人力资源管理与指导的技术专家，并对整个汽车服务企业的人力资源开发与管理活动进行协调和整合。

3)内容具有广泛性

随着时代的发展，人力资源开发与管理的范围日趋扩大，其内容在广泛化。现代汽车服务企业的人力资源范畴包括相当广泛的内容，除去以往的招聘、薪酬、考核、劳资关系等人事管理内容外，还把与“人”有关的内容大量纳入其范围。诸如机构的设计、职位的设置、人才的吸引、领导者的任用、员工激励、培训与发展、企业文化、团队建设、汽车服务企业发展等。

4)对象具有目的性

传统的劳动人事管理，是以汽车服务企业的工作任务完成为目标的，员工个人是完成汽车服务企业任务的工具。现代汽车服务企业人力资源开发与管理，则是在强调员工的业绩、把对人力资源的开发作为取得汽车服务企业效益的重要来源的同时，也把满足员工的需求、保证员工的个人发展作为汽车服务企业的重要目标，管理是以人为本。可以说，人力资源本身成为人力资源开发与管理工作的目的，是现代管理中人本主义哲学的反映，它有利于人力资源开发与管理工作产生质的飞跃，也有利于汽车服务企业在其他条件具备的情况下取得巨大的效益。

5)手段具有人道性

在“人力资源”概念提出后，人们对“人力”这一生产要素增加了“人”（Human）的看法。诸如员工参与管理制度、员工合理化建议制度、目标管理方法、工作再设计、工作生活质量运动、自我考评法、职业生涯规划、新员工导师制、灵活工作制度、员工福利的选择制等。与以往的“人事管理”相比，对人力资源的开发与管理是以人为中心的，其方法和手段有着诸多的人道主义色彩。

4.1.2　美国、日本汽车服务企业人力资源管理模式

汽车服务企业的竞争说到底是人才的竞争，融技术密集型和资金密集型为一体的汽

车服务企业，人才的竞争则更为激烈。如大众汽车公司为了一名世界顶尖级管理人才的跳槽打官司，最终以支付给通用汽车公司1亿美元的赔偿金才平息了这场风波，可见当今世界汽车业人才争夺战的激烈。

现实表明，随着中国加入WTO，跨国公司与中国汽车服务企业争夺人才之战已经开始且日趋激烈。目前，我国汽车服务企业尤其是国有汽车服务企业人才流失现象十分严重，在很大程度上制约了汽车服务企业的发展。为在国际大市场的竞争中立于不败之地，我国汽车服务企业实施适合本行业特点的人才战略并制定科学的人力资源管理模式已迫在眉睫，因此，了解和借鉴美、日汽车服务企业人力资源管理模式和人才战略的经验、教训，对如何制定适合我国国情的汽车服务企业人才战略和人力资源管理模式具有现实和深远的意义。

(1)美、日汽车服务企业人力资源管理模式与人才战略的特点

人力资源管理的具体做法，因国家而异，因行业而异，千变万化。但美国和日本汽车服务企业的模式是最具典型性的。对其基本特点进行比较和分析，评价它们各自的优点和不足的同时，可以分析当今世界全球经济一体化环境条件下国际人力资源管理模式的发展新趋势，并给我国汽车服务企业人力资源管理提供借鉴。

1)美国模式

美国模式的基本特点是：注重市场调节和制度化管理，劳资之间的关系是对抗性的。美国劳动力市场非常发达，对分配社会的劳动力资源，起着极为关键的作用。该国汽车服务企业的人力资源管理，对市场的依赖性很强，企业所需任何人员，均可通过规范的招聘程序在劳务市场聘用到。企业对不需要的人则毫不留情地予以解雇，由市场重新安排。企业雇主和雇员之间是直截了当的市场买卖关系，职工流动性很大，因此企业职工队伍的稳定性也较差。美国汽车服务企业管理制度化的程度很高。在人力资源管理上，具有分工明确、责任清楚，对常规问题处理的程序和政策都有明文规定的特点。在这种明确和精细的分工条件下，服务企业内部实行垂直领导，等级关系明确，下级对上级的指示必须执行。美国汽车服务企业中的劳资关系是对抗性的。这种关系表现在管理者一方认为管理是自己的事，至于工人和一般技术人员的工作，已经用工资给付了，员工应该不再有别的要求，不应该参加管理，也无权过问服务企业的经营情况。专业化、制度化，加上注重市场调节的管理制度，使得美国汽车服务企业在招聘和提拔人才时，都可以保留较大的回旋余地。服务企业中高层领导可以从内部提拔，也可以挖取外面服务企业的卓有成效者；新员工只要能在工作中做出成绩，证明自己的能力，就可能很快得到提拔。

2)日本模式

日本模式的基本特点是：合作性劳资关系。日本汽车服务企业的人力资源管理模式与美国差异很大，它不注重市场调节，规范化和制度化的程度也比较低。日本注重服务企业内部劳资之间的合作关系，“重视素质、内部提拔、终身就业、年度弹性工资、合作性劳资关系”是日本汽车服务企业独特的人力资源管理模式。

日本汽车服务企业聘用员工时，不看重个人的具体技能，而是强调基本素质。之所以如此，是由于雇主认为高素质的员工可以通过服务企业自己的培训而胜任各种岗位的工作。为了保证获得高素质的员工，日本非常注重与各类学校的合作，在招聘时重视个人素

质而不是特殊技能。因此，日本服务企业培训新员工需要的投入很大。

日本汽车服务企业若有新的工作需求，首先想的是重新培训现有的员工，通过内部调节工作岗位来满足。之所以如此，一是由于日本劳动力市场资源匮乏；二是由于现有的员工显然具备了工作需要的软知识和软技能。服务企业认为，对已具备本服务企业工作所需的软知识和软技能的员工进行培训，让其学习某项硬技能，比让一个具备某项硬技能的外来人重新学习和掌握本服务企业的软知识和软技能，来得更快、更合算。由于这种人力资源管理模式的制约，在日本汽车服务企业，外部招聘来的管理人员或专业人员，无论能力多强，均需工作相当长一段时间，才有可能得到提拔。

日本汽车服务企业"对内部员工重新培训，使其掌握新的技能，以满足服务企业内部新的需要，以及按部就班地提拔人才"的人力资源管理模式，致使日本二次劳动力市场非常不发达，同时导致各服务企业对更换工作者也有相当的歧视，就是对中途更换工作者本身，也会造成巨大的经济损失。这就形成了日本大型服务企业人事制度上著名的"终身就业制度"。

员工在汽车服务企业终身就业，其个人利益和服务企业利益紧密相连，促使员工自觉关心本企业的发展和成长，关心企业内部的分配关系。汽车服务企业管理层为了得到员工对服务企业的忠诚，保护自己在员工身上所作的人力资本投资，调动员工的劳动积极性，则积极吸收普通员工参加管理。普通员工不但能够及时了解和掌握服务企业的经营状况，而且能对影响自身利益的重大决策发表意见。在日本汽车服务企业，尤其是大型汽车服务企业，重大问题则需要经过全体员工反复讨论"达成一致意见"后，方能决策并付诸实施。正是由于实行的是这种合作性劳动关系的人力资源管理模式，使日本汽车服务企业的员工非常依赖本企业，非常愿意与本企业合作并忠实于本企业。

日本汽车服务企业的员工工资主要是依据其在本服务企业服务时间的长短来决定。员工中的优秀者只有当自己提拔到高层岗位，其工资才会与同期入厂的其他员工拉开差距。同时，日本的劳动力成本具有弹性，员工收入的 25％左右是根据服务企业经营状况得到的红利，当经济不景气时，服务企业的利润下降，员工的收入自动随之减少，从而使产品的劳动力成本下降。这样做的结果使汽车服务企业在经济不景气时更容易渡过难关。

2. 美、日汽车服务企业人力资源管理模式的比较分析

20 世纪 60 年代，美国汽车服务企业的成功和随之而来的美国汽车在世界市场上的统治地位，使人们相信美国人力资源管理模式是有生命力和竞争力的。然而，20 世纪 70 年代以后，日本的竞争力逐渐显现出来。在世界汽车市场上，日本汽车对美国汽车形成了强大的冲击。20 世纪 80 年代，日本汽车产品大力进入"汽车王"的美国国内市场，市场份额达 30％以上。与此同时，美国三大汽车公司全面亏损，被迫大规模关闭生产设备，解雇工人。此时人们普遍认为，日本汽车服务企业的竞争力主要来自其独特的人才战略和人力资源管理模式，来自这种模式所调动起来的服务企业普通职工和专业人才的劳动积极性和献身精神。在认识到日本汽车服务企业成功的秘诀后，美国人对日本模式充满赞誉，提倡美国汽车服务企业向日本学习。

正当大力提倡学习日本模式时，日本经济的上升势头却在 20 世纪 90 年代受挫，20 世纪 90 年代初，日本股票市场从接近 4 万点狂跌至 1 万点；日本产品，尤其是汽车产品在

市场上也突然莫名其妙地失去了锐不可当的势头，许多服务企业陷入困境。由于日本汽车服务企业实行的是终身就业制度，经济衰退就造成了劳动力过剩。如果衰退时间短、程度比较轻，服务企业尚能忍受，但这次日本经济不景气时间长达5年之久，劳动力过剩的问题就显得特别严重，很多服务企业对过剩员工施加压力，迫使他们“自愿”提前退休或离职，服务企业内部关系紧张。

美、日模式的历史经验，说明了汽车服务企业管理中的两个重要原理。首先，汽车服务企业要想获得成功，必须选择适合自己自下而上的环境和特定历史条件的管理模式，以适应不同环境和不同条件下提出的挑战。其次，成功的模式不是一成不变的，汽车服务企业要想不断获得成功，就必须随时研究外部环境的新变化，对内部的人力资源管理及其他制度作出相应的调整。

美国人力资源模式的内在弱点是：员工劳动积极性低下；对汽车服务企业无忠诚可言；为汽车服务企业主动做贡献的兴趣不大；劳动关系具有对抗性。这种模式导致汽车服务企业决策集权程度太高，对市场变化反应迟钝，竞争能力差。

日本人力资源模式的内在弱点在于：市场在劳动力资源分配中的作用，不能从更广的角度和更大的范围做到人尽其才，汽车服务企业中的优秀人才不能被迅速地提拔到重要的岗位，充分发挥其潜力；过剩的劳动力不能在不同汽车服务企业和部门之间有效地进行重新流通；由于失去比较优秀的或国家经济衰退造成的过剩人员，只有通过员工退休等“自动减员”的方法，来逐步缩减就业规模；汽车服务企业在产品发生大的结构性变化、需要不同类型的劳动力资源时，反应速度相对缓慢。

(3)国际竞争条件下汽车服务企业的人力资源管理模式

1)国际竞争条件下汽车服务企业的人力资源管理模式

当今国际汽车市场竞争的重要特征是，科学技术不断进步、新产品和新技术的开发速度加快、汽车企业兼并重组的浪潮此起彼伏。国际竞争条件厂汽车服务企业人力资源管理模式的发展趋势应该是美、日模式的有机结合。具体表现为以下几个方面：

①合理调节劳动力资源

员工必须具有良好的知识和技术素质、高度的责任心和自觉性，当好汽车服务企业主人，积极认真地为汽车服务企业工作；同时做到汽车服务企业解聘员工或者员工“解聘”汽车服务企业正常化，劳动力资源通过市场调节，充分发挥劳动力的作用。

②民主管理

汽车服务企业应保障员工的基本利益及政治地位，重大问题的决策要听取普通员工的意见，实行民主管理制度及建立合作性劳资关系。

③建立并不断完善员工的工作绩效考核评估体系与标准

员工工作绩效考核评估是指在认真考核的基础上，对企业员工的工作表现及效果进行的正式评价。汽车服务企业可以季度或年度为单位，对员工的工作绩效进行考核评估。同时，建立一套有企业自身特点、客观公正、但可操作性强的员工工作绩效评估准则，这是构建并不断完善工作绩效评估系统的基础和核心内容。

④建立良好的薪酬分配制度

薪酬分配按岗位、凭绩效；改善薪酬结构，员工的一部分报酬用股票形式支付，使员工利益长期与汽车服务企业效益相关。员工的退休金、养老金和其他福利，保存在汽车服务企业，属于汽车服务企业对职工的负债，员工服务一定年限后，即使离开汽车服务企业，仍然可享受这些福利；建立有效的激励机制和一个公平竞争、突出绩效的规范化、制度化的体系。

⑤不断丰富和完善激励手段

随着社会的不断进步，汽车企业传统的员工激励手段显得过于单一，既无法实现激励的目的，也不能满足企业可持续发展的要求，弊病颇多。因此，要针对员工的精神生活和物质要求，不断丰富和完善激励的手段与方法，使其逐渐多元化，除提高工资，增发奖金、津贴和福利待遇等物质激励手段外，还应采取多种精神鼓励方法，如担任更加重要的工作、给予参加进一步培训的机会、带薪休假、带薪旅游、推荐各种荣誉称号或专业技术职务、破格晋级等。总而言之，要在汽车服务企业内部形成一种机制，尊重员工，充分调动他们的工作积极性和主动性，鼓励他们参与企业的管理和重大决策，使员工自觉地把自己的前途和命运与企业的兴衰紧密地联系起来，用团队精神把企业员工凝聚成一体。

⑥建立多层次教育培训体系

在 21 世纪新的国际竞争条件下，汽车服务企业人力资源管理没有现成的“模式”可套并及时更新汽车服务企业的人力资源发展战略，并落实到招聘、选拔、培训、考核等各个环节，这样才能制定出真正适合自己汽车服务企业的管理“模式”。

2)国际竞争条件下汽车服务企业的人才应具备的素质

①创新能力和学习意识

创新就是要将一种想法的产生、演化、交流应用于产品或服务中，以促使汽车服务企业获得成功。其核心是科学技术的创新，是知识经济发展的基础。广义上说，创新是一种对新思想、新变化、新风险甚至失败都抱有积极态度的汽车服务企业行为方式。正是由于这种创新，美同汽车服务企业才能够保持多年来的领先地位。有创新意识、思维开阔的人才将在汽车服务企业的知识创新机制中大展才能，为汽车服务企业带来难以预料的生机和活力，因此备受青睐。

科技发展越来越快，知识经济一方面使知识价值倍增，另一方面也使知识贬值的速度加快。汽车服务企业的生存发展，在相当程度上取决于对知识更新能否快速反应。这就需要汽车服务企业人才要有很强的学习意识，随时接受新的信息，跟上科技更新及市场变化，做到适时而变。只有这样的人才会给汽车服务企业带来持久的生命力和旺盛的活力，从而使汽车服务企业在激烈的竞争中取胜。在知识经济和经济全球化的驱动下，创新能力和学习意识成为人才应具备的最基本素质。

②外向型和复合型

随着世界各大汽车公司之间的合作、合资、控股、兼并或重组，各国汽车服务企业间的商务谈判和交往日趋频繁，这就需要大批的复合型和外向型的人才，发展中国家尤其如此。外向型人才首先需要具备外语能力，在语言沟通方面能够与他国汽车服务企业机构交流。其次，需要通晓国际经济事务运行的规则，具有处理国际事务的经验，在参与国际竞争的商务谈判和交往中，要熟知国际间的文化背景、理解差异，同时对合同文本的制定、基本格式、语言规范等都要做到符合国际规范。

目前我国高素质的商贸人才奇缺,汽车服务企业大多只是参与国内市场的竞争,还不具备适应国际外向型人才竞争的条件。

复合型人才的概念表现在,这类人才有管理、技术服务等多专业的较广阔的知识面。并非只是行政管理和纯技术型的。复合型应是多学科的复合,是很多领域相互交叉的边缘学科,仅仅具有单一学科知识是远远不够的。

③团队协作精神

现代汽车是科学技术高度发展的结晶,汽车服务需要大批优秀人才的合作才能完成。每个人都有自己的专长,不同专长的人才在一起,各司其职,各善其长,才会促进汽车服务企业的健康发展。是否能与一个汽车服务企业团队合作、以团队利益为重并积极投身到团队的建设中去,是考验一个人综合素质的重要因素。

4.1.3 世界杯体现人力资源管理艺术

四年一次的世界杯轰轰烈烈地开始了,世界似乎又增添了激情。在这近一个月的时间里,足球将带给了我们很多东西,或许是悲伤,或许是快乐,或许还有思考。

世界杯开赛之前,据说很多公司的老板都非常头疼。原因很简单:七成管理者担心世界杯影响员工工作,甚至还有53%的公司已经提前为即将到来的世界杯制定了特殊的管理规则。调查显示,超过九成的白领表示在未来的一个月中都会或多或少地将关注点转移到足球上。在参与调查的白领中超过八成都表示一定会看世界杯,甚至场场不落。

由于本届杯赛在南非举办,每天最早的一场比赛也是在北京时间晚上10时开始,每看一场比赛几乎都需要通宵达旦,员工的体力、精神和工作情绪总会受到影响,很多公司管理层担心迟到和请假的情况也会随之增多。看来,看足球也并不是那么简简单单的事情。

管理层的担心不是没有道理。设想一下,如果你每天夜里三点看完球,带着兴奋的神经躺在床上,6点或者7点再起来,一天两天也许还坚持得住,可时间长了,身体再好的人也会感到疲惫。这样势必要影响到工作效率。有些员工干脆在上班时间睡着了。我相信他不是存心想在工作时间睡觉,而是实在太困。

在人力资源管理中,如何正确处理员工自觉性与公司制度底线的关系是一门学问。对于HR管理者来说,世界杯是检验公司管理水平的尺子。在世界杯期间,通过规定特殊的制度,达到有效管理员工的目的,不失为一种策略。

另一方面,管理者应当对员工的自律性有足够信心,太过小心翼翼,反而会让员工产生"公司默许世界杯为特殊时期"的想法。通过集体讨论的形式,大家还是相信,在公司原有的制度下,员工能够合理分配看球和工作、休息的时间,不会极端挑战公司的规定。如果能达到这样的效果,让员工自觉的管理自己,不是更好的管理艺术吗?

总之,面对大型体育赛事的来临,管理者可以组织公司内部球赛、组织观看,在内网或企业内刊以球迷征文等形式,让世界杯成为企业与员工亲近的机会,同时采取一些实际的方法进行世界杯期间的激励和转化,让参与世界杯的热情变成工作动力的一部分等等。

4.2　汽车服务企业员工招聘与培训

4.2.1　员工招聘

员工招聘是现代企业人力资源管理经常性和基础性工作，其中员工招聘的途径和方法将直接影响到所招收员工的素质和企业的经营效益。现从企业内部招聘和外部招聘两个方面介绍现代企业全额员工招聘具体途径和方法。

(1)企业内部招聘

当企业某一岗位或职位发生空缺时，首先应考虑从现有员工中调剂解决，或是在企业内按照有关标准考核提拔。这种方法的优点是可以提供激励因素和培养员工的忠诚度，同时，通过内部招聘，企业比较容易对员工进行全面了解，所需要的培训较之外部人员少，能节约部分培训费用，省时、省力、省资金。并且，被提升的员工熟悉工作环境，可以迅速适应新的工作岗位，实现人与事的更好结合，有利于企业和员工自身的发展。但其缺点是不利于引入新思想，同时，大量从企业内部提升管理人员还会导致人际关系复杂，人际矛盾加剧，经营思想保守、墨守成规等不利后果，并由此产生不公正现象和庇护关系。通常情况下，如果企业内部管理制度有效，员工的工作作风良好，企业不想改变目前的状况时，就可以选用内部招聘的方式来招聘员工；相反，如果企业内部管理效率低，风气又不好，企业想要改变目前的不良状况时，就可以考虑选用外部招聘的方式。

企业内部招聘主要包括企业内部员工的提升和内部职位的调动两种方式。

1)企业内部员工的提升

提升内部员工是填补企业内部空缺的最好办法，提升不仅可以将有管理才能的员工放在更合适的位置上，更重要的是对企业员工的工作积极性能产生激励作用。但是，企业内部员工的提升是否能真正起到激励员工努力工作的作用，还取决于企业内部提升工作是否做得完善。如果提升工作没有做好，不仅不能产生对员工的激励作用，反而会起反作用。有效的内部提升有赖于企业的内部技术规划和内部提升政策，有赖于通过对员工提供教育和培训来帮助管理者确认并开发内部员工的晋升潜力。所以，企业人力资源管理者应掌握好企业内部员工提升的方法，克服主观片面性，真正做到任人唯贤。要使内部提升计划取得成功，必须做好以下几项工作：

①考察员工是否具有提升的资格，确定提升候选人。确定提升候选人是搞好提升工作的基础。考察一个员工是否具有提升资格，必须严格按照“才、职相称的原则”。通常包括以下四个方面：

a. 个人才能。考察提升候选人首先要考察他的知识面；其次要考察候选人分析问题的能力；最后还要考察提升候选人的管理能力。

b. 个人品德。即考察提升候选人是否达到德才兼备的标准。因为管理人员在其管理范围内起着模范带头作用，其行为举止，道德风范都时刻受到员工的注意和仿效。

c. 个人的工作表现。考察提升候选人的工作表现是对提升候选人原担任的职位、工作进行考核和评价。考察工作表现特别要注意候选人工作的努力程度。

d. 个人的工作年限。工作年限是指提升候选人在企业原职位上的工作时间即工作资历。资历之所以是考虑的条件，是因为任何工作经验的积累都需要一定的工作年限作保障。工作资历一般是提升员工是需考虑的因素，但这并不意味着提升必须论资排辈。

②测试提升候选人。在企业内部招聘员工时，必须对候选人进行一些测试，以考察他的管理能力，即测定其分析问题和解决问题的能力、决策能力、领导能力以及人际交往的能力等，以便于确定他是否真正具备晋升的潜力。提升候选人在个人才能、品德、工作表现和工作年限等方面各有优点，在测试中反映出不同的能力，为了避免片面性，必须使每一位提升候选人都具有综合可比性。

③确定提升人选。确定提升人选是在测试的基础上，利用测试得来的分数，将非量化的事实转化为可定量比较的事实，做到各尽所能，人尽其用。

2)企业内部职位的调动

内部职位的调动是指企业将员工从原来的岗位调往同一层次的空缺岗位去工作。企业内部职位的调动通常由以下原因引起：

①企业组织结构调整的需要。由于经营环境的变化，企业需要对原先设置的部门进行调整与重新组合或设立新的部门，这种变化必然会涉及到职位的调动问题。

②对员工培养的需要。为了增强员工的适应能力，企业通常会使用流动培训的方式来训练他们。另外，将要提升至管理层的人选，也会被安排在各部门间轮流实习，以便对企业各部门的运作有更清晰的认识，使其更胜任领导岗位的工作。

③员工对现任岗位不适应。某些员工通过培训入职后，其所掌握的技能仍与岗位工作要求不相适应，或是掌握的技能和知识远远超过其岗位要求，这时，管理者则应对其进行职位调动，为其选择一个合适的工作岗位，使"人在其位，位得其人"。

④调动员工的积极性。某些员工经过长期的同一岗位的工作，对原工作岗位失去兴趣，为了调动其工作积极性，需要重新安排该员工到他感兴趣的工作岗位上去。

⑤人际关系问题。如果员工在原工作部门产生了较严重的人际关系问题，不利于员工积极性的发挥，则应对这些员工进行调动，为其创造新的工作环境。企业内部员工的提升与调动可以使得所有人员都有一个平等竞争的机会，这对于挖掘企业员工的潜力，不断激发他们的工作兴趣和积极性，增强企业凝聚力，节约企业劳动力，促进企业的发展都有着重要的意义。

当然，如果一家企业总是"闭关自守"，所有管理职位的选拔和岗位流动都是在企业内部循环往复地进行，其结果必然会使企业的经营理念保守单一，管理缺乏活力和创新，人际关系复杂，最后导致服务质量因缺乏横向比较和创新而下降。因此，在进行员工招聘工作时应适当兼顾企业内外来源平衡，把企业内部招聘和外部招聘这两条途径有机地结合起来。

(2)企业外部招聘

企业外部招聘是管理者通过对企业人事资料的检索，查明和确认在职员工中确实无人能胜任和填补职位空缺时，而从社会中招聘和选择员工。

1)企业外部招聘的途径

企业外部招聘主要可以通过以下几个途径来进行：

①职业介绍机构与人才交流市场。企业通过职业介绍机构和人才交流市场招聘员工,其优点是:应聘者面广,中间环节少,人员选用耗时较短;并且可以避免裙带关系的形成。缺点是:在招聘过程中,应聘人员的素质高低不齐;招聘时间短,对他们的情况了解不够全面;有些职介机构鱼龙混杂。因此,运用这种招聘方式时,要选择信誉较高的机构,并尽可能多地了解应聘者的情况。

②猎头公司。猎头公司是指一些专门为企业招聘高级人才或特殊人才的职业招聘机构。当企业需要雇用对基层有重大影响的高的专业人员或当企业需要多样化经营、开拓新的市场或与其他企业合资经营时,就会委托猎头公司代为其选择人才。猎头公司以其专业优势准确把握关键的职位所需要的工作能力、关键品质,科学评价应聘的人选,从而快捷、有效地完成招聘,而且被聘用的人员不需进一步的培训就可以马上上岗并发挥重大作用,为企业管理带来立竿见影的效果。但这种招聘方式所需费用较高。

③校园招聘。大中专院校和职业学校是企业招聘管理人员和专业技术人员的重要途径之一。学生通过三年或四年的系统学习,基本掌握了企业经营管理的基础知识,并初步具备了企业服务与管理的技能,具有专业知识较强、接受新事物能力快、个人素质较高等特点,并且学生在校期间也接受了一定时间的专业训练和专业实习,具有一定的实际工作经验,企业只需进行短时间的培训,就可以上岗工作,并能够很快适应工作需要。应届毕业生年轻、求知欲旺、成才快,录用他们是保证企业员工队伍稳定和提高员工整体素质的有效途径。

④公开招聘。公开招聘是指企业利用广播、电视、报纸、杂志、因特网和海报张贴等多种途径向社会公开宣布招聘计划,为社会人员提供一个公平竞争的机会,从而择优录取合格人员的招聘方式。通过公开招聘所吸引的应聘者层次不齐,筛选工作量大,所以不适合急于填补某一关键岗位人员的招聘需要。

2)企业外部招聘的程序

企业外部招聘的程序通常分为准备筹划、宣传报名、全面考核和择优录取四个阶段。

①准备筹划阶段。这一阶段的主要工作是:根据企业需要确定招收计划;根据招收量和重要程度确定招收组织;拟定招收方案;确定区域、范围、标准和报名时间等;按规定向劳动管理部门报批并办理有关手续。

②宣传报名阶段。这一阶段只有两项工作,一是发布招收信息,使求职者获得企业招聘的信息,并起到一定的宣传作用。因此,企业应选择有利于树立企业良好形象的、影响力大的而费用在企业承受力之内的宣传媒介。二是受理报名,通过求职者填写有关求职登记表,了解求职者的基本情况,并通过目测、交谈,判断其是否符合本企业员工的报名资格,为接下来的全面考核奠定基础。

③全面考核阶段。这一阶段是员工招收工作的关键。全面考核,就是根据企业的招收标准,对求职者进行现实表现的考核和职业适应性的考察。现实表现考核主要是了解求职者过去的工作表现。职业适应性考察包括以下几个方面:一是报名时的初试;二是笔试;三是面试;四是体检。

④择优录用阶段。择优录用就是把多种考核和测验结果结合起来,综合评定,严格挑选出符合企业岗位要求的人员,确定录用名单。最后办理录用手续,洽谈工资、福利待遇

等问题，签订劳动合同，使企业与员工之间的劳务关系协议具有法律效应。

企业在招聘员工时，招聘者应认识到，这是一个双向选择的过程，既是招聘企业挑选应聘者，也是应聘者挑选招聘企业的过程。这种双向选择的权利对招聘与应聘双方都应该是平等的。因此，在招收外部员工时，企业管理者应如实向求职者介绍企业的实际情况，以招收到真正乐于在本企业工作的员工。同时，应把招聘员工过程看成是树立企业形象的公关过程。招聘者的态度要和蔼、真诚，要营造出轻松和谐的气氛，给应聘者留下亲切友好的感觉。这样，无论应聘者是否被录用，都会对企业留下良好的印象。

总之，企业员工的招收与录用是企业人力资源管理的一项重要内容。企业应善于通过内、外员工的招收与录用，吸引并留住优秀的服务人员和管理人员，进而激发其工作积极性，并不断提高企业的整体服务质量和管理水平。

4.2.2 员工培训

(1)员工培训的目的

强化员工培训，建立有效的培训体系，通过培训向员工传递汽车服务企业的核心理念、企业文化、品牌意识以及运作标准要求，改善了岗位人员的工作态度、专业素养及能力，增强了汽车服务企业竞争力，实现汽车服务企业战略目标；另一方面将员工个人的发展目标与汽车服务企业的战略发展目标统一起来，满足了员工自我发展的需要，调动了员工工作的积极性和热情，增强了汽车服务企业的凝聚力。

(2)有效员工培训体系的特征

培训体系是否有效的判断标准是该培训体系是否能够增加汽车服务企业的竞争力，实现汽车服务企业的战略目标。有效的培训体系应当具备以下特征：

1)以汽车服务企业战略为导向

汽车服务企业培训体系是源于汽车服务企业的发展战略、人力资源战略体系之下的，只有根据汽车服务企业战略规划，结合人力资源发展战略，才能量身定做出符合自己持续发展的高效培训体系。

2)注重汽车服务企业核心需求

有效的培训体系是深入发掘汽车服务企业的核心需求，根据汽车服务企业的战略发展目标预测对于人力资本的需求，提前为汽车服务企业需求做好人才的培养和储备。

3)多层次、全方位

员工培训说到底是一种成人教育，有效的培训体系应考虑员工教育的特殊性，针对不同的课程内容采用不同的训练技法，针对具体的条件采用多种培训方式，针对具体个人能力和发展计划制定不同的训练计划。在效益最大化的前提下，多渠道、多层次地构建培训体系，达到全员参与、共同分享培训成果的效果，使得培训方法和内容适合被培训者。

4)充分满足员工的自我发展的需要

人的需要是多方面的，而最高需要是自我发展和自我实现。按照自身的需求接受教育培训，是对自我发展需求的肯定和满足。培训工作的最终目的是为汽车服务企业的发展战略服务，同时也要与员工个人职业生涯发展相结合，实现员工素质与汽车服务企业经营战略的匹配。这个体系将员工个人发展纳入汽车服务企业发展的轨道，让员工在服务汽车服务企业，推动汽车服务企业战略目标实现的同时，也能按照明确的职业发展目标，通过参加相应层次的培训，实现个人的发展，获取个人成就。另外，激烈的人才市场竞争也使员工认识到，不断提高自己的各项能力才是在社会中的立足之本。

(3)建立有效员工培训体系的原则

1)理论联系实际、学以致用的原则

员工培训要坚持针对性和实践性，以工作的实际需要为出发点，与汽车服务企业岗位的特点紧密结合，与培训对象的年龄、知识结构紧密结合。

2)全员培训与重点提高的原则

有计划、有步骤地对在职的各级各类人员进行培训提高全员素质，同时注重培养一批技术骨干、管理骨干，特别是对中高层管理人员。

3)因材施教的原则

针对每个人员的实际技能、岗位和个人发展意愿等开展员工培训工作，培训方式和方法切合个人的性格特点和学习能力。

4)讲求实效的原则

效果和质量是员工培训成功与否的关键，为此必须制定全面周密的培训计划和采用先进科学的培训方法和手段。

5)激励的原则

将人员培训与人员任职、晋升、奖惩、工资福利等结合起来，让受训者受到某种程度的鼓励，同时管理者应当多关心培训人员的学习、工作和生活。

(4)建立有效的培训体系

1)培训需求分析与评估

拟定培训计划，首先应当确定培训需求。从自然减员因素、现有岗位的需求量、汽车服务企业规模扩大的需求量和技术发展的需求量等多个方面对培训需求进行预测。对于一般性的培训活动，可以通过以下几种方法进行：

①业务分析(Business Analysis)

通过探讨汽车服务企业未来几年内业务发展方向及变革计划，确定业务重点并配合企业整体发展策略，运用前瞻性的观点，将新开发的业务，事先纳入培训范畴。

②企业分析(Enterprise Analysis)

培训的必要性和适当性以及企业文化的配合是极其重要的前提，否则培训后，如果造成汽车服务企业内更大的认知差异，就得不偿失了。其次，对于企业结构、企业目标及企业优劣等也应该加以分析，以确定训练的范围与重点。

③工作分析(Job Analysis)

培训的目的之一在于提高工作质量，以工作说明书和工作规范表为依据，确定职位的工作条件、职责及负责人员素质，并界定培训的内涵。

④调查分析(Opinion Survey)

对各级主管和承办人员进行面谈或者进行问卷调查，询问其工作要求，并据实说明训练的主题或应强化的能力是什么。

⑤绩效考评(Performance Appraisal)

合理而公平的绩效考核可以显示员工能力缺陷，在期末绩效考核完成后，反映员工需要改善的计划，能够激发其潜力，因此绩效考核成为确定培训需求的重要来源。

⑥评价中心(Assessment Center)

员工提升过程中，为了确保选择人选的适当性，利用评价中心测定候选人的能力是一种有效的方法，且可以兼而测知员工培训需求的重点。

对于特殊性的培训，可以利用自我申请的方式，以符合工作专业的需要和时效。培训需求反映了员工和汽车服务企业对培训的期望，但是要将这些需求转化为计划，还需要对需求进行评估。对培训需求的评估通常要从以下几个方面出发：

①培训需求是否和汽车服务企业的战略目标相一致。只有符合汽车服务企业发展战略目标的培训需求才会得到满足。培训需求至少应当满足知识的传授、技能的培养和态度的转变三者其中任何一个目标。

②培训需求是否和汽车服务企业文化一致。如果某种培训需求与汽车服务企业文化相冲突，会造成汽车服务企业文化的混乱，其结果是得不偿失。

③培训需求所涉及到的员工数目。不同的员工有不同的培训需求，对于汽车服务企业大多数员工的培训需求，应当放在优先考虑的地位。

④培训需求对汽车服务企业目标的重要性。如果通过培训能给汽车服务企业带来巨大的效益，这样的培训应当首先满足。

⑤通过培训后业务水平可以提高的程度。通过培训后业务水平能够得到大幅度提高的需求，应当得到优先满足。

培训需求评估可以界定培训需求是否应当得到满足，将需要按轻重缓急组成一个序列为设计培训体系创造条件。

2)建立有效的培训体系

员工培训体系包括培训机构、培训内容、培训方式、培训对象和培训管理方式等，培训管理包括培训计划、培训执行和培训评估三个方面。建立有效的培训体系需要对上述几个方面进行优化设计。

①培训机构

汽车服务企业培训的机构有两类；外部培训机构和汽车服务企业内部培训机构。外部机构包括专业培训公司、大学以及跨企业间的合作(即派本公司的员工到其他汽车服务企业挂职锻炼等)。汽车服务企业内部培训机构则包括专门的培训实体，或由人力资源部履行其职责。

汽车服务企业从其资金、人员及培训内容等因素考虑，来决定选择外部培训机构还是汽车服务企业内部培训机构。一般来讲，规模较大的汽车服务企业可以建立自己的培训机构；规模较小的公司，或者培训内容比较专业，或者参加培训的人员较少缺乏规模经济效益时，可以求助于外部培训机构。

②培训对象

根据参加培训的人员不同，培训对象可分为高层管理人员培训、中层管理人员培训、普通职员培训和工人培训。应根据不同的受训对象，设计相应的培训方式和内容。一般而言，对于高层管理人员应以灌输理念能力为主，人数不宜太多，采用短期而密集的方式，运用讨论学习方法;对于中层人员,注重人际交往能力的训练和引导,参训规模可以适当扩大,延长培训时间,采用演讲、讨论及报告等交错的方式,利用互动机会增加学习效果;对于普通的职员和工人培训,需要加强其专业技能的培养,可以大班制的方式执行,长期性的延伸教育,充实员工的基本理念和加强事务操作。

③培训方式

从培训的方式来看,有在岗培训(on the job training)和岗前培训(off the job training),在岗培训指工作教导、工作轮调、工作见习和工作指派等方式,对于提升员工理念、人际交往和专业技术能力方面具有良好的效果。岗前培训指在专门的培训现场接受履行职务所必要的知识、技能和态度的培训。岗前培训的方法很多.可采用传授知识、发展技能训练以及改变工作态度的培训等。在岗培训和岗前培训相结合,对不同的培训内容采用不同的方式,灵活进行。

④培训方法

a. 讲授法

讲授的特点是比较简单,易于操作,成本不会太高。但是,讲授是一种单向沟通的过程,员工容易感到单调和疲倦,除非将互动的方法和讲授法结合在一起。讲授法是面向全体员工的,并没有针对性。员工的问题难以得到解决,学到的东西也容易忘记。视听教学法其实也是一种讲授方法,有的书上把它单独列出来。这种方法的费用很高。

b. 讨论法

讨论法有三种形式,即集体讨论法、小组讨论法和对立讨论法。讨论的优点是员工的参与性很强,在不停的思想碰撞中,可以出现智慧的火花。讨论法多是员工已经掌握了一定的知识,需要对此加以深化的时候使用。可以请某位专家进行讲授,讲授结束后与员工进行讨论;也可以将论题列出来,每位员工围绕论题谈自己的经验和体会。该法的优点是信息可以多向传递,但费用较高。教师的作用很重要。有时讨论会走题,这就需要教师的指导和控制。

c. 案例法

案例法属于能力层次的培训。教师向大家介绍案例法的基本知识,拿出案例介绍背景,让员工分成小组讨论。有的时候,教师给出的信息并不完全,还需要员工向教师寻求信息,这样可以锻炼决策时对决策信息需要的判断。有时候,教师不准备案例,而是由员工提前自己准备关于自己的案例。这种方法费用低,反馈效果好。

d. 游戏法

这种方法比较生动.容易引起员工兴趣。在实际操作的时候要注意游戏的选择。游戏应当与培训内容联系起来,可以通过游戏领会到培训所要训练员工的内容。不能因为游戏而使员工忘记他们来上课的目的。游戏的插入时间也要注意选择。

e. 角色扮演法

假设模拟真实的情境,员工扮演其中的不同角色,其他员工分成小组讨论。小组代表陈述本组意见后,重新进行演出或播放录像,由教师进行点评。最后,扮演角色的员工要对自己和对方扮演者进行点评。该方法信息传递多向,反馈效果好、实践性强,多用于人际关系能力的训练。

f. 自学法

这种方法的不足在于监督性比较差。所以人力资源部门可以规定，在自学一段时间后，员工需要写出心得报告，也可以进行问卷调查，还可以要求员工写出所学资料的纲要。个人的学习方法不同，效率有高有低，人力资源部有必要对此进行培训。汽车服务企业内部电脑网络培训也是自学法的一种。现在有一种新的概念：e-learing，即电子学习，是未来培训的一个趋势。

⑤培训计划

员工培训的管理非常重要，有效的培训体系需要良好的管理作为保障。培训计划涵盖培训依据、培训目的、培训对象、培训时间、课程内容、师资来源、实施进度和培训经费等项目。

有效的培训体系要求在制定培训计划时应当遵循拟定的管理程序，先由人力资源管理部门(或者培训主管单位)分发培训需求调查表，经各级单位人员讨论填写完毕，直属主管核定后，由人力资源管理部门汇总，拟定培训草案，并提请上一级主管审定，在年度计划会议上讨论通过。在培训方法方面，应当考虑采用多种方式，对演讲、座谈、讨论、模拟等方法善加运用，可以增强培训效果。同时在培训内容上，最好能够采用自主管理的方式，由员工与主管或讲师共同制定培训目标、主题，场地开放自由化，这样可以增加员工的学习意愿，提升学习效果。

⑥培训项目的确定

科学、准确地确定培训项目是汽车服务企业开展职工教育培训的前期工作。培训项目是否合适，直接影响着职工教育培训工作的质量和效益。

a. 确定培训项目的依据

以工作岗位标准为依据。汽车服务企业的职工都有在岗的标准和要求(包括知识、技能、工作态度等)。这些标准和要求是汽车服务企业职工上岗的基本标准，若汽车服务企业的职工未达到他所要上岗的岗位标准和要求，就应该通过培训达到上岗标准。

以服务质量标准为依据。质量是汽车服务企业的生命，不同的服务质量标准对汽车服务企业有着不同的人力资本结构和等级的要求。在当今科技知识迅猛发展的时代，服务质量标准也在不断更新和提高，使汽车服务企业的生存和发展始终处于一个不断变动的经济技术环境之中。作为汽车服务企业人力资本的职工，当然也脱离不了汽车服务企业所处的环境，在知识、技能和工作态度方面必须与这种不断变动的外部环境相适应，不断更新知识，提高技能，以满足服务质量标准的要求。

以汽车服务企业的发展目标为依据。汽车服务企业发展目标的确立必然对汽车服务企业人力资本结构和等级提出要求。从两个方面来看，一是当某项工作的目标要求与职工现有的知识、技能、工作态度出现差距时，就有必要进行培训；二是当汽车服务企业的目标与实现这个目标所必需的人力资本条件出现差距时，为消除差距就必须组织培训。

b. 确定培训项目的分析方法

任务分析法：通过对某项任务进行系统分析，找出工作难点或质量控制点。首先我们要把一个任务进行分解，按照服务质量标准体系的要求，以服务质量标准为依据，逐项分析、判断各项工作的难点和重要性，然后，根据汽车服务企业人力资源现状进行模拟操作分析，确定完成这项任务的质量控制过程和环节，这些控制环节就是我们需要培训的项目。

缺陷分析法：汽车服务企业在服务过程中，某项工作易发生较多缺陷，通过对工作中的缺陷所产生的原因进行分析，找出哪些因素与人力素质有关，然后. 以汽车服务企业的岗位标准和服务质量标准为依据，结合汽车服务企业现岗的人力素质现状，对职工的知识、技能、工作态度进行对比分析，确定培训项目及应培训哪些知识、技能。

技能分析法：主要是针对汽车服务企业非管理人员工作的分析。分析的内容包括：一是工作的设施与职工身体条件是否相适应；二是工作环境条件对职工生理和心理是否有影响；三是职工的工作态度是否端正，积极性是否高涨；四是对职工工作过程进行详细分析。通过以上分析，找出差距，确定培训项目和内容。

目标分析法：当一个汽车服务企业确定其发展目标后，为实现这个目标，必然对汽车服务企业人力素质提出标准和要求，即理想状态的人力素质。对理想状态的人力资本的结构和等级与现实汽车服务企业状态的人力资本的结构能力进行比较分析，找出差距，确定培训项目及内容、方法。

⑦培训实施

培训计划制定后，就要组织计划的实施。从实际操作面上讲，应该注意几个问题：

a. 执行培训时最好与考核相结合，重视过程控制，观察培训过程中参训者的反应及意见。培训是持续性的心智改造过程，所以员工在培训过程中的社会化改变比训练结果更值得关注。

b. 培训计划执行时应当注重弹性原则和例外管理。对于一般性的训练，可以统筹办理，人力资源管理部门主要负责。对于特定性的培训，应采用例外管理，由各个部门根据具体情况弹性处理。

c. 培训活动应注意事前沟通，塑造学习气氛，从而加强学习互动，营造良好的学习氛围，逐步建立学习性组织。

⑧培训评估

培训的成效评估和反馈是不容忽视的。培训的成效评估一方面是对学习效果的检验，另一方面是对培训工作的总结.. 成效评估的方法分为过程评估和事后评估。前者重视培训活动的改善，从而达到提升实质培训成效的作用；后者则供人力资源管理部门决策参考。从合理化的观点来看，最好是将两者结合起来。具体而言，成效评估方法采用以下方法：

a. 如果培训的目的在于了解参训者的反应，可以利用观察法、面谈或意见调查等方式，从而了解参训者对培训内容、主题、教材、环境等的满意程度。

b. 如为了解参训者的学习效果，可以利用笔试或者心得体会，了解其知识积累程度。

c. 如为了解参训者行为的改变，可以对其行为观察及访谈其主管或同事

(5)汽车服务企业员工培训

知识是成功的必备要素，培训则是获取知识的重要途径。培训是一种经营管理的工具。现代管理理论指出，精英分子是决定企业命运的看得见的手。一个成功的汽车服务企业需要拥有一文高素质的人才队伍。花大力气吸引、培养、使用人才，建立人才高地，是

汽车服务企业成功的一个重要因素。

以下是国内某著名汽车服务企业的员工培训案例，是与服务工程建设、人员聘用的进度同步开展的。他们抓住服务工程的关键节点，将培训工作与服务工程的各个环节的需求对应起来，制定了一体化培训计划，全方位地跟踪控制实施关键节点的培训项目。通过相应的培训，员工的素质和技能节节提高。下面介绍该企业在培训管理方面的主要内容。

1)培训计划

制定培训计划是培训的第一步，也是培训目标、培训内容的具体体现，使培训工作具有可操作性。该汽车服务企业实施一年或半年制定一次的整体一体化培训计划。这种培训计划不仅能充分体现培训需求，而且把汽车服务企业“以人为本”的管理思想也融合其中。所谓“一体化”，就是把整个培训实施过程中要涉及的所有问题和解决的时间、方法等进行系统考虑。该汽车服务企业的一体化培训计划包括：培训资源及设施需求，培训课程及实施计划，培训预算。这样有利于全方位地跟踪、控制、实施培训工作。在制定计划过程中还要进行自下而上、自上而下的讨论，最终形成汽车服务企业与个人利益相结合的培训计划。

2)培训机构

该汽车服务企业把培训机构纳入人事管理系统，在人力资源部中设培训科，在各车间、部门设有兼职培训协调员。这种模式集规划、培训、使用、考核于一体，使培训目标明确，针对性强，学以致用。

对管理、技术和工人等各类人员培训内容有共同部分，但更多的是分层次按岗位要求确定的。

①入门培训

这是针对新员工或新岗位要求进行的。入门培训主要包括：企业人事规章、企业政策及经营理念、服务的汽车品牌市场状况及技术特点、各部门的运作了解及人员认识、工作业务及流程、服务的相关规定等。

该汽车服务企业里，录用的员工都要接受全面的入门教育和平均10周的培训。企业制定的培训包括：

a. 业务培训。员工接受关于企业概况的培训。

b. 基础培训。员工接受行业层次的培训，学习如何做好各自工作的基础知识。

c. 亲身体会。挑选部分员工赴总部其他服务企业就其专业接受手把手的培训。

②适应性培训

这是针对全体员工的分层次按岗位需要及综合素质提高进行的新技术、新知识普及和综合能力训练，目的在于为员工补充新知识，提高员工素质，适应新技术的发展。该汽车服务企业把培训内容设定为4个模块：

a. 工作标准化模块。旨在通过培训，让所有员工掌握标准化工作清单的制作和不断改进技能，正确理解运用标准化的形式开展工作以及工作场所合理安排的重要性。

b. 质量模块。旨在让员工理解和接受“信誉来自质量”的观念，从而确保通过高质量的服务向用户提供优质的产品，提高企业的信誉。

c. 领导责任模块。旨在向各级管理人员及专业技术人员传授领导有力的基本知识和必要技巧。

d. 持续改进模块。旨在使员工能掌握并运用不断改进的原理和概念,改进汽车服务流程与方法,提高服务质量。

4 个模块共设置 20 门课程,每门课程既是整体的一部分,又能独自成立,可按照不同层次的需要任意组合,灵活运用,内容生动,具有很强的实践性和指导性。

③提高性培训

主要对有培养前途的骨干以及高层管理人员进行管理技能、专业技术方面的专门培训,使汽车服务企业能得到进一步提高。

3)培训时间

①全脱产培训,即培训时间全部安排在工作时间。该汽车服务企业的 4 个模块的培训就是属于此类培训,当新员工正式上岗前,首先要在培训中心接受为期 5 天的入门培训,了解汽车服务企业的理念及价值观、服务体系等,然后在车间的培训岛内接受为期 3 周的岗位技能培训. 上岗后根据汽车服务企业的要求和个人发展目标. 不断地进行多岗位技能培训和 4 个模块课程的培训,使技能得以不断地提高。由此可见,全脱产培训通常安排管理技能和岗位技能培训。因为它直接关系到汽车服务企业的服务运作和质量,一般应在工作时间进行。

②工娱相结合的培训。它虽是一种知识性的提高索质的培训,但也能间接地对汽车服务企业有益。

③全业余培训。一般为员工自己要求的培训,如学历培训,是不能在工作时间进行的。培训时间的另一个概念为人均年培训小时。该汽车服务企业规定年培训时间不低于 40 小时/人。汽车服务企业对员工培训时间最低限度的提出,反映了它对员工培训的重视。

在课程的设计安排上,讲求实效是该汽车服务企业的特点。在“一页纸报告”的培训课程上,参加培训的员工通过一天的培训,可以在很轻松的环境中学会使用并编写该汽车服务企业现场改善的一页纸报告表。

4)培训教材

着眼于应用性并讲求实效的培训不可能使用社会上的现成教材,因为这一类培训除了进行知识的传授以外,还要求有很强的针对性和可操作性。该汽车服务企业的 4 个模块课程全部配有自编教材。即使是专业技术方面的课程,一般也要针对汽车服务企业中应用最广泛的部分,结合汽车服务企业实际进行教材的编写,以使汽车服务企业培训在短的时间内取得最大的效果。

5)培训方式

为了实现培训的针对性和可操作性,该汽车服务企业的培训课程都设计了多种培训工具和讲授步骤,安排好每一堂课,包括从课程开始到中间讨论到小结的全过程,以及对重点内容设提问、配以录像分析、动手拆装或计算等环节,以确保每堂课的质量。汽车服务企业为提高学员的实际动手能力,还引进模拟教学设备,来增加培训的直观性。

讨论式、互动式的培训方式也被普遍采用。一船一组不超过 20 人,课桌的排列是以教师能方便地走到每个员工面前和员工做充分的交流,以及员工之间也能开展充分讨论为前提。用这种方法授课，教师已不是居高临下，而是整个课堂的引导者和主持者，员工可以充分地参与讨论，共同探讨问题，员工和教师、员工和员工是相互学习的伙伴，从而使培训取得最佳效果。

最大限度地利用一切资源开展汽车服务企业培训是该汽车服务企业的一大特点。首先是海外培训，它有着得天独厚的优势，美国、德国的合作伙伴都是他们海外培训的基地。虽然培训费用比较高，但只要目的性强、计划周密，就一定会有好的效果。该汽车服务企业根据企业建设的需要，按照不同任务，选派了部门经理、车间主任、工程师等关键岗位人员赴美国、德国、澳大利亚等国的服务企业接受特定的见习培训。其次是充分利用国内社会培训资源，为汽车服务企业培训服务。该汽车服务企业分别与上海交大、同济大学建立了长期合作伙伴关系，充分利用它们的试验设备和专业教师开展汽车专业技术培训，既节省了汽车服务企业投资，又取得了良好的效果。

6)师资队伍

建立一支以专职教师为主导，以兼职教师为主体的专兼职教师相结合的师资队伍。面对繁多的培训科目，汽车服务企业不可能全部配备专职教师，因此，以专职教师为骨干，聘请兼职教师组成庞大的培训师资队伍，则是完成汽车服务企业培训任务的一条重要途径。兼职教师的来源有两条渠道：一是从汽车服务企业内部聘请；二是从社会上聘请，包括请高校教师、国外专家等。

通过“滚雪球”式的培训，该汽车服务企业目前已形成一支精干、高效的培训师资队伍，不少部门的经理、车间主管都是骨干的兼职教师，特别是车间主管，基本承担了本车间工人岗位技能的培训，取得了很好的培训效果。培训的责任在于各级经理。由经理分析和提出所属员工的岗位要求和培训需求；由经理审定所属员工填报的计划并决定其取舍；由经理评估所属员工经培训后的技能水平，经理每年有1～2次与员工面对面的讨论其优缺点，明确其下一年的培训方向。车间主管助理就是车间的培训协调员，公司培训科的培训需求调查表经由助理交车间主管亲自填写。服务部门各级主管亲自为员工讲课，他们用在国外样板企业接受过的培训知识，经过自己的实践、总结，深入浅出地传授给一线工人。

7)小结

汽车服务企业的员工培训，是汽车服务企业占领人才高地的最重要的部分。该汽车服务企业将真正更新了的理念带入了汽车服务企业的培训项目中：一切从有利于员工成长的培训出发是培训的宗旨，采用全新的培训理念，构建完整的培训机制。制定与企业发展、人员管理同步的培训规划和计划，充分利用厂内外、国内外的教育资源，将培训内容与被培训者的工作结合起来，使汽车服务企业的发展一直紧跟时代的步伐。

未来社会是一个“人工智能”和“专家系统”的时代，汽车服务企业要通过培训不断自我发展及自我管理，它的理想模式是成为有效学习型汽车服务企业，汽车服务企业培训应逐渐走上正轨，成为汽车服务企业真正的加油站。未来的职业培训方式应该向以下几个方面发展：

①员工的培训，应以尊重人性为基础。

②教育内容应以企业按各部门实际制定并规范化、长期化。

③训练方法，应排除定型的教育，针对汽车服务企业特点选取多种方式进行。

④促进以自我发展为基础的教育训练，让所有的汽车服务企业在有效培训中不断创新，寻求发展。

【案例】

上海通用汽车(SGM)的招聘策略

上海通用汽车有限公司(SGM)是上海汽车工业(集团)总公司和美国通用汽车公司合资建立的轿车生产企业，是迄今为止我国最大的中美合资企业之一。

SGM 的目标是成为国内领先、国际上具有竞争力的汽车公司。一流的企业，需要一流的员工队伍。因此，如何建设一支高素质的员工队伍，是中美合作双方都十分关心的首要问题。同时 SGM 的发展远景和目标定位也注定其对员工素质的高要求：不仅具备优良的技能和管理能力，而且还要具备出众的自我激励、自我学习能力、适应能力、沟通能力和团队合作精神。要在一个很短的时间里，客观公正地招聘选拔到高素质的员工来配置到各个岗位，对 SGM 来说无疑是一个重大的挑战。

1. "以人为本"的公开招聘策略

"不是控制，而是提供服务"。这是 SGM 人力资源部职能的特点，也是与传统人事部门职能的显著区别。

第一，根据公司发展的战略和宗旨，确立把传递"以人为本"的理念作为招聘的指导思想。SGM 在招聘员工的过程中，在坚持双向选择的前提下，还特别注意应聘者和公司双向需求的吻合。应聘者必须认同公司的宗旨和五项核心价值观：以客户为中心、安全、团队合作、诚信正直、不断改进与创新。同时，公司也充分考虑应聘者自我发展与自我实现的高层次价值实现的需求，尽量为员工的发展提供良好的机会和条件。

第二，根据公司的发展计划和生产建设进度，制定拉动式招聘员工计划，从公司的组织结构、各部门岗位的实际需求出发，分层次、有步骤地实施招聘。1997 年 7 月至 1998 年 6 月份两步实施对车间高级管理人员、部门经理、骨干工程师、行政部门管理人员和各专业工程师、工段长的第一层次的招聘计划；1998 年底到 1999 年 10 月份两步实施对班组长、一班制操作工人和维修工、工程师第二层次的招聘计划；二班制和三班制生产人员的招聘工作与拉动式生产计划同步进行。

第三，根据"一流企业，需要一流员工队伍"的公司发展目标，确立面向全国广泛选拔人才的员工招聘方针。并根据岗位的层次和性质，有针对性地选择不同新闻媒体发布招聘信息，采取利用媒介和人才市场为主的自行招聘与委托招募相结合的方式。

第四，为确保招聘工作的信度和效度，建立人员评估中心，确立规范化、程序化、科学化的人员评估原则。并出资几十万元聘请国外知名的咨询公司对评估人员进行培训，借鉴美国 GM 公司及其子公司已有的"精益生产"样板模式，设计出具有 SGM 特点的"人员评估方案"；明确各类岗位对人员素质的要求。

第五，建立人才信息库，统一设计岗位描述表、应聘登记表、人员评估表、员工预算计划表及目标跟踪管理表等。

2. 严格规范的评估录用程序

(1)录用人员必须经过评估

这是SGM招聘工作流程中最重要的一个环节，也是SGM招聘选择员工方式的一大特点。公司为了确保自己能招聘选拔到适应一流企业、一流产品需要的高素质员工，借鉴通用公司位于东德和美国一些工厂采用人员评估中心来招聘员工的经验，结合中国的文化和人事政策，建立了专门的人员评估中心，作为人力资源部的重要组织机构之一。整个评估中心设有接待室、面试室、情景模拟室、信息处理室，中心人员也都接受过专门培训，评估中心的建立确保了录用工作的客观公正性。

(2)标准化程序化的评估模式

SGM的整个评估活动完全按标准化、程序化的模式进行。凡被录用者，须经填表、筛选、笔试、目标面试、情景模拟、专业面试、体检、背景调查和审批录用九个程序和环节。每个程序和环节都有标准化的运作规范和科学化的选拔方法，其中笔试主要测试应聘者的令业知识、相关知识、特殊能力和倾向；目标面试则由受过国际专业咨询机构培训的评估人员与应聘者进行面对面的问答式讨论，验证其登记表中已有的信息，并进一步获取信息，其中专业面试则由用人部门完成；情景模拟是根据应聘者可能担任的职务，编制一套与该职务实际情况相仿的测试项目，将被测试者安排在模拟的、逼真的工作环境中，要求被试者处理可能出现的各种问题，用多种方法来测试其心理素质、潜在能力的一系列方法。如通过无领导的两小组合作完成练习，观察应聘管理岗位的应聘者的领导能力、领导欲望、组织能力、主动性、说服能力、口头表达能力、自信程度、沟通能力、人际交往能力等。SCM还把情景模拟推广到了对技术工人的选拔上，如通过齿轮的装配练习，来评估应聘者的动作灵巧性、质量意识、操作的条理性及行为习惯。在实际操作过程中，观察应聘者的各种行为能力，孰优孰劣，泾渭分明。

3. 两个关系的权衡

SGM的人员甄选模式，特别是其理论依据与一般的面试以及包括智商、能力、人格、性格在内的心理测验相比，更注重以下两个关系的比较与权衡：

(1)个性品质与工作技能的关系。公司认为：高素质的员工必须具备优秀的个性品质与良好的工作技能。前者是经过长期教育、环境熏陶和遗传因素影响的结果，它包含了一个人的学习能力、行为习惯、适应性、工作主动性等。后者是通过职业培训、经验积累而获得，如专项工作技能、管理能力、沟通能力等，两者互为因果。但相对而言，工作能力较容易培训，而个性品质则难以培训。因此，在甄选录用员工时，既要看其工作能力，更要关注其个性品质。

(2)过去经历与将来发展的关系。无数事实证明：一个人在以往经历中，如何对待成功与失败的态度和行为，对其将来的成就具有或正或负的影响。因此，分析其过去经历中所表现出的行为，能够预测和判断其未来的发展。

SGM正是依据上述两个简明实用的理论、经验和岗位要求，来选择科学的评估方法，确定评估的主要行为指标，来取舍应聘者的。如在一次员工招聘中，有一位应聘者已进入第八道程序，经背景调查却发现其隐瞒了过去曾在学校因打架而受处分的事，当对其进行再次询问时，他仍对此事加以隐瞒。对此公司认为，虽然人的一生难免有过失，但隐瞒过错却属于个人品质问题，个人品质问题会影响其今后的发展，最后经大家共同讨论一致决定对其不予录用。

4. 坚持“宁缺毋滥”的原则。

为了招聘一个段长，人力资源部的招聘人员在查阅了上海市人才服务中心的所有人才信息后，发现符合该职位要求的具有初步资格者只有 6 人，但经评估，遗憾的是结果一个人都不合格。对此，中外双方部门经理肯定地说：“对这一岗位决不放宽录用要求，宁可暂时空缺，也不要让不合适的人占据。”评估中心曾对 1997 年 10 月到 1998 年 4 月这段时间内录用的 200 名员工随机抽样调查了其中的 75 名员工，将其招聘评估的结果与半年的绩效评估结果作了一个比较分析，发现当时的评估结果与现实的考核结果基本一致，两次结果基本一致的占到 84%左右，这证明人员评估中心的评估有着较高的信度和效度。

(资源来源：百度文库>专业文献/行业资料>经济管理，2012 年 7 月 16 日，作者：秦朔)

4.3　汽车服务企业绩效评估管理

4.3.1　绩效评估的含义和类型

绩效评估也叫“业绩考评”，是汽车服务企业人事管理的重要内容，更是汽车服务企业强有力的管理手段之一。绩效考评的目的是通过考核提高每个员工的工作效率，最终实现提高汽车服务企业核心竞争力的目标。

(1)绩效的定义

绩效是相对一个人所担当的工作而言的，即按照其工作性质，员工完成工作的结果或履行职务的结果。换句话说，就是企业员工对企业的贡献，或对企业所具有的价值。在汽车服务企业中，职工工作绩效具体表现为完成工作的数量、其他贡献等。

(2)绩效的特征

1)绩效是人们行为的后果，是目标的完成程度，是客观存在的，而不是观念中的东西。

2)绩效必须具有实际的效果，无效劳动的结果不能称之为绩效。

3)绩效是一定的主体作用于一定的客体所表现出来的效用，即它是在工作过程中产生的。

4)绩效应当体现投入与产出的对比关系。比如，每天维修 100 件产品的工人和维修 90 件的工人，如果前者废品率为 10%，而后者废品率为零，那么，即使数量上前者高于后者，其绩效也要低于后者。

5)绩效应当有一定的可度量性。对于实际成果的度量，需要经过必要的转换方可取得，具有一定的难度，这正是评价过程必须解决的问题。

因此，绩效是工作过程中的有效成果，是员工达到汽车服务企业对其最终期望的程度。

(3)绩效评估

评估也称为“考评”，是考核和评价的总称。考核是为评价提供事实依据，只有基于客观的考核基础上的评价才是公平合理的。考核的结果也只有通过评价才能得以进一步的运用。否则，为了考核而考核是无意义的。

1)绩效考核。绩效考核是用数学的方法对员工绩效进行客观的描述过程。

2)绩效评价。绩效评价是应用考核结果的描述,并根据描述来确定绩效的高低,作出评价。相同的考核结果在不同的条件下,评价的结果可能不完全相同。因此,评价是在一定条件下对业绩的分析,它有利于找到影响绩效的因素和提高绩效的方法。

综上所述,绩效评估的基本定义是:通过各种科学的定性和定量的方法来评定和测量员工在职务上的工作行为和工作成果。绩效评估是汽车服务企业管理者与员工之间的一项管理沟通活动。其结果可以直接影响到薪酬调整、奖金发放及职务升降等诸多员工的切身利益。

(4)绩效评估管理的目的

1)对员工的晋升、降职、调职和离职提供依据。

2)企业对员工的绩效考评的反馈。

3)对员工和团队对企业的贡献进行评估。

4)对员工的薪酬决策提供依据。

5)对招聘选择和工作分配的决策进行评估。

6)了解员工和团队的培训和教育的需要。

7)对培训和员工职业生涯规划效果的评估。

8)对工作计划、预算评估和人力资源规划提供信息。

所以,建立员工绩效评估管理系统,是为了使员工的贡献得到认可并且帮助员工提高工作绩效,最终实现汽车服务企业的发展。

(5)绩效管理的基本目标

1)通过绩效管理系统实施目标管理,保证汽车服务企业整体目标的实现,提高在市场竞争环境中的整体工作能力与核心竞争实力。

2)通过绩效管理帮助每个员工提高工作绩效与工作胜任力,建立适应企业发展战略的人力资源队伍。

3)在绩效管理的过程中,促进管理者与员工之间的沟通与交流,形成开放、积极参与、主动沟通的汽车服务企业文化,增强汽车服务企业的凝聚力。

(6)绩效管理的基本原则

1)公开性原则:管理者要向被管理者明确说明绩效管理的标准、程序、方法、时间等事宜,使绩效管理有透明度,只有这样才能提高员工的工作绩效,目前,我们的很多汽车服务企业都是采用的“背靠背”的评估方式,员工不知道自己的缺点,更无从知道如何提高。

2)客观性原则:绩效管理要做到以事实为依据,对被管理者的任何评价都应有事实根据,避免主观臆断和个人感情色彩,这样对管理者的职业道德有着较高的要求。

3)开放沟通原则:在整个绩效管理过程中,管理者和被管理者要开诚布公地进行沟通与交流,评估结果要及时反馈给被评估者,肯定成绩,指出不足,并提出今后应努力和改进的方向。发现问题或有不同意见应在第一时间内进行沟通,管理者应该在管理过程中与员工沟通、指导,从而提高员工的工作绩效。

4)差别性原则:对不同部门、不同岗位进行绩效评估时要根据不同的工作内容制定贴切的衡量标准,评估的结果要适当拉开差距,不搞平均主义,工作绩效高的部门要提高奖励比例，对于工作绩效低的部门应该降低奖励比例。

5)常规性原则:绩效管理是各级管理者的日常工作职责，对下属作出正确的评估是管理者重要的管理工作内容，绩效管理的工作必须成为常规性的管理工作。

6)发展性原则;绩效管理通过约束与竞争促进个人及团队的发展，因此，管理者和被管理者都应将通过绩效管理提高绩效作为首要目标。任何利用绩效管理进行打击、压制、报复他人和小团体主义的做法都应受到制度的惩罚。

(7)绩效评估的基本类型

1)效果主导型。考评的内容以考评结果为主，着眼于“干出了什么”，重点在结果而不是行为。由于它考评的是工作业绩而不是工作效率，所以标准容易制定，并且容易操作。目标管理考评办法就是该类考评。它具有短期性和表现性的缺点，对具体服务员工较适合，但事务性人员不适合。

2)品质主导型。考核的内容以考评员工在工作中表现出来的品质为主，着眼于“他怎么干”，由于其考评需要如忠诚、可靠、主动、有创新、有自信、有协助精神等，所以很难具体掌握。操作件与有效度较差。适合于对员工工作潜力、工作精神及沟通能力的考评。

3)行为主导型。考核的内容以考评员工的工作行为为主，着眼于“如何干”、“干什么”，重在工作过程。考评的标准容易确定，操作性强，适合于管理性、事务性工作的考评。

(8)绩效计划与关键绩效指标的设定

1)根据目标分解和被评估者的工作职责确定其主要工作目标，目标管理的基本原则是“合理分解，坚决执行”，所以在分解目标的过程中一定要考虑员工的实际情况。

2)确定各项工作目标的主要工作产出和预计完成的期限，在绩效管理过程中融入时间管理，没有期限的任务就不能称之为任务。

3)确定各项工作产出和衡量标准以及获取评估信息的来源，标准是检验工作的唯一尺度，信息来源是客观评价的保障。

4)确定各项工作目标的权重，找出工作的重点。

4.3.2　绩效评估管理的程序

一般而言，绩效评估工作大致要经历制定评估计划、选取考评内容及确定评估标准和方法、收集数据、分析评估、结果运用五个阶段。

(1)制定绩效评估计划

为了保证绩效评估顺利进行，必须事先制定计划，在明确评估目的的前提下，有目的地选择评估的对象、内容、时间。

(2)确定评估的标准、内容和方法

1)评估的标准

绩效评估必须有标准，作为分析和考查员工的尺度。一般可分为绝对标准和相对标准。绝对标准如出勤率、废品率、文化程度等以客观现实为依据，而不以考核者或被考核者的个人意志为转移的标准。所谓相对标准，如在评选先进时，规定10%的员工可选为各级先进，于是采取相互比较的方法，此时每个人既是被比较的对象，又是比较的尺度，因而标准在不同群体中往往就有差别，而且不能对每一个员工单独作出“行”与“不行”的评价。

一般而言，评估标准采用绝对标准。绝对标准又可分为业绩标准、行为标准和任职资格标准三大类。

2)选取考评内容

①选取考评内容的原则

考评内容主要是以岗位的工作职责为基础来确定的，但要注意遵循下述三个原则：

a. 与汽车服务企业文化和管理理念相一致

考评内容实际上就是对员工工作行为、态度、业绩等方面的要求和目标，它是员工行为的导向。考评内容是汽车服务企业组织文化和管理理念的具体化和形象化，在考评内容中必须明确：汽车服务企业在鼓励什么，并且在反对什么，给员工以正确的指引。

b. 要有所侧重

考评内容不可能涵盖该岗位上的所有工作内容，为了提高考评的效率，降低考评成本，并且让员工清楚工作的关键点，考评内容应该选择岗位工作的主要内容进行考评，不要面面俱到。这些主要内容实际上已经占据了员工80%的工作精力和时间。另外，对难于考核的内容也要谨慎处理，认真地分析它的可操作性和它在岗位整体工作中的作用。

c. 不考评无关内容

一定要切记，绩效考评是对员工的工作考评，对不影响工作的其他任何事情都不要进行考评。比如说员工的生活习惯、行为举止、个人癖好等内容都不宜作为考评内容出现，如果这些内容妨碍到工作，其结果自然会影响到相关工作的考评成绩。

②对考评内容进行分类

为了使绩效考评更具有可靠性和可操作性，应该在对岗位的工作内容分析的基础上，根据汽车服务企业的管理特点和实际情况，对考评内容进行分类。比如将考评内容划分为“重要任务”考评、“日常工作”考评和“工作态度”考评三个方面。

“重要任务”是指在考评期内被考评人的关键工作，往往列举1～3项最关键的即可。如对于维修人员可以是考评期的维修数量和质量；销售人员可以是考评期的销售业绩。“重要任务”考核具有目标管理考核的性质。对于没有关键工作的员工(如清洁工)则不进行“重要任务”的考评。

“日常工作”的考核条款一般以岗位职责的内容为准，如果岗位职责内容过杂，可以仅选取重要项目考评。它具有考评工作过程的性质。

“工作态度”的考核可选取对工作能够产生影响的个人态度，如协作精神、工作热情、礼貌程度等，对于不同岗位的考评有不同的侧重。比如，“工作热情”是行政人员的一个重要指标，而“工作细致”可能更适合财务人员。另外，要注意一些纯粹的个人生活习惯等与工作无关的内容不要列入“工作态度”的考评内容。不同分类的考评内容，其具体的考评方法也不同。

3)选择评估方法

在确定评估目标、对象、标准后，就要选择相应的评估方法。

常用的评估方法有以下几种：

①业绩评定表：所谓业绩评定表就是将各种评估因素分优秀、良好、合格、稍差、不合

格(或其他相应等级)进行评定。其优点在于简便、快捷,易于量化。其缺点是容易出现主观偏差和趋中误差,等级宽泛,难以把握尺度。

②工作标准法(劳动定额法):把员工的工作与企业制定的工作标准(劳动定额)相对照,以确定员工业绩。其优点在于参照标准明确,评估结果易于做出。缺点在于标准制定,特别是针对管理层的工作标准制定难度较大,缺乏衡量的指标。此外,工作标准法只考虑工作结果,有些影响工作结果的因素不加反映,如领导决策失误、生产线其他环节出错等。目前,此方法一般与其他方法一起使用。

③强迫选择法:评估者必须从 3～4 个描述员工在某一方面的工作表现的选项中选择一个(有时两个)。其优点在于用来描述员工工作表现的语句并不直接包含明显的积极或消极内容,评估者并不知评估结果的高低。其缺点在于,评估者会试图猜想人力资源部门提供选项的倾向性。此外,由于难以把握每一选项的积极或消极成分,因而得出的数据难以在其他管理活动中应用。

④排序法:把一定范围内的员工按照某一标准由高到低进行排列的一种绩效评估方法。其优点在于简便易行,完全避免趋中或严格/宽松的误差。但缺点在于标准单一,不同部门或岗位之间难以比较。

⑤硬性分布:将限定范围内的员工按照统一概率分布划分到有限数量的几种类型上的一种方法。例如,假定员工工作表现大致服从正态分布,评价者按预先确定的概率(比如共分 5 个类型,优秀占 5%,良好占 15%,合格占 60%,稍差占 15%,不合格占 5%)把员工划分到不同类型中。这种方法有效地减少了趋中或严格/宽松的误差,但问题在于假设不符合实际,各部门中不同类型员工的概率不可能一致。

⑥关键事件法:指那些对部门效益产生重大积极或消极影响的行为。在关键事件法中,管理者应将员工在考核期间内所有的关键事件都真实记录下来。其优点在于针对性强,结论不易受主观因素的影响。缺点在于基层工作量大。另外,要求管理者在记录中不能带有主观意愿,在实际操作中往往难以做到。

⑦叙述法:评估者以一篇简洁的记叙文的形式来描述员工的业绩。这种方法集中描述员工在工作中的突出行为,而不是日常的业绩。不少管理者认为,叙述法不仅简单,而且是最好的一种评估方法。然而,叙述法的缺点在于评估结果在很大程度上取决于评估者的主观意愿和文字水平。此外,由于没有同一的标准,不同员工之间的评估结果难以比较。

⑧目标管理法:目标管理法是当前比较流行的一种绩效评估方法。其基本程序为;

a. 监督者和员工联合制定评估期间要实现的工作目标。

b. 在评估期间,监督者与员工根据业务或环境变化修改或调整目标。

c. 监督者和员工共同决定目标是否实现,并讨论失败的原因。

d. 监督者和员工共同制定下一评估期的工作目标和绩效目标。

目标管理法的特点在于绩效评估人的作用从法官转换为顾问和促进者,员工的作用也从消极的旁观者转换为积极的参与者。这使员工增强了满足感和工作的自觉性,能够以一种更积极、主动的态度投入工作,促进了工作目标和绩效目标的实现。

(3)收集数据

绩效评估是一项长期、复杂的工作，对于作为评估基础的数据收集工作要求很高。在这方面，国外的经验是注重长期的跟踪、随时收集相关数据，使数据收集工作形成一种制度，其主要做法包括：

1)记录法：运输、服务的数量、质量、成本等，按规定填写原始记录和统计。

2)定期抽查法：定期抽查服务的数量、质量，用以评定期间内的工作情况。

3)考勤记录法：出勤、缺勤及原因，是否请假，一一记录在案。

4)项目评定法：采用问卷调查形式，指定专人对员工逐项评定。

5)减分登记法：按职务(岗位)要求规定应遵守的项目，定出违反规定扣分方法，定期进行登记。

6)行为记录法：对优秀行为或不良行为进行记录。

7)指导记录法：不仅记录部下的极限行为，而且将其主管的意见及部下的反应也记录下来，这样既可考察部下，又可考察主管的领导工作。

(4)分析评估

这一阶段的任务是根据评估的目的、标准和方法，对所收集的数据进行分析、处理、综合。其具体过程如下：

1)划分等级。把每一个评估项目，如工作态度、人际关系、出勤、责任心、工作业绩等，按一定的标准划分为不同等级。一般可分为3～5个等级，如，优、良、合格、稍差、不合格。

2)对单一评估项目的量化。为了能把不同性质的项目综合在一起，就必须对每个评估项目进行量化及不同等级组赋予不同数值，用以反映实际特征。如：优为10分，良为8分，合格为6分，稍差为4分，不合格为2分。

3)对同一项目不同评估结果的综合。在有多人参与的情况下，同一项目的评估结果会不相同。为综合这些意见，可采用算术平均法或加权平均法进行综合。仍以5等级为例，3个人对某员工工作能力的评估分别为10分、6分、2分。如采用算术平均法，该员工的工作能力应为6分。若采用加权平均，3个人分别为其上司、同事、下属，其评估结果的重要程度不同，可赋予他们不同的权重，如上司定为50%，同事30%，下属20%，则该员工的工作能力为：10×50%+6×30%+2×20%=7.2(分)，介于良好与合格之间。

4)对不同项目的评估结果的综合。有时为达到统一评估目标要考察多个评估项目，只有把这些不同的评估项目综合在一起，才能得到较全面的客观结论。一般采用加权平均法。当然，具体权重要根据评估目的、被评估人的层次和具体职务来定。

(5)结果运用

得出评估结果并不意味着绩效评估工作的结束。在绩效评估过程中获得的大量有用信息可以运用到汽车服务企业各项管理活动中。

1)向员工反馈评估结果。帮助员工找到问题、明确方向，这对员工改进工作、提高绩效会有促进作用。

2)为人事决策如任用、晋级、加薪、奖励等提供依据。

3)检查企业管理各项政策，如人员配置、员工培训等方面是否有失误.还存在哪些问题。

4.4 薪酬体系设计

4.4.1 概　述

薪酬是汽车服务企业为劳动者提供的生活保障，也是留住员工并调动员工积极性的一种重要手段。一套良好的薪酬体系，可以让汽车服务企业在不增加成本的情况下提高员工对报酬的满意度。随着管理的不断创新，薪酬体系设计也在不断更新，现代薪酬福利体系的建立可以使企业与员工利益紧密地结合在一起，同时建立在公正、互惠原则基础上的薪酬体系也可以促使汽车服务企业均衡、快速发展。

现代薪酬福利体系是汽车服务企业从人力投资和激励机制的角度出发为员工提供有形的与无形的酬劳的总和，除了静态工资、动态工资、各种福利，还有员工相应的股权效益——股份期权、年薪制、人性化的汽车服务企业文化、良好的工作环境、发展的机会等。

激励机制不仅要有有形的薪酬系统提供动力，而且还要有员工行为规范和汽车服务企业文化深化等无形薪酬对员工的影响，在给予员工合理报酬、福利的同时，以汽车服务企业文化的培养、渗透、融合、创造来增强员工的内在薪酬满足。薪酬政策是要服务于汽车服务企业的长远经营战略的，所以建立长期激励机制有利于员工和汽车服务企业的利益有机地结合在一起，建立股东和员工的命运共同体。

薪酬是用人单位为获得劳动者未来提供的劳动而承诺支付给劳动者的劳动报酬。

薪酬可以是实物形态的，也可以是非实物形态的。

4.4.2 薪酬体系的作用与内容

(1)薪酬体系的作用与意义

1)决定人力资源的合理配置与使用

薪酬作为实现人力资源合理配置的基本手段，在人力资源开发与体系中起着十分重要的作用。薪酬一方面代表着劳动者可以提供的不同劳动能力的数量与质量，反映了劳动力供给方面的基本特征，另一方面代表着用人单位对人力资源需要的种类、数量和程度，反映了劳动力需求方面的特征。薪酬体系就是要运用薪酬这个人力资源中最重要的经济参数，来引导人力资源向合理的方向运动，从而实现企业目标的最大化。

2)影响劳动效率

传统的薪酬体系，仅具有物质报酬分配性质，忽视了精神激励，很少考虑被管理者的行为特征，难以调动员工的工作积极性。现代薪酬体系将薪酬视为激励劳动效率的主要杠杆，不仅注重利用工资、奖金、福利等物质报酬从外部激励劳动者，而且注重利用岗位的多样性、工作的挑战性、取得成就、得到认可、承担责任、获取新技巧和事业发展机会等精神报酬从内部激励劳动者，从而使薪酬管理过程成为劳动者的激励过程。劳动者在这种薪酬体系下，通过个人努力，不仅可以提高薪酬水平，而且可以提高个人在企业中的地位、声誉和价值，从而大大提高员工的积极性和创造性。

3)关系社会的稳定

在我国现阶段，薪酬是劳动者个人消费资料的主要来源，从经济学角度看，薪酬一经向劳动者付出即退出生产领域，进入消费领域。因此，在薪酬体系中，如果薪酬标准确定过低，劳动者的基本生活就会受到影响，劳动力的耗费就不能得到完全的补偿，如果薪酬标准确定过高，又会对产品成本构成较大影响，特别是当薪酬的增长普遍超过劳动生产率的增长时，还会导致成本推动型的通货膨胀，这种通货膨胀一旦出现，首先从国内来说，一方面会给人民生活直接产生严重影响；另一方面，通货膨胀造成的一时虚假过度需求，还会促发“泡沫经济”，加剧经济结构的非合理化。此外，薪酬标准确定过高，还会导致劳动力需求的收缩，失业队伍的扩大，影响到社会的安定。

在薪酬体系中，存在着两种不同的体系机制。

1)政府主导型。这种机制主要是通过行政的、指令的、计划的方法来直接确定不同种类、不同质量的各类劳动者的薪酬水平、薪酬结构，从而引导人力资源的配置。这种机制由于无法回答人力资源是否真正用到了最需要的地方，也无法确定人力资源是否真正用到了最能发挥他的作用的地方，因而很难真正解决好人力资源的合理配置问题。

2)市场主导型。这种机制实质上是一种效率机制，它主要是通过劳动力的流动和市场竞争，在供求平衡中所形成的薪酬水平和薪酬差别来引导人力资源的配置。显然，这种机制不但能够及时、准确地反映各类劳动力的稀缺程度，而且能在劳动者通过流动调换职业或岗位实现薪酬最大化时也找到尽其所能的位置，从而使人力资源的配置与使用更加合理。因此，在薪酬体系中，为了更合理地配置与使用人力资源，应尽可能采用市场主导型的薪酬体系机制。

(2)薪酬的主要内容

1)基本薪资。它是员工收入的基本组成部分，基本薪资比较稳定，是确定退休金的主要依据。这部分主要由员工薪资制度而定。工资又分计时工资、计件工资。工资制度分职务工资制、职能工资制、结构工资制等。

2)津贴。它是对员工在特殊劳动条件下工作时额外劳动的消耗、额外的生活费用以及对员工生理或心理带来的损害而进行的物质补偿。津贴分地域性津贴、生活性津贴、劳动性津贴等。

3)奖金。它是基本工资的补充形式，是对员工有效超额劳动的报酬，奖金是根据员工的业绩和公司经济效益状况给予的。奖金分考勤奖金、效益奖金、项目奖金、红包等。

4)福利。它是公司通过举办集体生活设施，提供劳务和建立补贴制度等方式，以解决员工在物质与精神生活上的普遍性需求或特殊困难而建立的公益性事业。福利分社会保险福利和用人单位集体福利等。

4.3.3 薪酬体系设计的基本程序

(1)薪酬体系设计的基本程序

薪酬体系的建立是一项复杂而庞大的工程，不能只靠文字的堆砌和闭门造车的思考来完成薪酬体系的设计。设计汽车服务企业的薪酬体系应该遵循以下几个基本程序：

1)合理而详尽的岗位分析

岗位分析是汽车服务企业薪酬体系的基础。岗位分析也可称为工作分析或岗位描述，即根据汽车服务企业发展战略的要求，通过采用问卷法、观察法、访谈法、日志法等手段，对汽车服务企业所设的各类岗位的工作内容、工作方法、工作环境以及工作执行者应该具备的知识、能力、技能、经验等进行详细地描述，最后形成岗位说明书和工作规范。岗位分析是一项基础工作，分析活动需要汽车服务企业人力资源部、员工及其主管上级通过共同努力和合作来完成。员工的工资都是与自己的工作岗位所要求的工作内容、工作责任、任职要求等紧密相连的。因此，科学而合理地分配薪酬必须同员工所从事工作岗位的内容、责任、权利、任职要求所确立的该岗位在汽车服务企业中的价值相适应。这个价值是通过科学的方法和工具分析得来的，它能够保证薪酬的公平性和科学性，也是破除平均主义的必要手段。

2)公平合理的岗位评价

岗位评价是在对汽车服务企业中存在的所有岗位的相对价值进行科学分析的基础上，通过分类法、排序法、要素比较法等方法对岗位进行排序的过程。

岗位评价是新型薪酬体系的关键环节，要充分发挥薪酬机制的激励和约束作用，最大限度地调动员工的工作主动性、积极性和创造性，在设计汽车服务企业的薪酬体系时就必须进行岗位评价。

3)薪酬市场调查

①定义

薪资调查就是通过各种正常的手段获取相关汽车服务企业各职务的薪资水平及相关信息。对薪资调查的结果进行统计和分析。就会成为汽车服务企业的薪资体系决策的有效依据。

②薪资调查的原则

选择行业内若干经营范畴与业务导向类似的汽车服务企业作为参照物进行薪酬内容的调查。

③调查的内容

a. 汽车服务企业经营范畴、汽车服务企业类型、汽车服务企业经营规模、区域分布状况、年度汽车服务企业经营状况、未来汽车服务企业 3 年规划等。

b. 薪酬结构与组成比例、岗位价值系数与人工成本线性关系、各种人工成本比例关系、关键岗位人工成本比例关系、人工费率等。

④薪酬调查的方法

薪酬调查可以分为内部调查（薪酬满意度调查）和外部调查（薪酬市场调查）。

a. 薪酬满意度调查

满意度调查是分析薪酬体系问题的有效手段。薪酬满意度调查可以通过发放问卷并结合员工访谈的形式开展。调查问卷要在针对薪酬进行提问的同时，设置关于考核、培训等方面的相关问题，使调查更加全面，同时要设置一些开放性的问题，使员工有机会提出自己的合理建议。访谈要事先拟订提纲，并注意营造出轻松的氛围，使员工能够谈出自己的真实想法。满意度调查要力求能够掌握哪些因素导致员工的不满，员工期望什么样的薪酬水平，在找出问题根源的同时明确改进的方向。

b. 薪酬市场调查

在薪酬信息日益受到重视的今天，薪酬的外部调查也很重要。外部调查主要是了解相同地区、相似行业、相似性质、相似规模汽车服务企业的薪酬水平、薪酬结构、薪酬价值取向等，作为汽车服务企业在制定和调整薪酬方案重要的参考资料。外部调查及其结果的合理运用可以有效地消除员工的外部不公平感.并使薪酬在吸引和保留人才上具有竞争力。

⑤薪资调查的渠道

a. 汽车服务企业之间的相互调查；

b. 委托专业机构进行调查；

c. 从公开的信息中了解；

d. 从人才市场招聘信息中查询。

4)薪酬方案的草拟

在完成了上述三个阶段的工作，掌握了详尽的资料之后，才能进行薪酬方案的草拟工作。薪酬体系方案的草拟就是要在对各项资料及情况进行深入分析的基础上，运用人力资源体系的知识开始薪酬体系的书面设计工作。

5)方案的测评

薪酬方案草拟结束后，不能立刻进行实施，必须对草案进行认真的测评。测评的主要目的是通过模拟运行的方式来检验草案的可行性、可操作性，预测薪酬草案的双刃剑作用是否能够很好地发挥。

6)方案的宣传和执行

经过认真测评以后，应对测评中发现的问题和不足进行调整，然后就可以对薪酬方案进行必要的宣传或培训。薪酬方案不仅要得到汽车服务企业上中层的支持，更应该得到广大员工的认同。经过充分的宣传、沟通和培训，薪酬方案即可进入执行阶段。

7)反馈及修正

薪酬方案执行过程中的反馈和修正是必要的，这样才能保证薪酬制度长期、有效的实施。另外，对薪酬体系和薪酬水平进行定期的调整也是十分必要的。

(2)薪酬体系设计过程中应该注意的问题

1)公平性

合理的薪酬制度首先必须是公平的，只有公平的薪酬才是有激励作用的薪酬。但公平不是平均，真正公平的薪酬应该体现在个人公平、内部公平和外部公平三个方面。

所谓个人公平就是员工对自己的贡献和得到的薪酬感到满意。在某种程度上讲，薪酬即是汽车服务企业对员工工作和贡献的一种承认，员工对薪酬的满意度也是员工对汽车服务企业忠诚度的一种决定因素。所谓内部公平就是员工的薪酬在汽车服务企业内部贡献度及工作绩效与薪酬之间关系的公平性。

内部公平主要表现在两个方面，一是同等贡献度及同等工作绩效的员工无论他们的身份如何(无论是正式工还是聘用工)，他们的薪酬应该对等，不能有歧视性的差别。二是不同贡献度岗位的薪酬差异应与其贡献度的差异相对应，不能刻意地制造岗位等级差异。

外部公平是指汽车服务企业的薪酬水平相对于本地区、同行业内在劳动力市场的公平性。外部公平要求公司的整体工资水平保持在一个合理的程度上，同时对于市场紧缺人才实行特殊的激励政策，并关注岗位技能在人才市场上的通用性。

2)重要性

薪酬在人力资源体系中有着非常重要的作用，作为汽车服务企业经营者和人力资源体系人员必须对薪酬的重要性及其双刃剑作用有清醒的认识。正如“得到的取决于付出的”一样，“付出的依赖于得到的”也是人力资源体系中的一条重要定理。现在，薪酬不再被看作是一种不可避免的成本支出，而是应该被看作一种完成组织目标的强有力的工具，看成汽车服务企业用人留人的有效的晴雨表。

要充分认识到薪酬在汽车服务企业人力资源体系中的重要性，就必须对薪酬进行正确的定位。薪酬能为汽车服务企业做什么，不能做什么，任何一家汽车服务企业的薪酬设计以及体系设立过程都应建立在对此问题的回答基础上，而许多汽车服务企业在薪酬体系方面出现失误往往都是由于未能认真思考及对待这一问题。从薪酬体系的实践来看，唯薪酬论和薪酬无用论都是片面的，都是不正确的。

因此，一方面要承认，较高的薪酬对于某些特定人群尤其低收入者和文化素质不高的人还是有较明显的激励作用的。但在另一方面又必须清醒地认识到，对于汽车服务企业中的高素质人才而言，“金钱不是万能的”，加薪产生的积极作用也同样遵循边际收益递增然后递减的规律。而减薪之前更要考虑稳定性的因素。

3)必须处理好短期激励和长期激励的关系

薪酬的激励作用是大家都承认的，但如何处理好薪酬体系的短期激励和长期激励的关系是一个更重要的问题。要处理好薪酬的短期激励和长期激励的关系，应该处理好以下几个问题：

①必须全面地认识薪酬的范畴，薪酬不仅仅是工资，它应该是包括各类工资(基本工资、岗位工资、绩效工资等)、奖金、职务消费、各类补贴、各类福利的一个整体系统。

②在设计薪酬方案的时候，首要考虑的因素应该是公平性。公平性是好的薪酬方案激励性和竞争性的基础。

③在处理薪酬各部分的时候，要区别对待。对各类工资、奖金、职务消费就应该按岗位和贡献的不同拉开差距，而对于各类福利就应该平等，不能在汽车服务企业内部人为地制造森严的等级。

4)薪酬的设计要处理好老员工与新员工的关系

汽车服务企业的发展是一个长期积累的过程，在这个过程中，老员工是作出了很大的贡献的。同时，不断地引进汽车服务企业所需要的各类人才也是人力资源体系的重要工作。因此，在设计汽车服务企业薪酬体系时，既要体现对老员工历史贡献的认同，又要注意避免过分的新老员工薪酬差异造成新员工的心理不平衡和人才的流失。

5)薪酬的设计要注意克服激励手段单一，激励效果较差的问题

设计汽车服务企业的薪酬体系尤其要注意发挥薪酬的激励作用，然而“金钱不是万能的”，如何克服薪酬在激励方面表现出来的手段单一和效果较差的问题是薪酬设计中的一个重要问题。

员工的收入差距一方面应取决于员工所从事的工作本身在汽车服务企业中的重要程度以及外部市场的状况，另一方面还取决于员工在当前工作岗位上的实际工作业绩。然

而，许多汽车服务企业既没有认真细致的职位分析和职位评价，也没有明白客观、公平的绩效评价，所以拉开薪酬差距的想法也就成了一种空想，薪酬的激励作用仍然没有发挥出来。

6)汽车服务企业的薪酬制度调整要在维护稳定的前提下进行

薪酬分配的过程及其结果所传递的信息有可能会导致员工有更高的工作热情、更强烈的学习与创新愿望，也有可能导致员工工作懒散、缺乏学习与进取的动力。因此，在对汽车服务企业的薪酬制度进行调整时必须以维护稳定为前提，要注意维护大多数员工的利益和积极性。损害了大多数员工的利益，挫伤了大多数员工的积极性的薪酬改革是不可取的。

总之，汽车服务企业薪酬体系是一项复杂而庞大的工程，只有对薪酬体系进行多方面、全方位的设计，才能保证薪酬的公平性和科学性，充分发挥薪酬机制的激励和约束作用，使薪酬成为一种完成汽车服务企业目标的强有力的工具。

(3) 汽车服务企业薪酬体系设计

汽车服务企业人力资源体系的核心即两个成功。第一个成功是指使每个员工获得成功，人尽其才，个人才能充分发挥；让员工提合理化建议，增强主人翁意识，参与汽车服务企业体系的建设。第二个成功是汽车服务企业的成功，使汽车服务企业创造出一流的业绩，使汽车服务企业像滚雪球一样越滚越大。

要达到以上的目的，应针对某一汽车服务企业的具体情况建立合理、动态的薪酬制度，以适应市场经济状况的变动，以下就是美国某著名汽车服务企业动态薪酬体系的设计案例。

1)动态薪酬体系的构建

所谓动态薪酬体系，一是根据汽车服务企业的经营和发展情况以及其他有关因素变动情况，对薪酬制度及时更新、调整和完善；二是根据调动各方面员工积极性的需要，如调动企业人员和关键岗位员工积极性的需要，随时调整各种报酬在报酬总额中的比重，适时调整激励对象和激励重点，以增强激励的针对性和效果。这其中包括：

①基本报酬：保持相对稳定，体现劳动力的基本价值，保证员工家庭基本生活。

②员工：参与性退休金；员工自费缴纳费用，相当于基本报酬的 2%，滞后纳税，交由基金机构运作，确保增值。属于员工自我补充保险。

③奖金：一是平均奖金，每个员工都能得到，起保底奖励作用；二是绩效奖金，起进一步增强激励力度作用，使员工能分享公司的新增效益和发展成果。

④员工持股计划：体现员工的股东价值。

⑤汽车服务企业补充养老保险：设立养老基金，企业补充养老保险相当于基本报酬的 5%。

2)实行以岗位工资为主的工资制度

动态薪酬体系中的基本报酬部分，采取了岗位工资制度形式。实行岗位工资制度，第一，要建立职位分析和岗位评价制度。第二，建立以职位分析和岗位评价制度为基础的岗位(职位)职务等级工资制，共分 22 级，其中，蓝领工人基本报酬是 1～14 级，白领是 1～22 级。第三，根据员工业绩和汽车服务企业效益建立奖金制度。按照劳资协议，蓝领工人绩效奖金约占工资总额(基本报酬奖金)的 10%;白领占 30%~40%;高级体系人员约 40%~50%。第四,提高工资水平,理顺报酬关系。2000 年该汽车服务企业总部全体员工年工资平均水平为 4.72 万马克,最高工资是最低工资的 6.25 倍。

3)职位取消

该汽车服务企业有一套严格的职位消费体系办法,根据职位高低,体系层人员有金额不等的职位消费权利,既有激励力度,又有约束力度。监事会对董事会成员的职位消费作出决定;董事会对高级体系人员的职位消费作出决定。公司中央人事部对职位消费制定具体实施办法。享有职位消费权利的人员包括高级体系人员 120 人,中层经理 1700 人,基层经理 1180 人。职位消费包括签单权、车旅费报销等。如国外子公司副总经理拥有专机,基层科长有两部车。高层体系人员的签单权有分组标准,其中,二级经理的签单权为一年 5 万马克等。

动态薪酬结构是一种具有高效激励的薪酬模式,对于发挥员工积极性和组织的效力非常有力。动态薪酬结构的价值表现在两方面:

第一,通过岗位绩效考核,使岗位之间的晋升或降级有了量化的考核数据,增加公平性,使员工的力量集中到努力工作、提高工作绩效上来,这是一个本质的转变。

第二,同级岗位采取无级系数考核法,使动态绩效工资时刻随工作绩效的好坏而变化。这样,同级岗位的薪酬总额容易拉开距离甚至超过上级,避免干好干坏一个样的消极局面。

为充分调动全体员工的生产经营积极性,充分发挥全体员工的创造性和深入挖掘其潜能,企业薪酬体系设计还要能充分考虑不同岗位、不同职位的员工对企业的不同贡献。日本某著名汽车服务企业 Bd 体系设计就是一个较好的例子。

4)薪酬体系

该汽车服务企业采用岗位技能薪酬和等级工资相结合的体系,主要是等级工资体系,薪酬形式是月薪。岗位工资由公司根据员工的学历和职位来制定等级工资制。该公司的等级工资制分为 9 个等级。其中本科生属于 6 级,双学位和研究生属于 6.5 级,系长 7 级,经理 9 级。该汽车服务企业实行每年员工的基本工资平均上浮 5%。其薪酬体系的月薪包括基本工资、附加工资、补贴。基本工资是基于员工的知识和技能背景。而附加工资是由岗位技能决定,但其幅度变化比较小。补贴是公司发给员工的生活补贴和特殊岗位补贴。例如,涂装车间的一线工人长期与化学药剂接触,对其身体造成伤害,所以这些员工有健康补贴。同时,公司的每一个员工每月都有 150 元生活补贴、500 元住房补贴。从而可以看出,该汽车服务企业采用了折中模式薪酬体系,它的基本薪酬部分趋向于高刚性,然后配合企业经济效益给员工附加工资。

该汽车服务企业在奖励制度方面采用了年终奖金制,年终奖金指以企业会计年度为时间单位,根据公司的利润所发的收入。其年终奖金的基本形式是:年终奖金=月薪×月份数×出勤率。月份数是根据公司的经营状况和经营效益由公司上层管理者共同决定的。据统计,每年该公司所发放的年终奖金占其利润的 1%不到。2001 年,该汽车服务企业所发的年终奖金平均相当于每个员工 4 个月的工资,2002 年,该汽车服务企业所发的年终奖金平均相当于每个员工 5 个月的工资。

5)福利制度

福利的具体形式千变万化,它是全体员工享有,不与个人绩效挂钩,而且是长期性的。福利是一种保健因素。它实施得不好,则员工会觉得不满意;反之,实施得好,员工就满意。实际上,该汽车服务企业采取了以下福利形式:住房公积金、住房补贴、养老保险金、医疗保健、饮食福利、交通福利、带薪节假日、文化旅游福利以及其他生活福利。

(4)现代汽车服务企业薪酬体系的发展趋势

薪酬制度对于汽车服务企业来说是一把双刃剑,使用得当能够吸引、留住和激励人才,而使用不当则可能给汽车服务企业带来危机。建立全新的、科学的、系统的薪酬体系系统,对于汽车服务企业在知识经济时代获得生存和竞争优势具有重要意义;而改革和完善薪酬制度,也是当前汽车服务企业面临的一项紧迫任务。与传统薪酬体系相比较,现代汽车服务企业薪酬体系发展趋势表现在以下几个方面:

1)全面薪酬制度

薪酬既不是单一的工资,也不是纯粹的货币形式的报酬,它还包括精神方面的激励,比如优越的工作条件、良好的工作氛围、培训机会、晋升机会等,这些方面也应该很好地融入到薪酬体系中去。内在薪酬和外在薪酬应该完美结合,偏重任何一方都是跛脚走路。物质和精神并重,这就是目前提倡的全面薪酬制度。

2)薪酬与绩效挂钩

单纯的高薪并不能起到激励作用,这是每一本薪酬设计方面的教科书和资料反复强调的观点,只有与绩效紧密结合的薪酬才能够充分调动员工的积极性。而从薪酬结构上看,绩效工资的出现丰富了薪酬的内涵,过去的那种单一的、僵死的薪酬制度已经越来越少,取而代之的是与个人绩效和团队绩效紧密挂钩的灵活的薪酬体系。增加薪酬中的激励成分,常用的方法有:

①加大绩效工资(奖金)和福利的比例。

②加大涨幅工资(浮动工资)的比例。

③灵活的弹性工时制度。

④把员工作为汽车服务企业经营的合作者。

⑤以技能和绩效作为计酬的基础而不是工作量。

3)宽带型薪酬结构

工资的等级减少,而各种职位等级的工资之间可以交叉。宽带的薪酬结构可以说是为配合组织扁平化而置身定做的,它打破了传统薪酬结构所维护的等级制度,有利于汽车服务企业引导员工将注意力从职位晋升或薪酬等级的晋升转移到个人发展和能力的提高方面,给予了绩效优秀者比较大的薪酬上升空间。

4)雇员激励长期化,薪酬股权化

目的是为了留住关键的人才和技术,稳定员工队伍。其方式主要有员工股票选择计划(ESOP)、股票增值权、虚拟股票计划、股票期权等。

5)重视薪酬与团队的关系

以团队为基础开展项目,强调团队内协作的工作方式正越来越流行,与之相适应,应该针对团队设计专门的激励方案和薪酬计划,其激励效果比简单的单人激励效果好。团队奖励计划尤其适合人数较少，强调协作的组织。

6)薪酬的细化

薪酬的细化首先是薪酬构成的细化，过去计划经济时代的那种单一的、僵死的薪酬构成已经不再适应现代汽车服务企业的需要，取而代之的是多元化、多层次、灵活的新的薪酬构成。

其次是专门人员薪酬设计专门化，例如：营销人员在公司里作用巨大，专业人员的排他性比较强，临时工身份特殊，在设计这些人员的薪酬时不应该采取和其他部门人员相同的薪酬体系。

此外，在一些指标的制定过程中，也应当细化，尽量避免"一刀切"的做法。例如：职务评价、绩效考评系统，不同职位层和不同性质岗位的考评应该分别制定标准。

7)有弹性、可选择的福利制度

企业在福利方面的投入在总的成本里所占的比例是比较高的，但这一部分的支出往往被员工忽视，认为不如货币形式的薪酬实在，有一种吃力不讨好的感觉；而且，员工在福利方面的偏好也是因人而异，非常个性化的。解决这一问题，目前最常用的方法是采用选择性福利，即让员工在规定的范围内选择自己喜欢的福利组合。

8)薪酬信息日益得到重视

外部信息：指相同地区、相似行业、相似性质、相似规模的汽车服务企业的薪酬水平、薪酬结构、薪酬价值取向等，外部信息主要是通过薪酬调查获得的。能够使汽车服务企业在制定和调整薪酬方案时，有可以参考的资料。

内部信息：主要是指员工满意度调查和员工合理化建议。满意度调查的功能并不一定在于了解有多少员工对薪酬是满意的，而是了解员工对薪酬体系的建议以及不满到底是在哪些方面，进而为制定新的薪酬制度打下基础。

拓展阅读　**新劳动合同法条件下薪酬体系设计的具体操作方法**

为说明问题，我们进行举例。假设某机械生产和销售公司要设计一份合理的薪酬体系，在新劳动合同法条件下，应当怎么入手呢？

第一步，首先根据企业经营战略(stratagem)和政策进行组织架构设计(structure design)。

也就是说，企业要实现怎么样的经营目标，需要怎么样的职能部门，制定怎么样的部门职责和岗位说明与岗位责任制，以及设置不同的职业等级制度，这是基础。新劳动合同法条件下，建议采用扁平化结构，人员要精干，部门要少而精，宁可招聘一个 6000 元月薪的能干好三份工作的专员，也不招三个月薪 2000 元分别把三份工作干得凑合的职员。人多一是内耗高；二是企业管理成本高；三是新劳动合同法条件下产生纠纷的可能性就高，风险高。

第二步，根据薪资总成本预算、薪资结构、职务等级机构和新劳动合同法的规定，进行具体薪资标准的设计。一般地说，新劳动合同法条件下，不同职务等级的基本薪资差距建议保持在 600～3000 元/级之间。同等级不同层级的差别建议保持在 50～2000 元/层之间。

不同职务等级由于岗位责任不同，在战略的效益贡献中的地位不同，所以分配也有所差别。

在职务等级差别中，住房津贴、交通津贴、伙食津贴等，也都因职务等级不同而有所不同。

第三步是实施方法制定和执行中调整修正。执行方法主要包括法定月工资工时制度，工作天数制度，核算制度，发放日期规定，方法流程规定。

按以往的计算方法，每月法定的工作天数是20.92天，按新劳动合同法和国务院的行政法规关于节假日调整的通知进行综合核算的话，新劳动合同法条件下每月法定的工作天数是20.83天。

法定月工作工时在过去是20.92天×8小时/天 = 167.4小时。

那么新劳动合同法条件下法定月工作工时应当是：20.83天×8小时/天 = 166.64小时。

这些数据将成为新劳动合同法条件下工资和工时计算的新依据，具有法律效力。

核算制度也是以考勤制度配以上述计算方式进行的。不同企业的核算部门不同，一般都是人事部核算，总经理核准，财务部出纳执行。

发放日期是在员工手册中明确规定的。

发放方法和流程包括是发现金还是打卡，流程包括一些签字手续，养老金等扣除流程等等具体细节。

至于执行中的修正调整，则是根据具体情况进行变通和及时进行应对。

【案例】　　福特汽车公司——员工激励和沟通案例

亨利·福特二世对于职工问题十分重视。他曾经在大会上发表了有关此项内容的讲演："我们应该像过去重视机械要素取得成功那样，重视人性要素，这样才能解决战后的工业问题。而且，劳工契约要像两家公司签订商业合同那样，进行有效率、有良好作风的协商。"

福特说到做到，他启用贝克当总经理，来改变他在接替老亨利时公司职员消极怠工的局面。首先贝克以友好的态度来与职工建立联系，使他们消除了怕被"炒鱿鱼"的顾虑，也善意批评他们不应该消极怠工，互相扯皮。为了共同的利益，劳资双方应当同舟共济。他同时也虚心听取工人们的意见，并积极耐心地着手解决一个个存在的问题，还和工会主席一道制定了一项《雇员参与计划》，在各车间成立由工人组成的"解决问题小组"。

工人们有了发言权，不但解决了他们生活方面的问题，更重要的是对工厂的整个生产工作起到了积极的推动作用。兰吉尔载重汽车和布朗Ⅱ型轿车的空前成功就是其中突出的例子。投产前，公司大胆打破了那种"工人只能按图施工"的常规，而是把设计方案摆出来，请工人们"评头论足"，提出意见，工人们提出的各种合理化建议共达749次，经研究，采纳了其中542项，其中有两项意见的效果非常显著。在以前装配车架和车身时，工人得站在一个槽沟里，手拿沉重的扳手，低着头把螺栓拧上螺母。由于工作十分吃力，因而往往干得马马虎虎，影响了汽车质量，工人格莱姆说："为什么不能把螺母先装在车架上，让工人站在地面上就能拧螺母呢？"

这个建议被采纳，既减轻了劳动强度，又使质量和效率大为提高，另一位工人建议，在把车身放到底盘上去时，可使装配线先暂停片刻，这样既可以使车身和底盘两部分的工作容易做好，又能避免发生意外伤害。

此建议被采纳后果然达到了预期效果，正因为如此，他们自豪地说："我们的兰吉尔载重汽车和布朗Ⅱ型轿车的质量可以和日本任何一种汽车一比高低了！"为了把《雇员参与计划》辐射开来，福特还经常组织由工人和管理人员组成的代表团到世界各地的协作工厂访问并传经送宝。这充分体现了员工参与和决策的重要性。

一、团结一致，共建福特

20 世纪 70～90 年代，日本汽车大举打入美国市场，势如破竹。1978～1982 年，福特汽车销量每年下降 47%。1980 年出现了 34 年来第一次亏损，这也是当年美国企业史上最大的亏损。1980～1982 年，三年亏损总额达 33 亿美元。与此同时工会也是福特公司面临的一大难题，十多年前，工会工人举行了一次罢工，使当时的生产完全陷入瘫痪状态。面对这两大压力，福特公司却在 5 年内扭转了局势。原因是从 1982 年开始，福特公司在管理层大量裁员，并且在生产、工程、设备及产品设计等几个方面都作了突破性改革，即加强内部的合作性和投入感。

鉴于福特员工一向与管理层处于对立状态，对管理层极为不信任，因而公司管理层把努力团结工会作为主要目标，经过数年努力，将工会由对立面转为联手人，化敌为友，终于使福特有了大转机。

目前，福特公司内部已形成了一个"员工参与计划"。员工投入感、合作性不断提高，福特现在一辆车的生产成本减少了 195 美元，大大缩短了与日本的差距，而这一切的改变就在于公司上下能够相互沟通；内部管理层、工人和职员改变了过去相互敌对的态度。领导者关心职工，也因此引发了职工对企业的"知遇之恩"，从而努力工作促进企业发展。从福特重振雄风的事例中我们也可以得到许多关于职工管理的启示。

(一)尊重每一位职工

这个宗旨就像一条看不见的线，贯穿于福特公司管理企业的活动，同时也贯穿于企业领导的思想，这个基本信念对于其他任何企业领导来说都是不能忘记的，不但不能忘记，而且还应该扎扎实实地将它付诸实施。如果口是心非，受到惩罚的不是别人，只能是企业本身。

"生产率的提高，不在于什么奥秘，而纯粹是在于人们的忠诚，他们经过成效卓著的训练而产生的献身精神，他们个人对公司成就的认同感，用最简单的话说，就在于职工及其领导人之间的那种充满人情味的关系"。

这段话揭示了这样一点："人是最宝贵的资源，对人尊重使工作成为一种新型的具有人性味的活动——爱你的职工，他会加倍地爱你的企业"。

尽管绝大多数经理都能够意识到人的重要性，但在现实中间并不是绝大多数的经理都能真正地尊重人，尽管有些是他们无意识的行动。那么，怎样才算是尊重人呢？我们从福特公司所获得的巨大成功中，大致可以发现一些适合于所有企业的一般性原则。

1. 要使职工真正地感到自己是重要的。在人类社会中，每一个人都是重要的，在企业中也并不例外。因此，企业领导不论是在制定计划还是在日常的交往中，都必须发自内心地记住这一定义。并且要把这一定义处处体现在自己的行动上。

贝克经理在谈到自己对于职工的态度时说："当我每次看到某个人的时候，我都要一丝不苟地对待他们，使他们认识到自己的重要性。心不在焉只会给他们带来伤害。"所以他在与工人相处时，都以友好、平等的态度来倾听他们的谈话，帮助他们解决各种困难。这样一来，职工们会以更加高昂的士气去进行工作。

俗话说得好，人心都是肉长的。一个感到别人对自己友好并尊重自己的人，是不会以怨报德的。这样一来，企业就会招揽更多的人才。一个会揽才的企业，总会比只知对财、物斤斤计较的企业兴旺发达的。

2. 要认真倾听职工意见。工作在装配线上的工人们由于天生与生产线接触，因而，往往比领导更熟悉生产情况，他们完全可能想到经理们所想不到的意见来提高劳动生产率。此时，领导是否能够倾听工人意见便至关重要。

如果当职工找你来谈关于公司生产经营等方面的建议，或其他有关企业事宜，而被你拒绝的话，则会使他（她）的自尊心受到伤害，而对工作感到心灰意冷，最终影响企业劳动生产率。特别是青年人，往往会因为受到上级的责难怀恨在心而怠工，生产次品来进行报复。

所以作为一个企业领导，即使不从人情的角度来考虑，也应当从企业经济效益得失的角度考虑，认真倾听职工的意见。"士为知己者用"，如果连坐下来听听对方的谈话都做不到，那就更说不上使人才为你所用了。

3. 对每一位职工都要真诚相待，信而不疑。这与上面谈及的对高层领导人员用人不疑、大胆放权如出一辙，人与人之间最宝贵的是真诚。只有建立在彼此推心置腹、真诚相待、信而不疑基础上的友谊，才能经得起考验。管理人员要是真正尊重职工，就必须和职工建立起这种经得起考验的友谊。但要做到这一点，并不是一件很容易的事，这要求管理者无论身居何职都要坚持不耻下问，与部属间兄弟般相处。

福特公司曾经向职工公开账目，这一做法使职工大为感动。实际上这种做法对职工来说无疑产生了一种强大的凝聚力，它使职工从内心感到公司的盈亏与自身利益息息相关，公司繁荣昌盛就是自己的荣誉，分享成功使他们士气更旺盛，而且也会激起他们奋起直追的感情。这就是坦诚关系的妙用。

（二）全员参与生产与决策

这一点是福特公司在职工管理方法中最突出的一点。公司赋予了职工参与决策的权利，缩小了职工与管理者的距离，职工的独立性和自主性得到了尊重和发挥，积极性也随之高涨。"全员参与制度"的实施激发了职工潜力，为企业带来巨大效益。"参与制"不仅在福特公司，而且在美国许多企业，以至世界各地使用和发展着，实践证明：一旦劳动力参与管理，生产效率将成倍提高，企业的发展将会获得强大的原动力。

"参与制"的最主要特征是将所有能够下放到基层的管理的权限全部下放。对职工报以信任的态度并不断征求他们的意见。这使管理者无论遇到什么困难，都可以得到职工的广泛支持。那种命令式的家长作风被完全排除。同时，这种职工参与管理制度，在某种程度上缓和了劳资间势不两立的矛盾冲突，改变了管理阶层与工人阶级泾渭分明的局面，大大减轻了企业的内耗。

20 世纪 90 年代，是企业分权、授权与自由的时代，我们应该紧握时代的脉搏，给职工权力，赋予义务，获得更多的支持与帮助。

二、造就新一代汽车工人

人才是成就事业的支柱，没有人才就是空谈。在当今新技术革命中，世界各国之间，或一个国家各企业竞争的焦点已经集中在人才上。这里的人才不仅仅指高水平的专业人才，而且也有一大批作为生产基础的高素质职工队伍。所以福特公司期望在今后 10 年内更换 50%的工人，这些工作将由受过高等教育而又干劲十足的人担任。当福特公司决定招聘工人时，应聘者趋之若鹜，远高于计划招聘人数，面对众多应聘者，福特公司采取了雇员筛选法，应聘者参加了 3 个小时的考试。这些考试包括数字、阅读技术材料并回答问题，在各种手艺测验中选择一项。随后在分数较高而且有扎实工作经验的 1000 名应聘者中进行初选。至少由两名公司雇员对候选人进行面试，选择最有前途的求职者。最后，候选人还必须通过吸毒检查和体检，由医生确定，他们是否能胜任工作。

由于福特公司注意网罗受过高等教育的人员，因此其新工人的整体情况呈现受过高等教育人的比例上升的趋势。上过大学的约占 1/3，有 4 年本科学位的约占 4%，持中学毕业证书的人约占 97%，都高出原有工人的比例。

制造业现在也不像过去那样被人瞧不起，不少受过高等教育的人也乐意在组装线上拧螺丝。例如，威廉·沃德是一个获得历史学位的大学毕业生，却进入了福特公司的一个装配厂，虽然现在福特公司不指望雇用的新工人都是大学毕业生，但他们在工厂不断发展之际无疑想招聘到一些可以节省培训和再培训费用的工人。

同时福特公司正大幅度裁减管理人员，让工人自己负起某种责任，保证好质量，重新改进生产程序和改进产品。无疑，在此方面，受到教育程度高的人具有一定优势。

受过更高教育的人进入福特公司显示着新一代美国汽车制造工人正在出现。对于造就新一代工人队伍这一方面公开招聘、严格筛选是应该令我们注意的。公开招聘制度是对人事管理上的权力主义、官僚主义的一种冲击和抑制，也是对个人主动精神的激励。

从以上对福特公司人事管理的分析中，我们可以看到能否采用正确的用人之道是一个企业成败的关键所在，管理不善是最大的浪费，即使拥有最先进的科学技术，也不能发挥作用，所以我们必须从人力资本的观点看问题，组织和管理好人才，只有这样，才能保证我们的事业欣欣向荣。

复习思考

1. 人力资源管理工作的主要职能包括哪些方面的内容?
2. 汽车服务企业人力资源开发与管理的特征有哪些?
3. 试分析美、日汽车服务企业人力资源管理模式的特点。
4. 国际竞争条件下汽车服务企业的人才应具备哪些方面的素质?
5. 有效的培训体系应当具备哪些特征?
6. 建立有效员工培训体系的原则有哪些?
7. 绩效管理的基本原则有哪些?
8. 绩效评估管理的程序是什么?
9. 现代汽车服务企业薪酬体系发展趋势表现在哪几个方面?

第5章 汽车服务企业财务成本管理

学习目标

1. 理解汽车服务企业财务管理的概念、内容及目标。
2. 了解汽车服务企业资金筹集、资产管理及财务分析与评价方法等。
3. 理解汽车服务企业成本管理。
4. 熟悉汽车服务企业成本控制的方法等内容。
5. 学会分析企业财务管理模式，并能根据实际初步拟定财务管理方法。

考核标准

知识要求：熟悉汽车服务企业资金筹集、资产管理及财务分析与评价方法等。

技能要求：通过本章的学习，学生应具备简单的汽车服务企业财务成本管理的能力。

教学建议

教具：计算机、图片、企业文件案例展示等。

建议：在介绍本章内容时建议学生自己进行企业调查与总结。

教学时参考《汽车服务企业管理》精品课程。

5.1 汽车服务企业财务管理

5.1.1 汽车服务企业财务管理概述

(1)汽车服务企业财务管理的概念和目标

财务管理(Financial Management)是在一定的整体目标下，关于资产的购置(投资)，资本的融通(筹资)和经营中现金流量(营运资金)以及利润分配的管理。财务管理的目标取决于企业的总目标，并且受财务管理自身特点的制约。汽车服务企业财务管理具体表现在对企业资金供需的预测、组织、协调、分析、控制等方面。通过有效的理财活动，可以理顺企业资金流转程序和各项分配关系，以确保服务工作的顺利进行，使各方面的利益要求得到满足。

1)汽车服务企业的目标及其对财务管理的要求

汽车服务企业是营利性组织，其出发点和归宿点是获得预期的利润。企业一旦成立，就会面临竞争，并始终处于生存和倒闭，发展与萎缩的矛盾之中。企业必须生存下去，才可能获利，只有不断发展才能求得生存。因此，汽车服务企业管理的目标是生存、发展和获利。

①生存。企业生存的基本条件是以收抵支，如果企业长期亏损，扭亏无望，就失去了存在的意义，则企业不能生存。企业生存的另一个条件是到期偿债，如果企业到期不能偿债，就可能被债权人接管或被法院宣告破产。因此，力求保持以收抵支和到期偿债的能力，减少破产的风险，使企业能够长期、稳定地生存下去，是对财务管理的第一个要求，也是最基本的要求。

②发展。在科学技术不断发展的今天，在竞争日益激烈的市场中，一个企业如果不能发展，不断地提高企业产品和服务的质量，不能扩大企业的市场份额，就会被其他企业排挤出去甚至被市场淘汰。汽车服务企业的发展集中表现为扩大收入，扩大收入的根本途径在于提高服务的质量、扩大维修和配件销售的数量，这就要求根据市场不断变化的需求，适时地更新设备，不断地提高技术，同时也要加大企业服务人员的素质的培养。而这些要求，都必须由企业付出大量的货币资金，企业的发展离不开资金。因此，筹集企业发展所需的资金，是对财务管理的第二个要求。

③获利。企业必须能够获得充足的利润，才有存在的价值以及发展的可能。建立汽车服务企业的目的是获利，增加获利是汽车服务企业最具综合能力的目标。获利不仅体现了企业的出发点和归宿点，而且可以概括其他目标的实现程度，有利于其他目标的实现。从财务上看，获利是使资产获得超过其投资的回报。在市场经济中，每一项资金的来源都是有成本的，每一项资产都是一项投资，都是要求有回报的，企业的财务人员应当使资金得到最大限度使用。因此，通过合理有效的手段使企业获利，是对财务管理的第三个要求。

综上所述，汽车服务企业的目标是生存、发展和获利，企业的这个目标要求财务管理能完成筹措资金，并有效地加以投放和使用。企业的生存和成功，在很大程度上取决于它过去和现在的财务政策。财务管理不仅与资产的获得及合理使用有关，而且与企业的生产、销售管理发生直接联系。

2)汽车服务企业财务管理的目标

企业财务管理目标是理财活动所希望实现的结果，是评价理财活动是否合理的基本标准。不同的财务管理目标，应采用不同的财务管理运行机制。

①利润最大化目标。利润最大化目标是指通过对企业财务活动的管理，不断增加企业利润，使企业利润达到最大。企业财务管理人员在进行管理的过程中，将以此原则进行决策和管理。以利润最大化作为企业财务管理目标有合理的一面，即有利于企业经济效益的有效提高，但同时也存在以下问题：

a. 没有考虑利润的取得时间，忽略了报酬的时间价值。如果目标只涉及本年的利润而忽略了其后年度的利润，这显然是不合理的。如果我们使用未来利润的平均值最大化作为标准，也是不正确的。投资决策要考虑时间价值。对于相同的现金流入来说，时间越早的价值越大。

b. 企业在追求利润时容易产生短期行为。因为追求利润是企业的第一目标，所以，就会忽视或不重视企业的更新改造、员工的培训、不愿提取固定资产折旧、机器超负荷地工作等，一般表现在租赁来的企业为多，这将在企业的发展中埋下不可估量的隐患，从而使企业发展受阻。

c. 没有科学地考虑获取利润和所承担风险的关系。在微观经济学中，为了简化理论而忽略了不确定性和风险，项目和投资的选择所依据的是对其预期的收益或加权平均收益的比较，而不考虑某一个项目是否比其他的项目风险更大。如果在财务管理中忽略项目之间风险的不同将导致错误的决策。

d. 没有考虑所取得的利润与投资额之间的比例关系，会计利润忽略了股票成本。当我们计算会计收益率的时候，要计算利息费用，但却把股东所提供的资金成本忽略了。如果一个公司可以在一项新的投资中赚得 5%的利润率，这当然会提高公司的盈利。但如果公司的股东用同样的钱在另一项风险相同的投资中可以挣得 8%的利润率，那么，只要公司的管理者从股东的利益出发，他们就不会投资于利润率为 5%的项目。

②股东财富最大化目标。股东财富最大化目标是指通过财务上的合理经营，使企业股东的财富达到最大。股东财富最大化，可演化为股票价格最大化，这是因为股东财富是由其所拥有的股票价格决定的，即股票价格达到最高时，则股东财富也达到最大。股东财富最大化目标与利润最大化目标相比，具有以下优点：

a. 股东财富最大化目标便于计量、考核和奖惩。

b. 股东财富最大化目标能够克服企业在追求利润上的短期行为。

c. 股东财富最大化目标能够科学地考虑风险因素。

但是，股东财富最大化目标仍存在一些问题：

a. 适用范围小，只适合上市公司。

b. 考虑问题的范围窄，忽视了股东以外的企业其他关系人的利益。

③企业价值最大化目标。企业价值最大化目标是指通过企业财务上的合理经营，采用最优的财务政策，充分考虑资金的时间价值和风险与报酬的关系，以谋求企业整体价值达到最大。以企业价值最大化作为财务管理目标的优点是：

a. 企业价值最大化目标扩大了考虑问题的范围，并且注重在企业发展中考虑各方利益关系。

b. 企业价值最大化目标科学地考虑了风险和报酬的关系。

c. 企业价值最大化目标考虑了取得报酬的时间，并能用时间价值原理进行计量。

d. 企业价值最大化目标能够克服企业在追求利润上的短期行为。

企业进行财务管理，就是要细致权衡报酬与风险之间的得失，努力实现二者之间的最佳平衡，使企业价值达到最大。所以，企业价值最大化目标体现了对经济效益的深层次认识，成为现代财务管理的最优目标。

(2)企业财务管理的内容、作用

1)企业财务管理的内容

财务管理是对企业财务活动及所涉及的资产、负债、所有者权益、收入、费用、利润等进行的管理。它包括了从企业开办到企业终止与清算的全部财务活动。

①筹资和投资管理。企业应按照社会主义市场经济的要求，建立企业资本金制度，确保资本金保全和完整。要采用科学的方法进行筹资和投资决策，选择有利的筹资渠道和投资方向，以取得良好的筹资效果和投资收益。

②资产管理。包括流动资产管理、固定资产管理、无形资产管理、递延资产管理和其他资产的管理。资产管理的目标是合理配置各类资产，充分发挥资产的效能，最大限度地加速资产的周转，它以提高资产可利用率、降低企业运行维护成本为目标，以优化企业维修资源为核心，通过信息化手段，合理安排维修计划及相关资源与活动。通过提高设备可利用率得以增加收益，通过优化安排维修资源得以降低成本，从而提高企业的经济效益和企业的市场竞争力。

③成本费用管理。是指对企业生产经营过程中生产经营费用的发生和产品成本的形成所进行的预测、计划、控制、分析和考核等一系列管理工作。加强成本、费用管理是扩大生产、增加利润和提高企业竞争能力的重要手段。

④综合管理。包括财务指标管理体系、销售收入和盈利管理、企业终止与清算的管理、企业内部经济核算的管理和企业资产评估。

2)企业财务管理的作用

①财务管理直接影响企业经营决策。企业经营决策，是有关企业总体发展和重要经营活动的决策。决策正确与否，关系到企业的生存和发展。在决策过程中，要充分发挥财务管理的作用，运用经济评价方法对备选方案进行经济可行性分析，为企业管理者正确决策提供依据，保证所选方案具有良好的经济性。

②财务管理是企业聚财、生财的有效工具。企业进行生产经营活动必须具备足够的资金。随着生产经营规模的不断扩大，资金也要相应增加。无论是企业开业前还是在生产经营过程中，筹集资金是保证生产经营活动正常进行的重要前提。企业在财务管理中要依法合理筹集资金，科学、有效地利用资金，提高资金使用效果，创造更多的利润。

③财务管理是控制和调节企业生产经营活动的必要手段。企业财务管理主要是通过价值形式对生产经营活动进行综合管理，及时反映供、产、销过程中出现的各种问题，通过资金、成本、费用控制等手段，对生产经营活动进行有效的控制和调节，使其按预定的目标进行，取得良好的经济效益。

④财务管理是企业执行财务法规和财经纪律的有力保证。企业的生产经营活动必须遵守国家政策，执行国家有关财务法规、制度和财经纪律。资金的筹集必须符合国家有关筹资管理的规定，成本、费用开支必须按规定的开支标准和范围执行，税金的计算和缴纳、利润的分配，都必须严格按税法和财务制度的规定执行。企业财务管理工作在监督企业经营活动，执行财务法规，遵守财经纪律方面有重要的使命，应起到保证作用。

(3)影响企业财务管理目标的因素

研究企业财务管理环境的目的，在于使企业财务管理人员懂得，在进行各种财务活动时，应充分考虑各种环境因素的变化，做出相应的财务管理措施，以达到财务管理的预定目标。

1)外部环境因素

企业财务管理的外部环境是指存在于企业外部的对企业财务活动具有影响的客观因素的综合。在市场经济条件下,企业财务管理的外部环境包括以下几个方面。

①法律环境。财务管理的法律环境是指企业和外部发生经济关系时所应遵守的各种法律、法规和规章。主要包括:

a. 企业组织法律规范。企业必须依法成立,组建不同的企业要按照不同的法律规范,这些法律规范包括《中华人民共和国公司法》、《中华人民共和国全民所有制企业法》等。

b. 税务法律规范。任何企业都有法定的纳税义务,任何企业都必须按照税法纳税。税法包括《中华人民共和国增值税法》等,可分为三类:所得税、流转税以及其他地方税法规范。

c. 财务法律规范。财务法律规范指企业进行财务处理时应遵循的法律规范。包括《中华人民共和国会计法》、《企业财务通则》等。

②金融环境。金融环境直接影响到企业发展得好坏,是企业能否顺利发展的重要环境因素。金融机构、金融市场和利息率等因素是影响财务管理的主要金融环境因素。金融机构包括银行和非银行金融机构;金融市场主要包括外汇市场、资金市场、黄金市场等,是企业进行筹资和投资的场所。

③经济环境。宏观经济环境是指国家各项经济政策、经济发展水平及经济体制对财务管理工作的影响。经济政策包括财政、税收、物价、金融等各个方面的政策。这些政策都将对企业的经营和财务管理工作产生重要影响。企业在制定财务决策时,必须充分考虑有关经济政策对企业本身的影响。经济发展水平越低,财务管理水平也越低。经济体制是指对有限资源进行配置而制定并执行决策的各种机制。在社会主义市场经济体制下,我国企业筹资、投资的权利归企业所有,企业必须根据自身条件和外部环境作出各种各样的财务决策并实施。

2)企业内部环境

企业财务管理的内部环境是指企业内部客观存在的、对企业的财务活动能施加影响的所有因素的综合。企业财务管理的内部环境包括许多内容,其中对财务管理有重大影响的有企业管理体制和经营方式、市场环境、采购环境和生产环境等。在不同的企业内部环境约束下,企业应采取不同的财务政策和财务管理办法。

(4)财务管理的原则与基础观念

1)财务管理的原则

①系统原则。财务管理经历了从资金筹集开始,到资金投放使用、耗费,到资金收回、分配等几个阶段,而这些阶段组成一个相互联系的整体,具有系统的性质。为此,做好财务工作,必须从各组成部分的协调和统一出发,这就是财务管理的系统原则。

②平衡原则。这包括两个方面的平衡:一是指资金的收支在数量上和时间上达到动态的协调平衡,从而保证企业资金的正常周转循环;二是指盈利与风险之间相互保持平衡,即在企业经营活动中必须兼顾和权衡盈利与风险两个方面。承认盈利一般寓于风险之中的客观现实,不能只追求盈利而不顾风险,也不能害怕风险而放弃盈利,应该趋利避

险，双方实现平衡。

③弹性原则。在财务管理中，必须在准确和节约的同时，留有合理的伸缩余地，以增强企业的应变能力和抵御风险能力。在实务中，常体现为实现收支平衡，略有节余。贯彻该原则的关键是防止弹性的过大或过小，因为弹性过大会造成浪费，而弹性较小会带来较大的风险。

④成本效益原则。企业理财目标是企业价值最大化，其内涵是在规避风险的前提下，所得最大，成本最低。因而无论在筹资、投资及日常的理财活动中都应进行收益与成本的比较和分析。按成本效益原则进行财务管理时，在效益方面，既要考虑短期效益，又要考虑长期效益；在成本方面，既要考虑有形的直接损耗，又要考虑资金使用的机会成本，更要考虑无形的潜在损失。

⑤利益关系协调原则。企业不仅要管理好财务活动，而且要处理好财务活动中的财务关系，诸如企业与国家、所有者、债权人、债务人、内部各部门以及职工个人之间的财务关系，这些财务关系从根本上讲是经济利益关系。因此，企业要维护各方面的合法权益，合理公平地分配收益，协调好各方面的利益关系，调动各方面的积极性，创造和谐的利益分配环境，为同一个理财目标共同努力。

2)财务管理的基础观念

资金时间价值和投资风险价值是现代财务管理的两个基础观念，资金筹集管理、现金投放使用管理和资金分配管理中都必须加以考虑和应用

①资金时间价值。资金时间价值是指资金在运动中，随着时间的推移而发生的增值，即一定量的货币资金在不同的时间上具有不同的价值，其实质是资金周转使用后的增值额。资金时间价值的大小取决于资金数量的多少、占用时间的长短、收益率的高低等因素。一定量的资金，周转使用时间越长，其增值额越大。

从形式上讲，资金的时间价值是资金所有权与使用权分离后，所有者向使用者索取的一种报酬；从来源上讲，资金时间价值是社会资金使用效益的一种体现。因此，企业的利润是资金时间价值的来源在社会范围内的再分配。

②投资风险价值。投资风险价值是指投资者由于冒着风险进行投资而获得的超过资金时间价值的额外收益，又称为投资风险收益或投资风险报酬。投资者所冒的风险越大，其要求的回报率也越高。投资风险价值可用风险收益额和风险收益率表示。风险收益率指风险收益额对于投资额的比率。在不考虑通货膨胀的情况下，它包括两部分：一部分是无风险投资收益率，即货币时间价值；另一部分是风险投资收益率，即风险价值。在财务活动过程中，投资收益的取得必须以一定的风险控制为基础，保证盈利与风险之间的相互平衡。

5.1.2　汽车服务企业筹资管理

资金是汽车服务企业进行生产经营活动的必要条件。企业筹集资金，是指企业根据生产经营、对外投资和调整资金结构的需要，通过筹资渠道和资金市场，运用筹资方式，经济有效地筹措资金的过程。

(1)筹资管理的目标和原则

1)企业筹资的目的和要求

企业进行资金筹措的基本目的是为了自身的生存和发展,通常受一定动机的驱使,主要有业务扩展性动机、偿债动机和混合性动机。

企业筹集资金总的要求是要分析评价影响筹资的各种因素,讲究筹资的综合效果。主要包括确定资金需要量、控制资金投放时间、选择资金来源渠道、确定合理资金结构等。

2)筹资管理的目标

筹资管理的目标,是在满足生产经营需要的情况下,不断降低资金成本和财务风险。汽车服务企业,为了保证服务活动的正常进行或扩大经营服务范围,必须具有一定数量的资金。企业的资金可以从多种渠道,用多种方式来筹集,而不同来源的资金,其可使用时间的长短、附加条款的限制、财务风险的大小、资金成本的高低都不一样。企业应该以筹集企业必需的资金为前提,以较低的筹资成本和较小的筹资风险获取较多的资金,满足企业生产经营需要。

3)筹资原则

企业筹资是一项重要而复杂的工作,为了有效地筹集企业所需资金,必须遵循以下基本原则:

①规模适当原则。企业的资金需求量往往是不断变动的,企业财务人员要认真分析科研、生产、经营状况,采用一定的方法,预测资金的需求数量,确定合理筹资规模,既要避免因筹资不足而影响生产经营的正常进行,又要防止资金筹集过多而造成资金浪费。

②筹措及时原则。企业财务人员在筹集资金时必须考虑资金的时间价值。根据资金需求的具体情况,合理安排资金的筹集时间,适时获取所需资金,既要避免过早筹集资金形成资金投放前的闲置,又要防止取得资金的时间滞后,错过资金投放的最佳时机。

③来源合理原则。资金的来源渠道和资金市场为企业提供了资金源泉和筹资场所,它反映资金的分布状况和供求关系,决定着筹资的难易程度。不同来源的资金,对企业的收益和成本有不同的影响,企业应认真研究资金来源渠道和资金市场,合理选择资金来源。

④方式经济原则。企业筹集资金必然要付出一定的代价,不同的渠道、不同的方式下筹集到的资金其筹集成本不同,因此,企业在筹资时应对各种筹资方式进行分析、对比,选择经济、可行的筹资方式,确定合理的资金结构,以便降低成本、减少风险。

⑤风险原则。采取任何方式筹资都会有一定的风险,企业要筹资,就要冒风险,但这种冒险不是盲目的,必须建立在科学分析、严密论证的基础上,根据具体情况作具体分析。在实际工作中,并不一定风险越小越好,但风险太大也不好,所以要根据自己公司的实际运作情况来综合考虑如何承担筹资风险。

⑥信用原则。企业在筹集资金时,不论何种渠道、什么方式,都必须恪守信用,这也是财务管理原则在筹资工作中的具体化。

(2)企业筹资管理中的相关概念

1)权益资本与负债资本

①权益资本。权益资本是企业依法长期拥有、自主调配使用的资金。主要包括资本

公积金、盈余公积金、实收资本和未分配利润等。权益资本主要通过吸取直接投资和发行股票等方式筹集，其所有权归投资者，又称“自有资金”。

②负债资本。负债资本是企业依法筹集并依约使用，按期偿还的资金。包括银行及其他金融机构的各种贷款、应付债券、应付票据等。又称“借入资金”或“债务资金”。负债资本主要通过银行贷款发行债券、商业信用、融资合作等方式筹集。它体现了企业与债权人之间的债权债务关系。

2)资金成本与资金结构

①资金成本。为筹集和使用资金而付出的代价就是资金成本，主要包括筹资费用和资金使用费用两部分。前者如向银行借款时需要支付的手续费、发行股票债券等而支付的发行费用等，后者如向股东支付的股利、向银行支付的利息、向债券持有者支付的债息等。

资金成本是比较筹资方式、选择筹资方案的依据，资金成本是评价投资项目、比较投资方案和追加投资决策的主要经济标准，资金成本还可以作为评价企业经营成果的依据。

②资金结构。广义的资金结构是指企业各种资金的构成及其比例关系。短期债务资金占用时间短，对企业资金结构影响小，而长期债务资金是企业资金的主要部分，所以通常情况下，企业的资金结构指的是长期债务资金和权益资本的比例关系。

(3)筹资渠道与筹资方式

企业资金可以从多种渠道，用多种方式来筹集。筹资渠道是筹措资金来源的方向与通道。筹资方式是指企业筹集资金采用的具体形式。研究渠道与方式是为了明确企业资金的来源并选择科学的筹资方式，经济有效地筹集到企业所需资金。

1)筹资渠道

①国家财政资金。国家财政资金进入企业有两种方式：一是国家以所有者的身份直接向企业投入的资金，这部分资金在企业中形成国家的所有者权益；二是通过银行以贷款方式向企业投资，形成企业的负债。国家财政资金虽然有利率优惠、期限较长等优点，但国家贷款的申请程序复杂，并且规定了用途。

②银行信贷资金。银行贷款是指银行以贷款的形式向企业投入资金，形成企业的负债(在特定情况下，银行也可以直接持有企业的股份)。银行贷款是我国目前各类企业最主要的资金来源渠道。

③非银行金融机构资金。非银行金融机构资金主要是指信托投资公司、保险公司、证券公司、租赁公司、企业集团、财务公司等提供的信贷资金及物资融通等。

④其他企业资金。其他企业资金主要是指企业间的相互投资以及在企业间的购销业务中通过商业信用方式取得的短期信用资金占用。

⑤居民个人资金。居民个人资金是指在银行及非银行金融机构之外的居民个人的闲散资金。

⑥企业内部形成资金。企业内部形成资金是指所有者通过资本公积、盈余公积和未分配利润等形式留在企业内部的资金，是所有者对企业追加投资的一种形式，并成为所有者权益的组成部分。

⑦外商资金。外商资金是指外国投资者以及我国香港、澳门和台湾地区的投资者投

入的资金。

2)企业资金筹集的方式

目前，企业在国内筹资方式主要有吸收直接投资、发行股票、长期借款、发行债券、租赁筹资、商业信用、短期借款等。

①吸收直接投资。吸收直接投资是指企业在生产经营过程中，投资者或发起人直接投入企业的资金。包括固定资产、流动资产和无形资产，这部分资金一经投入，便构成企业的权益资本。这种筹资方式是非股份制企业筹集权益资本的最重要的方式。

②发行股票筹资。发行股票是股份制企业筹集权益资本的最重要的方式。股票是股份制企业为筹集自有资本而发行的有价证券，是股东按其所持股份享有权利和承担义务的书面凭证，它代表持股人对股份公司的所有权。根据股东承担风险和享有权利不同，股票可分为优先股和普通股两大类。

a. 发行优先股筹资。优先股是企业为筹集资金而发行的一种混合性证券，兼有股票和债券的双重属性，在企业盈利和剩余财产分配上享有优先权。优先股具有如下特点：第一，优先股的股息率是事先约定而且固定的，不随企业经营状况的变化而波动，并且企业对优先股的付息在普通股付息之前。第二，当企业破产清算时，优先股的索取权位于债券持有者之后和普通股持有者之前。第三，优先股持有者不能参与企业的经营管理，且由于其股息是固定的，当企业经营景气时，不能像普通股那样获取高额盈利。第四，与普通股一样列入权益资本，股息用税后净值发放，得不到免税优惠。第五，优先股发行费率和资金成本一般比普通股票低。

b. 发行普通股筹资。普通股代表着一种剩余财产的所有权，即满足所有权后对企业收入和资产的所有权，普通股股东拥有并控制企业，具有选举董事会、获取股息和红利收入、出售和转让股份等权利。基本特征包括：第一，风险性。股票一经购买就不能退还本金，而且购买者能否获得预期利益，完全取决于企业的经营状况。第二，流动性。尽管股票持有者不能退股，但可以转让或作为抵押品。正是股票的流动性，促使社会资金有效配置和高效利用。第三，决策性。普通股票的持有者有权参加股东大会，参与企业的经营管理决策。第四，股票交易价格和股票面值的不一致性。股票作为交易对象，也像商品一样，有自己的市场价格。这种不一致性，给企业带来强大压力，迫使其提高经济效益，同时，也产生了社会公众的资本选择行为。

③发行债券筹资。企业债券是指企业按照法定程序发行，约定在一定期限内还本付息的债券凭证。代表持有人与企业的一种债务关系。企业发行债券一般不涉及企业资产所有权、经营权，企业债权人对企业的资产和所有权没有控制权。

债券的种类有不同的划分方法。按照发行区域，可分为国内债券和国际债券；按照有无担保，可分为无担保债券和有担保债券；按照能否转换成公司股票，可分为可转换债券和不可转换债券；按公司是否拥有提前收回债券的权利，可分为可收回债券和不可收回债券。债券的基本特征：第一，期限性。各种公众债券在发行时都要明确规定归还期限和条件。第二，偿还性。企业债券到期必须偿还本息。不同的企业债券有不同的偿还级别，如果企业破产清算，则按优先级别先后偿还。第三，风险性。企业经营总有风险，如果企业经营不稳定，风险较大，其债券的可靠性就较低，受损失的可能性也比较大。第四，利息率。发行债券要事先规定好利息率，通常债券的利息率固定，与企业经营效果无关，无论经营效果如何都要按时、按固定利息率向债权人支付利息。

④银行贷款筹资。银行贷款是指银行按一定的利率，在一定的期限内，把货币资金提供给需要者的一种经营活动。银行贷款筹资，是指企业通过向银行借款以筹集所需资金。贷款利率的大小随贷款对象、用途、期限的不同而不同，并且随着金融市场借贷资本的供求关系的变动而变动。流动资金的贷款期限可按流动资金周转期限、物资耗用计划或销售收入来确定；固定资产投资贷款期限一般按投资回收期来确定。企业向银行贷款，必须提出申请并提供详尽的可行性研究报告及财务报表，获准后在银行设立账户，用于贷款的取得、归还和结存核算。

⑤租赁筹资。租赁是一种以一定费用借贷实物的经济行为，即企业依照契约规定通过向资产所有者定期支付一定量的费用，从而长期获得某项资产使用权的行为。现代租赁按其形态主要分为两大类：融资性租赁和经营性租赁。融资性租赁是指承租方通过签订租赁合同获得资产的使用权，然后在资产的经济寿命期内按期支付租金。融资租赁是一个典型的企业资金来源，属于完全转让租赁。经营性租赁是不完全转让租赁。它的租赁期较短，出租方负责资产的保养与维修，费用按合同规定的支付方式由承租方负担。由于出租资产本身的经济寿命大于租赁合同的持续时间，因此，出租方在一次租赁期内获得的租金收入不能完全补偿购买该资产的投资。

⑥商业信用。商业信用是指企业之间的赊销赊购行为。它是企业在资金紧张的情况下，为保证生产经营活动的连续进行，采取延期支付购货款和预收销货款而获得短期资金的一种方式。采用这种方式，企业必须具有较好的商业信誉，同时。国家也应该加强引导和管理，避免引发企业间的三角债务。

企业筹资过程中，究竟通过哪种渠道，采用哪一种方式都必须根据企业自身情况来确定。

(4)企业筹资决策分析

1)资本成本的确定

资本成本是指企业为筹措和使用资本而付出的代价，包括筹资过程中发生的费用，如股票、债券的发行费用；在占用资金过程中支付的报酬，如利息、股利等。合理测定各种来源的资本成本是筹资决策的一项重要内容。

企业通常是通过多种渠道，采用多种方式来筹措资金的，不同来源的资金其成本也不同。为了进行筹资决策和投资决策、确定最佳资本结构，需要测算企业各种资金来源的综合资本成本和边际成本。综合资本成本是以各种资本占用全部资本的比重为权数，对各种来源的资本的成本进行加权平均计算，又称为加权平均资本成本。综合资本成本是由个别资本成本和加权平均权数两个因数所决定的。边际资本成本是企业筹措新资金的成本。如新增 1 元资金，其成本为 0.08 元。边际资本成本是加权平均资本成本的一种形式，其计算方法也按加权平均法计算，它是企业追加筹资额时必须考虑的因素。

2)财务风险衡量

财务风险衡量是由企业筹资决策所带来的风险，它有两层含义：一是通过企业普通股东收益的可变性；二是指企业利用财务杠杆而造成的财务困难的可能性。而财务杠杆则是指利用资本成本固定性的筹资方式，主要是借款、租赁和优先股筹资方式，对普通股每股利润和企业价值会产生影响，同时也会产生财务风险。财务杠杆的基本原理是在长期资金总额不变的条件下，企业从营业利润中支付的债务成本是固定的，当营业利润增多或减少时，每元营业利润所负担的债务成本就会相应地减少或增大，从而给每股普通股带来额外的收益或损失。

财务风险是指由于利用财务杠杆，给企业带来的破产风险是企业预期筹资效益的保证。其常用的分析方法有期望值分析法、标准离差分析法等。

3)资本结构优化

资本结构优化是指企业各种资金的构成及其比例关系，通常是指企业长期负债资本和权益资本的比例关系。资本结构是企业筹资决策的核心问题。企业在筹资决策过程中应确定最佳资本结构，并在以后追加筹资中继续保持最佳资本结构。

在企业资本结构中，合理地安排负债资金，对企业有重要影响。由于负债资金具有双重作用，即适当利用负债，可以减小企业资金成本，但当企业负债比例太高时，会带来较大的财务风险，因此，企业必须权衡财务风险与资金成本的关系，确定最佳的资本结构。

建立最佳资本结构就是合理配置长期负债与所有者权益的构成比例。其目的是使企业资本总成本最低，企业资本价值最大，同时风险也不太大，可以承受。所谓优化资本结构，即促使资本结构的最佳组合，在兼顾风险的基础上，达到综合资本成本率最低。

5.1.3 汽车服务企业资产的管理

资产是企业所拥有或控制，能用货币计量，并能为企业提供经济效益的经济资源。包括各种财产、债权和其他权利。资产的计价以货币作为计量单位，反映企业在生产经营的某一个时点上所实际控制资产存量的真实状况。对企业来说，管好用好资产是关系到企业兴衰的大事，必须予以高度的重视。

资产按其流动性通常可以分为流动资产、固定资产、长期投资、无形资产、递延资产和其他资产。这里只介绍流动资产和固定资产的管理。

(1)流动资产管理

流动资产是指可以在1年内或者超过1年的一个营业周期内变现或者运用的资产。流动资产在企业再生产过程中是一个不断投入和回收的循环过程，很难评价其投资报酬率。从这一点上看，对流动资产进行管理的基本任务是：努力以最低的成本满足生产经营周转的需要，提高流动资产的利用效率。

按资产的占用形态，流动资产可分为现金、短期投资、应收及预付款和存货。在汽车服务企业中，流动资产主要指现金及有价证券、应收账款、存货等。这里仅介绍现金、应收账款及存货的管理。

1)现金管理

现金是企业占用在各种货币形态上的资产，是企业可以立即投入流通的交换媒介，它是企业流动性最强的资产。属于现金的项目，包括库存现金、银行存款、各种票据、有价证券，各种形式的银行存款和银行汇票、银行本票等。

作为变现能力最强的资产，现金是满足正常经营开支、清偿债务本息，履行纳税义务的重要保证，同时，现金又是一种非盈利性资产，持有量过多，企业承担较大的机会成本，降低资产的获利能力。因此，必须在现金流动性与收益性之间作出合理的选择。

现金管理的目的是在保证企业生产经营所需现金的同时，节约使用资金，并从暂时闲置的现金中获得最多的利息收入。

现金管理的内容主要包括：编制现金收支计划，以便合理地估算未来的现金需求；对日常现金收支进行控制，力求加速收款，延缓付款；用特定的方法确定理想的现金余额，即当企业实际的现金余额与最佳的现金余额不一致时，采用短期融资或归还借款和投资于有价证券等策略来达到比较理想的状况。

现金收支计划是在预定企业现金的收支状况，并对现金进行平衡的一种打算。它是企业财务管理的一项重要内容。

2)应收账款管理

应收及预付款是一个企业对其他单位或个人有关支付货币、销售产品或提供劳务而引起的索款权。它主要包括应收账款、应收票据、其他应收款、预付货款等。汽车服务企业所涉及有关应收及预付款的业务主要是：企业提供汽车维修的劳务性作业而发生的非商品交易的应收款项、企业在外地购买设备或材料配件等而发生的预付款项、其他业务往来及费用的发生涉及的其他应收款项。

应收账款是企业因销售产品、材料，提供劳务等业务，应向购货单位或接受劳务单位收取的款项。汽车服务企业因销售产品、提供汽车维修劳务等发生的收入，在款项尚未收到时属于应收账款。应收账款的功能在于增加销售、减少存货。同时，也要付出管理成本，甚至发生坏账，近年来，由于市场竞争的日益激烈，汽车服务企业应收账款数额明显增多，已成为流动资产管理中的一个日益重要的问题。为此，要加强对应收账款的日常控制，做好企业的信用调查和信用评价，以确定是否同意顾客赊账。当顾客违反信用条件时，还要做好账款催收工作，确定合理的收账程序和讨债方法，使应收账款政策在企业经营中发挥积极作用。

3)存货管理

库存是指企业在生产经营过程中，为销售或耗用而储存的各种物资。对于汽车服务企业来说，库存主要是为耗用而储备的物资，一般是指汽车维修的材料、配件等。由于它们经常处于不断耗用与不断补充之中，具有鲜明的流动性，且通常是企业数额最大的流动资产项目。库存管理的主要目的是控制库存水平，在充分发挥库存功能的基础上，尽可能地减少存货，降低库存成本。常用存货控制的方法是分级归口控制，其主要包括三项内容：

①在厂长经理的领导下，财务部门对存货资金实行统一管理，包括制定资金管理的各项制度，编制存货资金计划，并将计划指标分解落实到基层单位和个人，对各单位的资金运用情况进行检查和分析，统一考核资金的使用情况。

②实行资金的归口管理，按照资金的使用与管理相结合、物资管理与资金管理相结合的原则，每项资金由哪个部门使用，就由哪个部门管理。

③实行资金的分级管理，即企业内部各管理部门要根据具体情况将资金计划指标进行分解，分配给所属单位或个人，层层落实，实行分级管理。

(2)固定资产管理

固定资产是指使用期限较长、单位价值较高的主要劳动资料和服务资料,并且在使用过程中保持原有实物形态的资产,主要包括房屋及建筑物、机器设备、运输设备和其他与生产经营有关的设备、工具器具等。固定资产是汽车服务企业中资产的主要种类,是资产管理的重点。

1)固定资产的分类及计价

①固定资产的种类及特征。按经济用途将固定资产分为生产用固定资产、销售用固定资产、科研开发用固定资产和生活福利用固定资产四种。汽车服务企业的固定资产主要是生产性固定资产,且多为专用设备。

按使用情况不同,将固定资产分为:使用中的固定资产、未使用的固定资产和不需用的固定资产。

按所属关系不同,将固定资产分为:自有固定资产和融资租入的固定资产。

固定资产的特征:

a. 投资时间长,技术含量高;

b. 收益能力高,风险较大;

c. 价值的双重存在;

d. 投资的集中性和回收的分散性。

固定资产是企业资产中很重要的一部分,它的数额表示企业的生产能力和扩张情况。因此必须加强对固定资产的管理。固定资产管理的任务是:认真保管,加强维修,控制支出,提高利用率,合理计算折旧。

②固定资产的计价。固定资产的价值按货币单位进行计算,称为固定资产的计价。

正确对固定资产进行计价,严格按国际标准和惯例,如实反映固定资产的增减变化和占用情况,是加强固定资产管理的重要条件,也是正确计算折旧的重要依据。

为了全面反映固定资产价值的转移和补偿特点,固定资产通常采用以下三种计价形式:

a. 原值。即原始价值,是指企业在购置和建造某项固定资产时支出的货币总额。

b. 净值。即折余价值,是指固定资产原值减去累计折旧后的余额,反映了固定资产的现有价值。

c. 重置价值。即重置完全价值,是指在当前市场价格水平下,重新购建该项固定资产或与其相同生产能力固定资产所需的全部支出。当企业因故取得无法确定原价的固定资产时,可按重置价值计价入账。

以上三种计价标准,对固定资产的管理有着不同的作用。采用原值和重置价值,可使固定资产在统一计价的基础上,如实地反映企业固定资产的原始投资,并用来计算折旧。

采用折余价值,可以反映企业当前实际占用在固定资产上的资金,将折余价值与原始价值比较,可以了解固定资产的新旧程度。

2)固定资产的日常管理

为了提高固定资产的使用效率,保护固定资产的安全完整,做好固定资产的日常管理工作至关重要。其主要包括以下几个方面:

①实行固定资产归口分级管理。企业的固定资产种类繁多，其使用单位和地点又很分散。为此，要建立各职能部门、各级单位在固定资产管理方面的责任制，实行固定资产的归口分级管理。

归口管理就是把固定资产按不同类别交相应职能部门负责管理。各归口管理部门要对所分管的固定资产负责，保证固定资产的安全完整；分级管理就是按照固定资产的使用地点，由各级使用单位负责具体管理，并进一步落实到班组和个人。做到层层有人负责，物物有人管理，保证固定资产的安全管理和有效利用。

②编制固定资产目录。为了加强固定资产的管理，企业财务部门要会同固定资产的使用和管理部门，按照国家规定的固定资产划分标准，分类详细地编制"固定资产目录"。在编制固定资产目录时，要统一固定资产的分类编号。各管理部门和各使用部门的账、卡、物要统一用此编号。

③建立固定资产卡片或登记簿。固定资产卡片实际上是以每一独立的固定资产项目为对象开设的明细账。企业在收入固定资产时设立卡片，登记固定资产的名称、类别、编号、预计使用年限、原始价值、建造单位等原始资料。还要登记有关验收、启用、大修、内部转移、调出及报废清理等内容。

实行这种办法有利于保护企业固定资产的完整无缺，促进使用单位关心设备的保养和维护，提高设备的完好程度，有利于做到账实相符，为提高固定资产的利用效果打下良好的基础。

④正确地核算和提取折旧。固定资产的价值是在再生产过程中逐渐地损耗并转移到新产品中去的。为了保证固定资产在报废时能够得到更新，在其正常使用过程中，要正确计算固定资产的折旧，以便合理地计入产品成本，并以折旧的形式收回，以保证再生产活动的持续进行。

⑤合理安排固定资产的修理。为了保证固定资产经常处于良好的使用状态和充分发挥工作能力，必须经常对其进行维修和保养。固定资产修理费一般可直接计入有关费用，但若修理费支出不均衡且数额较大的，为了均衡企业的成本、费用负担，可采取待摊或预提的办法。采用预提办法的，实际发生的修理支出冲减预提费用；实际支出大于预提费用的差额，计入有关费用；小于预提费用的差额冲减有关费用。

⑥科学地进行固定资产更新。财务管理的一项重要内容是根据企业折旧基金积累的程度和企业发展的需要，建立起企业固定资产适时更新规划，满足企业周期性固定资产更新改造的要求。

3)固定资产的折旧管理

①固定资产折旧与折旧费的概念。固定资产在使用过程中，由于机械磨损、自然腐蚀、技术进步和劳动生产率提高而引起的价值损耗，逐渐地、部分地转移到营运成本费用中。这种转移到营运成本费用中去的固定资产价值损耗，称为固定资产折旧。

固定资产的损耗分为有形损耗和无形损耗两种。有形损耗是指由于机械磨损和自然力影响或腐蚀而引起使用价值和价值的绝对损失；无形损耗是指由于技术进步和生产率的提高而引起的固定资产价值的相对损失。

固定资产由于损耗而转移到成本费用中去的那部分价值，应以折旧费的形式按期计入成本费用，不得冲减资本金。固定资产转移到成本费用中的那部分价值称为折旧费。

②固定资产折旧的计算方法。固定资产的价值是随使用而逐渐减少的，以货币形式表示的固定资产自身消耗而减少的价值，就称为固定资金的折旧。

汽车服务企业的折旧计提方法，主要有以下几种：

a. 使用年限法。使用年限法是根据固定资产的原值，减去预计残值和清理费用，按预计使用年限平均计算的一种方法，又称为“直线法”。计算公式如下：

固定资产年折旧额＝[原始价值－(预计残值＋预计清理费用)]/预计使用年限

＝(原始价值—预计净残值)/预计使用年限

＝[原始价值×(1－预计残值率)]/预计使用年限

月折旧额＝年折旧额÷12

预计净残值率是预计净残值与原值的比率，它一般应按固定资产原值的3%～5%确定，低于3%或者高于5%的，由企业自主确定，并由主管财政机关备案。

【例1】 某维修企业2010年底购入设备一台，价值10万元，其净残值率为3%，预计使用年限10年，求其年折旧额。

解：年折旧额＝100000×(1－3%)÷10＝9700(元)

b. 工作量法。对某些较大的设备，经常不使用，维修企业可以采用工作时间法计算折旧。其计算公式为：

每一工作量折旧额＝[固定资产原值(1－净残值率)]预计的总工作量

某项固定资产年(月)折旧额＝[该项固定资产当年(月)工作量]×每一工作量折旧额

【例2】 某维修企业是大型的维修企业，有一台经常不使用的机床，价值5万元，该机床总的工作时间为5000小时，当年实际使用100小时，求当年的折旧额(残值忽略不计)。

年折旧额＝50000/5000×100＝1000(元)

c. 双倍余额递减法。双倍余额递减法是以平均使用年限折旧率的双倍为固定折旧率，并按每期期初固定资产折旧价值为基数来计提固定资产折旧的一种方法。它是在先不考虑固定资产净残值的情况下来计算的。其计算公式为：

年折旧率＝2/折旧年限×100%

年折旧额＝年初固定资产账面净值×年折旧率

d. 年数总和法。年数总和法又称“年数合计法”或“年数比例递减法”。它同双倍余额递减法的特点相似，所不同的是：年数总和法计算折旧的基数不变，而年折旧率是随固定资产使用年限逐年变动的，所以又称为“变率递减法”。其计算公式为：

年折旧率＝(折旧年限－已使用年数)/年数总和数×100%

年折旧额＝(固定资产原值－预计净残值)×年折旧率

年数总和数＝(折旧年限＋1)÷2

4)固定资产投资管理

①投资项目评价的一般方法。投资方案评价时使用的指标分为两类：一类是非贴现指标，即没有考虑货币时间价值因素的指标，主要有回收期法、会计收益率法等；另一类是贴现指标，即考虑货币时间价值因素的指标，主要包括净现值、现值指数、内含报酬率等。

这里只介绍计算方法简单的，未考虑货币的时间价值的评价方法。

a. 回收期法。回收期指投资引起的现金流入与投资额相等时所需的时间，它代表收回投资所需要的年限。回收期越短，方案越优。

回收期的计算公式如下：

回收期＝原始投资额/每年现金净流入量

每年现金净流入量＝每年净收益＋年折旧额

【例 3】 某维修企业有两种投资方案，甲方案投资 200 万元，投资后每年可产生 40 万元净收益。乙方案投资 150 万元，投资后每年可产生净收益 35 万元。假设只能选择一个方案，试用回收期法比较两方案的优劣(投资有效期均为 5 年)。

解：甲方案回收期＝2000000/(400000＋2000000/5)＝2.5(年)

乙方案回收期＝1500000/(350000＋1500000/5)＝2.31(年)

由于甲方案的回收期大于乙方案的回收期，故乙方案优于甲方案。

b. 会计收益率法这种方法计算简便，应用范围很广。它在计算时使用会计报表上的数据，以及普通会计的收益和成本概念。其计算公式如下：

会计收益率＝年平均收益率/原始投资额×100％

在例 3 中：

甲方案的会计收益率＝400000/2000000×100％＝20％

乙方案的会计收益率＝350000/1500000×100％＝23.33％

此种方法，比较会计收益率的高低，收益率高的为优先考虑方案。此种方法的缺点也在于未考虑货币的时间价值。

②固定资产的投资决策。对于汽车服务企业，对投资项目进行评价的应用经常是固定资产的更新决策，关于固定资产更新的方法和决策的选择，在这里不再加以介绍。

5.1.4　汽车服务企业财务分析与评价

汽车服务企业财务分析与评价是指以财务报表和其他资料为依据，采用专门的方法，系统的分析和评价企业过去和现在的财务状况、经营成果及其利润变动情况，从而为企业及各有关方面进行经济决策、提高资产管理水平提供重要依据。

(1)企业财务分析与评价的目的与要求

企业的财务分析同时肩负着双重目的：一方面，剖析和洞察自身财务状况与财务实力，分析判断外部利害相关者的财务状况与财务实力，从而为企业的经营决策提供信息支持；另一方面从价值形态方面为业务部门提供咨询服务。财务分析与评价对于现代企业经营管理者、投资者和债权人都是至关重要的。通过财务分析与评价可以了解到企业财务状况、资产管理水平、投资项目获利能力以及企业的未来发展趋势。

为使财务分析与评价的结果尽可能准确、有效和及时，满足企业内外各方面对财务分析信息的需要，进行财务分析与评价时需做到以下几点：

1)分析内容应满足多元分析主体的需要

财务分析与评价的主体是指财务分析与评价的主体是指财务分析与评价工作为之服务的对象。它包括企业经营者、投资者和债权人等。财务分析与评价不仅要从投资者和经营管理者的角度来分析评价企业的财务状况和经营成果，还应该考虑到企业债权人、未来投资者以及职工等多元分析主体财务分析信息的需要，在分析内容上满足他们的相关需要。

2)以公认的会计准则和有关的法规制度为依据

用于财务分析与评价的报表数据必须真实可靠。如果报表数据失真，将直接影响分析结果的客观性和正确性。

3)及时提供财务分析与评价的结果

财务分析与评价的结果是财务信息使用者用于新时期经营管理或投资决策的参考，企业应在财务报表出来后及时依据报表提供的信息资料进行分析与评价，并及时传递和公布，确保财务信息满足投资决策的需要。

(2)企业财务分析与评价的基础

进行财务分析所依据的主要资料是企业的财务报告。企业财务报告是反映企业财务状况和经营成果的书面文献。它包括会计报表主表、附表、会计报表附注和财务情况说明书。会计报表主表有资产负债表、利润表、财务状况变动表(或现金流量表)。会计报表附表是为了帮助理解会计报表的内容而对报表项目等所作的解释，有利润分配表、主营业务收支明细表等。其中资产负债表、损益表、现金流量表应用比较广泛。

1)资产负债表

资产负债表是以“资产＝负债＋所有者权益”为根据，按照一定的分类标准和一定的次序反映企业在某一时点上资产、负债及所有者权益的基本状况的会计报表。资产负债表可以提供企业的资产结构、资产流动性、资金来源状况、负债水平以及负债结构等信息，分析者可据此了解企业拥有的资产总额及其构成状况，考察企业资产结构的优劣和负债经营的合理程度，评估企业的清偿债务的能力和筹资能力，预测企业未来的财务状况和财务安全度，从而为债权人、投资人及企业管理者提供决策依据。

2)损益表

损益表是以“利润＝收入－费用”为根据编制，反映企业在一定经营期间内生产经营成果的财务报表。通过损益表可以考核企业利润计划完成情况，分析企业实际的盈利水平及利润增减变化原因，预测利润的发展趋势，为投资者及企业管理者等各方面提供决策依据。损益表也是计算投资利润率和投资利税率的基础和依据。

3)现金流量表

现金流量表是以“净现金流量＝现金流入－现金流出”为根据编制的，通过现金和现金等价物的流入、流出情况，反映企业在一定期间内的经营活动、投资活动和筹资活动的动态情况的财务报表。它是计算现代企业内含报酬率、财务净现值和投资回收期等反映投资项目盈利能力指标的基础。

(3)财务分析的基本方法

常用的财务分析方法有比较法、比率分析法、趋势分析法和因素分析法。

1)比较法

比较法是通过经济指标数量上的变化来揭示它的数量关系和数量差异的一种方法。其主要作用在于揭示财务活动中的数量关系和差距，从中发现问题，为进一步分析原因、挖掘潜力指明方向，它是财务分析最基本的方法。

根据财务分析的目的和要求的不同，比较法有以下三种形式：

①实际指标同计划（定额）指标比较。

②本期指标同上期指标或历史最高水平比较。

③本单位指标同国内外先进单位指标比较。

应用比较法对同一性质指标进行数量比较时，要注意所利用指标的可比性，双方的指标应在内容、时间、计算方法、计价标准上口径应当一致。必要时，可以对所用的指标按同一口径进行调整换算。

2）比率分析法

比率分析法是通过计算经济指标的比率来确定经济活动变动程度的分析方法。应用时，把分析对比的数值变成相对数，计算出各种比率指标，然后进行比较，从确定的比率差异中发现问题。因此，能够把在某些条件下的不可比指标变为可比较的指标进行分析比较。

常用方法有三种类型：构成比率；效率比率；相关比率。

3）趋势分析法

趋势分析法是将两期或连续数期财务报告中的相同指标或比率进行对比，求出它们增减变动的方向、数额和幅度的一种方法。采用这种方法可以揭示企业财务状况和生产经营情况的变化，分析引起变化的原因、变动的性质，并预测企业未来的发展前景。

常用两种方法：定比趋势分析；环比趋势分析。

4）因素分析法

因素分析法是指从数量上确定一个综合经济指标所包含的各个因素的变化对该综合指标的影响程度的一种分析方法。比较常用的因素分析法有连环替代法和差额计算法。

因素分析法既可以全面分析各因素对某一经济指标的影响，也可以单独分析某个因素对某一经济指标的影响。后者可以用于计算由于流动资金周转天数缩减而对流动资金计划需要量减少的影响；应收账款收款天数缩短，降低坏账损失率对企业坏账损失减少的影响等。它是财务分析的一种常用方法。

（4）企业财务分析与评价的指标体系

汽车服务企业财务分析与评价按照分析的目的可以分为偿债能力分析与评价，营运能力分析与评价，盈利能力分析与评价，发展趋势分析与评价等。

1）偿债能力分析与评价

偿债能力是指企业偿还到期债务的能力。如果到期不能偿付债务，则表示企业偿债能力不足、财务状况不佳，情况严重时还将危及企业的生存。按照债务偿还期限的不同，企业的偿债能力可分为短期偿债能力和长期偿债能力。

①短期偿债能力分析。短期偿债能力是指企业流动资产偿还负债的能力。它反映企业偿还日常到期债务的实力。企业能否及时偿还到期的流动负债，是反映企业财务状况好坏的重要标志。衡量短期偿债能力的指标主要有流动比率、速动比率和现金比率。

a. 流动比率。流动比率是流动资产除以流动负债的比值。这一指标主要用于揭示流动资产与流动负债的对应程度，考察短期债务偿还的安全性。其计算公式如下：

流动比率＝流动资产/流动负债

一般来说，流动比率越高，企业的短期偿债能力就越强，债权人权益越有保证。经验认为合理的最低流动比率是2。它表明企业财务状况稳定可靠，除了满足日常生产经营的流动资金需要外，还有足够的财力偿付到期的短期债务。如果比例过低，则表示企业可能难以如期偿还债务。但是，流动比率也不能过高，过高表明企业流动资产占用较多，会影响资金的使用效率和企业的获利能力。

计算出来的流动比率，只有和同行业平均流动比率、本企业历史的流动比率进行比较才能知道这个比率是高还是低。这种比较通常不能说明流动比率高或低的原因，要找出过高或过低的原因还必须分析流动资产和流动负债所包括的内容以及经营上的因素。一般情况下，营业周期、流动资产中的应收账款数额和存货的周转速度是影响流动比率的主要因素。

b. 速动比率。速动比率是指企业的速动资产除以流动负债的比值。速动资产是指流动产减去变现能力较差且不稳定的存货、预付账款、待摊费用、待处理流动资产损失后的余额，即包括现金、各种银行存款、可即时变现的短期投资和应收账款。其计算公式为：

速动比率＝速动资产/流动负债

速动资产＝流动资产－(存货＋预付账款)

计算速动资产时，所以要扣除存货，是因为存货是流动资产中变现较慢的部分，它通常要经过产品的售出和账款的收回两个过程才能变为现金。存货中还可能包括适销不对路而难以变现的产品。对于待摊费用和预付账款等，它们只能减少企业未来时期的现金付出，却不能转变为现金，因此，不应计入速动资产。

由于排除了存货等变现能力较弱且不稳定的资产，因此速动比率比流动比率能够更加准确、可靠地评价企业资产的流动性及其偿还短期债务的能力。通常认为正常的速动比率为1，低于1的速动比率被认为是短期偿债能力偏低。但是速动比率指标与行业有密切的关系，因为行业不同，速动比率会有很大差别，没有统一标准。

c. 现金比率。现金比率是现金(各种货币资金)和短期有价证券之和除以流动负债的比值。

在企业的流动资产中，现金及短期有价证券的变现能力最强，它可以百分之百地保证相等数额的短期负债的偿还。以现金比率来衡量企业短期债务的偿还能力，较之流动比率或速动比率更为保险，最能反映企业直接偿付短期负债的能力。其计算公式为：

现金比率＝(现金＋有价证券)/流动负债

现金比率虽然能反映企业的直接支付能力，但在一般情况下，企业不可能，也没必要保留过多的现金资产。若这一比率过高，就意味着企业所筹集的流动负债未能得到合理的运用，经常以获利能力较低的现金类资产保持着。

②长期偿债能力分析。

a. 资产负债率。资产负债率是负债总额除以资产总额的百分比，即资产总额中有多大比例是通过负债筹资形成的，同时也说明企业清算时债权人利益的保障程度，也称“举债经营比率”，或“负债比率”。其计算公式为：

资产负债率＝负债总额/全部资产总额×100％

这一指标主要反映资产与负债的依存关系，即负债偿还的物资保证。从债权人角度看，这一指标越低越好，该指标越低，说明全部资本中所有者权益比例越大，企业财力也越充足，债权人按期收回本金和利息也就越有保证。从所有权的立场看，该指标的评价，要视借入资本的代价而定。当全部资产利润率高于借贷利率时，希望资产负债率高些，反之则希望其低些。从经营管理者角度看，资产负债率高或低，反映其对企业前景的信心程度，资产负债率高，表明企业活力充沛，对其前景充满信心，但是需要承担的财务风险较大，同时过高的负债比率也会影响企业的筹资能力。因此，企业经营管理者运用举债经营策略时，应全面考虑，权衡利害得失，保持适度的负债比率。

b. 产权比率。产权比率是负债总额与股东权益总额的比率，是企业财务结构是否稳健的重要标志，也是衡量企业长期偿债能力的指标之一。其计算公式为：

$$产权比率=负债总额/股东权益\times 100\%$$

上述公式中的“股东权益”，也就是所有者权益。

产权比率指标体现企业负债与股东提供的资本的对应关系，即企业清算时债权人权益的保障程度。企业所拥有的经济资源，从自然属性上反映为各项资产的占有，而从社会属性上则体现为权益的归属，包括债权人的权益与所有者权益。产权比率反映企业的财务结构是否稳定。一般说来，所有者权益应大于借入资本，即产权比率越低，企业偿还债务的资本保证就越高，债权人遭受风险损失的可能性就越小。

c. 已获利息倍数。已获利息倍数是企业息税前利润与利息倍数的比值，用以衡量偿付借款利息的能力，又称为“利息保障倍数”。其计算公式为：

$$已获利息倍数=息税前利润/利息费用$$

该指标反映企业经营收益为所需支付的债务利息的多少倍，即获利能力对债务偿付的保证程度。该指标越高，说明企业利润为支付债务利息提供的保障程度越高。反之，说明保障程度低，使企业失去对债权人的吸引力。

2)企业营运能力分析与评价

营运能力是指通过企业生产经营资金周转速度的有关指标，所反映出来的企业资金利用的效率。它表明企业管理人员经营管理、运用资金的能力。营运能力分析包括流动资产周转情况分析、固定资产周转情况分析和总资产周转情况分析。

①流动资产情况分析。对汽车服务企业，反映流动资产周转情况的指标主要有两个，即应收账款周转率和存货周转率。

a. 应收账款周转率。应收账款周转率是指企业在一定时期内赊销收入净额与应收账款平均余额的比率，是反映企业应收账款回收速度和管理效率的指标。通常用下列公式表示：

$$应收账款周转率=赊销收入净额/应收账款平均余额$$

该指标是评价应收账款流动性大小的一个重要财务比率，它可以用来分析企业应收账款的变现速度和管理效率，企业应收账款周转率高，则表明企业应收账款的变现速度快，管理效率高，资金回收迅速，不易发生呆账或坏账损失，流动资产营运状况良好；反之，则相反。

b. 存货周转率。存货周转率是指企业一定时期的销售成本与平均存货的比率，它是反映企业销售能力和流动资产流动性的一个指标，也是衡量企业生产经营各个环节存货运营效率的一个综合性指标。其计算公式为：

存货周转率＝销售成本/平均存货

平均存货＝(期初存货余额＋期末存货余额)/2

汽车服务企业的流动资产中，存货往往占有相当大的比例，而存货中汽车配件一般占有绝大比重，企业的存货应该保持在一个合理水平。存货数额过大，除了会增加存货投资之外，还会增加企业的储存费用，给企业带来一定的损失；如果存货数量过低，又会影响维修业务的正常开展。所以，既要维持一个恰当的库存水平，又应加速存货周转，提高存货的利用效果。另外，存货的质量和流动性对企业的流动比率具有举足轻重的影响，进而影响企业的短期偿债能力。

②固定资产周转情况分析。固定资产周转率是反映固定资产周转情况的指标。它是指企业年收入净额与固定资产平均余额的比率。其计算公式为：

固定资产周转率＝年收入净额/固定资产平均余额

它是反映企业固定资产周转情况、衡量固定资产利用率的一项指标。该指标越高，则表明企业固定资产利用越充分，同时也能表明企业固定资产投入得当，结构合理，能够充分发挥其效率；反之，如果固定资产周转率不高，则表明固定资产使用效率不高，企业经营能力不强。

③总资产周转情况分析。总资产周转率是反映总资产周转情况的指标，亦称总资产利用率。它是企业销售收入净额与资产平均总额的比率。其计算公式为：

总资产周转率＝销售收入净额/资产平均总额

该指标可用来分析企业全部资产的使用效率。如果该比率较低，说明企业利用其资产进行经营的效率较差，会影响企业的获利能力，企业应采取措施提高销售收入或处置资产，以提高总资产利用率。

3)企业盈利能力分析与评价

盈利能力就是企业赚取利润的能力，也称获利能力，是投资人、债权人以及企业经营者，都重视和关心的中心问题。一般来说，企业盈利能力的大小是由其经常性的经营理财业绩决定的。那些非经常性的事项及其他特殊事项，虽然也会对企业的损益产生某些影响，但不能反映出企业的真实获利能力。如重大事故或法律更改等特别事项的影响等。因此，在企业盈利能力的指标很多，通常使用的主要有销售利润率、成本费用利润率、总资产利润率、资本金利润率及股东权益利润率。

①销售利润率。销售利润率是指企业利润总额与企业销售净额的比率。其计算公式为：

销售利润率＝利润总额/销售收入净额×100％

在销售收入中，销售利润率主要反映企业职工为社会劳动新创造价值所占的份额。该项指标越高，表明企业为社会所创造的价值越多，贡献越大，也反映企业在增产的同时，为企业多创造了利润，实现了增产增收。

②成本费用利润率。成本费用利润率是指企业利润总额与成本费用总额的比率。它是反映企业生产经营过程中发生的耗费与获得的收益之间关系的指标。其计算公式为：

成本费用利润率＝利润总额/成本费用总额×100%

③总资产利润率。总资产利润率是企业利润总额与企业资产平均总额的比率，即过去所说的资金利润率。其计算公式为：

总资产利润率＝利润总额/资产平均总额×100%

总资产利润率指标反映了企业资产总和利用效果，是衡量企业利用债权人的所有者权益总额取得盈利的重要指标。其值越高，表明资产利用的效益越好，整个企业获利能力越强，经营管理水平越高。

④资本金利润率。资本金利润率是企业的利润总额与资本金总额的比率，是反映投资者投入企业资本金的获利能力的指标。其计算公式为：

资本金利润率＝利润总额/资本金总额×100%

资本金利润率越高，说明企业资本金的利用效果越好，企业资本金是所有者投入的主权资金，资本金利润率的高低直接关系到投资者的权益，是投资者最关心的问题。

⑤股东权益利润率。股东权益利润率是企业利润总额与平均股东权益的比率。它是反映股东投资收益水平的指标。其计算公式为：

股东权益利润率＝利润总额/平均股东权益×100%

股东权益是股东对企业净资产所拥有的权益，净资产是企业全部资产减去全部负债后的余额。平均股东权益为年初股东权益额与年末股东权益额的平均数。

股东权益利润率指标越高，表明股东投资的收益水平越高，获利能力越强。

4)财务状况的趋势分析

财务状况的趋势分析主要是通过比较企业连续几个会计期间的财务指标、财务比率和财务报告，来了解财务状况的变动趋势，并以此来预测企业未来财务状况，判断企业的发展前景。趋势分析主要从以下三个方面进行：

①比较财务指标和财务比率。这种方法是对企业主要的财务指标和财务比率，从前后数年的财务报告中选出指标后，对指标进行必要的计算加工，直接观察其金额或者比率的变动数额和变动幅度，分析其变动趋势是否合理，并据以预测未来。

②比较会计报表的金额。这种方法是将相同会计报表中的连续数期的金额并列起来，比较其中相同项目增减变动的金额及其幅度，由此分析企业财务状况和经营成果的变动趋势。

③比较会计报表的构成。这种方法是以会计报表中的某一总体指标作为100%，计算其各组成部分指标占该总体指标的百分比，然后比较若干连续时期的该项构成指标的增减变动趋势。常用的形式是销售收入百分比法，就是以产品销售收入作为100%，计算其他指标占销售收入的百分比，分析各指标所占百分比的增减变动和对企业利润总额的影响。

5)财务状况的综合分析

单独分析任何一类财务指标，都难以全面评价企业的财务状况和经营效果。因此，应采用适当的标准，进行综合分析，这样才能获得对企业财务状况的经营成果的综合性总评价。常用的方法为财务比率综合评价法。

财务比率综合评价法可以通过指数法编制综合分析表来进行，其程序为：

①选择评价企业财务状况的比率指标。通常要选择能够说明问题的重要指标。即在反映企业偿债能力、营运能力和盈利能力三类比率指标中选择若干具有代表性的指标。

②确定各项指标的相对重要性系数。其值应为小于1的小数值,各项指标的重要性系数之和应等于1。系数的确定要依据各项指标的相对重要程度,重要程度的判断要根据企业经营状况,一定时期的管理要求,企业所有者,债权人和经营者的意向而定。

③确定各项比率指标的标准值。财务比率指标的标准值是指在本企业现有条件下各项指标最理想的数值,即最佳值。

④计算企业在一定时期各项比率指标的实际值。

⑤计算关系比率。即各项指标实际值与标准值的比率。注意三种不同情况的计算方法。

当最佳值为实际值大于标准值时:

关系比率=实际值/标准值

当最佳值为实际值小于标准值时:

关系比率=[标准值-(实际值—标准值)]标准值

⑥求出各项比率指标的综合指数及其合计数。

拓展阅读

★卢燕、阎岩:《汽车维修企业管理》,机械工业出版社2005年版。

★胡寒玲:《汽车服务企业管理》,化学工业出版社2010年版。

★朱刚、王海林:《汽车服务企业管理》,北京理工大学出版社2008年版。

5.2 汽车服务企业成本费用管理

汽车服务企业的成本是指汽车服务企业为了经营和维修服务活动的开展所支出的各项费用。它包括三个部分:物化劳动的转移价值、生产中所消耗的材料及辅料的转移价值与员工的劳动报酬以及剩余劳动所创造的价值。

实现利润最大化是企业生产经营的目标,在产品或劳务销售价格既定、产销基本平衡的情况下,成本的高低是实现利润大小的决定因素。因而企业想方设法降低成本,加强成本管理具有十分重要的意义。

5.2.1 成本费用管理概述

成本费用管理,就是对企业生产经营活动过程中发生的成本和费用,有组织、有计划和系统地进行预测、计划、控制、核算、考核和分析等一系列科学管理工作的总称。

(1)成本的概念和分类

1)成本的概念

任何一个企业在生产经营过程中,必须要耗费一定量的物质资料(包括货币资金)。企业在一定时期内,以货币额表现的生产耗费就是成本费用。成本费用有多种形式,例如,生产中消耗的劳动资料,表现为固定资产折旧费、修理费等费用;生产中消耗的劳动对象，表现为原材料燃料、动力等费用；劳动报酬表现为工资、奖金等人工费。生产经营中的其他耗费，表现为制造费用、管理费用、财务费用等；企业为了销售产品或劳务，还要支付销售费用等。企业在生产经营中为制造产品或劳务所发生的直接材料、直接人工、制造费用等，构成了这些产品或劳务的生产成本；生产经营中所发生的管理费用、财务费用和销售费用等，构成企业的期间费用，由于这些费用容易确定发生期，难以确定归属的对象，应从当期损益中扣除。

2）成本项目

按照成本费用的经济用途，可将成本分为直接材料、直接人工、制造费用和期间费用。

①直接材料。企业在生产经营过程中实际消耗的各种材料、备品配件以及轮胎、专用器具、动力照明、低值易耗品等支出。

②直接人工。企业直接从事生产经营活动人员的工资、福利费、奖金、津贴和补贴等。

③制造费用。是指在生产中发生的那些不能归入直接材料、直接人工的各种费用。

以上三类费用是计入企业产品成本的费用。

④期间费用。期间费用是企业行政管理部门为组织和管理生产经营活动而发生的管理费用和财务费用，为销售和提供劳务而发生的进货费用和销售费用。期间费用不计入产品成本，而是作为费用直接计入当期损益。

a. 销售费用是指企业在销售商品过程中发生的费用。它包括销售产品或者提供劳务过程中发生的应由企业负担的运输费、装卸费、包装费、保险费、差旅费、广告费以及专设的销售机构人员的工资和其他经费等。

b. 管理费用是指企业为组织和管理生产经营活动所发生的费用。它包括企业行政管理部门在企业经营中发生的、或应由企业统一负担的公司经费，如行政管理部门职工工资、折旧费、修理费、低值易耗品摊销、办公费和差旅费等，管理费用还包括无形资产摊销、咨询费、诉讼费、房产税、工会经费、技术转让费、职工教育经费、研究开发费、提取的职工福利基金和坏账准备金等。

c. 财务费用是企业在筹资等财务活动中发生的费用。它包括企业经营期间发生的利息净支出、汇兑净损失、金融机构手续费以及筹集资金而发生的其他费用等。

(2)成本费用的确认原则

在成本核算时，确认某项资产耗费是否属于成本费用，其基本原则是配比原则和权责发生制原则。《企业会计准则》明确指出：会计核算应当以权责发生制为基础。收入与其相关的成本、费用应当配比。由于企业购置资产完全是为了取得收入，只有资产不断转换为成本或费用，并从收入中得到抵补，企业的生产经营活动才能持续下去。具体来说，这种配比有以下三种方式：

1）直接配比

如果某项资产的耗费与取得的收入之间具有直接的因果关系，就可直接将发生的资产耗费计入某一具体的成本计算对象之中，这种方式叫直接配比。如直接材料、直接人工等，构成生产成本。

2）间接配比

如果无法满足直接配比时，就需要采用合理的方法，将多种收入共同耗用的费用按一定比例或标准再分配到各种劳动中去，这种配比叫间接配比。如制造费用。

3)期间配比

费用与企业一定期间收入相联系，就叫期间配比。

按权责发生制确认成本费用，就是对本期发生的成本费用按其是否应发生在本期为标准来确认的，凡是应在本期发生的成本费用，不论其是否在本期实际支付，均作为本期的成本费用；反之，凡是不应再本期发生的成本费用，即便在本期支付，也不作为本期的成本费用处理。

(3)成本费用管理的任务和要求

1)成本费用管理的任务

成本费用管理的基本任务，就是通过预测、计划、控制、核算、分析与考核来反映企业的生产经营成果，挖掘降低成本和费用的潜力，努力降低成本，减少费用支出。

汽车服务企业成本费用管理工作，要随着企业经营机制的转换，从思想观念到业务技术等方面实现彻底的观念转变，要由单纯执行性的成本费用管理转化为决策性与执行性并重的成本费用管理。这就要求企业的成本费用管理从传统的反映、监督扩展到成本费用预测、计划、控制、核算、分析与考核上来，实现全方位的成本费用管理；从单方面的生产过程成本管理扩展到企业资金筹集、项目可行性研究、服务方式、物资采购供应、生产与控制等一切环节的全过程的成本费用管理；从单纯财务会计部门管理扩展到一切生产、技术、经营部门管理；从仅仅依靠财务会计人员扩展到上自企业领导下至每位职员的全员成本管理。

2)企业成本费用管理的要求

①努力降低生产消耗，提高经济效益。汽车服务企业的一切经营管理工作，都要围绕提高经济效益这一中心。在市场经济条件下，对于多数企业来讲，微观经济运行的目标只能是利润最大化。要实现这个目标，固然首先取决于企业的生产经营规模，即经营业务量的大小。但是生产经营耗费的高低，同样处于决定性的地位。降低成本与提高业务量都可增加企业利润，但降低成本增加的利润比扩大业务量增加的利润要来得更快、更有效。因此，在成本费用管理中，必须努力降低生产消耗，下大力气降低成本，才能显著地提高企业的经济效益。

②实行全员成本管理。汽车服务企业成本费用的形成，与企业的全体职员有关。因此，要把成本降低任务的指标和要求落实到企业内部各职能部门，充分发挥它们在加强成本管理中的积极作用。要把成本费用计划，按照全员成本管理的要求，按部门分别落实责任指标，定期考核执行情况，分析成本费用升降的原因，做到分工明确、职责清楚、奖惩合理。

③划清费用界限，正确计算成本。企业必须按照权责发生制原则计算成本。凡是本期成本应负担的费用，不论其款项是否支付，均应计入本期的成本和费用；凡是不属于本期成本负担的费用，即使款项在本期支付，也不应计入本期的成本和费用。

企业的成本核算资料必须正确完整，如实反映生产经营过程中的各种消耗。对生产经营过程中所发生的各项费用必须设置必要的生产费用账簿，以审核无误、手续齐备的原始凭证为依据，按照成本核算对象，把成本项目、费用项目按部门进行核算，做到真实准确、完整及时。

④加强成本考核工作。成本考核是企业对内部各成本责任中心定期考查，审核其成本计划指标的完成情况，并评价其成本管理工作的成绩。通过成本考核，可以监督各成本责任中心按时完成成本计划，也能全面、正确地了解企业成本管理工作的质量和效果。成本考核以成本计划指标作为考核的标准，以成本核算资料作为考核的依据，以成本分析结果作为评价的基础。

5.2.2　成本预测和成本计划

成本预测是企业为了更好地控制成本，做到心中有数，避免盲目性，减少不确定性，为更好地进行决策提供依据而对企业发生的成本进行预测。成本计划是通过货币形式，以及其实际达到的水平为基础，参照计划期的业务量，对计划期内成本的耗费水平加以预先计划和规定。

汽车服务企业的成本预测和成本计划，一般参照上期的实际情况，分析本期影响成本的各种因素，考虑其影响的大小，制定出基本合理的方案。

(1)成本预测

预测，是人们根据事物已知信息，预计和推测事物未来发展趋势和可能结果的一种行为。成本预测，就是根据历史成本资料和有关经济信息，在认真分析当前各种技术经济条件，外界环境变化及可能采取的管理措施基础上，对未来成本水平及其发展趋势所作的定量描述和逻辑推断。

成本预测既是成本管理工作的起点，也是成本事前控制成败的关键。实践证明，合理有效的成本决策方案和先进可行的成本计划都必须建立在科学严密的成本预测基础之上，通过对不同决策方案中成本水平的测算与比较，可以从提高经济效益的角度，为企业选择最优成本决策和制定先进可行的成本计划提供依据。

汽车服务企业成本预测，就是根据企业成本特性及有关数据资料，结合汽车服务企业发展的前景和趋势，采用科学的分析方法，对一定时期某些业务成本水平、成本目标进行预计和测算。其主要内容是进行目标成本预测。

1)目标成本预测的工作内容

目标成本是实现目标利润、提高企业经济效益的基础，是在预先确定目标利润的前提下提出的，从而使目标成本带有很大的强制性，成为不得超过的硬指标。目标成本是市场激烈竞争中的必然产物，必须具有市场竞争力，从而使得目标成本具有先进性和权威性。正常情况下，目标成本应比已经达到的实际成本要低，但应该是经过努力可以实现的。正确地预测和制定目标成本，对于挖掘企业降低成本潜力、编制先进可行的成本计划和保证实现企业经营目标具有重要的作用。

目标成本预测需要做好大量工作，主要有：全面进行市场调查，掌握市场需求情况，预测汽车市场的需求数量及其变化规律，掌握汽车及配件等价格变动情况；进行企业内部调查，预测企业生产技术、生产能力和经营管理可能发生的变化，掌握企业生产费用的增减和成本升降的有关资料及其影响因素和影响程度；根据企业内外部各种资料和市场发展趋势，预测目标收入，根据目标收入计算目标利润。

2)目标成本预测的方法

①目标利润法。目标利润法又称“倒扣计算法”或“余额计算法”，其特点是“保利润、挤成本”。它是先制定目标利润，随后又考虑税金、期间费用等项目，推算出目标成本的大小。可见，目标成本是以目标利润为前提的，带有一定的强制性。其测算公式为：

目标成本＝预测经营收入－应纳税金－目标利润－期间费用

【例】 邯郸钢铁公司第三轧钢厂生产的6.5普通线材，市场售价1600元/吨，税金217元/吨，管理费用52元/吨，按此计算目标成本最高上限为：

1600－217－52＝1331(元/吨)

按照以市价为基础的内部价格预计，该线材的估计成本为1380元/吨，要亏损49元/吨。该厂面临两种选择，一是停止生产该产品，二是设法把成本降至1331元/吨以下。

该钢铁公司根据该产品的历史先进水平、同行业先进水平及第三轧钢厂的实际情况，从提高成材率，降低油耗、电耗、水耗和提高产量、降低固定成本等方面挖潜，认为可将每吨成本降低8元，但仍不能达到目标成本，还差41元。为此，要求与线材有关的前工序各厂降低成本。经分析，供应第三轧钢厂生产线材所用方坯的第二轧钢厂方坯成本每吨可降低5元，但还不能解决问题。再向前审查供应方坯原料的炼钢厂的钢锭成本，经分析每吨可降低成本28.83元，仍不能解决全部问题。再向前审查采购部门外购生铁的成本，经分析每吨可降低8元。经过一环连一环的测算和落实，保证了线材成本降至1331元/吨以下，终于实现了该产品不亏损的目标。

②选择某一先进成本作为目标成本。该成本既可以是本企业历史上的最好水平，也可以是按先进定额制定的标准成本。这种方法较简单，但要注意可行性。如果条件发生变化，就不能生搬硬套，要及时修正或调整。

③根据本企业上年实际平均单位成本，或企业按照市场需要与竞争条件规定的成本，降低任务测算出目标成本。其测算公式为：

单位目标成本＝上年实际平均单位成本×(1－计划期成本降低率)

确定目标成本还必须掌握充分的调查资料，主要是市场需求情况，所需材料、燃料、零配件价格变动情况，本企业的生产技术、经营管理水平等对生产能力的影响，有关的统计资料，上期成本升降情况的分析等，在调查研究的基础上进行成本预测，使目标成本既先进又切实可行。这样的目标成本就可以作为计划成本，并据以编制成本计划。

(2)成本计划

1)成本计划的作用与要求

成本计划是汽车服务企业进行生产经营所需的费用支出和降低成本任务的计划。是企业生产经营计划的重要组成部分，是进行成本控制、成本分析以及编制财务计划的重要依据。科学的成本计划，可以起到以下作用：

①为企业和全体员工提出了增加生产、节约耗费、降低成本的目标。

②为考核和评价企业生产经营管理成果提供了重要的依据。

③为实行成本指标分级归口管理，建立和健全成本管理责任制提供了基础。

④为编制利润计划提供了依据。

编制企业成本计划不是消极地反映企业生产、消耗等方面的情况,而是积极地促进生产、技术、原材料、劳动效率和服务质量的管理部门改善工作,提高企业各方面的管理水平。

为了发挥成本计划的作用,在编制成本计划时,应特别体现下列要求:

①重视成本预测提供的资料。

②符合实现目标利润对成本降低指标的要求。

③遵守国家规定的成本开支范围。

④协调好成本计划指标与其生产技术经济指标之间的平衡与衔接。

⑤成本计划指标的确定要实事求是,既先进又可行,并有必要的技术组织措施予以保证。

2)成本计划的编制程序

①收集和整理基础资料。在编制成本计划之前,要广泛收集和整理所必需的各项基础资料,并加以分析研究。所需资料主要包括:企业制定的成本降低任务、指标或承包经营的承包指标,企业计划采取的经营决策和经营计划等有关指标,各种技术经济定额,历史成本资料,同类企业的成本资料,企业内部各部门费用计划和劳务价格等其他有关资料等。

②分析报告期成本计划的预计执行情况。正确的成本计划,应该是在总结过去经验的基础上制定出来。因此,应对报告年度计划执行情况进行预计和分析,计算出上年实际单位成本,与报告年度计划成本相比,与同行业成本对比,找出差距,总结经验,为成本计划提供编制依据。

③成本降低计划任务测算。正式编制成本计划之前,在对报告期成本计划执行情况分析的基础上,根据经营承包指标确定的目标利润、目标成本和成本预测的结果,计算计划成本可能降低的幅度,反复研究降低成本措施,寻求降低成本的途径。

④编制成本计划。编制成本计划有两种方法:

a. 企业统一编制。以企业财会部门为主,在其他部门配合下,根据企业经营计划的要求,编制出企业的成本计划。

b. 分级编制。把企业确定的目标成本、成本降低率以及各种关键性的物质消耗指标与费用开支标准下达到各生产部门;各生产部门根据下达的指标,结合本单位的具体情况,编制出各自的成本计划;企业财会部门根据各生产部门上报的成本计划,进行汇总平衡,编制整个企业的成本计划。经过批准,再把成本计划指标分解,层层下达到各生产部门,据以编制出各部门的经营成本计划。

5.2.3 成本控制

广义的成本控制是指管理者对任何必要作业所采取的手段,目的是以最低的成本达到预先规定的质量和数量。它是成本管理的同义词,包括了一切降低成本的努力。

狭义的成本控制是指运用以成本会计为主的各种方法,预定成本限额,按限额开支成本和费用,以实际成本与成本限额比较,衡量企业经营活动的成绩和效果,并以例外管理原则纠正不利差异,以提高工作效率,实现以至于超过预期成本限额的要求。

(1)成本控制的意义和途径

1)成本控制的意义

成本控制的根本任务是挖掘降低成本的潜力,努力降低成本,提高企业的经济效益。企业进行成本控制,具有以下意义:

①可以降低物化劳动和活劳动的消耗量,减少企业的资金占用量,节省人力物力。

②在价格因素不变的情况下,降低成本意味着利润的增加,从而增加了股东的权益,同时,也为国家创造了利益,并为企业的发展和职工待遇的进一步提高创造了更好的物质条件。

③成本的降低,意味着在同竞争对手的竞争中取得了先机,可以通过降低价格的方式,吸引客户,扩大市场的占有率,取得更大的收入。

④通过成本控制,可以提供有益的信息,用以分析企业耗费的结构和水平,找到企业存在的问题,并不断地加以改进。

2)成本控制的途径 汽车服务企业的成本控制,可以通过以下的途径实现:

①提高全员的劳动生产率,劳动生产率的提高,意味着在相同的时间和相等的固定费用下,可以提供更多的服务,取得更多的收入。

②节约各种材料的消耗。

③提高设备的利用效率。

④提高服务的质量,减少返工和不必要的消耗。

⑤加速资金的周转,减少资金的占用。

⑥节约其他开支,严格执行国家的财经纪律和企业董事会的决定。

企业进行成本控制的途径有以上多种,这些途径的使用,往往与汽车服务企业的内部管理密不可分,内部管理的完善,必然促使企业成本控制水平的提高,因此,讲成本控制,不能孤立地理解为财务部门的事情,而应该将它作为所有部门的事情,全员动手,共同控制。

(2)成本控制的基本程序

1)制定控制的标准。应根据成本预测与成本计划,制定出控制的标准,确定标准的上下限。

2)揭示成本差异,分析差异产生的原因。将实际消耗和标准进行比较,计算成本差异,分析产生差异的原因。

3)反馈成本信息,及时纠正偏差。为及时反馈信息,应建立相应的凭证和表格,确定信息反馈时间和程序,并对反馈的信息进行分析,揭示差异产生的原因,并及时加以纠正,明确纠正的措施、执行的人员及时间,以达到成本控制的目的。

(3)成本控制与分析方法

成本控制要坚持经济性原则和因地制宜原则。推行成本控制而发生的成本不应超过因缺少控制而丧失的收益。对成本控制系统必须个别设计,以适合特定企业、部门、岗位和成本项目的实际情况,不可照搬别人的做法。

成本控制主要包括标准成本控制、目标成本控制等内容。

1)标准成本控制

标准成本控制是通过标准成本系统实现的。标准成本系统是为克服实际成本计算系统的缺陷,提供有助于成本控制的确切信息而建立的一种成本计算和控制系统。标准成本系统并不是一种单纯的成本计算方法,它是把成本的事前计划、日常控制和最终产品成本的确定有机地结合起来的系统。

"标准成本"一词在实际工作中有两种含义。

一种是指单位产品的标准成本,它是根据单位产品的标准消耗量和标准单价计算出来的,其计算公式为:

单位产品标准成本=单位产品标准消耗量×标准单价

另一种是指实际产量的标准成本,它是根据实际产品产量和单位产品标准成本计算出来的,其计算公式为:

标准成本=实际产品产量×单位产品标准成本

标准成本按其制定所根据的生产技术和经营管理水平,可分为理想标准成本和正常标准成本。

理想标准成本是指在最优的生产条件下,利用现有的规模和设备能够达到的最低成本。正常标准成本是指在效率良好的条件下,根据下期一般应该发生的生产要素消耗量、预计价格、预计生产经营能力利用程度制定出来的标准成本。在制定这种标准成本时,把生产经营活动中一般难以避免的损耗和低效率等情况也计算在内,使之符合下期的实际情况,成为切实可行的控制标准。

在标准成本系统中,广泛使用正常标准成本。实际运行中这种标准是要经过努力才能达到的。从具体数量上看,正常标准成本应大于理想标准成本,但又小于历史平均成本水平。

标准成本系统可以事先提供具体衡量成本水平的适当尺度,给有关部门提出努力的目标,能够发挥事先的控制作用。通过差异分析,可以评价和考核工作的质量和效果,为业绩评价提供依据。

2)目标成本控制

目标成本是指根据预计可实现的销售收入扣除目标利润计算出来的成本。"目标成本"是 20 世纪 50 年代出现的,是成本管理和目标管理相结合的产物,强调对成本实行目标管理。目标成本的制定,从企业的总目标开始,逐级分解成基层的具体目标。制定时强调执行人自己参与,专业人员协助,以发挥各级管理人员和全体员工的积极性和创造性。

①目标成本控制的要点

a. 初步在最高层设置目标,并以此作为一切工作的中心,起到指导资源分配、激励员工努力工作和评价经营成效的作用。总目标将来要转化为分公司或部门的目标,一直到最底层的目标,但它是试验性的,下级在拟定考核的子目标时,可对其进行修订。如果强制分派任务,不可能唤起承诺意识。

b. 依组织结构关系将总目标分解,明确每个目标和子目标都应有一个责任中心和主要负责人,并明确其应完成的任务和应承担的责任。

c. 拟定目标的过程在一定程度上是自上而下和自下而上的反复循环过程,在循环中发现问题,总结经验,及时解决。

②标准成本控制的方法

目标成本是根据预计销售收入和目标利润计算出来的，即目标成本＝预计销售收入－目标利润。通过预计目标利润就可以初步确定目标成本。目标成本可采用目标利润率法和上年利润基数法确定。

a. 目标利润率法

目标利润＝预计销售收入×同类企业平均销售利润率

或 目标利润＝本企业净资产×同类企业平均净资产利润率

或 目标利润＝本企业总资产×同类企业平均资产利润率

【例】 某炼钢厂钢坯的同业平均销售利润率为4.441%，预计本年销售量为102万吨，钢坯市场价格为1766元/吨，则：

目标利润＝预计销售收入×同类企业平均销售利润率

＝102万吨×1766元/吨×4.441%＝8000万元

目标总成本＝102万吨×1766元/吨－8000万元＝172132万元

目标单位成本＝172132万元÷102万吨＝1688元/吨

采用目标利润率法的理由是：本企业必须达到同类企业的平均报酬水平，才能在竞争中生存。有的企业使用同行业先进水平的利润率进行目标成本预计，其理由是，别人能办到的事情我们也应该能办到。

b. 上年利润基数法

目标利润＝上年利润×年利润增长率

采用上年利润基数法的理由是：未来是历史的继续，应考虑现有基础（上年利润）；未来不会重复历史，要预计未来的变化（利润增长率），包括环境的改变和自身的进步。

按上述方法计算出的目标成本只是初步设想，提供了分析问题合乎需要的起点，它不一定完全符合实际，还需要对其可行性进行分析。

【案例1】

上海大众汽车有限公司（以下简称"上海大众"）是中德合资的轿车生产企业，成立于1985年3月。合营各方分别是上海汽车工业（集团）总公司、德国大众汽车公司。中德双方投资比例各为50%，合资期限为45年。自1985年成立起，上海大众就引进了德国大众的全面预算管理系统，经过多年的探索与实践，形成了有上海大众特色的预算管理模式——连续滚动预算，即以一定的时间长度为周期进行不断滚动的预算管理。

上海大众编制连续滚动预算的方法是：以中期计划为基础，年度预算、月度预算为实施手段，并以月度预测进行控制，全面系统地反映企业的财务经营状况。所谓中期计划，是指以5年为一个周期进行不断滚动的公司预算。如以2001年为预测基础，则2002～2006年为一个5年期的经营预算与财务预算；下一个中期计划以2002年为预测基础，编制2003～2007年的5年期经营预算与财务预算。中期计划中第一年的详细计划，就是年度预算。将年度预算进行分解，就形成了月度预算。

【案例2】

上海通用东岳汽车有限公司是上海通用汽车有限公司、上汽集团和通用汽车（中国）分别出资50%，25%，25%，对原烟台车身有限公司兼并重组建成的是上海通用汽车有限公司继浦东金桥之后的第二个生产基地。公司位于山东烟台经济技术开发区，于2003年2月10日注册成立，一期规划占地52万平方米，建筑面积20.07万平方米，规划具备冲压、车身、油漆、总装四大工艺生产能力，生产纲领为两班10万辆，同时预留发展到30万辆轿车的能力。作为上海通用乃至上汽集团和通用汽车在中国的汽车发展战略中至为重要的组成部分，上海通用东岳汽车有限公司将建成一个精益化、柔性化、模块化、敏捷化的能生产出高质量产品的工厂，沿用上海通用汽车的柔性化精益生产管理体系，在产品规划、生产制造、零部件采购、营销网络、信息、质量体系和人力资源管理等方面与上海通用汽车资源共享，实行一体化管理。

上海通用东岳汽车有限公司秉承了上海通用汽车世界一流的质量体系，从项目建设开始就启动了质量体系的建设和运行。公司已先后获得了由挪威船社DNV和上海质量体系审核中心SAC联合进行的ISO9001质量体系认证、挪威船级社DNV进行的ISO14001环境管理体系及OHSAS18001职业安全和健康管理体系认证、国家质检总局组织的3C认证以及国家环保总局组织的低污染排放小汽车生产一致性审查.从而在体系上为制造出高品质的产品打下了坚实的基础。

作为上海通用汽车有限公司三大品牌之一的雪佛兰轿车生产基地，上海通用东岳汽车有限公司目前主要生产雪佛兰景程与雪佛兰赛欧两个平台共计8款车型，能够分别满足不同用户群体的个性需求。今后，按照上海通用汽车有限公司的统一规划，上海通用东岳汽车有限公司还将根据市场发展的需求，不断向市场推出满足客户需求的高品质的产品。

拓展阅读

★卢燕、阎岩:《汽车维修企业管理》，机械工业出版社2005年版。

★胡寒玲:《汽车服务企业管理》，化学工业出版社2010年版。

★朱刚、王海林:《汽车服务企业管理》，北京理工大学出版社2008年版。

复习思考

1. 财务管理的内容、目标、原则是什么?
2. 汽车服务企业主要的筹资方式有哪些?
3. 汽车服务企业资产管理主要包括哪些内容?
4. 汽车服务企业进行财务分析与评价的指标有哪些?
5. 什么是企业的成本管理、成本预测、成本控制?

第6章　汽车服务企业设备与配件管理

学习目标

1.了解设备管理工作的内容和任务。

2.掌握设备选择的经济评价方法,并会根据经济评价方法进行汽车设备的选择。

3.熟悉设备使用维护、修理的工作过程和内容。

4.了解汽车配件管理的内容,掌握标准汽车配件。

考核标准

知识要求:设备管理工作的内容和任务;设备选择的经济评价方法;设备使用维护、修理的工作过程和内容;汽车配件管理的内容。

技能要求:要求了解设备管理的基本理论。在此基础上,能够对汽车服务企业设备进行简单的选择与经济评价;能够对设备进行日常管理以及对设备进行维护保养作业;能够查找普通汽车配件。

教学建议

教具:多媒体、图片、汽车零件等。

建议:在本章内容基础上,建议学生自己对汽车设备及配件进行调查与总结。

教学时参考《汽车服务企业管理》精品课程。

设备是企业生产经营的工具,是企业进行生产经营活动的物质基础,设备既是发展国民经济的物质技术基础,又是衡量社会发展水平与物质文明程度的重要尺度。加强设备管理,对于企业合理组织生产经营过程,保证生存经营活动的数量和质量,对于企业提高经济效益具有重要意义。

6.1　汽车服务企业设备管理

设备是固定资产的重要组成部分。国外设备工程学把设备定义为“有形固定资产的总称”,它把一切列入固定资产的劳动资料,如土地、建筑物(厂房、仓库等)、构筑物(水池、码头、围墙、道路等)、机器(工作机械、运输机械等)、装置(容器、蒸馏塔、热交换器等),以及车辆、船舶、工具(工夹具、测试仪器等)等都包含在其中了。在我国,只把直接或间接参与改变劳动对象的形态和性质的物质资料才看作设备。一般认为,设备是人们在生产或生活上所需的机械、装置和设施等可供长期使用,并在使用中基本保持原有实物形态的物质资料。

汽车服务企业设备是指在汽车经营服务过程中,所需要的机械及仪器等,是企业的有形固定资产,是可供汽车服务企业长期使用,并在使用过程中基本保持原有的实物形态,且价值在一定限额以上的劳动资料的总称,是汽车服务企业生产经营中必不可少的物质基础。

汽车服务企业设备管理是指以汽车设备为研究对象,追求设备综合效率与寿命周期费用的经济性,应用一系列理论、方法,通过一系列技术、经济、组织措施,对设备的物质运动和价值运动进行全过程(从选择、规划、设计、制造、选型、购置、安装、使用、维修、改造、报废直至更新)的科学管理。这是一个宏观的设备管理概念,涉及政府经济管理部门、设备设计研究单位、制造工厂、使用部门和有关的社会经济团体,包括了设备全过程中的计划、组织、协调、控制、决策等工作。

设备是一种具有独特性质的物体:一方面,设备是以其功能参与产品的形成,而不是将设备的实体转移到产品中去;另一方面,设备具有一定的使用寿命,在使用过程中会产生使用费用,其自身价值会逐渐降低。因此,设备管理是一项系统工程,是对设备运动全过程进行的全方位管理。

设备的分类主要是依据设备的结构、性能和工艺特征进行的。凡设备性能基本相同,又属于各企业通用的,列为通用设备;设备结构、性能只适用于某一行业专用的,列为专用设备。汽车服务企业设备管理主要以汽车维修设备为主,具体可分为汽车维修通用设备和汽车维修专用设备。

(1)汽车维修通用设备,主要有适用于机械类行业的金属切削机床、锻压设备、空气压缩机、起重设备等。

按照国家标准《汽车维修开业条件》要求,汽车维修企业应配备的通用设备有钻床、空气压缩机、电气焊设备、普通车床、砂轮机等。二类维修企业根据生产规模必备的设备有:钻床和镗床,可配备 24012 型,最大钻孔直径为 12mm 的台式钻床;普通车床可配备 C6140 型,床身上最大回转直径 400mm 的卧式车床,或床身上最大回转直径 360mm 的 C6136 型卧式车床;砂轮机可配备 M3220 型最大砂轮直径 200mm 的台式砂轮机;常用的固定式镗缸机 TI7220A 等。

(2)汽车维修专用设备,根据设备的功能和作业部位可分为汽车清洗设备、汽车补给设备、汽车拆装整形设备、汽车加工设备、汽车举升运移设备及汽车检测设备等。

1)汽车清洗设备。汽车清洗设备主要用于汽车车身、底盘外部和汽车零部件的清洗。根据清洗设备的用途可分为汽车外部清洗设备和汽车零件清洗设备。

①汽车外部清洗设备主要用于汽车日常维护和维修前的清洗,完成汽车车头、车身和底盘的清洗工作。

②汽车零件清洗设备主要用清洗剂对零件表面进行喷洗,以达到清洗油污的目的。

2)汽车补给设备。在汽车维修作业中,需要对车辆润滑部位加油,对蓄电池补充电力,对汽车轮胎补充气体。为改善维修工人的劳动条件,提高添加剂量准确性,减少浪费,需要用补给设备完成此项工作。汽车补给设备按用途可分为加油设备、充电设备及充气设备。

3)汽车拆装整形设备。汽车拆装整形设备主要用于汽车维修生产作业中,对总成和零部件的拆装和车身及承载梁架变形后的恢复,以减轻工人体力劳动,保证维修质量,提高劳动生产率。其主要设备有:电动、气动扳手,轮胎螺母拆装机,螺栓螺母拆装机,液压机,半轴套管拉压器,车身矫正器,齿轮轴承拉压器,专用零件拆装工具等。

4)汽车维修专用加工设备。在汽车维修过程中,对零件进行加工是恢复零部件技术状况的一种方法。目前加工设备的种类比较多,通用加工设备已成为国家的定型产品,如车床、刨床、磨床等。根据对零件加工部位的不同可分为:缸体加工设备,曲轴、连杆及轴承加工设备,配气机构加工设备,制动系统加工设备,镗鼓机,光盘机等。

5)汽车举升运移设备。此设备主要用于汽车维修生产中整车或零部件的垂直、水平位移,以便进行拆装、修理和存放。其主要设备有龙门吊、单臂液压吊、二柱举升器、四柱举升器、埋入式液压举升机、液压千斤顶、前桥作业小车、后桥作业小车、变速器拆装小车、发动机翻转架等。

6)汽车检测设备。此设备主要用于汽车维修前的故障诊断、维修过程中零部件的检验、修竣后的性能检测及汽车使用中的定期技术状况检测等。目前汽车检测设备种类很多,一般分为发动机检测设备、底盘检测设备、零部件检测设备等。

6.1.1 汽车服务企业设备管理的内容

设备管理工作的具体内容主要有以下几个方面:

(1)建立健全设备管理机构。企业领导要分工负责设备管理,并要根据企业规模,配备一定数量的专职和兼职设备管理人员,负责设备的规划、选购、日常管理、维护修理以及操作人员技术培训工作。

(2)建立健全汽车维修设备管理制度。汽车服务企业应当根据国家的法律法规要求,以及行业主管部门的具体规定,结合本企业的特点制定企业的设备管理制度,规定设备安装、使用、维修等技术操作的规程,明确设备配置、领用、变更、报废等活动的管理程序,明确设备使用与管理的岗位责任制度与奖罚规定等,使设备管理有章可循,全员参与,各负其责。

(3)认真做好汽车维修设备管理的基础工作。设备管理的基础工作主要包括设备的调入、调出登记,建档、立账,维修保养,报废及事故处理等,保证设备完好,不断提高设备的利用率。

(4)认真进行汽车维修设备的规划、配置与选购。根据企业的级别规模和发展前景,合理规划企业设备的配置,要在充分进行技术、经济论证的基础上,认真制定维修设备配置计划,并按照配置计划组织设备选购,要做到技术上能够满足使用要求,并保持一定的先进性,经济上合理核算,保证良好的投资效益。

(5)加强设备日常使用、保养及维修管理。保证严格执行操作规程,保证设备安全使用。要加强设备日常维护，要求操作人员每日下班前对设备进行检查、润滑，并对设备进行认真清洁擦拭。定期对设备进行紧固、调整、换油和检修作业，保证设备处于良好技术状态，充分发挥设备的利用效率。

(6)适时做好汽车维修设备的更新改造工作。为适应新型车辆的维修工作，必须对设备技术上的先进性与经济上的合理性，做到全面考虑，权衡利弊，以提高设备更新改造的经济效益。

6.1.2 汽车服务企业设备管理的任务

企业设备综合管理的目标是通过设备综合管理，保持设备完好，提高企业技术装备素质，充分发挥设备效能，达到取得良好投资效益的目的。

(1)设备管理的任务

汽车服务企业设备管理的主要任务是为实现企业的经营目标，完成生产经营任务，提供良好的设备技术装备，并在此基础上进行技术创新活动，通过一系列技术经济组织措施，对设备实行全过程的综合管理，以期达到设备寿命周期费用最经济、设备综合效益最高的要求。具体内容主要包括以下几点：

1)积极探索并建立设备管理新体制和新模式，改变传统的设备管理观念和方法，提高企业职工使用、维护、修理和管理设备的技术素质。

2)按照技术先进、经济合理、服务优良的原则，正确选购设备，为企业提供优良的技术装备。

3)在经济节省的基础上，加强设备管理和维修的管理，保证设备始终处于良好的技术状态。

4)以设备的寿命周期为研究对象，力求设备整个寿命周期费用的最小和设备综合效益最高。

5)搞好设备的更新改造，提高设备的现代化水平，充分发挥设备效能，使企业的生产活动建立在最佳的物质技术基础上。

(2)设备管理部门的职能

在企业设备管理中，应广泛采用国内外先进的设备管理方法和维修技术，逐步实行以设备状态检测技术为基础的设备维修方法，不断提高设备管理的现代化水平。因此，汽车服务企业设备管理部门的主要职能与职责包括以下内容：

1)负责并指导做好企业设备管理的基础工作，为企业制定设备管理决策提供依据。

2)负责监督、检查和协调企业的设备管理工作，使其保持安全、稳定、正常、高效的运转，以保证生产的需要，对违章运行及技术状况不良的设备应责令停止使用。

3)负责并参与制定设备维修及运行计划，下达经济技术指标并定期检查考核，组织指导设备维修专业化协作工作，做好设备的使用、维护和检修操作规程及岗位责任制等制度的制定工作。

4)负责并积极组织企业的技术创新活动，使企业的设备及各种装备和构成在质量上优于现有水平。

5)负责并参与重大技术改造工程及有关工作，编制设备改造和更新的年度中长期计划，并组织实施。

6)管理设备的各类信息，包括设备的图样、资料、故障及检修档案，各类规范和制度，并根据设备的动态变化修改其内容。

7)负责并参与设备管理的教育和培训工作。

拓展阅读

★卢燕、阎岩:《汽车维修企业管理》，机械工业出版社2005年版。

★胡寒玲:《汽车服务企业管理》，化学工业出版社2010年版。

★朱刚、王海林:《汽车服务企业管理》，北京理工大学出版社2008年版。

6.2 设备的选择与评价

设备的选择又叫"设备选型"。如何正确地选择机器设备，是现代设备管理首先需要解决的重要问题。设备前期管理若不涉及外购设备的设计和制造，设备的寿命周期费用一般无法直接控制。对汽车服务企业来说，设备、工具、仪器的选择不但是建立企业时的一项重要工作，在购置重点设备、主要设备时，都必须经过技术经济可行性分析论证，建立和实行严格的项目责任制，严把设备选型和购买关，为日后设备管理打好基础。

6.2.1 设备的选择

(1)设备购置的类型

企业在选择设备时，应根据不同的目的，确定选择设备的类型。

1)业务项目开发型。为开发新的服务项目而选择设备。进行此类设备选型时，往往是企业现有的参考资料较少，设备选型决策风险较大，但是这类选型购置，能在开发企业新业务的带动过程中，实现企业的技术进步。

2)生产能力扩张型。为扩大现有生产能力而选购设备，目的是使同样的服务以扩大生产规模的方式进行，来增加企业利润。这种购置并不能给企业带来技术进步，创造市场竞争中的技术优势，因此，选择这种类型时，必须认真考虑市场需求和整个市场的变化趋势。

3)设备更新型。这是以同类设备替换实现企业设备性能、效率、效益的改变。这类选型购置的目的，是通过提高生产效率、服务质量和降低消耗，最终实现企业成本的降低和利润的增加。它是汽车服务企业实现技术进步的主要途径。这类设备选型必须有计划、分步骤、有重点地进行。

4)经营发展综合型。这类设备选型购置的收益不局限于某一方面，例如:科研、管理设备，防止公害、有利于环境保护的设备选型购置等。这类设备的选型购置应当有充分依据。

(2)设备的选择

汽车服务企业设备、工具、仪器的选择应当遵循的基本原则是:符合有关法规、生产上领先、技术上先进、经济上合理。一般情况下，这四个原则是基本统一的，但由于企业的规模、使用条件、主修车型、工艺布局等因素，也会出现一些矛盾。例如：有的设备，技术上虽然先进，适用广泛，但不太适应本企业的主修车型，不能发挥其效能，采用时经济上不合理；某汽车维修企业品牌维修站，专修某些特定的车型，需要大量专用设备、工具和检测仪器，技术很先进，但又比较昂贵，需要投资较多等。具体来说，选择设备时应综合地考虑以下几方面的因素：

1）生产上适应。应符合国家规定的汽车服务企业开业条件中规定的有关设备、工具、仪器的配置要求。在设备条件中明确规定：企业配备设备型号、规格和数量应与其生产纲领、生产工艺相适应，即所选购的设备应与本企业扩大生产规模或开发新产品等需求相适应。

2）技术上先进。根据主要维修车型的技术特点和技术发展趋势，合理选配维修设备、工具和检测仪器，以保证在技术上、质量上满足维修要求，并具备一定的超前性。对于品牌汽车维修企业，还应遵守品牌厂家的有关要求或技术规定。

3）设备的生产效率高。设备的生产效率是指单位时间内完成的维修汽车作业量或与工作有关的技术参数。选购设备时，根据生产流程和作业量，尽量选购工艺流程自动化程度高、工作速度快、效率高的维修设备。应结合维修车间的维修能力规划和平面布局，做好购置计划。

4）设备的工艺性、可靠性与耐用性。设备的工艺性指设备满足生产工艺要求的能力。设备的可靠性是指设备在规定的时间内，在正常使用条件下，无故障地发挥其效能。设备的耐用性是指设备的使用寿命，这是选购设备的一个重要因素。

5）设备的安全性。汽车维修设备的安全性是指在使用过程中对操作人员、维修车辆以及设备本身的安全保证程度。汽车维修设备在生产使用过程中由于技术、经济、质量、环境等原因，有可能会存在一些不安全因素，因此选购设备时应考虑是否配置自动控制安全保护装置，如自动断电、自动停车、自动锁止机构、自动报警等，以提高设备预防事故的能力。

6）设备的配套性。汽车维修设备的配套性是指设备本身之间相互配套的水平或密切程度。在选购汽车设备时，应根据车型特点、维修工艺要求，使有关设备在技术性能、维修能力方面相互协调，以达到每台维修设备的能力都能充分发挥。

7）设备的维修性。汽车维修设备的维修性主要应考虑汽车维修设备的结构先进简单、装配合理，能迅速拆卸、易于检查。设备供应方能持续提供有关资料、技术支持和维修备件，有较强的服务能力等。

8）设备的环保性与节能性。在设备选型时必须要求其噪声、振动频率和有害物排放等控制在国家和地区标准的规定范围内。选购的设备必须要符合国家《节约能源法》规定的各项标准要求。

9）设备的经济性。汽车维修设备的经济性是指在选购维修设备时，不仅考虑设备初期投资费用大小，而且还要考虑设备投资回报期限和投入后的维修费用。设备购置计划应与投资能力相适应，制定的计划应量力而行，有可操作性。选购设备之前要进行经济评价，要对几种设备在经济上比较优劣。在进行设备购置时所选择的供应商不应过多，否则将来售后服务不方便，应选择那些实力强、信誉好、售后服务好的供应商。

(3)设备选择的程序

设备选型必须注意调查研究，在广泛搜集信息资料的基础上，经多方分析、比较、论证后，进行选型决策。其工作的主要程序如下：

1)收集市场信息

通过广告、样本资料、产品目录、技术交流等各种渠道，广泛收集所需设备以及设备的关键配套件的技术性能资料、销售价格和售后服务情况，以及产品销售者的信誉、商业道德等全面信息资料。

2)筛选信息资料

将所收集到的资料按自身的选择要求，进行排队对比，从中选择出 2～3 个产品厂作为候选单位。对这些单位进行咨询、联系和调查访问，详细了解设备的技术性能(效率、精度)、可靠性、安全性、维修性、技术寿命以及其能耗、环保、灵活性等各方面情况；制造商的信誉和服务质量；各用户对产品的反应和评价；货源及供货时间；订货渠道；价格及随机附件等情况。通过分析比较，从中选择几个合适的机型和厂家。

3)选型决策

对上一步选出的几个机型进一步到制造厂和用户进行深入调查，就产品质量、性能、运输安装条件、服务承诺、价格和配套件供应等情况，分别向各厂仔细的询问，并做详细地笔录，最后在认真比较分析的基础上，再选定最终认可的订购厂家。

对于专用设备和生产线以及价值较高的单台通用设备，一般应采用招标方式，经过评议确定，与中标单位签订供货合同。

6.2.2 设备选择的经济评价

(1)设备选型经济评价的主要内容

企业在选购设备的过程中，除了要考虑上述因素外，还应对设备进行经济性评价。进行经济性评价的目的，是要对几种设备选择方案的投资费用、使用费用，预期收益等的对比、分析，从中选择技术性最好、经济性最佳的方案。

1)投资费用(又称“原始费”、“购置费”)。投资费用是指一次性支出或集中在短时间内支出的费用。企业自制设备的投资费用包括研究、设计、制造等；外购的设备则是指设备的价格、运输费、安装调试费等费用支出。

2)使用费(又称“维持费”)。使用费是指在整个设备寿命周期内，为了保证设备正常运行而定期支付的费用，主要包括维修费、能源消耗费、保险费、直接作业人员的工资等。

(2)设备经济评价方法

常用的方法有投资回收期法、年费用法、现值法。

1)投资回收期法

采用投资回收期法，首先应分别计算各备选方案的投资总额，同时要考虑由于采用该方案而分别在提高劳动生产率、节约能源消耗、提高服务质量、增加资源回收和利用率、节省劳动力等方面所能带来的费用节约额，并依据投资费用与节约额分别计算各备选方案的投资回收期，然后进行方案比较。一般在其他条件相同的情况下，投资回收期最短的方案，被认为是经济上最优的方案。其计算公式为：

$$投资回收期(年)=\frac{投资费用总额(元)}{设备使用后的年净收益(元/年)}$$

其中，设备投资费用总额由设备原始费用和使用费用组成。原始费用包括外购设备原价、设备及材料的运杂费、成套设备业务费、备品备件购置费、安装调试费等；对于自制设备，包括研究、设计、制造、安装调试费等。使用费用是指设备在整个寿命周期内所支付的能源消耗费、维修费、操作工人工资及固定资产占用费、保险费等。

计算出来的设备投资回收期越短，说明设备投资效果越好。在相同的条件下，选择投资回收期最短的设备为最佳设备。在某些情况下，可以考虑资金的时间价值，采用动态投资回收期法进行分析、权衡。

2)年费用比较法

年费用比较法是从设备的寿命周期角度来评价和选择设备。采用这种方法是在设备寿命周期不同的条件下，把不同方案的设备购置费用，根据设备的寿命周期，按一定的利率换算成相当于每年的平均费用支出，然后再加上每年的平均使用费，得出各方案设备寿命周期内平均每年支出的总费用。其计算公式为：

设备的年度总费用＝设备购置费资金回收系数＋每年维持费

计算出不同设备的年度总费用，从中选择年度总费用最低的设备为最优设备。

【例 1】 某汽车维修企业购置设备一台，现有 A，B 两种同类设备可供选择，其设备效率和使用年限相同。设备 A 购置价格为 7000 元，投产后平均每年的维持费用为 2300 元；设备 B 购置价格为 10000 元，投产后平均每年的维持费用为 2000 元，两种设备的使用寿命预计均为 10 年，残值都为零。设基准收益率为 6%，试根据以上资料用年费用比较法对两种型号的设备进行经济评价。

解：根据资金时间价值的系数表可查出：资金回收系数为 0.13587，即：

$$\frac{i(1+i)^n}{(1+i)^n-1}=\frac{6\%\times(1+6\%)^{10}}{(1+6\%)-1}=0.13587$$

A 设备的平均年度总费用＝7000×0.13587＋2300 ＝3251.09(元)

B 设备的平均年度总费用＝10000×0.13587＋2000 ＝3358.7(元)

根据以上计算的结果可以得出结论：应选择 A 设备。

3)现值比较法

现值比较法是把设备寿命周期平均每年支付的维持费和残值，按现值系数换算成相当于设备的初期费用，然后再和设备的原始投资费用相加，进行总费用现值的比较，从中选择寿命周期总费用最低的设备为最优设备。其计算公式为：

设备寿命周期的费用现值＝设备购置费＋年维持费×资金现值系数

例 2　根据例 1 资料，试用现值比较法对两种型号的设备进行经济评价。

解：根据资金现值系数表可以查出：等额资金现值系数为 7.36009，即：

$$\frac{(1+i)^n-1}{i(1+i)^n}=\frac{(1+6\%)^{10}-1}{6\%\times(1+6\%)^{10}}=7.36009$$

A 设备寿命周期的费用现值＝7000＋2300×7.36009＝23928.2(元)

B 设备寿命周期的费用现值＝10000＋2000×7.36009＝24720.18(元)

根据以上计算的结果可以得出结论：应选择 A 设备。

现值比较法与年费用比较法相反，后者是把投资成本化为年值后与每年维持费用相加组成设备的年度总费用，再进行比较；而前者则是在每年的维持费用转化后与当初的投资费相加，组成总现值，再进行比较。现值比较法与年费用比较法可以互相验证，过程不同，但计算后得出的结论是一致的。

拓展阅读

★卢燕、阎岩:《汽车维修企业管理》，机械工业出版社 2005 年版。

★胡寒玲:《汽车服务企业管理》，化学工业出版社 2010 年版。

★朱刚、王海林:《汽车服务企业管理》，北京理工大学出版社 2008 年版。

6.3 设备的使用、维护与修理

6.3.1 设备的合理使用和维护保养

(1)设备的合理使用

设备使用寿命的长短、生产效率的高低，固然取决于设备本身的设计结构特性、制造水平和各种参数，但在很大程度上也受制于设备的使用是否合理、正确。正确使用设备，可以在节省费用的条件下减轻设备的磨损、保持其良好的性能和使用的精度，延长设备的使用寿命，充分发挥设备的效率和效益。

设备的正确使用，是设备管理中的一个重要环节。具体地应做好以下几项工作：

1)做好设备的安装、调试工作。设备在正式投入使用前，应严格按质量标准和技术说明安装、调试设备，安装调试后要经试验运转验收合格后才能投入使用。这是正确使用设备的前提和基础。

2)合理安排生产任务。使用设备时，企业必须根据工作对象的特点和设备的结构、性能特点来合理安排生产任务，防止和消除设备无效运转。为了适应产品品种、结构和数量的不断变化，还要及时进行调整，使设备能力适应生产发展的要求。使用时，既严禁设备超负荷工作，也要避免“大马拉小车”等现象，造成设备和能源的浪费。

3)配备合格的操作者。操作人员在上机操作之前，须做好上岗前培训，认真学习有关设备的性能、结构和维护保养等知识，掌握操作技能和安全技术规程等知识和技能，经过考核合格后，方可上岗，必须严禁无证操作现象的发生。

4)建立健全一套科学的管理制度。企业要针对设备的不同特点和要求，建立各项管理制度、规章制度和责任制度等，如持证上岗制度、安全操作规程、操作人员岗位责任制、定人定机制度、定期检查维护制度、交接班制度及设备档案制度等。

5)创造使用设备的良好工作条件和环境。保持设备作业条件和环境的整齐、清洁，并根据设备本身的结构、性能等特点，安装必要的防护、防潮、防尘、防腐、防冻、防锈等装置，还应有良好的照明和通风等。有条件的企业还应该配备必要的测量、检验、控制、分析以及保险用的仪器、仪表、安全保护装置，这对精密、复杂、贵重的设备尤为重要。

(2)设备的维护管理

设备在使用过程中，技术状态会产生不断的变化，不可避免地会出现干摩擦、零件松动、声响异常等不正常现象。这些都是设备故障隐患，如果不及时处理和解决，就会造成设备的过早磨损，甚至酿成严重事故。因此，只有做好设备的保养与维护工作，及时处理好设备技术状态变化引起的事故隐患，随时改善设备的使用情况，才能保证设备的正常运转，延长其使用寿命。

设备的维护保养应遵循设备自身运动的客观要求。其主要内容包括清洁、润滑、紧固、调整、防腐、安全等。目前，实行的比较普遍的维护是"三级保养制"，即日常保养(简称"日保")、一级保养(简称"一保")和二级保养(简称"二保")。

1)日常保养。设备的日常维护保养是设备维护的基础工作，必须做到制度化和规范化。日常保养重点进行清洗、润滑、紧固易松动的部位，检查零件的状况，大部分工作在设备的表面进行。这是一种由操作人员负责执行的经常性的工作。

2)一级保养。一级保养除普遍地对设备进行紧固、清洗、润滑和检查外，还要部分地进行调整。它是在专职维修工人的指导下，由操作工人承担定期进行保养的职责，按计划对设备局部拆卸和检查，清洗规定的部位，疏通油路、管道，更换或清洗油线、毛毡、滤油器，调整设备各部位的配合间隙，紧固设备的各个部位。

3)二级保养。二级保养主要是对设备内部进行清洁、润滑、局部解体检查和调整，以及修复和更换易损零件。这项工作应由专职检修人员承担，操作人员协作配合，对设备进行部分解体检查和修理，更换或修复磨损件，清洗、换油、检查修理电气部分，使设备的技术状况全面达到设备完好标准的规定要求。二级保养也是定期进行的。

此外，企业在实施设备保养制度过程中，应该对那些已运转到规定期限的重点和关键设备，不管其技术状态是否良好，生产任务是缓是急，都必须按保养作业范围和要求进行检查和保养，以确保这类设备运转的正常完好和具有足够的精确度、稳定性。

6.3.2　设备的检查与修理

设备在使用过程中，由于物质磨损使设备的精度、性能和生产效率下降，需要及时地进行维护翻修处理。设备检查又称"设备点检"，是指在掌握设备磨损规律的条件下，对设备的运行情况、技术状态和工作稳定性等进行检查和校验，是维修中的一项重要内容。设备的维修工作是减少和补偿物质磨损，使设备处于完好状态，保证生产正常进行的一项重要工作。

(1)设备磨损及其规律

设备在使用或闲置过程中，会发生两种形式的磨损：一种是有形磨损，亦称"物质磨损"或"物质损耗"；一种是无形磨损，亦称"精神磨损"或"经济磨损"。这两种磨损都会造成经济损失。为了减少设备磨损和在设备磨损后及时进行补偿，首先必须弄清产生磨损的原因和磨损规律，以便采取相应的技术、组织与经济措施。

1)设备有形磨损产生的原因及其规律

设备有形磨损是设备在使用(或闲置)过程中发生的实体磨损。有形磨损又分为机械磨损(也称"第Ⅰ种磨损")和自然磨损(也称"第Ⅱ种磨损")。机械磨损是指设备在使用过程中，由于设备零部件的摩擦、振动、疲劳和腐蚀，致使设备发生磨损或损坏。通常表现为零部件原始尺寸和形状的改变、公差配合性质的改变、效率下降、障碍增多等，它主要与设备的使用时间和强度有关系。自然磨损是设备在闲置过程中，由于自然环境的作用及管理维护不善而造成的。通常表现为设备锈蚀、材料老化、功能下降等，它在一定程度上与设备闲置时间长短和设备的维护好坏有关。设备的有形磨损会降低其使用价值。

机器设备的有形磨损规律大致可以分为三个阶段。

①初期磨损阶段。又称"磨合磨损阶段"，或"磨合期"。在这个阶段中，设备各零部件表面的宏观几何形状和微观几何形状(粗糙度)都要发生明显的变化。这种现象的产生，原因是零件在加工、制造过程中，其表面总有一定的粗糙度。当相互配合做相对运动时，其粗糙表面由于摩擦而磨损。这个阶段的主要特点是设备磨损快，时间短。

②正常磨损阶段。此阶段设备磨损的速度比较平稳、磨损增值缓慢。这时设备处于最佳的技术状态，设备的生产率、运转的稳定性、精确性最有保证。

③急剧磨损阶段。当零部件磨损量超过一定限度，正常磨损关系被破坏。磨损率急剧上升，以至设备的工作性能明显下降。这就要求停止设备使用、及时进行修理。

设备的磨损有一定的规律，不同设备各个磨损阶段的时间不同，即使是同一型号、同一规格的设备，由于使用和维修不同，其损坏的时间也不尽相同。了解设备磨损规律，就可以研究如何使初期磨损阶段越短越好，正常磨损阶段越长越好，避免出现剧烈磨损阶段。初期磨损阶段短，说明设备的零部件加工、制造的质量好。正常磨损阶段长，说明零部件的磨损速率低，且稳定，故使用寿命长，可以减少更换或修复的次数和停机时间，提高了设备的可利用率。如果能控制零部件的磨损在未进入剧烈磨损阶段时，就采取了相应措施说明设备技术状况的管理已具有一定水平，基本掌握了磨损阶段规律及零部件的使用寿命。

设备在闲置过程中，由于自然力的作用而锈蚀，或由于保管不善，缺乏必要的维护保养措施而使设备遭受有形磨损。随着时间的延长，腐蚀面和深度不断扩大、加深，造成精度和工作能力自然丧失，甚至因锈蚀严重而报废。这种有形磨损为第Ⅱ种有形磨损。

在实际生产中，以上两种磨损形式往往不是以单一形式表现出来，而是共同作用于机器设备上。设备有形磨损的技术后果是导致性能、精度下降到一定程度可使设备丧失使用价值。设备有形磨损的经济后果是生产效率逐步下降，消耗不断增加，废品率上升，与设备有关的费用逐步提高，从而使所生产的单位产品成本上升。当有形磨损比较严重或达到一定程度仍未采取措施时，设备就不能继续正常工作，并因此会发生故障，使设备提前失去工作能力。这样，不仅要付出较大的修理费用，恢复其性能、精度，造成经济上的严重损失，而且还可能直接危及人身安全，影响工人劳动情绪，由此所造成的经济损失就难以估量了。

2)设备无形磨损产生的原因及其规律

设备投入生产以后，在产生有形磨损的同时，还存在无形磨损。所谓无形磨损，是指设备在有效使用期内(即其自然寿命)，生产同样结构的设备，由于劳动生产率提高，其重置价值不断降低，而引起原有设备的贬值；或者由于科学技术进步而出现性能更完善、生产效率更高的设备，以致原有设备价值降低。无形磨损由两种原因引起，因而有两种不同的形式，前者为第Ⅰ种无形磨损，后者为第Ⅱ种无形磨损。

在第Ⅰ种无形磨损情况下，设备技术结构和经济性能并未改变，但由于技术进步的影响，生产工艺不断改进，成本不断降低，劳动生产率不断提高，使生产这种设备的社会必要劳动耗费相应降低，从而使原有设备发生贬值。这种无形磨损虽然使生产领域中的现有设备部分贬值，但是设备本身的技术性能和功能不受影响，设备尚可继续使用，因此一般不用更新，但如果设备贬值速度比修理费用降低的速度快，修理费用高于设备贬值后的价格，就要重新考虑。

在第Ⅱ种无形磨损情况下，由于出现了具有更高生产率和经济性的设备，不仅原设备的价值会相应降低，而且，如果继续使用旧设备还会相对降低生产经济效率(即原设备所生产产品的品种、质量不及新设备，以及生产中耗用的原材料、燃料、动力、工资等比新设备多)。这种经济效果的降低，实际上反映了原设备使用价值的局部或全部丧失，这就产生了用新设备代替现有旧设备的必要性，不过这种更换的经济合理性取决于现有设备的贬值程度，以及在生产中继续使用旧设备的经济效益下降的幅度。

3)设备磨损的补偿

从以上分析可知，两种磨损的相同点是都会引起原始价值的降低，不同之处是有形磨损的设备，特别是有形磨损严重的设备，在进行修理之前，常常不能正常运转使用。而任何无形磨损都不影响设备的继续使用，因为它本身的技术性能和功能并不因无形磨损而受到影响，设备的使用价值没有多大降低。其补偿方式有：

首先，对运行和闲置中的设备，应加强使用维护及保养管理，做到正确使用、精心维护、合理润滑，减缓有形磨损的发生速度。

其次，根据设备不同的磨损形式，采取不同的措施和补偿磨损的形式。设备产生有形磨损后，有一部分可以通过维修来消除，这类磨损属于可消除性的有形磨损，其补偿形式，一般称为磨损的局部补偿。另一部分是不能通过维修消除的，这类磨损属于不可消除性的有形磨损。不可消除性的有形磨损又可分为两种：一种是因为可消除性有形磨损不及时或没有进行局部补偿，形成磨损的积累，导致提前丧失工作能力，修理代价大而不经济，需重置新的设备来替代；另一种是设备已达到其自然寿命，继续使用、修理又不经济时，需要用同样用途的新设备来替换更新。用设备更新的技术措施进行有形磨损补偿，称为有形磨损的完全补偿或整体补偿。

有形磨损的补偿，是为了恢复设备在使用过程中应有的技术性能和生产效率，延长使用寿命，保证生产正常进行的一项基础技术管理工作。但是，由于设备在使用过程中始终面临着新技术的挑战，要使设备技术性能适应科学技术的发展，就要在有形磨损补偿的同时，进行无形磨损的补偿，即结合修理进行局部改进、改装，以及设备的技术改造，提高原有设备的生产效率和使用经济效果。

设备的各种磨损形式及其补偿方式之间的关系，如图 6-1 所示。

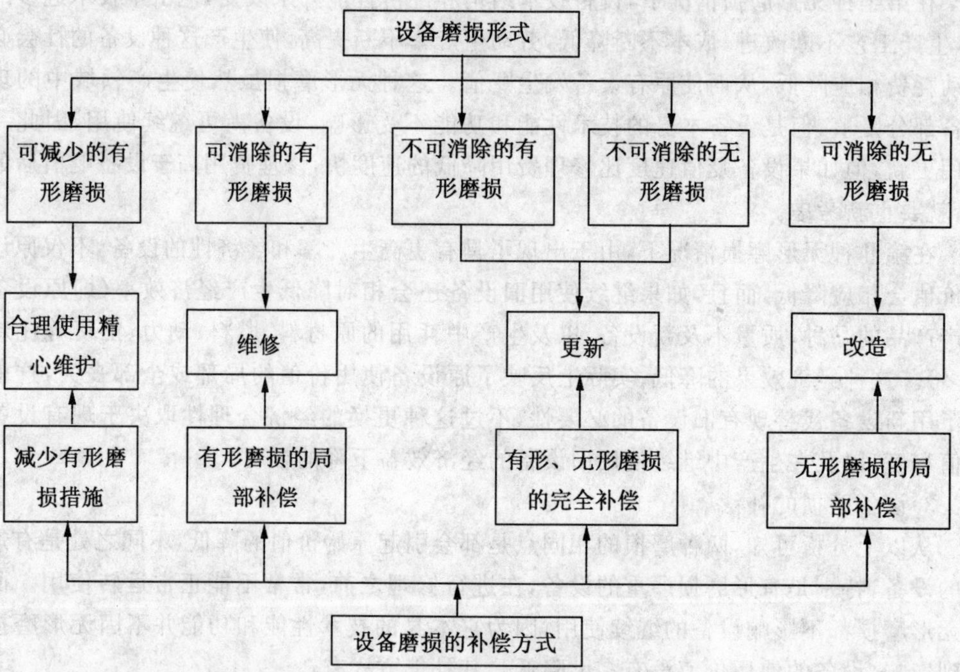

图 6-1　设备磨损形式及其补偿方式

(2)设备的检查

设备的检查是指按照设备规定机能与有关标准,对其性能、精度、润滑、完好、运行状态等情况,在规定的时间内,按照规定的检查标准(内容)和周期,由操作工或维修工凭感官和测试工具,对设备所进行的活动。进行设备检查,就是对设备的精度、性能及磨损情况等进行检查,了解设备运行的技术状态,及时发现和消除设备隐患,防止突发故障和事故。设备检查的方法很多。具体分为:

1)日常检查。日常检查是由操作人员利用人的感官、简单的工具或安装在设备上的仪表或信号标志,每天对设备进行的全面检查。日常检查的作用在于及时发现设备运行的不正常情况并予以排除。日常检查是预防维修的基础工作之一,贵在坚持。经验证明,只要把设备的日常检查做好了,80%以上的隐患是可以早期察觉、排除的。

2)定期检查。定期检查是以专业维修人员为主,操作人员参加的定期对设备进行的全面检查。定期检查的目的在于发现和记录设备异常、损坏及设备磨损情况,确定修理的部位、更换的零件、修理的种类和时间,以便制定维修计划。

3)精度检查。精度检查是对设备的实际加工精度有计划地进行定期检查和测定,以便确定设备的实际精度,精度检查的目的在于为设备的调整、修理、验收和更新提供依据。

4)机能检查。即对设备的各项机能进行检查和测定,如零件耐高温、高压、高速的性能如何等。

(3)设备的修理

设备的维护检查是“防”的问题,设备的修理是“治”的问题。设备的修理指修复由于正常或不正常原因而引起的设备损坏，通过修理和更换已磨损、腐蚀、损坏的零部件，并对局部或整机检查、调整，使设备的效能得到恢复的技术活动。

1)设备修理的种类

按照设备修理对设备性能恢复的程度、修理范围的大小、修理间隔期的长短、技术要求、工作量的大小以及修理费用的多少等，可以分为大修、中修、小修三类。

①小修。小修是指工作量最小的局部修理。它通常只需在设备所在地点更换和修复少量的磨损零件或调整设备、排除障碍，以恢复设备的正常功能。小修费用直接计入企业当期生产费用内。

②中修。中修是指更换与修理设备的主要零件和数量较多的各种磨损零件，并校正设备的基准，以保证设备恢复和达到规定的精度、功率和其他的技术要求。中修需对设备进行部分解体，通常由专职维修人员在设备作业现场或机修车间内完成。中修费用也是直接计入企业的生产费用。

③大修。大修是工作量最大的计划维修。大修是指通过更换、修复重要部件，以消除有形磨损，恢复设备原有精度、性能和生产效率而进行的全面解体修复。大修时，对设备的全部或大部分部件解体；修复基准件，更换或修复全部不合格的零件；修复和调整设备的电气及液、气动系统；修复设备的附件以及翻新外观等。设备大修后，质检部门和设备管理部门应组织有关单位和人员共同检查验收，合格后办理交接手续。大修一般是由专职的检修人员进行。因为大修的工作量大、修理时间长、修理费用较高，所以进行大修之前要精心计划好。大修理发生的费用，由企业大修理基金支出。

2)设备维修制度

设备维修制度，是指在设备的维护保养、检查、修理中，为保持、恢复设备良好的性能而采取的一系列技术组织措施的总称。目前，我国实行的设备维修制度主要是计划预防维修制度和计划保养维修制度。

①计划预防维修制度。计划预防维修制度，是根据设备的一般磨损规律和技术状态，按预定修理周期及其结构，对设备进行维护、检查和修理，以保证设备经常处于良好的技术状态的设备维修制度。计划预防维修的方法有检查后修理法、定期修理法和故障修理法三种。

a. 检查后修理法。是事先只规定设备的检查计划，根据检查的结果和以前的修理资料，确定修理日期、类别和内容的方法。这种方法的关键是必须建立严格的检查制度和检查计划，包括日常检查和定期检查。这种方法最大的优点是可根据设备的实际情况来确定是否进行修理，针对性强，可避免过度修理，降低修理费用。但如果检查制度不严格，会导致设备零件过度磨损或突然损坏，影响正常生产秩序。

b. 定期修理法。是指根据设备的实际使用情况，参考有关机件磨损程度资料，制定设备修理工作的计划日期和大修理工作量的方法。这种方法的优点是对修理日期、类别和内容的规定，既有科学依据，又允许根据设备实际磨损情况适当地调整。

c. 强制修理法。是指一种强制性的计划预修方法，主要根据设备零部件的使用寿命，预先编制具体修理计划，明确规定修理日期、类别和内容，不管设备的实际技术状态及零部件的磨损情况如何，都应严格按计划规定进行强制修理。这种方法的最大优点是计划性强，能严格保证设备的安全运行和正常运转。但容易产生过度修理、造成不必要的浪费。一般地说，对于安全性要求很高的设备，可采用此法。

汽车服务企业应针对不同的设备，根据不同的要求，正确选择不同的修理方法，提高设备修理的管理水平和经济效益。

②计划保修制度。保修制度是在总结计划预修制度的经验和教训的基础上建立起来的一种以预防为主、防修结合的设备维修制度。所谓计划保修制度，就是有计划地进行设备三级保养和大修理的体制和方法，即在搞好三级保养的同时有计划地进行大修。实行计划保修制度，对计划预修制度中的修理周期结构，包括大修、中修、小修的界限与规定，进行重大改革，使小修的全部内容和中修的部分内容在三级保养中得到解决，一部分中修并入大修。同时，又突破了大修与革新改造的界限，强调"修中有改"、"修中有创"，特别是对老设备，把大修的重点转移到改造上来，这是符合我国具体情况的重要经验。

但是，要真正发挥计划保修制度的作用，必须做好以下几项工作：

第一，根据各类设备的磨损规律、工作条件和技术状态，分别制定不同的保养间隔期，严格按规定的保养间隔进行计划保养；

第二，根据设备特点、操作人员的技术水平及生产情况，明确划分操作人员和维修人员应负责检查的保养内容；

第三，积极组织和开展群众性设备维修活动；

第四，建立设备保养记录和故障分析报告制度。

3）设备大修理经济界限的确定

设备修理是为了保持设备在寿命周期内的完好使用状态而进行的局部更换或修复工作，其中，大修理是维修工作中规模最大、花钱最多的一种设备维修方式，它是通过对设备的全部解体，修理耐用的部分，更换全部损坏的零件，修复所有不符合要求的零部件，全面消除缺陷，以便设备在大修理之后，在生产效率、精确度、运转速度等方面达到或基本达到原设备的出厂标准。设备大修理是在原有实物形态上的一种局部更新。

在设备寿命周期内，对设备进行适度的大修理，在经济上一般是合理的。尽管大修理过的设备，不论在生产效率，精确度、运转速度等方面，还是使用中的技术故障频率、有效运行时间等方面，都比同类型的新设备逊色，但是，大修理能够利用原有设备中保留下来的零部件，这一点，同购置新设备相比，具有很大的优越性，而且这部分比重越大，大修理就越合理。但是，长期无休止的大修理，却是不经济的。一方面，大修间隔期会随着修理次数的增加而缩小，另一方面，大修理的费用越来越高，从而使大修理的经济性逐渐降低，优越性不复存在，这时设备的整体更新将取而代之。

设备寿命周期期满前所必需的维修费用总额可能是个相当可观的数字，有时可能超过设备原值的几倍。其中，设备大修理所花费的费用，又占了很大一部分，而且随着设备使用时间的延长，大修理费用越来越高。那么，在什么条件下，进行大修理在经济上才是合理的呢？

①某次大修理费用不能超过同种设备的重置价值，这样的大修理在经济上才是合理的。通常把这一标准称为设备大修理的最低经济界限。

②设备大修理后，使用设备完成单位工作量的成本，在任何情况下，都不能超过使用

新设备完成单位工作量的成本，这时，设备大修理在经济上才是合理的。

只有同时满足上述两个条件的大修理，在经济上才是合理的。对技术进步较快，无形磨损期较短的设备来说，很可能用新设备完成单位工作任务的单位费用较低，这时，第二个条件作为经济界限，则更为重要。

(4)设备维修与管理的评价指标

企业为评价和促进设备的经济效益和综合管理水平，必须建立健全设备维修和管理的考核指标体系。

1)反映设备技术状态的指标

该指标主要包括设备完好率、设备故障率、设备待修率等。计算公式分别为：

$$设备完好率=\frac{完好设备总台数}{设备总台数}$$

$$设备故障率=\frac{故障停机时间}{生产运转时间}$$

$$设备待修率=\frac{平均待修设备台数}{平均实有设备台数}$$

2)表示设备维修与管理的经济性的指标

该指标主要包括维修费用效率、单台设备费用效率、单位工作量(或产值)维修费用及维修人数等。计算公式为：

$$维修费用效率=\frac{作业工作量}{维修费用总额}$$

$$单位工作量(产值)维修费用=\frac{维修费用总额}{总工作量(产值)}$$

3)反映设备利用情况的指标

该指标主要包括设备台数利用率、设备时间利用率和设备能力利用率等。计算公式为：

$$设备台数利用率=\frac{使用设备总台数}{在册设备总台数}$$

$$设备时间利用率=\frac{设备实际工作台时数}{设备日历总台时数}$$

$$设备能力利用率=\frac{单位台时的实际工作量}{单位台时额定工作量}$$

拓展阅读

★卢燕、阎岩：《汽车维修企业管理》，机械工业出版社 2005 年版。

★胡寒玲：《汽车服务企业管理》，化学工业出版社 2010 年版。

★朱刚、王海林：《汽车服务企业管理》，北京理工大学出版社 2008 年版。

6.4 汽车服务企业配件管理

6.4.1 汽车配件的概念

(1)汽车配件的定义

关于汽车配件,有很多种不同的定义。比如在汽车维修企业和汽车配件经营企业,通常将汽车零部件、汽车标准件和汽车材料三种类型的产品统称为汽车配件。

在汽车服务企业中,一般把汽车的零部件和耗材统称为汽车配件。

(2)汽车配件的分类

1)汽车零部件。一般都编入各车型汽车配件目录,并标有统一规定的零部件编号。汽车零部件又分为以下类别:

①零件:零件是汽车的基本制造单元,它是不可再拆卸的整体,如活塞、活塞销、气门、气门导管等。

②合件:由两个以上的零件组装,起着单一零件作用的组合体称为合件,如带盖的连杆、成对的轴瓦、带气门导管的缸盖等。合件的名称以其中的主要零件而命名,例如带盖的连杆,则命名为连杆。

③组合体:由几个零件或合件组装,但不能单独完成某一机构作用的组合体称为组合件,如离合器压板及盖、变速器盖等。有时也将组合件称为"半总成"件。

④总成件:由若干零件、合件、组合件装成一体,能单独起着某一机构作用的组合体称为总成件,如发动机总成、离合器总成、变速器总成等。

⑤车身覆盖件:由板材冲压、焊接成形,并覆盖汽车车身的零件称为车身覆盖件,如散热器罩、叶子板等。

2)汽车标准件。按国家标准设计与制造,对同一种零件统一其形状、尺寸、公差、技术要求,能通用在各种仪器、设备上,并具有互换性的零件称为标准件,例如螺栓、垫圈、键、销等。其中适用于汽车的标准件,称为汽车标准件。

3)汽车材料。这里指的是汽车的运行材料,如各种油料、溶液、汽车轮胎、蓄电池、标准轴承(非专用)等。汽车材料大多是非汽车行业生产而由汽车使用的产品,一般不编入各车型汽车配件目录,所以也将其称为汽车的横向产品。

在汽车配件中,还有一个重要的概念,那就是"纯正部品"。纯正部品是进口汽车配件中的一个常用名称,指的是各汽车厂原厂生产的配件,而不是副厂或配套厂生产的协作件。纯正部品虽然价格较高,但质量可靠,坚固耐用,故用户均愿采用。凡是国外原厂生产的纯正部品,包装盒上均印有英文"GENUINE PARTS"或中文"纯正部品"字样。

(3)汽车配件的特点

汽车配件作为商品来说,它既具有普通商品的一般属性,也有一些独特的特点:

1)品种繁多。只要是有一定规模的汽配商或者汽修厂,其经营活动涉及的配件都很多,一般都有上万种,甚至几十万种。

2)代用性复杂。很多配件可以在一定范围内代用,不同配件的代用性是不一样的,例如轮胎、灯泡的代用性就很强，但是集成电路芯片、传感器等的代用性就不强，掌握汽车配件的代用性，也是管好汽车配件的重要条件。

3)识别体系复杂。一般汽车配件都有原厂图号(或称原厂编号)，而且通常经营者还会为其配件进行自编号。

4)价格变动快。大家知道，整车的价格经常变动，而汽车配件的价格变动就更加频繁。

6.4.2　汽车配件的编号

《汽车零部件编号规则》QC/T 265-2004 标准在 QC/T 265-1999(即原 ZB/TY 04005-1989)的基础上进行修订，在内容和结构上有较大变化。本标准在修订基础上将原来 57 个组号增加为 64 个组号；本标准在原版本修订基础上将原来 637 个分组号增加为 1026 个。

(1)范围

本标准规定了各类汽车、半挂车的总成和装置及零件号编制的基本规则和方法。本标准适用于各类汽车和半挂车的零件、总成和装置的编号。本标准不适用于专用汽车和专用半挂车的专用装置部分的零件、总成和装置的编号及汽车标准件和轴承的编号。

(2)术语和定义

下列术语和定义适用于本标准。

1)组(complete group)，表示汽车各功能系统的分类。

2)分组(subgroup)，表示功能系统内分系统的分类顺序。

3)零部件(part and component)，包括总成、分总成、子总成、单元体、零件。

①总成(assembly)：由数个零件、数个分总成或它们之间的任意组合而构成一定装配级别或某一功能形式的组合体，具有装配分解特性。

②分总成(subassembly)：由两个或多个零件与子总成一起采用装配工序组合而成，对总成有隶属装配级别关系。

③子总成(subdivisible assembly)：由两个或多个零件经装配工序或组合加工而成，对分总成有隶属装配级别关系。

④单元体(unit)：由零部件之间的任意组合而构成具有某一功能特征的功能组合体，通常能在不同环境中独立工作。

⑤零件(part)：不采用装配工序制成的单一成品、单个制件。或由两个及以上连在一起具有规定功能，通常不能再分解的(如含油轴承、电容器等外购小总成)制件。

⑥零部件号(coding for part and component)：指汽车零部件实物的编号，亦包括为了技术、制造、管理需要而虚拟的产品号和管理号。

(3)汽车零部件编号

1)汽车零部件编号表达式。完整的汽车零部件编号表达式由企业名称代号、组号、分组号、源码、零部件顺序号和变更代号构成。零部件编号表达式根据其隶属关系可按图 6-2 所示的三种方式进行选择。

□□	○○	○○	○○○——	◇◇◇——	□◇
企业名称代号	组号	分组号	零部件顺序号	源码	变更代号

a. 零部件编号表达式一

□□	○○	○○	□◇◇——	○○○——	□◇
企业名称代号	组号	分组号	源码	零部件顺序号	变更代号

b. 零部件编号表达式二

□□	○○	□◇◇——	○○	○○○——	□◇
企业名称代号	组号	源码	分组号	零部件顺序号	变更代号

c. 零部件编号表达式三

图 6-2 汽车零部件编号表达式

□ 表示字母;○ 表示数字;◇ 表示字母或数字

2)企业名称代号。当汽车零部件图样使用涉及知识产权或产品研发过程中需要标注企业名称代号时,可在最前面标注经有关部门批准的企业名称代号。一般企业内部使用时,允许省略。企业名称代号由两位或三位汉语拼音字母表示。

3)源码。源码用三位字母、数字或字母与数字混合表示,企业自定。

①描述设计来源:指设计管理部门或设计系列代码,由三位数字组成。

②描述车型中的构成:指车型代号或车型系列代号,由三位字母与数字混合组成。

③描述产品系列:指大总成系列代号,由三位字母组成。

4)组号。用两位数字表示汽车各功能系统分类代号,按顺序排列。

5)分组号。用四位数字表示各功能系统内分系统的分类顺序代号,按顺序排列。

6)零部件顺序号。用三位数字表示功能系统内总成、分总成、子总成、单元体、零件等顺序代号,零部件顺序号表述应符合下列规则:

①总成的第三位应为零;

②零件第三位不得为零;

③3 位数字为 001～009,表示功能图、供应商图、装置图、原理图、布置图、系统图等为了技术、制造和管理的需要而编制的产品号和管理号;

④对称零件其上、前、左件应先编号为奇数,下、后、右件后编号且为偶数;

⑤共用图(包括表格图)的零部件顺序号一般应连续。

7)变更代号。变更代号为两位,可由字母、数字或字母与数字混合组成,由企业自定。

8)代替图零部件编号。对零件变化差别不大,或总成通过增加或减少某些零部件构成新的零件和总成后,在不影响其分类和功能的情况下,其编号一般在原编号的基础上仅改变其源码。

(4)汽车组合模块编号表达式(见图 6-3)

□□	○○×○○	○○○——	◇◇◇——	□◇
企业名称代号	组合功能码	顺序号	源码	变更代号

图 6-3 汽车组合模块编号表达式

□ 表示字母;○ 表示数字;表示字母或数字

汽车组合模块组合功能码由组号合成，前两位组号描述模块的主要功能特征，后两位组号描述模块的辅助功能特征。例如：1016 表示发动机带离合器组合模块；1017 表示发动机带变速器组合模块；1735 表示变速器带手制动器组合模块。

(5)其他

为了使汽车零部件能适应计算机管理，以便筹措汽车零部件和提高采购时的准确性，世界上不少汽车制造厂家都对所生产的汽车零部件实行代码分类，即每一个零件都用一定数量的数码和字母表示，但不同的制造厂家表示的方法不同，不能互相通用。

现举两个例子介绍不同配件厂家的编码。

1)丰田汽车零件代码

丰田汽车原厂零件的编码：丰田汽车零件代码由 10 位数字组成，中间用“—”隔开，部分零件用 12 位数字组成，所示如下：

00000—00000—00

①　②　③

第①部分 5 位数字表示零件的基本编号，也叫“品名编号”，第②部分 5 位数字表示设计编号和变更编号，第③部分 2 位数字表示零件的颜色及其他特殊部分，仅在部分零件上使用。

第①部分的前两位数字一般表示汽车零件的一个总成，例如，用 45 表示转向部分等。第三位数字和第四位数字表示总成件中某一个组件。如用 10 表示转向部分的转向盘组件。第五位数字表示细分零件，如用 1 表示转向盘即 45101。

第②部分的前两位数字表示发动机类型，如 71 表示 1Y 发动机，72 表示 2Y 发动机，54 表示 2L 发动机等。第三位数字和第四位数字表示设计编号，以区别同类车型中的标准型或豪华型及新车或旧车等，第五位数字为设计序号。

第③部分的两位数字在有颜色的特殊情况下才使用，多用在外观装饰件。

2)广州本田零部件号码的组成(含标准零部件的编码)

一般零部件的代码组成为：

7 8 5 1 0 — S V 4 — 9 8 1 Z A

① ② ③ ④ ⑤ ⑥ ⑦ ⑧ ⑨ ⑩ ⑩ ⑥ ⑩

①②为功能号，表示该零部件功能的号码。

③④⑤为构成号，根据各个零部件名称的不同，由构成号来进行具体区分。

①②③④⑤为主号码，主号码是用来说明零部件名称的。

例如：13011：活塞环

18310：喇叭

33100：前照灯

⑥⑦⑧为机种号码，用以区别机型的号码。其中⑥表示的内容见表 6-1。

表 6-1　　机种号码中⑥表示的内容

号码	字母	类别
1,2,3,4	G,J,K,M	摩托车
5,6	S,P	汽车
7	V,Y	农用机械
8	Z	发电机、发动机
9		船外用发动机

⑨⑩⑩为种类号码，在主号码①②③④⑤与机种号码⑥⑦⑧完全相同的情况下，为了区别该零部件的不同种类，比如同一零部件的生产厂家不同，零部件的式样变更等情况出现时，而使用的号码。

⑥⑩为颜色编号，通常由两位英文字母来表示。在①②③④⑤⑥⑦⑧⑨⑩⑩完全相同的情况下，完全相同的零部件，但由于内饰件或外饰件，零部件的颜色会不同，作为一种辅助记号，为了区分颜色而使用这两个颜色编号。

螺栓、螺母以及其他标准零部件的号码组成为：

①②③④⑤—⑥⑦⑧—⑨⑩⑩⑩⑩

①②③④⑤为主号码。

⑥⑦⑧⑨⑩为尺寸。

⑩⑥为 JIS 规格(JIS 是日本工业标准)。

⑩为表面处理。

(6)如何查找备件号

汽车配件编码(备件号)的查询必须有原厂授权的配件查询资料(光盘、手册或胶片)才能进行配件的查询。备件号的查找不能只通过几次培训、几道练习就能掌握。需要今后不断的努力和追求，在工作中学习，在工作中探索，在工作中熟练掌握。下面所给的参数及步骤只是其中的一个例子，仅供参考。

1)确认备件号的有关参数

①车型、款式、规格。

②明确的备件名称。

③底盘号。

④发动机型号/输出功率/发动机字母标记。

⑤发动机/变速器规格。

⑥制造厂家代码及生产日期。

⑦选装件(如中央门锁)，内部装饰材料及基本色调(如座椅)。

⑧车体外部颜色。

2)查找备件号的步骤

①须知的最基本参数。

②确定零件所在的大类。

③确定零件所在的小类。

④确定显示备件的图号。

⑤根据备件的名称找到插图，确认备件号，或根据车型、款式、备注说明确认备件号。

⑥根据车辆参数确定备件号并记录下来。

3)车辆标牌、发动机、底盘号的位置

(7)举例，以一汽大众生产的捷达车为例查找备件号。查找顺序如下：

1)车辆标牌：位于发动机机舱右围板处或储气室右侧。

2)发动机号：位于缸体缸盖结合处的缸体前端。此外，齿形传动带罩上有一条形码不干胶标签，其上标出了发动机号码。

3)车辆识别号(底盘号)：车辆识别号标在发动机机舱前端围板处，通过排水槽盖上的小窗口即可看到底盘号。

整车数据不干胶标签：贴在行李舱后围板左侧，其上有生产管理号、车辆识别号、车型代号、车型说明、发动机和变速器代码、油漆号/内饰代码、选装件号等数据。

6.4.3　汽车配件的物流管理

汽车配件的物流管理，是汽车服务企业管理的一个很重要的内容，负责物流管理的工作人员，就该受过严格的训练和系统的培训才能胜任。从维修管理的角度来讲，配件合理物流是保证正常维修销售的重要部分，仓库存储越完备，则配件的后备利用机会就会越多。

(1)配件的储存条件

1)仓库场地干燥、通风良好、无有害气体侵蚀和影响。

2)仓库的相对湿度不超过75%，温度在20℃～30℃范围内。对于橡胶制品应在环境温度不超过25℃的专仓内储存，以防老化。

3)对于电器配件、橡胶制品配件、玻璃制品配件，不能碰撞和重压，在堆垛时应十分注意配件的安全。

4)对于发动机总成的储存期，如超过半年，则必须进行维护。

5)对于蓄电池的储存，应防止重叠过多和碰撞，注意电解液塞的密封，防止潮湿空气的侵入。

6)对于软木纸、毛毡制油封及丝绒或呢制门帘嵌条一类的配件，注意保持储存场地干燥，在毛毡制油封及丝绒或呢制门帘嵌条的包装箱内，应放置樟脑丸，防止霉变及虫蛀。

(2)配件的入库管理

1)入库验收

入库验收是配件进入仓库保管的准备阶段。入库的配件情况比较复杂，有的在出厂之前就不合格，如包装含量不准确、包装本身不合乎保管和运输要求；有的在出厂时虽然是合格的，但是经过几次装卸搬运和运输，致使有的包装损坏、含量减少、质量受损，使有的配件已经失去了部分使用价值，有的甚至完全失去使用价值。这些问题都要在入库前弄清楚，划清责任界限。搞好入库验收工作，把好收货关，就是为提高仓库保管质量打下良好的基础。

①入库验收的依据

a. 入库凭证(入库单、收料单、调拨单、退货通知单)。

b. 产品质量标准。

②入库验收的要求

a. 及时。验收要及时,以便尽快建卡、立账、销售,这样就可以减少配件在库停留时间,缩短流转周期,加速资金周转,提高企业经济效益。

b. 准确。配件入库应根据入库单所列内容与实物逐项核对,同时对配件外观和包装认真检查,以保证入库数量准确,防止以少报多或张冠李戴的配件混进仓库。要严格实行一货一单制,按单收货、单货同行,防止无单进库。

③入库程序

入库验收包括数量和质量两个方面的验收。数量验收是整个入库验收工作中的重要组成部分,是搞好保管工作的前提。配件在流转的各个环节,都存在质量验收问题,入库质量验收,就是保管员利用自己掌握的技术和在实践中总结出来的经验,对入库配件的质量进行检查验收。验收入库的程序如下:

a. 点收大件。仓库保管员接到进货员、技术检验员或工厂送来的配件后,要根据入库单所列的收货单位、品名、规格、型号、等级、产地、单价、数量等各项内容,逐项进行认真查对、验收,并根据入库配件数量、性能、特点、形状、体积,安排适当货位,确定堆码方式。

b. 核对包装。在点清大件的基础上,对包装物上的商品标志和唛头,要与入库单进行校对。只有在实物、标志和唛头、入库凭证相符时方能入库。

c. 开箱点验。凡是出厂原包装的产品,一般开箱点验的数量为5%～10%。如果发现包装含量不符或外观质量有明显问题时,可以不受上述比例的限制,适当增加开箱检验的比例,直至全部开箱。

d. 称重。凡是需要称重的物资,一律全部过磅称重,并记好重量,以便计算、核对。

e. 归堆建卡。配件归堆,要根据性能特点,安排适当货位。归堆时一般按五五堆码原则(即五五成行、五五成垛、五五成层、五五成串、五五成捆)的要求,排好垛底,并与前后左右的堆垛保持适当的距离。

f. 上账退单。仓库财务管理人员,根据进货单和仓库保管员安排的库架排号,以及签收的实收数量,逐笔逐项地登账,并留下入库单据的仓库记账联,作为原始凭证保留归档。另外两联分别退还业务和财务部门,作为业务部门登录商品账和财务部门冲账的依据。

④发现问题的处理

a. 在验收大件时,发现少件或多件,应及时与有关部门和人员联系,在得到他们同意后,方可按实数签收入库。

b. 凡有质量问题,一律不能入库。

c. 零星小件的数量误差在2%以内、易损件的损耗在3%以内可以自行处理。

d. 被打开的包装,一律要恢复原状。

2)保管与保养

为了充分发挥库房、保管员和设备的潜力,达到储存多、进出快、保管好、费用省的要求，应将进库储存保管的配件，统一按部、系、品种或按车型系列的部、系、品种实行条理化管理。所谓条理化管理，是配件管理分类统一，安全堆码美观整齐，仓容利用经济合理，防尘、防潮、防高温、防照射，细致严密，卡物相符，服务便利，并存放好特殊的汽车配件的管理过程。

①配件管理分类统一

a. 按部、系、品种系列分库。就是所有配件，不分车型，一律按部、系、品种顺序，分系集中存放。这种管理方式的优点是仓容利用率高，而且比较美观，便于根据仓库的结构适当安排储存品种。缺点是顾客提货不太方便，特别是零星用户提少量几件货，也要跑几个库，保管员在收发货时，容易发生差错。

b. 按车型系列分库。就是按所属的不同车型分库存放配件。这样存放，顾客提货比较方便，又可以减少保管员收发的差错。缺点是仓容利用率较差，对保管员的业务技术水平要求较高。

c. 凡是大件重件都要集中储存，以便发挥仓库各种专用设备，特别是机械吊装设备的作用。

②安全堆码美观整齐

a. 安全“五距”。库内货垛与内墙的距离不得少于 0.3m，货垛与柱子之间不得少于 0.1～0.2m，货垛相互之间一般为 0.5m，货架相互之间一般为 0.7m。库外存放时，货垛与外墙的距离不得少于 0.5m，这样既可避免配件受潮，同时又减轻了墙脚的负荷，保证了库房建筑的安全。

b. 实行定额管理。库房的存储量指标应有明确规定，实行定额管理，每立方米的存放量不得超过设计标准的 90%，以保证库房建筑安全寿命达到设计使用年限，同时也保证了库存物资和人员的安全。

c. 堆码美观整齐。堆垛要稳，不偏不斜，不歪不侧，货垛货架排列有序，上下左右中摆放整齐，做到横看成行，竖看成线。包装上的标志一律朝外，不得倒置。

d. 重不压轻。重量较轻，体积较大的配件应单独存放。注意不要以重压轻，以防倾倒。

e. 对某些配件，须露天存放时，也要美观整齐，且要上盖下垫，顶不漏雨，下不浸水，四周要通风，排水要良好。

f. 清理现场。每次发货后，及时清理现场，该拼堆的拼堆，该上架的上架，最后清扫干净。

③仓容利用经济合理

a. 合理利用库房。各种配件体积重量相差很大，形状各异，要把这些不同大小、不同重量、不同形状的配件安排适当，以求得最大限度地提高仓容利用率。

b. 提高单位面积利用率。

④防尘、防潮、防高温、防照射、细致严密

一般库内温度应保持在 20℃左右为宜。相对湿度保持在 70%左右为宜。

⑤特殊汽车配件的存放

a. 不能沾油的汽车配件的存放。轮胎、水管接头、皮带、空气滤清器滤芯、炭刷和转子、摩擦片制动蹄片、散热器等沾上机油、汽油、黄油后会影响使用效果。这些配件的存放应避免与油品放在一起。

b. 爆震传感器的存放。应放在底层，且应分格存放，每格一个，下面还应铺上海绵等软物。

c. 减震器的存放。将其竖直放置。水平放置的减震器，在装上汽车之前，要在垂直方向上进行手动抽吸。

⑥卡物相符、服务便利

“卡物相符”的程度如何，是考核仓库保管员工作质量的一项具体内容。提高卡物相符率的关键是认真执行“五五堆码”和“有动必对”的原则。每当发完一批货，必须将卡片的结存数量与库存实物结存数量当时进行核对，一定要保持卡片的结存数与仓库的实物结存数相符。

(3)配件的出库管理

汽车配件的出库，标志着储存保管阶段的结束，把好“出货关”是全库管理工作的重要一环。

1)出库的程序

①校对单据。业务部门开出的供应单据，是仓库发货、换货的合法依据，保管员接到发货或换货单据后，先校对单据内容、收款印戳，然后备货换货。如发现问题，应及时与有关部门联系解决，在问题未弄清前，不能发货。

②备货。备货前应将供应单据与卡片、实物核对，核对无误方可备货。

③复核。装箱。备货后复核无误后可当面点交或装箱发运。

④报运。配件经复核、装箱后，要及时过磅称重，然后按照装箱单内容逐项填写清楚，报送运输部门向承运单位申请准运手续。

⑤点交和清理。运输部门凭装箱单向仓库提货时，保管员先审查单据内容和印章以及经手人签字等，然后按单据内容如数点交。点交完毕后，随即清理现场，整理货位，腾出空位，以备再用。

⑥单据归档。发货完毕后，应及时将提货单据归档，并按其时间顺序，分月装订，妥善保管，以备查考。

2)出库的要求

①凭单发货。仓库保管员要凭业务部门的供应单据发货。

②先进先出。保管员一定要坚持“先进先出、推陈出新”的原则。

③及时准确。一般大批量发货不超过 2 天。少量货物，随到随发。

④包装完好。要保证包装完好。

⑤待运配件。配件在未离库之前的待运阶段，要注意安全管理。

【案例 1】

一汽解放青岛汽车厂是一汽品牌解放汽车有限公司的全资子公司，国家大型企业，是青岛市重点扶持发展的十大企业集团之一和山东省经贸委确定的全省 136 户重点工业企业之一，“中国机械工业企业核心竞争力 100 强”企业；中国机械工业信息中心效绩评价 RA-AA 级企业。2003～2006 年连续三年销售收入超过 100 亿元。青岛汽车厂拥有冲压生产线、驾驶室焊装线、驾驶室涂装、车架油漆线、总装配线、车架铆接线、驾驶室内饰件生产线、整车检测线和从德国引进的5100吨压力机等生产线和设备，其中冲压、焊装、涂装、总装配等卡车四大工艺具备较强的技术装备，其工艺水平和制造能力在国内卡车生产行业居于领先水平，已经形成年稳定生产7万辆整车及底盘、1万辆专用车和改装车、15万台驾驶室冲压件的生产能力。

在企业信息化的建设上，青岛一汽早在2002年就采用了企业自行研发的ERP系统。截至2005年，企业的财务、采购、仓库、MRP的运算、物料需求计划都已经能够通过ERP来进行计算和管理，唯独设备管理还没有实现信息化管理。因此在日益严峻的市场竞争面前，青岛汽车厂设备部门感到了很大的压力如何能够提高设备的使用效率？怎么减少非计划停机来确保向客户承诺的交期？怎样能够对设备进行"有效"的维护保养这些问题成了设备部门工作的重点和难点。青岛一汽企业管理部和设备部相关工作人员在经过反复认真考虑和分析后认为：只有针对问题点来做保养维护计划，才能减少非计划停机，确保生产计划的执行，提高按时交货率；只有严格规范企业设备维护流程，才能得到设备各种停机的频率和严重程度的数据分析，以制定有效的设备保养计划。但是没有信息系统做支撑，规范流程和数据分析都是很难做到的。因此EAM系统对于一汽解放青岛汽车厂来说已经是必不可少的了。

2005年，一汽解放青岛汽车厂决定实施设备管理系统，在对系统的业务需求进行认真分析的基础上，决定进行公开招投标。有10多家公司感兴趣并投标，其中只有四家满足需求，经过考察比较，最终选择了科怡公司的科怡设备管理软件，是基于以下原因：一是考察其他客户，科怡软件在机械制造业有非常丰富的实施经验；二是科怡产品提供的资产、备件、模具、工装、夹具的解决方案可行性好；三是科怡公司具有较强二次开发和售后实施服务的能力；四是科怡软件已经能够满足目前业务90%以上的需求；五是从时间成本上考虑，科怡公司有很多同类规模企业的实施经验，系统部署时间会大大缩短。

从2005年8月份开始，科怡公司在一汽解放青岛汽车厂EAM项目小组的全力配合下，仅仅用了3个月的时间就完成了科怡设备管理系统的正式上线。到目前为止，科怡设备管理系统已经在一汽解放青岛汽车厂顺利运行了3年，成功应用了科怡系统的固定资产模块、前期管理模块、维护维修模块、备件管理模块、工装模具模块、特种设备管理模块、运行记录模块、成本中心模块等诸多功能。由于设备运转的时间越长，数据越多，规律性的东西也就越多，提供的有效信息就越多。通过科怡EAM，青岛一汽设备部科学地规范了企业设备的管理，让单靠"人脑"的管理，转化为"电脑"管理；同时根据科怡EAM系统提供的数据汇总分析功能，企业最大限度地避免了维修过剩或者维修缺乏的现象；通过科怡EAM对企业资产管理的事前计划，事中处理和事后分析评价，使得青岛一汽解放的资产管理变得标准化，日常工作能够量化，资产管理更加清晰；通过科怡EAM系统的数据记录，青岛一汽解放经过长期的实践和数据记录后建立了一个企业自己的"故障经验库"，这样有效避免了人才流失所造成的损失，同时对新来人员的培养也具有极大的帮助作用。

总的来说，一汽解放青岛汽车上通过科怡设备管理系统的应用，消除了各种资产和维修数据的集成处理问题，提高了设备维护质量和效率，增长了设备正常开动时间，降低了库存成本，提高了生产力，保证了生产部门的按时交货。

【案例 2】

随着国企改革的不断深入，同时也为了尽快、尽早适应现代市场竞争的需要，2008 年 12 月 30 日由一汽集团全资子公司身份改制转换成为由一汽集团和自然人共同出资组建的股份责任有限公司，并更名为“长春一汽嘉信热处理科技有限公司”，真正成为了自主经营、自负盈亏、自我发展、自我约束的法人实体和市场竞争主体。新的一汽嘉信，剥离了不良资产，整合了职能机构，甩掉了历史包袱，提升了技术研发队伍实力，强化了设备制造安装质量，本着做强、做专、做大的原则，专注于热处理设备制造及零部件加工领域，营销着眼点也从原有的汽车行业齿轮、轴承热处理领域，逐渐向摩托车、农机、船舶、矿山机械等行业拓展，现在的“一汽嘉信”，务实守信，多元共荣，正全身心地投入到生产研发和市场营销活动中，心无旁骛，全心全意为用户提供质优价廉的产品和服务。

在业绩方面，公司董事会制订了年销售额 2000 万元、利润 200 万元的经营目标。自年初成立以来，公司经受住了全球金融危机带来的冲击和不利影响，主动出击，通过走访客户上门服务、设立驻外办事处、参加行业展会、开展网络营销等手段，重塑企业和产品形象，取得了良好的市场业绩，2009 年 1～6 月份，公司签订热处理设备 15 台套，销售备件 50 余万元，共计实现产值 2200 余万元，超额完成既定的经营目标。并且在一汽集团公司政策扶持下，成功中标一汽解放公司共计 7 台(套)的热处理设备招标项目，为公司下半年经营指标的完成奠定了坚实的基础。

2009 年源于美国的金融海啸对整个机械加工和汽车行业冲击巨大，使整个国民经济造成巨大损失。一汽嘉信公司作为机械加工和汽车行业服务的专业公司，是该产业链中一个重要环节，客观大环境的波动，对企业来讲是个巨大的震荡和冲击，其主要困难是设备需求减少，许多热处理加工厂商减产停产，造成此前达成的多个设备求购意向无限期搁浅。为应对这些困难，公司首先做好节流，严格控制内部管理成本支出，与供货商就原辅材料采购价格进行谈判协商，进一步降低了采购成本，严格执行质量标准体系，减少制造过程中的不必要浪费；另外公司加快了减少与国际先进水平差距的步伐。

与国际先进水平差距主要体现在以下几个方面：①部分工艺及设备明显落后。如热处理氧化气氛加热工艺，热处理加工设备超期服役，“三耗”高，污染重，效率低；②工艺创新不够，传统热处理工艺占多数，先进的新工艺开发太少，存在“重冷轻热”现象；③设备控制方式落后，多数热工设备还在沿用通断式或人工 PID 控制方式控制接触器动作，控制精度低，稳定性差，易失控，既浪费能源又直接影响产品质量；④人才队伍薄弱，管理模式落后，人为影响产品质量因素过多，节能措施少。

公司一方面大力宣传推广少无氧化热处理技术，它具有节能、节约原材料、产品质量稳定、无环境污染等优点，引进新设备；另一方面加快先进热处理技术的应用。

经过一段时间的努力和调整，加之行业的整体回暖，金融危机带给企业的影响已经在逐渐消除，公司的业务量也在逐渐攀升。

拓展阅读

★卢燕、阎岩：《汽车维修企业管理》，机械工业出版社 2005 年版。

★胡寒玲：《汽车服务企业管理》，化学工业出版社 2010 年版。

★朱刚、王海林:《汽车服务企业管理》,北京理工大学出版社 2008 年版。

★边伟:《汽车及配件营销》,机械工业出版社 2009 年版。

复习思考

1. 常见的汽车设备经济评价法有哪些?
2. 选择汽车设备时应该考虑哪些因素?
3. 简述汽车设备磨损的规律。
4. 举例说明汽车零部件号码的组成。
5. 汽车配件管理有哪些基本步骤?

第7章　汽车服务企业质量管理

学习目标

1. 了解汽车服务企业服务质量的含义和服务质量的管理方法。
2. 熟悉汽车服务企业服务质量管理体系的建立过程和企业质量保证体系意义。
3. 能根据汽车企业实际情况简单建立新型质量管理模式模型。

考核标准

知识要求：熟悉汽车服务企业服务质量管理的介绍及方法。

技能要求：通过本章的学习，学生应具备一定的汽车服务企业质量管理能力，初步掌握服务质量管理的方法。

教学建议

教具：多媒体、企业质量管理案例展示等。

建议：在介绍本章内容时建议安排学生到汽车服务企业参观实习。

教学时参考《汽车服务企业管理》精品课程。

7.1　质量管理体系的建立

7.1.1　服务质量管理与控制

(1)服务质量概述

1)服务质量内涵

由于服务本身相对于产品而言所具有的多种特殊性，决定了服务质量是一个抽象的概念，与产品质量的指标不同。服务质量是通过顾客对服务的感知而决定的，因此服务质量是一个复杂的集合体，消费者对服务质量的评价不仅要考虑服务的结果，而且还要涉及整个服务的过程。服务质量是建立在差异理论的基础上，通过顾客对期望的服务和感知的服务相比较而形成的主观结果。如果顾客对服务的感知水平符合或高于其预期水平，则顾客获得最高的满意度，从而认为企业具有较高的服务质量；反之，则会认为企业的服务质量较低。从这个角度看,服务质量是顾客的预期服务质量同感知服务质量的比较。

2)服务质量构成要素

服务或多或少是一种主观体验过程。在这个过程中,生产和消费是同步进行的。顾客和服务提供者之间存在着互动关系,这种互动关系即所谓的“买者卖者互动”或“服务接触”,它对感知服务质量的形成具有非常重要的影响。一般认为,顾客感知服务质量包括两个基本的构成要素,即技术质量和功能质量。

技术质量又称为“结果质量”,指的是顾客在服务过程结束后的“所得”,例如顾客到汽车销售服务企业排除了车辆的故障、对车辆进行了保养等,由于技术质量涉及的是技术方面的有形内容,故顾客容易感知且评价比较客观。显然,顾客从他们与企业的互动关系中所得到的东西对于他们如何评价服务质量具有非常重要的意义,许多企业也常常认为这就是服务,但事实不是这样,这些只是服务质量的一部分。

除了服务结果外,服务结果传递给顾客的方式,对于顾客感知服务质量也起到很重要的作用,从更深层次上来看,如果顾客能够亲自参与以前必须由企业提供的服务过程,那么,他们对服务质量的评价可能会更高。当然,其他同时消费的顾客也会对顾客感知服务质量的形成产生影响,比方说,顾客排长队等候服务或者顾客之间的相互干扰。但在另一些情况下,他们也许会在服务接触中对顾客与企业的互动关系产生正面的影响。总之,顾客接受服务的方式及其在服务生产和服务消费过程中的体验,都会对顾客所感知的服务质量产生影响。这就是服务质量的另外一个组成部分,这个部分与服务接触中的关键时刻紧密相关,它所说明的是服务提供者是如何工作的。因此,将其称为服务过程的功能质量,也有的称为过程质量,涉及服务人员的仪表仪态、服务态度、服务方法、服务程序、服务行为方式等,相比之下功能质量更具有无形的特点,一般是不能用客观标准来衡量的,因此难以作出客观的评价,顾客的主观感受在功能质量评价中占据主导地位。

与制造业不同的是,在服务业中,服务提供者无法躲到品牌或分销商的背后,在多数情况下,顾客都能够看到企业、企业的资源以及企业运营方式。企业形象(而不是品牌形象)对于服务企业来说是最重要的,它可以从许多方面影响顾客感知服务质量的形成。如果在顾客的心目中企业是优秀的,也就是说企业形象良好,那么即使企业的服务出现了一些微小的失误,顾客也会予以原谅。但如果失误频频发生,企业的形象将遭到损害。进一步说,如果企业的形象很糟,那么服务失误对顾客感知服务质量的影响就会很大。在服务质量形成过程中,企业形象直接影响到服务质量的结果。

将服务接触所在的有形环境纳入到服务质量要素之中后,除了“接受什么服务”、“怎样接受服务”外,还增加了“在何处接受服务”这样一个要素,即环境要素,即服务环境组合质量,简称服务环境组合。在服务质量管理模型中,服务过程包括服务过程所处的环境,二者之间存在着逻辑上的关联,可以将“在何处接受服务”视为“怎样接受服务”的一个组成部分。例如,汽车销售服务企业的客户洽谈区、休息区简陋的装修肯定会对顾客感知服务过程产生负面影响。

(2)服务质量管理的基本原则

由于服务本身具有的无形性,并且服务的生产和消费同时进行,不可分离,这使得汽车销售服务企业的服务质量管理相对于有形产品的质量管理更为复杂,服务质量的管理一般应该遵循如下的基本原则：

1)质量是客户感知的服务质量。服务质量不能由管理者来决定，它必须建立在顾客的需求、向往和期望的基础之上。更重要的是，服务质量不是一种客观决定的质量，而是顾客对服务的主观感知。

2)服务质量无法从服务过程(服务生产与服务传递过程)中剥离出来。服务生产过程的结果只是顾客感知服务质量的一个组成部分，另外还有服务生产和传递过程，所以，对服务过程的感知，对顾客与服务提供者之间互动关系的感知，构成了总的感知服务质量中的重要的组成部分。从竞争的角度来说，服务过程质量与服务结果的质量具有相同的重要性。

3)质量是由一系列的关键时刻和服务接触及互动关系累积而成的。感知服务质量的形成具有局部性的特点，是因为顾客与服务提供者互动关系具有局部性。所以，服务质量的计划和设计必须从局部入手。技术质量的设计可以进行总体规划，但必须将与顾客相接触的部门纳入其中。

4)企业所有人员对顾客感知服务质量的形成都有责任。服务质量是在服务接触中和顾客与企业互动关系中形成，离不开众多的支持性员工从各个方面对他们的支持与帮助，支持性员工对顾客感知服务质量的形成也有间接的作用。支持性员工服务失误，同样会对顾客感知质量造成灾难性的影响。

5)必须在整个组织内倡导质量观念。因为组织中的每个人对质量的形成都负有责任，只有人人负责，才能保证顾客感知服务质量的不断提高。

6)将内部营销纳入到质量管理的范畴。顾客感知服务质量是顾客实际服务体验和服务预期的函数。一般情况下，市场营销部门总是力图对顾客作出更高的承诺。当企业无法满足顾客较高的服务预期时，顾客感知的服务质量就会下降。如果营销部门能够与质量计划部门携手工作，这样的局面就不会出现。所以，内部营销、市场沟通和销售部门的工作应与质量改进部门的工作融为一体，以便加快质量改进的步伐。

(3)服务质量规划

服务质量规划是服务质量管理中一个重要内容，它能帮助管理者采用恰当的策略以应付激烈的竞争。采用优质服务竞争策略的企业应从以下几个方面制定服务质量管理规划：

1)服务概念。服务概念的含义是管理人员应首先确定企业的商业任务，明确本企业应为哪些细分市场服务，应解决顾客的哪些问题。然后，管理人员应根据商业任务，为服务工作确定一系列具体的指导原则。

管理人员应根据目标细分市场的需要和市场竞争情况，确定本企业的市场定位。服务概念和经营策略之间的纽带是服务性企业为最大限度地扩大顾客感觉中的服务价值和服务费用之间的差别而采取的各种经营方针和操作程序。经营策略和服务操作体系之间的联系指服务性企业通过经营策略和服务操作体系设计工作，使两者融为一体。所有管理人员，无论他们在企业的组织结构中处于哪一个层次，都应为服务人员树立榜样。

服务概念必须是企业内部全体员工普遍同意、普遍接受的。否则，服务人员的行为就不可能一致，管理人员就无法确定工作重点，各个职能部门就不可能加强合作，共同实现企业的目标。

2)顾客期望。顾客根据自己的期望与自己感觉中的服务实绩,判断服务质量。优质服务指顾客感觉中的服务实绩符合或超过他们的期望。向顾客作出本企业无法履行的诺言,必然会使顾客不满。因此,在市场沟通活动中管理顾客的期望,是服务性企业质量管理工作的一个不可缺少的重要环节。

3)服务过程和服务结果。面对面服务是服务人员和顾客相互接触、相互交往、相互影响的过程,顾客感觉中的服务质量不仅与服务结果有关,而且还与服务过程有关。企业可以采用高新技术为顾客提供优质服务结果,但是,服务过程中服务人员的行为和态度往往会对顾客感觉中的整体服务质量产生更大的影响。因此,管理人员不仅应研究本企业应为顾客提供什么服务,而且还应研究本企业应如何为顾客服务。因此,要取得竞争优势,管理人员必须高度重视服务过程质量管理工作。

4)内部营销。在大多数情况下,顾客感觉中的服务质量是由服务人员和顾客相互交往的过程决定的。如果服务人员不能为顾客提供优质服务,企业的一切营销活动都必然失败。因此,必须加强内部营销工作,形成以服务文化为核心的企业文化,激励全体员工做好服务工作。

5)有形环境。管理人员必须根据优质服务的需要,确定服务工作中应使用的设备、技术和服务操作体系,并通过培训工作,使服务人员掌握必要的技能。

6)顾客参与服务过程。在大多数服务性企业中,服务性企业有时会要求顾客配合服务人员做好服务工作。服务质量不仅与服务人员有关,而且与顾客的行为和态度有关。

在大多数服务性企业里,顾客不仅会与服务人员直接接触,而且还会与其他顾客接触。要提高顾客感觉中的服务质量,服务性企业还必须加强顾客消费行为管理,防止某些顾客的行为引起其他顾客的反感。

7.1.2　建立汽车维修现场管理体系

目前,整个汽车产业的发展速度非常快,新的科学技术在汽车上被越来越广泛地应用,这就对汽车维修业提出了更高的要求,而如何提高维修质量,以适应现代汽车发展的需要,就是一个迫在眉睫的现实问题。汽车维修质量保证的关键在于现场管理是否严谨,由于现场管理问题具有综合性和复杂性,这就决定了必须把维修现场作为一个系统来综合考虑、统筹安排、统一指挥。这样,就要求从系统的角度出发,思考分析现场中各环节相互联系和相互制约的关系,在统一计划、统一组织的情况下,以适当的方法加以调整和优化。这正是现场管理体系产生的理论基础。

所谓现场管理体系,就是依据维修企业的发展战略和目标,以维修现场为对象,以各维修要素优化组合为目的,由组织机构、职责、目标、制度、方法、活动、信息和投入构成的有机整体,现场管理体系实质上就是运用系统的观点和方法来研究现场问题,对现场进行系统管理的方法。

汽车维修现场是由各维修要素所构成的,现场管理主要是对人员(操作者、管理者)、机器设备、原材料、工艺和检测方法、环境和信息等维修要素的综合管理。因此,汽车维修现场管理有以下六个方面值得注意:

(1)人力资源管理

这里所说的人力资源包括操作者和管理者;所要做的工作主要是人力资源的管理,包括如何做好选人、用人、育人和留人工作。

员工是企业的最大财富,也是最重要的资源。如何做好选人、用人、育人和留人的工作,是企业管理的核心。具体到现场管理,就应该了解员工的特长,根据个人的专长合理安排工作,采取恰当的沟通技巧,灵活运用激励手段,营造出具有顽强拼搏精神的员工团队,达到保证质量、提高生产效率的目的。

现场管理中的核心要素是人员的管理,只有实现了对人员的合理和有效的管理,才能实现对现场管理进行全方位的优化,为汽车维修企业管理的整体优化打下坚实的基础,进而提高汽车维修企业的核心竞争力。

(2)机器设备管理

这里的机器设备主要指的是汽车维修企业进行维修活动的物质条件,同时也是进行安全生产的首要保障。为了有效地完成维修任务的同时保障生产安全,必须注意以下问题:

1)维修车间应制定"设备管理制度",对每台设备要落实到专人负责。

2)公司不定期地开展设备评级,并建立起相配套的奖惩制度,使每台机器保持完好状态。

3)员工交接班时,应有设备运行记录,发现设备运行异常,及时报告,及时检修。

4)公司还应定期组织设备操作培训和理论培训,以达到安全操作和提高设备利用率的目的。

5)正确操作设备,经常对设备进行检查、维护、保养,提高设备完好率。

6)制定相关设备的管理标准、保养标准和操作标准。

(3)生产原材料管理

材料配件管理是汽车维修管理中的基本因素,材料、配件成本是维修服务的主要成本。车间应从领料着手进行专业培训,使员工熟悉工艺流程,通晓每一种材料配件的规格及用途。车间还应建立专门的检查制度,严禁将不合格的材料配件领进车间,影响维修质量。材料配件管理时要注意执行有关的制度和程序:

1)库存材料明细表;

2)材料、半成品、成品质量标准;

3)领、退材料、辅料程序;

4)维修服务用料转、调审批程序;

5)成品出入库程序。

(4)工作程序管理

技术手段、工艺水平、标准规范、制度流程等企业的技术手段是企业在同行竞争中取胜的重要法宝。在管理中要注意以下几个方面:

1)维修过程采用最佳的工作方式,认真执行操作规程,完善工艺流程,经常开展规范化作业检查,班组长对每班情况进行评价和考核。

2)汽车维修作业可以划分为发动机、底盘、电工、油漆和钣金等五大工位,按不同车型和不同维修周期，制定各工位的操作标准、工艺流程、工时定额和材料消耗指标等，并制定相应的考核办法。

3)为了保证安全作业，车间应不定期进行检查，提醒工作人员严格遵守操作规程。制定各岗位考核细则，力争将操作工序达到规范、严谨。

(5)企业环境管理

企业环境可直接影响到安全生产，也是创造优质服务的前提。良好的工作环境、整洁的作业现场、融洽的团队氛围、先进的企业文化是企业健康发展的保证。在环境管理中可以应用"5S"管理方法，即对维修现场各维修要素所处状态坚持不断地进行"整理"、"整顿"、"清扫"、"清洁"和"素养"的活动。通过"5S"活动，可以使维修企业的环境清洁、纪律严明、设备完好、物流有序、信息准确，使维修服务企业达到优质、低耗、高效的目的。

1)整理。整理是"5S"活动的起点，是对其他要素进行管理的第一步。其主要做法是对维修现场摆放和停滞的物品归类，将无序状态的系统想办法达到有序状态，以便于管理。

2)整顿。整顿是"5S"活动的基本点，是对整理后有用物品的整顿，也就是所说的"定置管理"。其主要做法是对现场有用的物品进行科学设计，合理归置、摆放和标识，每一个物品都能摆放在相应的位置，做到过目知数，用完物品及时放归原处。其目的在于减少寻物时间，提高工作效率。

3)清扫。清扫是"5S"活动的立足点。其主要做法是每个人把自己管辖的现场清扫干净，并对设备及工位器具进行维护保养，查处异常，消除跑、冒、滴、漏，营造一个清洁、明快、舒畅的工作环境，同时可以有效减小维修过程中事故的发生概率。

4)清洁。清洁是"5S"活动的落脚点。它是对整理、整顿、清扫的坚持与深入，同时包括对现场卫生的根治。其要点是坚持和保持，做到环境清洁、职工仪表整洁、文明操作、礼貌待人，现场的人、物、环境达到最佳的结合。

5)素养。素养是"5S"活动的核心。没有良好的素养，再好的现场管理也难保持。其主要内容是要努力提高人员的素质，养成严格遵守规章制度的习惯和作风，没有人员素质的提高，各项活动就不能顺利开展，就算勉强开展了也达不到预计的良好效果。

(6)信息系统管理

现场管理大量的信息形成了信息流，信息流是现场管理体系中的"神经"系统，是现场管理标准确定和活动开展的依据。

1)车辆技术信息。汽车维修企业必须建立一个车辆技术信息库，使维修人员能够及时、准确地调用查阅。同时，对新车型、新技术及时进行补充更新，这样可以提高未来工作的整体效率。

2)车辆维修信息。将维修过程中车辆发生的问题和维修方法记录存档，从而成为今后解决疑难问题的案例，也可以为新员工的培训留下宝贵的现实资料。

3)日常管理信息。要实现台账管理标准化、微机化，使班组的日常管理更加规范和有效，不流于形式。班组信息实现共享，班组间相互借鉴，取长补短，从而达到共同提高的效果。

4)信息查询。维修企业应实行信息系统管理，及时从维修现场采集有关信息，同时要保证信息的实时性、一致性、全面性和准确性,实现整体资源共享。

拓展阅读

★栾琪文:《现代汽车维修企业管理实务》,机械工业出版社 2005 年版。

★傅厚扬、冉广仁:《汽车维修企业设计与管理》,人民交通出版社 2006 年版。

★夏志华:《汽车维修企业管理》,中国劳动社会保障出版社 2007 年版。

★王一斐:《汽车维修企业管理》,机械工业出版社 2008 年版。

7.2 企业质量保证体系

7.2.1 全面质量管理与 ISO 质量认证

服务质量是创造顾客满意和顾客忠诚的重要因素之一,直接关系到企业能否在竞争中持续发展的重要问题,因此是汽车服务企业日常经营管理中不可忽视的一项重要内容。由于服务本身具有无形性、不可储存性、异质性和生产与消费同时进行等特点,使得汽车服务企业在服务质量的形成、传递、认知和管理上更为复杂。

全面质量管理是一个企业以质量为中心,以全员参与为基础,目的在于通过让顾客满意和本企业所有成员及社会受益而达到长期成功的管理途径。其思想自美国通用电器公司质量管理部的部长菲根堡姆(A. V. Feigenbaum)博士在 1961 年首先提出后,经历了多年的发展,广泛应用于各类企业的质量管理工作中,对当前汽车销售服务企业依然具有十分重要的价值。

(1)全面质量管理

全面质量管理强调,执行质量是公司全体人员的责任,应该使全体人员都具有质量的概念和承担质量的责任。因此,全面质量管理的核心思想是在一个企业内各部门中做出质量发展、质量保持、质量改进计划,从而以最为经济的水平进行生产与服务,使用户或消费者获得最大的满意。它主要包括三个层次的含义:运用多种手段,系统地保证和提高产品质量;控制质量形成的全过程;质量管理的有效性应当是以质量成本来衡量和优化的。因此,全面质量管理已经渗透到了质量成本管理的过程之中,目的在于通过让顾客满意和本企业所有成员以及社会受益而达到长期成功。质量管理的全过程应该包括产品质量的产生、形成和实现的过程。因此,要保证产品的质量,不仅要管理好生产过程,而且还需要管理好设计和使用的过程。影响质量的因素主要有五个,即人员、机器、材料、方法和环境。

(2)全面质量管理的特点

全面质量管理从过去的就事论事、分散管理,转变为以系统观念为指导的全面的综合治理,它不仅强调各方面工作各自的重要性,而且更加强调各方面工作共同发挥作用时的协同作用。概括地讲,全面质量管理具有以下几个方面的特点:

1)以适用性为标准

在传统的质量管理中,一般都是以符合技术标准和规范的要求为目标,即所生产产品或服务只需要符合企业事先制定的技术要求就行。但是,全面质量管理与传统质量管理截然不同,在全面质量管理中"用户至上"是十分重要的指导思想。"用户至上"就是树立以用户为中心,使产品质量和服务质量全面地满足用户需求。产品质量的好坏最终以用户的满意程度为标准。从这个角度来看待全面质量管理,则将涉及所有参与到产品或服务生产过程中的资源和人员。

2)以人为本

全面质量管理是一种以人为中心的质量管理,必须十分重视整个过程中所涉及的人员。为了做到以人为本,企业必须做到:高层领导的全权委托、重视和支持质量管理活动;给予每个人均等机会,公正评价结果;让全体员工参与到质量管理的过程中,缩小领导者、技术人员和现场员工的差异。

3)突出改进的动态性

全面质量管理的另一个显著特点就是突出改进的动态性。在传统的质量管理中,生产的目标是符合质量技术要求,而现在对产品或服务质量的要求是能够符合顾客的需求的。但是,由于顾客的需求是不断发生变化的,顾客的需求通常会随着产品或服务质量的提高而变得更高,这就要求有动态的质量管理概念。全面质量管理不但要求质量管理过程中有控制程序,而且还要有改进程序。

4)预防性质量管理

以预防为主的事先控制的新时期预防性质量管理是全面质量管理区别于质量管理初级阶段的特点之一。进入20世纪90年代以后,新的生产模式,包括适时生产(JIT)、精良生产(LP)、敏捷制造(AM)等对事先控制提出了更高的要求,在产品的生产阶段,除了统计过程控制(SPC)外,新的基于计算机的预报、诊断技术及控制技术受到越来越广泛的重视,使生产过程的预防性质量管理更为有效,同时,80%的产品质量问题是在产品设计阶段发生的。

5)计算机信息的支持

计算机支持的质量信息管理及时、正确的质量信息是企业制定质量政策,确定质量目标和措施的依据,质量信息的及时处理和传递也是生产过程质量控制的必要条件,信息技术,计算机集成制造的发展为企业实施全面质量管理提供了有力的支持。

6)综合性

综合性是指综合运用质量管理的技术和方法,并且组成多样化的、复合化的质量管理方法体系,从而使企业的人、机器和信息有机结合起来。是全面质量管理的一个特点。

(3)全面质量管理的八大原则

1)以顾客为中心

在当今的经济活动中,任何一个企业都要依存于他们的顾客。他们由于满足或超过了自己顾客的需求,从而获得继续生存下去的动力和源泉。全面质量管理以顾客为中心,不断通过PDCA循环进行持续的质量改进来满足顾客的需求。

2)领导的作用

一个企业从总经理层到员工层,都必须参与到质量管理的活动中来,其中,最为重要的是企业的决策层必须对质量管理给予足够的重视。在我国的《质量管理法》中规定,质量部门必须由总经理直接领导，这样可以使得总经理能根据现实中服务活动的变化而作出新的服务政策调整。

3)全员参与

全员参与是全面质量管理思想的核心，是全面质量管理好坏的决定性因素，它可以激发员工向团队贡献力量，让员工有体现其创造性的机会，并给员工提供展示才华的平台，从而让每个员工都能在企业全面质量管理中具有主人翁意识。

4)过程方法

必须将全面质量管理所涉及的相关资源和活动都作为一个过程来进行管理。PDCA 循环实际上是用来研究一个过程，因此必须将注意力集中到产品或服务生产和质量管理的全过程。

5)系统管理

进行一项质量改进活动时，首先需要制定、识别和确定目标，理解并统一管理一个有相互关联的过程所组成的体系。需要组织所有部门都参与到这项活动中来，才能最大限度地满足顾客的需求。

6)持续改进

持续改进是全面质量管理的核心思想，统计技术和计算机技术的应用可以更好地做好持续改进工作。

7)以事实为基础

有效的决策是建立在对数据和信息进行合乎逻辑和直观的分析的基础上的，全面质量管理也必须以事实为依据，背离了事实基础那就没有任何意义。

8)互利的供方关系

企业和供方之间保持互利关系，可增进两个企业创造价值的能力，从而为双方的进一步合作提供基础，谋取更大的共同利益。

7.2.2 全面质量管理的思想基础和方法依据

美国质量管理专家戴明博士最早在 1950 年挖掘出 PDCA 循环的概念，所以又称其为“戴明环”。全面质量管理活动的全部过程，就是质量计划的制订和组织实现的过程，这个过程就是按照 PDCA 循环，不停顿地周而复始地运转的。这种循环是能使任何一项活动有效进行的合乎逻辑的工作程序，在企业的质量管理中得到了广泛的应用。

在 PDCA 循环中，“计划(P)—实施(D)—检查(C)—处理(A)”的管理循环是现场质量保证体系运行的基本方式，它反映了不断提高质量应遵循的科学程序。

在 PDCA 循环的规范下，形成了四个阶段和八个步骤。

(1)计划

在开始进行持续改善的时候，首先要进行的工作是计划。计划包括制定质量目标、活动计划、管理项目和措施方案。计划阶段需要检讨企业目前的工作效率、追踪目前流程的运行效果和收集流程过程中出现的问题点。根据搜集到的资料，进行分析并制定初步的解决方案，提交公司高层，然后由高层管理者提出修改意见并督促实施。

计划阶段包括以下四个步骤：

1)分析现状。通过现状的分析，找出存在的主要质量问题，尽可能用数字说明。

2)寻找原因。在所搜集到的资料的基础上，分析产生质量问题的各种原因或影响因素。

3)提炼主因。从各种原因中找出影响质量的主要原因。

4)制定计划。针对影响质量的主要原因，制定技术组织措施方案，并具体落实到执行者。

(2)实施

在实施阶段，即第五步骤，就是将制定的计划和措施，具体组织实施和执行。将初步解决方案提交给公司高层进行讨论，在得到公司高层的批准之后，由公司提供必要的资金和资源来支持计划的实施。在实施阶段需要注意的是，不能将初步的解决方案全面展开，而只在局部范围上进行试验。这样，即使设计方案存在较大的问题时，损失也可以降低到最低限度，检验解决方案是否可行。

(3)检查

第三阶段是检查，即第六步骤，就是将执行的结果与预定目标进行对比，检查计划执行情况，看是否达到了预期的效果。按照检查的结果，来验证运作是否按照原来的标准进行或者原来的标准规范是否合理等。

按照标准规范运作后，分析所得到的检查结果，寻找标准化本身是否存在偏移。如果发生偏移现象，重新策划，重新执行。这样，通过暂时性生产对策的实施，检验方案的有效性，进而保留有效的部分。

(4)处理

第四阶段是处理，对总结的检查结果进行处理，成功的经验加以肯定，并予以标准化或制定作业指导书，便于以后工作时可遵循；对于失败的教训也要总结，以免重现。对于没有解决的问题，应提到下一个 PDCA 循环中去解决。

处理阶段包括以下两个步骤：

1)总结经验。进行标准化工作经验教训的总结，估计成绩，处理差错。把成功的经验肯定下来，制定成标准；把差错记录在案，作为鉴戒，防止今后再度发生。

2)问题转入下一个循环。将遗留问题转入下一个管理循环，作为下一阶段的计划目标。

【案例 1】

20 世纪 50 年代，美国的汽车工业在全世界一枝独秀。时任丰田公司常务董事的丰田英二曾经到美国考察福特汽车公司，当时福特厂每天能生产 7000 辆轿车，比丰田一年的产量还要多。然而丰田英二并不迷信福特的大流水线生产模式，他在考察报告中写道："那里的生产体制还有改进的可能。"战后的日本经济萧条，包括资金在内的各种资源都极其匮乏。丰田英二和丰田的管理专家们在福特模式基础上，结合日本国情进行了一系列实验，最终形成了日后在世界制造领域名声显赫的以"精益"思想为核心的丰田生产方式(Toyota Production System)。

丰田生产方式内容广泛，其指导思想是通过生产过程整体优化，改进技术，理顺物流，杜绝超量生产，消除无效劳动与浪费，有效利用资源，降低成本，改善质量，用最少投入实现最大产出。丰田精益生产体系的两个重要组成部分，分别是准时化(Just In Time)生产与全面质量管理。前者目的在于保证物流在生产中的平衡，实现最小库存和最少在制品数，降低生产成本；后者则将质量控制下放到流水线的每一个环节，强调质量是生产而不是检查出来的。正是这两个丰田生产方式中的重点环节，帮助丰田公司源源不断地制造出低成本却又高质量的汽车，从而在全球汽车市场的竞争中脱颖而出，并成为其他制造类企业模仿的对象。

早在半个多世纪前，丰田公司的管理者就发现质量问题在流水线上存在的时间越长，解决问题要付出的代价就越高。错误的累积，经常导致部件组装完毕后又需要拆卸处理前一个工序出现的缺陷。为此，丰田生产方式中特别强调"发现问题随时修改"这一原则。丰田生产方式中，最有名的创造之一就是"安灯系统"。为了能够使准时化生产过程中发生的问题得到及时处理，丰田公司的车间内普遍安装了信号灯系统。每个工作岗位有三种颜色的灯，绿灯表示没问题，黄灯表示该岗位稍微有点落后，红灯则表示问题严重。安灯系统既是流水线上的进度协调工具，又是一种质量控制设备。流水线上的丰田工人如发现工序中存在问题或是有质量缺陷的部件，都可以拉动工位上端的灯绳来随时暂停生产，并与同一组装工序的其他小组成员一起解决这个问题。

全面质量管理一方面可以实现丰田生产方式要求的"杜绝浪费，彻底降低成本"目标，同时又是准时化生产的必要支撑。丰田的准时化生产把生产系统中的部件制品储备量降到了几乎为零的程度，只要有极少数不合格的部件制品出现，就会破坏正常的准时化生产。从理论上讲，丰田生产系统中没有在制品保险储备，因此，一种确保仅生产合格制品的强制性约束机制就成为必需，这就是全面质量管理产生的动机。而一旦全面质量管理土崩瓦解，整个丰田生产方式就变得岌岌可危。

值得注意的是，丰田的质量管理体系在很大程度上依赖于流水线上的普通员工对部件进行质量控制。这里面隐藏着一个假设，那就是普通员工具备了足够的知识，来发现汽车制造过程中的全部(至少是大部分)质量问题。在20世纪七八十年代，也就是丰田管理专家们在日本乃至全世界推广丰田生产系统时，这个假设是基本成立的。

【案例2】

广州本田汽车有限公司是广州汽车工业的龙头企业，也是广州市国企改革的典型。在走出广州标致的阴影后，依靠内部革新和外部支持，通过供应链质量管理，走上了一条具有中国特色的汽车。

(1)树立战略合作意识，把提高质量看作是企业的社会责任

在21世纪，市场的竞争将从企业之间的竞争发展为供应链之间的竞争。企业应把提高质量看作是企业的社会责任，与供应链上各贸易伙伴团体进行战略合作，获得供应商、企业、分销商和顾客各方利益的统一。广州本田的做法是把这种战略合作意识写入企业哲学之中。广州本田的企业哲学是："尊重个性"、"三个喜悦"。"尊重个性"是指，互相尊重各自独立的个性，以平等的关系互相信赖，发挥各自拥有的力量，并以此共同分享喜悦。

"三个喜悦"即"购买的喜悦"、"销售的喜悦"、"制造的喜悦"，是希望根据"尊重个性"同所有和本田的企业活动发生关系的人们建立一种能够共同分享喜悦的相互信赖关系。广州本田的企业哲学充分体现了"利他、群己合一"的基本思想。

(2)控制零部件供应,获得源流保障

只有坚持生产高质量的产品,才能使顾客满意,而高质量的产品要求有高质量的零部件。“千里之行,始于足下”,广州本田始终保持对零部件质量的高要求,从而为整车工作打好基础。

广州本田按照质量、成本、供货服务、研究开发、管理、生产要件等原则对零部件供应商进行严格筛选,使零部件供应质量达到生产标准。

为保证用户——广州本田能贯彻其质量方针,供应商必须建立起自己的质量保证体系,以最经济的方法生产高质量的零件或材料。供应商的质量保证体系必须满足广州本田的要求,关键是将广州本田的要求融入到供应商自己的生产工艺中,建立一个质量保证体制,明确规定设计、质量、生产制造质量及各部门之间的责任。

通过供应商的质量保证体系,广州本田的零件与工序的计划、准备和改进得到保证,以确保稳定的工序质量。同时,供应商有责任保证由二级供应商提供的产品得到同样的保证。为此,自供应商从广州本田的采购部收到技术规格起,广州本田的相关部门将为供应商在零件和工序的计划、开发和改进方面提供帮助,以便供应商正确、清楚地理解企业的要求。

(3)严格控制销售和售后服务质量,并快速获得市场信息反馈

高质量产品只有通过高质量的销售服务体系送达顾客,才能培养和形成忠诚的顾客群。

广州本田汽车有限公司在中国推行一套特有的营销模式——“四位一体”销售服务体系,它集整车销售、售后服务、零部件供应和信息反馈于一体。这种前店后厂的销售及服务模式在中国汽车工业由广州本田首次引入,其能够做到统一销售、统一形象、统一调配,忠诚地为顾客服务,真正体现“用户第一”,实现“为顾客提供喜悦,是我们最大的喜悦”。

做好销售服务,需要通过销售服务店的努力,制造商的支持。广州本田在培训、技术支持、信息交流、广告策划等方面对销售服务店给予大力支持。各销售服务店在各自的区域内独立运行,通过提供服务,保持自身长期稳定发展。

对分销商的质量控制是保证产品整体质量的关键一环。广州本田的分销较显著的特点之一是对分销商的具体操作有严格的规格,这区别于一般制造商将产品交给分销商后,销售权同时移交。广州本田对价格、最终用户、跨区销售、定金收取、客户来源、全年各月供车计划、销售行为规范、客户管理甚至具体的登记和操作都有严格的规定。其目的是保证顾客能够充分享受本田提供的优质服务,获得一致的性价比;而分销商即使在市场萧条的情况下也不会恶性竞争,并能获得一定的收益。

信息反馈是销售服务店的四大职能之一,要负责搜集顾客信息,代表广州本田与顾客定期沟通。

广州本田因此及时了解市场的商业信息、市场的质量信息和用户的使用信息,以更全面、系统地掌握社会的需求动向和消费趋势。

拓展阅读

★栾琪文:《现代汽车维修企业管理实务》,机械工业出版社2005年版。

★傅厚扬、冉广仁:《汽车维修企业设计与管理》,人民交通出版社 2006 年版。

★夏志华:《汽车维修企业管理》,中国劳动社会保障出版社 2007 年版。

★王一斐:《汽车维修企业管理》,机械工业出版社 2008 年版。

复习思考

1. 服务质量的内涵是什么?

2. 服务质量的构成要素有哪些?

3. 服务质量问题产生的主要原因有哪些?

4. 如何衡量服务质量?

5. 服务质量管理的基本原则是什么?

6. 建立汽车维修企业现场管理体系时要注意什么问题?

7. 汽车维修现场管理的主要要素有哪些?

8. 实行全面质量管理与 ISO 质量认证对提高汽车服务企业的管理水平有什么意义?

9. 全面质量管理中的 PDCA 循环的含义是什么?有哪几个阶段?各个阶段的含义是什么?

第8章 汽车服务企业售后服务管理

学习目标

1. 熟悉汽车4S管理优势、现状及发展战略。
2. 了解我国汽车信贷服务现状及原因。
3. 掌握汽车保险的种类及内容。
4. 熟悉汽车保险理赔程序及理赔计算方法。
5. 了解旧车交易服务内容,掌握旧车交易价格评估的方法。
6. 了解汽车维护修理的工作内容和工作制度,熟悉汽车检测基本工作内容。
7. 熟悉汽车美容与装饰的工作项目内容。

考核标准

知识要求:熟悉汽车服务企业售后服务管理的相关内容。

技能要求:能够具备简单的汽车服务企业售后服务管理的能力,能做基础的售后管理工作。

教学建议

教具:计算机、图片、挂图、投影仪、多媒体设备、汽车服务企业管理软件。

建议:以一个汽车服务企业为例分析其类型、经营特点和组织机构。在介绍本章内容时建议安排学生到企业参观学习。本章内容建议使用多媒体教学。教学时参考《汽车服务企业管理》精品课程。

8.1 汽车4S管理

汽车行业的4S服务主要体现方式是4S店的建立。4S店是一种以“四位一体”为核心的汽车特许经营模式,包括整车销售(Sale)、零配件(Sparepart)、售后服务(Service)、信息反馈(Survey)等。

4S店是1998年以后才逐步由欧洲传入中国的舶来品。由于它与各个厂家之间建立了紧密的产销关系,具有购物环境优美、品牌意识强等优势,一度被国内诸多厂家效仿。

8.1.1 4S店的优势

目前4S店在中国还处于发展阶段，之所以能够稳步发展是因为4S店具有独特的优势：

(1)信誉度方面

4S店有一系列销售、维修系统服务质量可以保证，能给车主留下良好的印象。

(2)专业方面

由于4S店本身只针对某一厂家的系列车型，有生产厂家的不定期的系列培训和雄厚的技术支持，对车的性能、技术参数、使用和维修方面都非常专业；而汽车用品经销商接触的车型多，对每一种车型都不是非常精通，只是接触的面比较广而已，在一些技术方面更是比较贫乏。所以在改装一些需要技术支持和售后服务的产品时，4S店有很大的优势。

(3)售后服务保障方面

随着汽车服务行业竞争的加大，4S店商家越发注重服务品牌的建立，加之4S店的后盾是汽车生产厂家，所以在售后服务方面可以得到保障。特别是汽车电子产品和汽车影音产品在改装时要改变汽车原来的电路，所以夯实的售后服务质量还是必需的。例如，一些车主为了个性化的体现，私自改装电器电路，使得汽车出现打不着火或者汽车电脑程序混乱等情况，给汽车的正常运转带来麻烦，所以有的汽车制造商严格规定：不允许汽车电子方面的改装，如果改装了，厂家不进行保修。但是如果在4S店改装的车能对车主承诺保修，消除车主的后顾之忧，那将是吸引车主改装的重要手段之一，在4S店改装一些技术含量高的产品是车主的首选，同时还可以避免与零售改装店直接的价格竞争。

(4)人性化方面

4S店是相比于普通的维修厂有自己独特的人性化服务。例如，在4S店车主能真正地体会到顾客是上帝的感觉，累了有休息室，渴了有水喝，无聊可以看杂志、书刊、报纸、上网，如果急着用车还有备用车可供使用，整个流程有专门的服务人员安排，不用车主费心劳力。

8.1.2 4S店经营现状

虽然说4S店具备很多的优势，但是就目前中国的4S店经营现状而言，还有诸多的问题需要解决。

(1)汽车4S店完全是汽车厂家的附庸，与其没有对等的权利

汽车4S店的一切经营活动都在为生产厂家服务，为把汽车及配套商品快速而有效地从生产厂商手中流通到消费者手中，尽快从中获取最大利益，4S店通过各种手段来提高自己的服务，通过扩大自己的规模来赢得更多的利益。在当前的市场形势下，汽车经销商没有与汽车生产厂家平等的对话权利，处于绝对的弱势地位。

(2)没有自身的品牌形象

作为厂家的4S店，其建筑形式以及专卖店内外所有的设计形象均严格按厂家的要求进行装饰和布置，经销商自身的品牌形象没有可以体现的空间，例如目前广州市汽车市场，仅集团式的汽车经销商如广物汽贸、南菱等具有一定的品牌形象。

(3)利益源于汽车品牌

汽车4S店的经营状况的好坏,90%依赖于所经营的品牌,品牌好就赚钱,品牌不好就不赚钱。同时同一品牌不同的4S店的经销商还得依赖本店经营者与厂家的关系,关系好厂家给予的相关资源(包括厂家技术培训、专家支持等方面)就多,利润的空间也越大。

(4)经营成本过高,利润低

目前比较知名的汽车品牌4S店的规模都比较大,人员、设施、资金流转等方面的费用很高,所以成本的提高使得利润的回馈比较少。

以一家面积约2000平方米的标准4S店为例加以说明。

1)成本方面

专卖店建设费用(钢架结构落地玻璃等)约300万元(一般按15年折旧计算);购买汽车厂家相关设备及物料费用约200万元(设备按10年折旧计算);每月的流动资金约200万元;员工工资(按70人计算)每月约18万元、占用土地租金(按每平方米60元计算)每月约12万元,另外还有广告费用以及隐性的公关成本等,该汽车4S店每月的经营费用约50万元左右。

2)利润方面

每月销售毛利:100台×2500元/台=25万元;维修毛利:1500台/月维修量×500元/台(客单价)×45%(毛利率)=33.75万元;两者合计:58.75万元。

因此,该汽车4S店每月能够获得的利润为8万元左右,利润率较低。

(5)专业的人才队伍素质不高,团队不稳定

目前虽然汽车行业的发展速度比较快,但是目前中国可供利用的专业方面的人才比较少,远远不能满足企业及市场发展的需要,并且由于各个厂家4S店之间的竞争加剧,用提薪的方式进行各种的招纳技术人员的活动,使得汽车行业内部的人员流动比较大,团队容易出现不稳定现象。

(6)专卖店的经营重销量,轻售后和美容加装

目前汽车市场的发展要求厂家不能以重销量的发展模式来求得生存,汽车需求“井喷”的时代已经不复存在,而必须加大售后及美容加装服务方面的投入,厂家只要能从心底赢得消费者的满意,那么品牌效应就可以带领企业走向成功。但是目前国内4S店的重心还是放在销售方面,并且在销售方面出现的返利激励政策比较少,很难吸引消费者的眼球。另外在售后维修方面出现问题的时候还有找不到专人负责的现象出现,这些问题将影响汽车4S店的正常发展。

(7)汽车4S店基本无主动权,经营模式大同小异

汽车厂家出于自身品牌利益的原因,对汽车4S店的经营管理模式、业务流程、岗位的设置等都有标准的规定和要求,对产品价格、促销政策、销售区域、零配件和工时的价格均硬性确定,强硬控制。即便是广告的表现形式,厂家也会直接干预,使得汽车4S店的经营模式死板,基本没有自己的主动权。

8.1.3　4S店未来发展策略

我国4S店还处于发展阶段,所以找到正确的发展方向是做大做强4S服务的根本,根

据目前的现状策略如下：

(1)改变经营理念

从经营战略定位上考虑，汽车用品经销商要调整产品结构，彻底摒除重销售轻售后的错误思想。随着4S店不断进入汽车用品行业，经销商的产品组合逐步做到“轻改装，重4S店”，谁能从服务上赢得消费者的青睐谁就能稳固自己在汽车市场中的地位。

(2)打造专业服务，提升核心竞争力

汽车4S店因为点多面广，地处偏僻，而且不集中，许多厂家就是因为服务不能到家才不得不选择汽车用品经销商来做当地市场，如果经销商有一批优秀的团队为汽车4S店服务，做好售前、售中、售后服务，既可以让汽车4S店放心，也可以作为核心竞争力与厂家进行谈判，为取得产品的代理打下良好的基础，并且还要提倡服务的不断创新，让车主能真正体会到4S的贴心服务。

(3)加大管理力度，注重技术团队的培养

就目前汽车4S店的发展状况而言，虽然比普通的维修厂档次要高，但是就一些专业技术方面而言并不像想象中的高很多；相反，有些普通修理厂比4S店做出来的质量还要好。这就需要4S店要加大技术队伍的培训力度，增加培训的机会，让员工能从技术层面稳固4S服务质量，并且要做到4S店各部门的分工明确，做到事事有人负责。

(4)控制成本，提高利润

4S店要做大做强，必须进入汽车用品行业，并且会选择与其车型相匹配、品牌相当的产品，一般会向当地的经销商和厂家处购买产品，价格会有一定的优势，汽车用品经销商也要降低自己的成本，做大做强自己的营销网络和服务，就对汽车4S店进行铺货，销售量上去后，可以要求厂家更多的支持，降低采购成本，要求厂家将代理价格降到真正的最低点，甚至比他们给予4S店的供货价还要低得多(因为其销售量已远远大于任何一家4S店的采购量)，为了得到厂家的最低价，可以用现金提货的付款方式使得厂家主动给出最低价，经销商争取拿到能适合4S店销售的品牌代理，并要求独家代理，另外也可以买断某些单品等方式降低采购成本，为了取得销售价格优势，还要降低销售和管理成本，以期待达到总成本的最低。

(5)提升4S自身专业档次和市场定位

从专业和定位上考虑，要把产品和渠道分离，4S店和零售改装店在很长一段时期内是共存的，但因为档次和定位不一样，需求的产品也不一样，4S店需要中高端产品，有形象，有品牌，服务好的产品，而零售改装店需要价格便宜的产品，有效地把产品和渠道分离，可以使资源更集中、形象更鲜明、人员更专业。为了更好地贯彻产品和渠道分离，在降低运营成本的基础上，可以把经营4S店的产品用仓库和写字楼的方式，而零售改装则可以在汽车用品一条街设立批发店铺，就能把产品和渠道很好地分离，减少运营费用和管理成本，还能保证产品价格不混乱。

(6)车用品经销商经营的产品要做到“全而精”

“全”是指经销商不但要为4S店提供汽车影音、防盗、GPS、胎压检测仪、倒车雷达等汽车电子，而且还要提供美容护理、装饰改装、防爆膜等产品，总之买车之后要用的所有的东西；“精”是指4S店因为场地的原因，每一个品类一般只选择少量的品牌，会选择有比较优势、性价比高的产品。为了满足4S店的需求，汽车用品经销商要做到“全而精”的产品结构。

(7)成立专门的4S店销售部

要培养一批强有力的营销业务人员，专门从事与4S店的各级人员进行沟通，将4S店与零售渠道放在同等重要的地位来抓，这样可以更大地提升4S的形象，并可以带来更大的利润空间。

(8)加大返利激励措施

根据4S店发展的不同阶段的特点，采取相应的营销策略。如在4S店进入汽车用品初期，整车的利润还比较高，4S店一般把汽车用品作为赠品，选择一些实用、实惠、档次不是很高的产品，肯定会得到4S店商家的认同，把消费者尽快地带入4S店渠道。随着整车竞争的加大，利润越来越薄，这时4S店商家会把汽车用品作为一种利润源，汽车用品经销商在产品方面要选择和车型相匹配且具有个性化和品位的产品，这样才能得到车主的认可，4S店商家才有利润，对于这种情况，车主购买什么的汽车用品，购买什么品牌的产品，汽车销售顾问的推荐起到非常重要的作用，因此，在这种情况下，应采取一定的方式(如根据其销售的金额给予一定的奖励)鼓励整车销售顾问帮忙推荐经销商所经营的产品。

拓展阅读

★卢燕、阎岩:《汽车维修企业管理》，机械工业出版社2005年版。

★朱刚、王海林:《汽车服务企业管理》，北京理工大学出版社2008年版。

★倪勇:《汽车4S企业管理制度与前台接待》，机械工业出版社2009年版。

★胡寒玲:《汽车服务企业管理》，化学工业出版社2010年版。

8.2　汽车信贷服务与购车

8.2.1　信贷购车概况

近些年，汽车已经成为人们出行必不可少的交通工具，私家车也慢慢盛行起来，贷款购车已经成为国际上普遍采用的购车方式，在欧美等发达国家信贷消费更是成为汽车消费的重头戏。据统计，全球70%的私人用车都是通过贷款购买的。在美国，贷款购车的比例高达80%；在德国，这一比例高达70%；即便是在不发达的印度，信贷购车比例也达到60%。贷款购车可以拉动国民的消费水平，带动整个国民经济的增长，并且可以缓解购车者资金压力，早日圆上汽车梦；若购车者有足够资金，贷款买车还可以帮助购车者增加资金的流动性，用以创造更多的财富。

国际上汽车贷款的平均额度为车价的70%，首付款一般为车价的30%左右。在贷款购车流行的美国，购车价位在1万～3万多美元的汽车，首付款为3000～5000美元。为促进汽车销售，美国、德国等国还推出“零首付”贷款业务，这一现象目前在国内只有某些汽车企业内部的员工才能享受到。汽车贷款的偿还期限一般为5年左右，在美国，贷款偿还期从2～5年不等。贷款偿还方式比较多，主要包括按月定额偿还和按月变额偿还。按月定额偿还是指购车者根据贷款机构提供的计算方式,按月偿还固定的金额;按月变额偿还是指购车者可以对其贷款期限和月偿还额进行调整,每月偿付不同金额。

能否在预定的时期内收回发放的贷款是放贷方非常注重的问题。在个人信用体制缺失的发展中国家,办理车贷需要调查申请者的偿还能力,不仅要交个人身份证明、收入证明,而且还要有担保人。没有担保人的要以不动产作抵押,手续比较繁琐。而在信贷制度相当健全的发达国家,贷款买车非常方便。在美国,当消费者决定购车时,放贷方只需要通过电脑网络查询相应的档案资料,来确定购车人的信用等级。若符合标准,当即就可办理购车手续,一般不用半个小时用户就可以把车开走。在德国,基本上每个雇员都有一个汇划的账户用以储存雇员贷款及信用方面的信息,购车者是否在同一时间有其他买房贷款等债务而降低了还款能力等问题,一查便知。

提供汽车信贷的金融机构主要包括汽车企业的财务公司、银行以及经销商。其中,汽车企业所属的财务公司实力比较雄厚。例如,通用汽车金融服务公司业务遍及全球 40 个国家和地区,已经为 1.5 亿辆轿车提供了高达 1 万多亿美元的汽车贷款。据统计,2001 年通用在美国销售的新车中,有一半是通用汽车金融公司提供融资的。总体上,虽然汽车企业的财务公司贷款门槛比较低,但是它的贷款利率比银行车贷高得多。以 3 年期贷款为例,就调查的 4 家汽车金融公司利率而言,最低为 4.99%,最高达 11.38%,平均比银行贷款高出一倍。

8.2.2 我国汽车信贷存在的问题

我国汽车信贷开始的时间比较晚,目前仍处于导入阶段,有很多的问题需要解决。

(1)风险管理水平低

目前在我国还没有建立起个人诚信制度,金融机构对借款人的偿还能力和资信状况难以及时准确掌握。而在美国等一些国家,有许多信用评级和信用调查机构,专门收集、记录、整理和分析个人的信用档案,如消费者的信用往来、个人负债、消费模式、是否有财务欺诈行为或个人破产记录等。这些机构的存在,免去了银行收集、鉴别申请人相关信息的繁杂劳动,不但节约了贷款成本,而且还有利于银行集中精力完善风险管理。

我国个人信用制度还没有建立,没有任何一家机构能够提供消费者个人的信用资料。由于中国人民银行对汽车消费贷款业务的操作有明确规定,再加上防范风险的客观要求,各家商业银行已经出台的消费信贷业务在贷款条件和贷款手续方面没有太大差别,各银行具体实施办法都规定有“先存后贷,存贷挂钩,单位担保,专款专用,按期偿还”等原则,其资格要求之高、条件之苛刻、手续之繁琐,把绝大部分的消费者排除在外。并且受国人个人诚信问题的影响,汽车消费贷款违约率呈逐年上升的趋势,保险公司承担的车贷保证保险的风险加大,就开始陆续收缩和停止车贷险业务。比如,中国人保公司早在 2001 年就停止做运输工具用途的车贷险,而平安保险公司则在 2002 年彻底取消了车贷险。

(2)贷款机构和贷款支持的车型太少

美国消费者贷款的 45%是由商业银行完成的,除了商业银行以外,汽车企业财务公司在发放消费信贷数量上也十分可观,规模仅次于商业银行。汽车企业财务公司长期从事为汽车经销商的分期付款销售合同提供资金的业务,汽车票据约占这些公司发放的消费贷款的 70%。除了汽车制造商的财务公司外，许多地方性的消费财务公司、信用社等消费信贷机构的增长也很快。

日本的情况与美国类似，除了商业银行从事消费信贷以外，还有许多从事个人消费信贷的机构和一些专门从事贷款中介业务的各类公司。主要有专门向工薪阶层提供消费信贷的，日本称作“SARAKIN”的金融公司和票据贴现公司，还有当铺、信用卡公司、邮购公司和综合租赁公司等。

我国提供汽车消费贷款的机构仅限于国有商业银行和一些小的商业银行，其他金融机构基本上没有参与，限制了汽车消费信贷的大规模开展。

在消费信贷支持的车型方面，我国的商业银行不约而同地把车型范围局限于几种较高档的汽车，并指定了相应的准购车型，其他品牌车型的销售却不能得到银行的消费信贷支持。车型的限制导致了汽车消费信贷发展的不平衡。

(3)贷款对象选择条件苛刻，门槛过高

即使在国外，也不是所有的人都能够参与到汽车消费贷款中来，只有那些收入稳定、信誉良好、有偿还能力的人才能够取得汽车消费贷款。我国汽车消费信贷对借款人条件的规定是：借款人如果是个人，则必须具有完全民事行为能力，具有稳定的职业和偿还贷款本息的能力，信用良好，能够提供有效的抵押物或质押物；或由有足够的贷款偿还能力的个人或单位作为保证人，能够支付规定限额的首期付款，并满足贷款人规定的其他条件。如果借款人是具有法人资格的企业、事业单位，则必须具有偿还贷款的能力，在贷款人指定的银行存有不低于规定数额的首期购车款，有贷款人认可的担保，并满足贷款人规定的其他条件。

这些条件等于为汽车消费信贷定了一个较高的门槛，能够跨过这道门槛的消费者少之又少。一项调查显示，分期付款购买桑塔纳私车者的平均月收入为 5660 元。调查结构表明，月收入在 4000～6000 元之间的购车者比例最高，占总数的 40.7%；月收入在 10000 元以上者列第二，占 28.8%。余下依次为：2000～4000 元者占 15.9%；月收入在 2000 元以下和 8000～10000 元之间各占 7.3%。若购车者选择首付 30%购买桑塔纳普通型轿车，在首付 38051 元之后，每个月将支付 3960 元。加上每月用于养车的费用近 1500 元，只有月收入保证在 5060 元以上，才有可能通过分期付款“圆轿车梦”。

(4)宏观经济政策不配套

1999 年 3 月中国人民银行出台《关于开展个人消费信贷指导意见》，《指导意见》允许所有中资商业银行开办消费信贷业务。《指导意见》虽然在一定程度上对于汽车信用消费的开展起到了推动作用，但是要大规模开展汽车信用消费还存在许多制度障碍。

第一，计划经济时代遗留下来的公车制度是扩大汽车消费贷款的一大障碍。目前国民经济处于转制时期，大多数城市和地区仍沿袭“领导配专车，职工坐班车，有事要公车”的福利乘车制度。这种公家出钱行个人方便的公车制度严重影响了消费者的购车热情，也成为启动汽车消费信贷市场的一个历史性障碍。

第二，公共产品的供给不足是制约汽车消费信贷发展的瓶颈。随着汽车保有量的不断上升，道路交通狭窄、人车拥挤等问题日渐突出，城市基础设施建设达不到多数家庭拥有轿车的标准。与此相联系的是各地对私人车牌的限制。

第三,收入与社会保障制度。居民的收入水平与现实的汽车消费水平之间的差距,不是仅仅依靠消费信贷所能彻底解决的。当前,我国的养老、医疗、失业救济等社会保障制度还没有完全建立起来,人们在作出重大消费决策之前仍有许多后顾之忧。随着国家房改的深化和福利分房制度的取消,许多消费者首选的消费对象是住房,其次才是汽车。住房消费要用去半生的积蓄,在我国整体收入水平尚不太高的今天,汽车消费贷款完全被群众接受还需要一段时间。

第四,法律滞后拖了维权的后腿。在理论上,汽车消费者的权益受到现行《民法》、《消费者权益保护法》、《产品质量法》的保护,但是在具体执行过程中,与上述法律相配套的法律法规还不完善,没有具体的实施细则。目前实行的新"三包"规定并没有将汽车列入其目录中,因此,不少汽车厂家有意无意地回避更换、退货的义务,对消费者的投诉采取推诿、搪塞之举。况且,一旦发生法律纠纷,一般的法律原则是"谁主张,谁举证",由于目前国内对汽车质量的科学检测体系还不完善,普通消费者对汽车专业技术知识的掌握与了解少之又少,在质量纠纷的举证上往往处于不利的地位。

拓展阅读

★王再祥、贾永轩:《汽车消费信贷》,机械工业出版社 2006 年版。

★朱刚、王海林:《汽车服务企业管理》,北京理工大学出版社 2008 年版。

★胡寒玲:《汽车服务企业管理》,化学工业出版社 2010 年版。

8.3 汽车保险与理赔

8.3.1 汽车保险

汽车保险,即机动车辆保险,简称车险,是指对机动车辆由于自然灾害或意外事故所造成的人身伤亡或财产损失负赔偿责任的一种商业保险。汽车保险是财产保险的一种,在财产保险领域中,汽车保险属于一个处于发展初期的险种,这是由于汽车保险是伴随着汽车的出现和普及而产生和发展的。

(1)车险种类

机动车辆保险为不定值保险,分为基本险和附加险,其中附加险不能独立保险,在投保中一定要先购买基本险后才能购买附加险,基本险是附加险的前提。基本险包括第三者责任险和车辆损失险;附加险包括全车盗抢险、车上责任险、无过失责任险、车载货物掉落责任险、玻璃单独破碎险、车辆停驶损失险、自燃损失险、新增加设备损失险、不计免赔特约险等。目前中国保监会办的机动车交通事故责任强制保险(简称"交强险"),2006 年 7 月 1 日起已经开始实施,该险是机动车上路前必须缴纳的险种。

1)车辆损失险

该险是对因为遭受责任规定范围内的自然灾害或意外事故造成车辆本身的损失,保险公司依照合同的规定给予经济赔偿。此处的保险责任范围是指车辆行驶过程中发生碰撞、倾覆、火灾、爆炸、外界物体倒塌、空中飞行物体坠落、行驶中平行坠落、雷击、暴风、龙卷风、暴雨、洪水、海啸等原因造成的车辆损失。由于自然磨蚀、锈蚀、故障、爆胎、地雷、战争、暴乱、扣押、竞赛、测试、进厂维修、饮酒、醉酒、吸毒、无证驾驶所造成的损失，就不属于车辆损失险责任范围，保险公司不予以赔付。

2)第三者责任险

第三者责任险(简称"三责险")是指被保险人或其允许的驾驶人员在使用保险车辆过程中发生意外事故，致使第三者遭受人身伤亡或财产直接损毁，依法应当由被保险人承担的经济责任，保险公司负责赔偿。同时，若经保险公司书面同意，被保险人因此发生仲裁或诉讼费用的，保险公司在责任限额以外赔偿，但最高不超过责任限额的 30%。这里提到的第三者所指的定义是：在保险合同中，保险公司是第一方也叫第一者，被保险人是第二方也叫第二者，在交通事故中遭受人身伤亡或财产损失的受害者是第三方，也就是第三者。

3)机动车交通事故责任强制保险

机动车交通事故责任强制保险(以下简称"交强险")是我国首个由国家法律规定实行的强制保险制度。《机动车交通事故责任强制保险条例》(以下简称《条例》)规定：交强险是由保险公司对被保险机动车发生道路交通事故造成受害人(不包括本车人员和被保引险人)的人身伤亡、财产损失，在责任限额内予以赔偿的强制性责任保险。根据《条例》规定，在中华人民共和国境内道路上行驶的机动车的所有人或者管理人都应当投保交强险。同时《条例》规定，机动车所有人、管理人未按照规定投保交强险的，将由公安机关交通管理部门扣留机动车，通知机动车所有人、管理人依照规定投保，并处应缴纳保险费两倍的罚款。交强险责任限额是指被保险机动车在保险期间(通常为 1 年)发生交通事故，保险公司对每次保险事故所有受害人的人身伤亡和财产损失所承担的最高赔偿金额。交强险的责任限额标准已有了几次改动，目前实行的标准为机动车交通事故责任强制保险责任限额(2008 年 2 月 1 日后) 机动车在道路交通事故中有责任的赔偿限额为死亡伤残赔偿限额 110000 元、医疗费用赔偿限额 10000 元、财产损失赔偿限额 2000 元；机动车在道路交通事故中无责任的赔偿限额为死亡伤残赔偿限额 11000 元、医疗费用赔偿限额 1000 元、财产损失赔偿限额 100 元。

交强险的目的是为交通事故受害者提供最基本的保障。除了交强险外，受害者还可以通过其他的方式得到相应的赔偿，如三责险、人身意外保险等均可获得赔偿。除此之外，交通事故的受害人还可根据受害程度，通过法律手段要求致害人给予更高的补偿。

4)附加险

在购买了车辆损失险或者第三者责任险等基本险的基础上，还可以根据自己的需要购买附加在车辆损失险或者第三者责任险上的各种附加险。车辆损失险的附加险包括：全车盗抢险、挡风玻璃单独破碎保险、车辆停驶损失险、自燃损失险、新增加设备损失险等。附加保险是在购买车辆损失险后，根据投保人的需要，自由选择购买适合于车辆本身存在的风险。具体的附加险条款解释是：

全车盗抢保险是指车辆(含投保的挂车)全车被盗窃、被抢劫、被抢夺，经县级以上公安刑侦部门立案证实，满三个月未查明下落或保险车辆全车被盗窃、被抢劫、被抢夺后受到损坏或车上零部件、附属设备丢失需要修复的合理费用。

玻璃单独破碎保险是指保险车辆发生了本车玻璃单独破碎而无其他相关损失，除被保险人及其驾驶员的故意行为外，保险公司按照实际损失给予一定比例的赔偿。

车辆停驶损失险是指保险车辆发生车辆损失险范围内的保险事故，造成车身损毁，致使车辆停驶而产生的损失，保险公司按规定进行以下赔偿：

①部分损失的，保险人在双方约定的修复时间内按保险单约定的日赔偿金额乘以从送修之日起至修复竣工之日止的实际天数计算赔偿；

②全车损毁的，按保险单约定的赔偿限额计算赔偿；

③在保险期限内，上述赔款累计计算，最高以保险单约定的赔偿天数为限。本保险的最高约定赔偿天数为 90 天，且车辆停驶损失险最大的特点是费率很高，达 10%。

自燃损失险是指对保险车辆在使用过程因本车电器、线路、供油系统发生故障或运载货物自身原因起火燃烧给车辆造成的损失负赔偿责任。

新增加设备损失险是指车辆发生车辆损失险范围内的保险事故，造成车上新增设备的直接损毁，由保险公司按实际损失计算赔偿。未投保本险种的，新增加的设备的损失保险公司不负赔偿责任。

第三者责任险的附加险主要包括车上责任险、无过失责任险、车载货物掉落责任险等，具体条款解释为：

车上责任险是负责保险车辆发生意外事故造成车上人员的人身伤亡和车上所载货物的直接损毁的赔偿责任。驾驶员故意行为或本车上乘客因制动、疾病、斗殴、自残、自杀、犯罪等行为所致使的本人伤亡，保险公司也概不负赔偿责任。

无过失责任险是指投保车辆在使用过程中，因与非机动车辆、行人发生交通事故，造成对方人员伤亡和直接财产损毁，保险车辆一方不承担赔偿责任。如被保险人拒绝赔偿未果，对被保险人已经支付给对方而无法追回的费用，保险公司按《道路交通事故处理办法》和出险当地的道路交通事故处理规定标准在保险单所载明的本保险赔偿限额内计算赔偿。每次赔偿均实行 20%的绝对免赔率。

车载货物掉落责任险是承担保险车辆在使用过程中，所载货物从车上掉下来造成第三者遭受人身伤亡或财产的直接损毁而产生的经济赔偿责任。赔偿责任在保险单所载明的保险赔偿限额内计算。每次赔偿均实行 20%的绝对免赔率。

此外，还有一个附加险是不计免赔给险，只有在同时投保了车辆损失险和第三者责任险的基础上方可投保本保险。办理了本项特约保险的机动车辆发生保险事故造成赔偿，对其在符合赔偿规定的金额内按基本险条款规定计算的免赔金额，保险人负责赔偿。也就是说，办了本保险后，车辆发生车辆损失险及第三者责任险方面的损失，全部由保险公司负责赔偿。

(2)保险种类的选择原则

1)新车投保方案推介

如果买的是新车，那么最好把交强险、车辆损失险、第三者责任险、车上人员责任险、全车盗抢险这些主要险种买齐。投保中要注意：既不能为了节约开支而不足额投保，也不必多花钱超额投保。明智的选择是足额投保，就是车辆价值多少就保多少。有人为节省保费而不足额投保，如 10 万元的轿车只投保了 5 万元，万一发生事故造成车辆毁损，就不能得到足额赔付。与不足额投保相反，有的车总价值为 10 万元，却超额投保，投了 15 万的保额，主观地认为车辆出事后能获得高额赔偿。实际上，保险公司只按汽车出险时的实际损失确定赔付金额。此外，如果你已在一家保险公司足额投保，即使你在另一家保险公司再投保，也不可能拿到双份的赔款。

2）旧车投保方案推介

由于保险公司跟各家汽车销售商都有业务上的联系，所以对大多数购新车的车主来说，购车时早已成为各类保险公司瞄准的目标。如果自己不想亲自办理，打一个电话就会有人上门服务或者可以直接交由汽车销售商代理办理保险相关事宜，而且，由于新车的价值比较好界定，买什么保险心中比较有数。但旧车的情况则比较复杂，因为旧车的实际价值往往很难界定，这也成为许多保险纠纷出现的原因。如果车的使用状况不错，最好买全主要险种，被盗被抢都有所依赖，磕磕碰碰也没问题。如果汽车使用年限比较长，在车主对车及车主允许的驾驶人都很了解的情况下，那么也可只买交强险和第三者责任险。对于旧车车主来讲，就算自己的车辆本身价值比较小，也一定要适当投保第三者责任险，因为一辆旧车有可能给三者带来很大的损失，而很可能旧车主就该对损失负有责任。

8.3.2　理　赔

理赔是保险工作中的重要环节，是指按保险合同所约定的保险事故（或保险事件）发生后，被保险人（或投保人、受益人）提出赔偿给付保险金请求时，保险人按合同相关规定履行赔偿或给付保险金的行为过程，是以保险条款、交通管理部门颁发的交通事故处理办法以及相关的法律为依据的。理赔工作是保险人履行保险合同义务的法律行为。

（1）索赔常规程序

发生保险事故后，要进行索赔，大致需采取以下步骤：通知保险公司→查勘定损→修车→开具事故证明→提出索赔→领取赔款。

目前，大多数保险公司都要求现场查勘，对于双方事故被保险人需要出具交警出示的事故责任认定书，单方事故需要当地派出所或者交警部门等出具的事故证明。

（2）车险赔偿

机动车辆出险一般可分为三类：保险车辆（含投保的挂车）发生全车被盗窃、被抢劫、被抢夺称全车盗抢险；保险车辆出险受损称车损险；保险车辆出险致使第三者遭受人身伤亡或财物直接损失称第三者责任险。车辆出险后根据保险合同进行赔付。

1）车辆损失险的赔偿

①全部损失

a. 足额投保（按新车购置价投保）保险车辆发生全部损失后，如果保险金额等于或低于出险当时的实际价值时，按保险金额计算赔偿，即：

赔款金额＝（保险金额－残值）×责任系数×（1－免赔率）

保险车辆发生全部损失后，如果保险金额高于出险当时的实际价值，按出险当时的实际价值计算赔偿，即：

赔款金额＝（出险当时的实际价值－残值）×责任系数×（1－免赔率）

b. 不足额投保（保险金额低于投保时的新车购置价）如保险金额低于出险时的实际

价值，计算如下：

赔款金额＝(保险金额－残值)×(保险金额÷出险时的新车购置价)×责任系数×(1－免赔率)

如保险金额高于出险时的实际价值，赔偿计算如下：

赔款金额＝(出险时的实际价值－残值)×责任系数×(1－免赔率)

②部分损失

a.保险车辆的保险金额达到投保时的新车购置价(即保单上载明的新车购置价)，无论保险金额是否不低于出险当时的新车购置价，发生部分损失按照实际修复费用赔偿，即：

赔款金额＝实际修复费用×责任系数×(1－免赔率)

b.保险车辆的保险金额低于承保时的新车购置价，发生部分损失按照保险金额与出险当时的新车购置价比例计算赔偿，即：

赔款金额＝修复费用×(保险金额÷新车购置价)×责任系数×(1－免赔率)

保险车辆损失最高赔偿额以保险金额为限。保险车辆按全部损失计算赔偿或部分损失一次赔款等于保险金额时，车辆损失险的保险责任即行终止。但保险车辆在保险有效期内，不论发生一次或多次保险责任范围内的部分损失或费用支出，只要每次赔偿未达到保险金额，其保险责任仍然有效。

2)施救费

保险车辆发生保险事故时，被保险人对保险车辆采取的保护、施救措施所支出的合理费用，保险人在保险金额以内赔偿施救费；但对于保险车辆装载的货物、拖带的未保险车辆或其他拖带物的施救费用不予负责，如果两者费用无法划分，则按保险金额与全部被施救财产(包括保险财产与非保险财产)价值比例分摊。

①足额投保

赔付金额＝合理施救费用×[保险金额÷(保险金额＋其他被施救财产价值)]×责任系数

②不足额投保

赔付金额＝合理施救费用×(保额÷出险时新车购置价)×[保额÷(保额＋其他被施救财产价值)]×责任系数

赔付金额最高不得超过保险金额。

(3)第三者责任险

赔偿金额＝合理的费用×责任系数×(1－免赔率)

赔偿金额最高不得超过赔偿限额。

(4)免赔率的规定

根据保险车辆驾驶员在事故中所负责任，车辆损失险和第三者责任险在符合赔偿规定的金额内实行绝对免赔率；负全部责任的免赔20%，负主要责任的免赔15%，负同等责任的免赔10%，负次要责任的免赔5%，单方肇事事故的绝对免赔率为20%。责任系数由交警根据肇事者所负的责任进行确定。但是在附加险中有个不计免赔率的特约险，若被保险人购买了此险，那么保险事故发生后，按照对应投保的主险条款规定的免赔率计算的、应当由被保险人自行承担的免赔金额部分，保险人负责赔偿。

拓展阅读

★王再祥、贾永轩:《汽车消费信贷》,机械工业出版社2006年版。

★朱刚、王海林:《汽车服务企业管理》,北京理工大学出版社2008年版。

★董恩国:《汽车保险与理赔》,清华大学出版社2009年版。

★李劲松、朱春侠:《汽车保险与理赔》,清华大学出版社2010年版。

8.4　旧车交易服务

8.4.1　旧车交易概述

旧车交易是针对准备换车的群体把卖车和买车两个环节集合在一起的交易形式。旧车置换首先是卖车,即进行二手车交易。旧车交易的类型根据交易双方行为和参与程度的差异分为:旧车的收购、销售、寄售、代购、代销、租赁、拍卖等。

旧车收购、销售:是指旧机动车交易中心为方便客户进场直接销售或购置的前提下,旧机动车交易中心按照客户的要求,代为销售或购置旧机动车的一种经营活动。

旧车寄售:是指卖车方与旧机动车交易中心签订协议,将所售车辆委托旧机动交易中心保管及寻找购车方,旧机动交易中心从中收取一定场地费、服务费及保管费的一种交易行为。

旧车代购、代销:是指在无须客户进场直接销售或购置的前提下,旧机动车交易中心按照客户的要求,代为销售或购置旧机动车的一种经营活动。

旧车租赁:是指旧机动车交易中心将旧机动车向客户提供租赁的一种经营活动。

旧车拍卖:指旧机动车交易中心以公开竞价的方式销售旧机动车的一种经营活动。

值得注意的是,近年来,出现了一种新的旧车交易模式——二手车置换,并在一些轿车的品牌专营店中迅速成长起来。置换的概念源于海外。狭义的置换就是“以旧换新”业务,即经销商通过二手商品的收购与新商品的对等销售获取利益。广义的置换则是指在以旧换新业务的基础上,还同时兼容二手商品的整新、跟踪服务、二手商品再销售乃至折抵、分期付款等项目的一系列业务组合,从而成为一种有机而独立运营的营销方式。不同于以往旧车交易的是,由于可以推动新车销售,二手车置换业务往往背靠汽车品牌专营店,其背后获得汽车制造厂商的强大技术支持,经销商为二手车的再销售提供一定程度上质量担保,这大大降低了旧车交易中消费者的购买风险,规范了交易双方的交易行为,其发展潜力十分巨大。

8.4.2　旧车交易价格评估

(1)旧车交易价格评估的基本程序

所谓旧车交易价格评估的基本程序是指对具体的评价车辆,从接受立项、受理委托到完成评估任务,出具具体报告的全过程的具体步骤和工作环节。通常旧车交易市场发生的旧车评估业务有:

1)单个的旧机动车交易业务。这类业务一般都是零散地一台一辆地进入市场交易。

2)多辆或批量的旧机动车交易业务。这类业务数量比较集中,车辆少则五辆、十辆,多则几十辆。这些客户大多是生产企业或运输企业。

对于上述这些业务,前者评估操作程序相对简单,后者评估操作程序相对复杂,下面以后者为例,其一般的评估操作程序简述如下:

①前期准备工作阶段。旧机动车鉴定估价的前期准备工作主要包括业务接待、实地考察、签订评估委托协议书。根据评估的要求,向委托方收集有关资料、了解情况,鉴定估价人员本身需要做的准备工作。

②现场工作阶段。现场工作阶段的主要任务是检查手续、核实实物、验证委托人提供的资料、鉴定车辆技术状况。

③评定估算阶段。评定估算阶段一方面要继续收集所欠缺的资料,另一方面对所收集的数据资料进行筛选整理;根据评估目的选择适用的评估方法,本着客观、公正的原则对车辆进行估算,确定评估结果。

④自查及撰写评估报告阶段。这一阶段主要是对整个评估过程进行自查,对鉴定估价的依据和参数再进行一次全面核对,在重新核对无误的基础上,撰写评估说明和报告,最后登记造册归档。

(2)旧车交易价格的评估方法

旧机动车评估方法和资产评估的方法一样,按照国家规定的现行市价法、收益现值法、清算价格法和重置成本法四种方法进行。

1)现行市价法

现行市价法又称"市场法"或"市场价格比较法"。是指通过比较被评估车辆与最近售出类似车辆的异同,并将类似车辆的市场价格进行调整,从而确定被评估车辆价值的一种评估方法。

现行市价法是最直接、最简单的一种评估方法。这种方法的基本思路是:通过市场调查,选择一个或几个与评估车辆相同或类似的车辆作为参照物,分析参照物的构造、功能、性能、新旧程度、地区差别、交易条件及成交价格等,并与评估车辆一一对照比较,找出两者的差别及差别所反映在价格上的差额,经过调整,计算出旧机动车辆的价格。

2)收益现值法

收益现值法是将被评估的车辆在剩余寿命期内预期收益用适用的折现率折现为评估基准日的现值,并以此确定评估价格的一种方法。

采用收益现值法对旧机动车辆进行评估所确定的价值,是指为获得该机动车辆以取得预期收益的权利所支付的货币总额。

从原理上讲,收益现值法是基于这样的事实:即人们之所以占有某车辆,主要是考虑这辆车能为自己带来一定的收益。如果某车辆的预期收益小,车辆的价格就不可能高;反之车辆的价格肯定就高。投资者投资购买车辆时,一般要进行可行性分析,其预计的内部回报率只有在超过评估时的折现率时才肯支付货币额来购买车辆。应该注意的是,运用收益现值法进行评估时,是以车辆投入使用后连续获利为基础的。在机动车的交易中,人们购买的目的往往不是在于车辆本身,而是在于车辆获利的能力。因此该方法较适用投资营运的车辆。

3)清算价格法

清算价格法是以清算价格为标准,对旧机动车辆进行的价格评估。所谓清算价格,指企业由于破产或其他原因,要求在一定的期限内将车辆变现,在企业清算之日预期出卖车辆可收回的快速变现价格。清算价格法在原理上基本与现行市价法相同,所不同的是迫于停业或破产,清算价格往往大大低于现行市场价格。这是由于企业被迫停业或破产,急于将车辆拍卖、出售。

4)重置成本法

重置成本法是指在现时条件下重新购置一辆全新状态的被评估车辆所需的全部成本(即完全重置成本,简称重置全价),减去该被评估车辆的各种陈旧贬值后的差额作为被评估车辆现时价格的一种评估方法。其基本计算公式为:

被评估车辆的评估值=重置成本-实体性贬值-功能性贬值-经济性贬值或被评估车辆的评估值=重置成本×成新率

由上式可看出,被评估车辆的各种陈旧贬值包括实体性贬值、功能性贬值、经济性贬值。

实体性贬值也叫"有形损耗",是指机动车在存放和使用过程中,由于物理和化学原因而导致的车辆实体发生的价值损耗,即由于自然力的作用而发生的损耗。旧机动车一般都不是全新状态的,因而大都存在实体性贬值,确定实体性贬值,通过依据新旧程度,包括表体及内部构件、部件的损耗程度。假如用损耗率来衡量,一部全新的车辆,其实体性贬值为百分之零,而一部完全报废的车辆,其实体性贬值为百分之百,处于其他状态下的车辆,其实体性贬值率则位于这两个数字之间。

功能性贬值是由于科学技术的发展导致的车辆贬值,即无形损耗。这类贬值又可细分为一次性功能贬值和营运性功能贬值。一次性功能贬值是由于技术进步引起劳动生产率的提高,现在再生产制造与原功能相同的车辆的社会必要劳动时间减少,成本降低而造成原车辆的价值贬值。具体表现为原车辆价值中有一个超额投资成本将不被社会承认。营运性功能贬值是由于技术进步,出现了新的、性能更优的车辆,致使原有车辆的功能相对新车型已经落后而引起其价值贬值。具体表现为原有车辆在完成相同工作任务的前提下,在燃料、人力、配件材料等方面的消耗增加,形成了一部分超额运营成本。

经济性贬值是指由于外部经济环境变化所造成的车辆贬值。所谓外部经济环境,包括宏观经济政策、市场需求、通货膨胀、环境保护等。经济性贬值是由于外部环境而不是车辆本身或内部因素所引起的达不到原有设计的获利能力而造成的贬值。外界因素对车辆价值的影响不仅是客观存在的,而且对车辆价值影响还相当大,所以在旧机动车的评估中不可忽视。

拓展阅读

★刘仲国、鲁植雄:《旧机动车鉴定与评估》,人民交通出版社2006年版。

★庞昌乐:《二手车评估与交易实务》,北京理工大学出版社2007年版。

★朱刚、王海林《汽车服务企业管理》,北京理工大学出版社2008年版。

★郭新华:《旧机动车鉴定及评估》,电子工业出版社 2009 年版。

8.5 汽车配件供应

8.5.1 汽车配件分类

一辆汽车由上万个零件组装而成,汽车在使用中都会有对备件的需求。按备件的使用性质通常分成以下几类:

(1)消耗件。在汽车运行中,一些自然老化、失效和到期必须更换的零件,如各种传动带、胶管、密封垫、电器零件(火花塞、传感器、继电器、白金、分火头、分电器盖)、各种滤芯、轮胎、蓄电池等。

(2)易损件。在汽车运行中,一些因自然磨损而失效的零件,如轴瓦、活塞环、活塞、凸轮轴瓦、缸套、气阀、导管、主销、主销衬套、轮毂、制动鼓、离合器摩擦片、各种油封销及套等。

(3)维修件。在汽车一定的运行周期内,必须更换的零件,如各种轴、齿轮类、各类运动件的紧固件以及在一定使用寿命中必须更换的零件(如一些安全紧固件、转向节、半轴套管等)。

(4)基础件。基础件通常是组成汽车的一些主要的总成零件,价值较高。原则上它们应当是全寿命零件,但可能会因使用不当而造成损坏,通常应予修复,也可以更换新件,如曲轮、缸体、缸盖、凸轮轴、车架、桥壳、变速器壳等。

(5)肇事件。汽车肇事通常损坏的零件,如前梁、车身覆盖件、驾驶室、传动轴、水箱等。

8.5.2 汽车配件流通渠道

改革开放以后,随着汽车工业的高速发展,汽车配件也因其需求量大、利润丰厚,受到各行各业的关注。具有一定规模的汽车配件生产企业由改革开放之初的几百家发展到数万家;汽车配件营销企业就更是数不胜数,在许多城镇都出现了汽配一条街、汽配城、汽配市场等。

现在汽车配件营销行业主要有三大流通批发渠道:

(1)原计划经济体制下运作了几十年的省、地、市汽车配件公司。1992 年以前它们还称得上是汽车配件营销主渠道,现在由于其自身机制、体制改革的滞后,也由于其历史库存压力大、人员多、负担重等原因,大多经营不善,出现亏损,经营规模大大缩小,只有少数公司因领导班子管理有方、机制转换快,尚保持着良好的发展势头。

(2)各大汽车生产厂在各地设立的汽车配件供应网络。目前各大汽车厂为了扩大市场占有率,均在全国各地建立了四位一体(即销售整车、供应配件、技术服务、信息反馈)的销售(技术)服务中心,在这些服务中心中,设立了专门的汽车配件供应部门,负责集中供应配套厂家的名优配件。采取在整车生产地建立零配件供应总汇,在其整车拥有量较多的地区设立零配件分汇,在全国建立专门的营销网络的方式。

(3)一批经济实力强、经营规模较大的个体或股份制社会经营网点。改革开放之后的20多年间，有为数不少的投资者将资金投向汽车配件营销业，他们或以家庭为中心，或几家联合，搞家庭公司或股份制公司，采用灵活的经营方式，很快发展起来，有的甚至成为汽车配件生产家的总经销商、特约经销商。

当前，随着汽车配件市场竞争激烈程度的加剧，从供应品种、规模优势、综合服务等方面来看，那些一门一户的，靠销售低价位，甚至以假冒伪劣配件谋取高利润的营销网点已不能满足客户更高层次的需求，特别是随着私人汽车拥有量的猛增，消费者对汽车的售后服务十分关注，细化售后服务、建立市场经济体制下的汽车配件供应新系统，已成为广大消费者的强烈愿望。

8.5.3 汽车配件采购的程序

汽车配件采购的程序包括拟定采购计划、订立采购合同、商品验收入库、结算货款等环节。

(1)拟定采购计划

采购计划定得是否合适，对资金周转和经济效益起着决定性的作用。采购计划做得好，不仅可加快资金周转，提高经济效益，而且可以减少库存积压。一般采购计划的制定，可从三个方面考虑：一是前段时间销售的情况，根据其统计数字拟出应该进货的品种、名称、型号规格和数量；二是参照库存量，库存多的可少进。当然，如果资金允许，那些销路好的也可多进一些；三是根据目前市场行情，作一些适当调整。如有代销渠道，拟定计划时，虽将该批配件列入计划，但要单独列出，这是一笔不需付款的进货。

(2)市场调查

市场调查的目的是通过调查、比较、分析，寻找价格合适、质量可靠、供货及时、售后服务好的供货单位及其产品。

1)正确选择供货单位。选择供货单位，主要从价格和费用、产品质量、交付情况、服务水平四个方面来评价。

①价格和费用。价格和费用的高低是选择供方的一个重要标准。我国市场衔接中存在的固定价格、浮动价格和议价。在选择供应单位时要考虑价格因素，同时还要考虑运输费用问题。价格和费用低能降低成本，增加企业利润。但不是唯一标准，譬如交货迟缓或供应质量低劣，会严重影响修车质量和企业信誉，显然这也是选择供应者时必须考虑的。要做到货比三家，价比三家择优选购。

②产品质量。价格和费用虽低，但供应的配件质量较次，实际上是高价的供应来源。由于配件质量达不到要求而影响修车质量，给用户带来损失，所以要购名牌产品或对配件质量要求规定的合理产品。

③交付标准。它是供应单位按合同所要求的交货期限和交货条件的情况，一般用合同兑现率来表示。交货及时、信誉好的供货单位，自然是选择重点的对象。

④服务标准。考虑供货单位可能提供的服务，如服务态度、方便用户措施和服务项目等。

在选择供货单位时，要注意就地就近选择。这样可以带来许多优点，如能加强同供货单位联系和协作，能得到更好的服务；交货迅速；临时求援方便；节省运输费用和其他费用；降低库存水平等。但是也要注意与别的供货单位权衡，如比较各供货单位的生产技术能力、管理组织水平等。比较后作出全面的评价。

为了作出恰当的评价，必须根据有日常业务往来的单位及市场各种广告资料，编制各类配件供货单位一览表，然后按表内所列的项目，逐项登记，逐步积累，把发生每一笔采购业务，都填写补充到该表中去，并在此基础上进行综合评价。

2)正确选择供货方式。对于需要量大，产品定型、任务稳定的主要配件应尽量选择定点供应直达供货的方式。

对需要量大，但任务不稳定和一次性需要的配件尽量采用与生产厂签订合同直达供货方式，以减少中转环节，加速配件周转。对需要量少的配件，如一个月或一个季度需要量在订货限额或发货限额以下者，宜采取由配件门市部供货的方式，以减少库存积压。对需要量少，但又属于附近厂(如 50km 以内)生产的配件，也可由产需双方建立供需关系，由生产厂按协议供应。

3)采购形式。一是现货与期货，现货购买灵活性大，能适应需要的变化情况，有利于加速资金周转。对需要量较大，消耗规律明显的配件，采用期货形式，签订期货合同，有利于供应单位及时组织供货；二是一家采购与多家采购，一家采购指对某种配件的购买集中于一个供应单位，这样有利于采购配件质量稳定、规格对路、费用低，但无法与他家比较，机动性小。多家采购是将同一订购配件分别在两个以上的供应单位订购；三是向生产厂购买和向供销企业购买，这是对同一种配件既有生产厂自产自销又有供销企业经营的情况下所作的选择。一般情况下，向生产厂购买时价格较为便宜，费用较省，产需直接挂钩可满足特殊要求。供销企业因网点分布广，有利于就近及时供应，机动性大，尤其是自外地区进货和小量零星用料向配件门市部购买更为合适。

(3)签订采购合同

采购合同是供需双方的法律依据，必须按合同法规定的要求拟定，合同的内容要简明，文字要清晰，字义要确切。品种、型号、规格、单价、数量、交货时间、交货地点、交货方式、质量要求、验收条件、双方职责、权利都要明确规定。签订进口配件合同时，更要注意这方面的问题，特别是配件的型号、规格、生产年代、零件编码等不能有一字差别。近几年生产的进口车、可利用标识码(即 17 位码)来寻找配件号。此外，在价格上也要标明何种价，如离岸价、到岸价等，否则会导致不必要的吃亏。

拓展阅读

★彭俊松:《汽车行业供应链战略、管理与信息系统》，电子工业出版社 2006 年版。

★李刚:《汽车及配件营销》，北京理工大学出版社 2008 年版。

★郭新华:《旧机动车鉴定及评估》，电子工业出版社 2009 年版。

8.6 汽车维修与检测

8.6.1 汽车维修

汽车维修(vehicle maintenance and repair)是汽车维护(汽车保养)和汽车修理的总称。就是对出现故障的汽车通过技术手段排查,找出故障原因,并采取一定措施使其排除故障并恢复达到一定的性能和安全标准。汽车维护是为维持汽车完好技术状况或工作能力而进行的作业。汽车修理是为恢复汽车完好技术状况或工作能力和延长寿命而进行的作业。随着汽车设计和制造水平的提高,汽车通过有效维护,在8～10年使用期限内取消整车大修,已逐渐成为一种发展趋势。由于汽车修理工作量的逐渐减少,维护的工作总量已大于修理量。整车大修已被总成大修所代替,汽车维修的重点已转移到维护工作上,维护已重于修理。在汽车维修工作中,实际上也是以维护作业为主。

(1)汽车维护的主要工作

汽车维护工作主要有清洁、检查、补给、润滑、紧固和调整等项内容。

1)清洁

清洁是汽车维护的主要工作,它是提高汽车维护质量,防止机件腐蚀、减轻零部件磨损和降低燃油消耗的基础,并为检查、补给、润滑、紧固和调整工作做好准备。其工作内容主要包括对燃油、机油、空气滤清器滤芯的清洁,汽车外表的养护和对有关总成,零部件内、外部的清洁作业。

2)检查

检查是通过检视、测量、试验和其他方法,确定汽车以及总成、部件技术状况是否正常,工作是否可靠,机件有无变异和损坏,为正确维修提供可靠的依据。其工作内容主要是检查汽车各总成和机件的外表、工作情况和连接螺栓的拧紧力矩等。

3)紧固

汽车在运行中,由于振动、颠簸、机件热胀冷缩等原因,会改变零部件的紧固程度,以致零部件失去连接的可靠性。紧固的目的是保证各机件连接可靠,密封良好,防止松动。汽车维护中,大量工作是紧固工作。有力矩要求的螺栓连接部位,应用专用工具,按规定力矩拧紧。在拆装时,应按规定的先后顺序,分数次旋松或拧紧。

4)调整

调整工作是恢复车辆良好技术性能的一项重要工作。调整工作的好坏,对减少机件磨损、保持汽车使用的经济性和可靠性有直接的关系。其工作内容主要是按技术要求恢复总成、机件的正常配合间隙及工作性能等作业。

5)润滑

润滑主要是为了减少有关摩擦副的摩擦力,减轻机件的磨损,延长汽车的使用寿命。其工作内容包括对发动机润滑系更换或添加润滑油;对传动系操纵部分以及行驶系各润滑部位加注润滑油或润滑脂等作业。加强汽车润滑,不仅可以减少摩擦损失,提高传动效率,还可以减轻零件磨损,同时起到冷却、滑洗、防锈和密封作用。为使汽车各部得到良好润滑，必须按规定选用润滑油，各总成加注的润滑油，其液面高度应符合要求，确保全车各润滑点得到良好的润滑。

6)补给

补给工作是指在汽车维护中，对汽车的燃油、润滑油料及特殊工作液体进行加注补充，对蓄电池进行补充充电，对轮胎进行补充充气等作业。

(2)汽车维护制度

目前我国汽车维护制度规定为日常维护、一级维护和二级维护三个级别。

1)日常维护

日常维护是以清洁、补给和安全检视为作业的中心内容，由驾驶员负责执行的车辆维护作业。日常维护的周期为出车前、行车中、收车后。日常维护的内容为：对汽车外观、发动机外表进行清洁，保持车容整洁。对汽车各部润滑油(脂)、燃油、冷却液、各种工作介质、轮胎气压进行检视补给。对汽车制动、转向、传动、悬架、灯光、信号灯等安全部位和位置以及发动机运转状态进行检视、校紧，确保行车安全。

2)一级维护

一级维护是除日常维护作业外，以清洁、润滑、紧固为作业的中心内容，并检查有关制动、操纵等安全部件，由维修企业负责执行的车辆维护作业。

3)二级维护

二级维护是除一级维护作业外，以检查、调整转向节、转向摇臂、制动蹄片、悬架等经过一定时间的使用容易磨损或变形的安全部件为主，并拆检轮胎，进行轮胎换位，检查调整发动机工作状况和排气污染控制装置等，由维修企业负责执行的车辆维护作业。

4)走合期维护

为保证汽车的使用寿命，汽车在投入使用时都应进行走合期的磨合。经过走合期维护后，才可投入正常使用。新车、大修车以及装用大修发动机的汽车，走合期里程规定为1000～3000 km。应选择较好的道路并减载限速运行。一般汽车按装载质量标准减载20%～25%，并禁止拖带挂车；半挂车按装载质量标准减载25%～50%。驾驶员必须严格执行操作规程，保持发动机正常工作温度。走合期内严禁拆除发动机限速装置。走合期内认真做好车辆日常维护工作，经常检查、紧固各外部螺栓、螺母，注意各总成在运行中的声响和温度变化，及时进行调整。走合期满后，应进行一次走合期维护，其作业项目和深度参照制造厂的要求进行。进口汽车按制造厂的走合期规定进行，有些高级轿车按规定无走合期。

新车和修复车在走合期满后，应进行一次走合维护。该维护一般由制造厂指定的维修厂家负责完成。其作业内容为清洁、检查、紧固和润滑工作，主要作业项目为：更换发动机机油，更换机油滤清器，检查变速器和发动机的泄漏情况，检查发动机冷却系中的冷却液量、制动系的制动液量以及风窗玻璃洗涤器液面等，检查转向系统(转向机、转向球头等)、传动轴和前、后悬架系统、轮胎气压、制动系的制动性能和工作状况。

(3)汽车修理

1)汽车修理级别的划分

在修理中，所有零件及总成有易损零件与不易损零件之分，其磨耗与损坏的程度也不尽相同，需要修理的行驶里程很难一致。因此，按照不同的对象和不同的作业范围，汽车修理可分为整车大修、总成大修、汽车小修和零件修理。

①整车大修。汽车在行驶一定里程（或时间）后，经过检测诊断和技术鉴定，需要用修理或更换零部件的方法，恢复车辆整体完好的技术状况，完全或接近完全恢复汽车使用性能和寿命的恢复性修理。

②总成大修。汽车的主要总成经过一定使用时间（或行驶里程）后，用修理或更换总成零部件（包括基础件）的方法，恢复其完好技术状况和寿命的恢复性修理。

③汽车小修。用修理或更换个别零件的方法，保证或恢复汽车局部工作能力的运行性修理。

④零件修理。对因磨损、变形、损伤等不能继续使用的零件的修理。汽车修理和维护换下来的零件，具备修理价值的，可修复使用。

2)汽车大修和总成大修的送修条件

①整车。对于载货汽车，发动机已达到大修标准，同时有两个或两个以上其他总成符合大修条件。对于客车、轿车，车身总成已达大修的送修条件，同时发动机或其他两个总成也达到大修标准时，均应进行大修。

②发动机。气缸磨损量超过规定标准，发动机最大功率或气缸压力较标准降低25%以上，燃油和润滑油消耗量明显增加。

③车身总成。车身有明显的破损、裂纹、锈蚀、脱焊及车身变形逾限，蒙皮破损面积较大必须拆卸其他总成或部件后才能进行校正、修理，方能修复。

④变速器（分动器）总成。壳体变形、破裂、轴承孔磨损逾限，变速齿轮及轴严重磨损、损坏，需要彻底修复。

⑤车桥总成。桥壳破裂、变形，半轴套管轴承孔磨损逾限，主销轴承孔磨损逾限，减速器齿轮严重磨损，需要校正或彻底修复。

3)汽车修理的主要工作

在整个汽车的修理工艺过程中，主要包括外部清洗、总成拆卸、总成分解、零件清洗、检验、修复与更换、装配与调整、试验等各道工序。

在分解检验时，对主要旋转零件或组合件，如飞轮、离合器压盘、曲轴、传动轴、车轮等，需进行静平衡或动平衡试验；对有密封性要求的零件或组合件，如气缸盖、气缸体、散热器、储气筒以及制动阀、泵、气室等，应进行液压或气压试验；对主要零件及有关安全的零部件，如曲轴、连杆、凸轮轴、前轴、轴向节、转向节臂、球头销、转向蜗杆轴、传动轴、半轴、半轴套管或桥壳等，应做探伤检查。

对基础件及主要零件，应检验并恢复其配合部位和主要部位的尺寸、形状及位置要求等。主要总成应经过试验、性能符合技术要求方可装车使用。

(4)汽车维修企业分类与汽车维修商的义务

目前，汽车维修企业按国家标准规定分为三类：一类汽车维修企业是从事汽车大修和总成修理的企业。二类汽车维修企业是从事汽车一级、二级维护和小零件更换等专项修理或维护的企业。三类汽车维修企业是从事汽车小修理、小“美容”的企业。

专业人士建议，车如果要大修，一定要找一类厂，它们技术水平高，拥有专业化维修设备，而且一般修后都有3～6个月的保修期，消费者有保障，但价格偏高。小修可以找二类厂，二类厂现代信息技术和电脑化管理被普遍采用，企业注重品牌意识，对汽车维修的延展服务做得比较好，个性化服务也是吸引人的一个地方，例如允许车主看修车过程，为车主的特殊需要制定修车菜单，做跟踪调查，及时回馈信息等。如果只是换换轮胎、车身美容等小修，找一家专业三类厂便可。

另外，在选择汽车修理厂前，别忘了看看其等级证明，包括它的营业执照和交管部门颁发的技术审查合格证书。同时应要求修理厂提供检修项目清单，以便日后可根据清单追究其责任。

根据我国目前的规定，汽车维修商在进行汽车维修时必须尽到以下的义务：

1)维修车辆进厂，维修竣工出厂，必须由专人负责质量检验，并认真填写检验单。维修商对进行汽车大修、总成大修、二级维护的车辆必须建立《汽车维修技术档案》。消费者有权了解自己的汽车维修情况。

2)汽车维修竣工出厂实行出厂合格证制度(汽车小修和部分专项修理除外)，维修质量不合格的车辆不准出厂。汽车维修商在车辆维修竣工出厂时必须按竣工出厂技术条件进行检测并向托修方提供由出厂检验员签发的汽车维修竣工出厂合格证。

消费者在维修自己的车辆时如果发现维修商未尽到以上的义务，有权向有关部门投诉，同时也有权要求维修商向自己提供出厂合格证。

8.6.2 汽车检测

(1)汽车检测及审验

《中华人民共和国道路交通安全法》规定：机动车必须依照法律、行政法规的规定，根据车辆用途、载客载货数量、使用年限等不同情况，定期进行安全技术检验，未按规定检验或检验不合格的，不准继续行驶。中华人民共和国交通部《汽车运输业车辆技术管理规定》(1990年3月)要求：各省、自治区、直辖市交通厅(局)应根据车辆从事运输的性质、使用条件和强度以及车辆老旧程度等，进行定期或不定期检测，确保车辆技术状况良好，并对维修车辆实行质量监控；并规定：经认定的汽车综合性能检测站在车辆检测后，应发给检测结果证明，作为交通运输管理部门发放或吊扣营运证依据之一和确定维修单位车辆维修质量的凭证。

机动车辆必须按照车辆管理部门的规定定期进行检验(一般一年一次)，作为发放和审验"行驶证"的主要依据。营运车辆还必须根据交通运输管理部门制定的车辆检测制度，对车辆的技术状况进行定期或不定期检测(一般一季度一次)，作为发放和审验"营运证"的主要依据。

1)年检

年检指按照车辆管理部门规定的期限对在用车辆进行的定期检验，或根据交通运输管理部门制定的车辆检测制度，对营运车辆进行的定期检测。车辆年检的目的是检验车辆的主要技术性能是否满足GB7258-2004《机动车运行安全技术条件》的规定，督促车属单位对车辆进行维修和更新，确保车辆具有良好的技术状况，消除事故隐患，确保行车安全。同时，使车辆管理部门全面掌握车辆分类和技术状况的变化情况，以便加强管理。由于汽车检测和审验的类型和目的不同，一般可分为汽车安全检测、汽车综合性能检测、汽车维修检测和特殊检测。

①汽车安全检测。汽车安全检测的目的是确定汽车性能是否满足有关汽车运行安全和公害等法规的规定，是对全社会民用汽车的安全性检查。根据检测手段不同，一般分为外检和有关性能的检测。外检是通过目检和实际操作来完成的，其主要内容有：检查车辆号牌、行车执照有无损坏、涂改、字迹不清等情况，校对行车执照与车辆的各种数据是否一致。检查车辆是否经过改装、改型、更换总成，其更改是否经过审批及办理过有关手续。检查车辆外观是否完好，连接件是否紧固，是否有四漏（漏水、漏油、漏气、漏电）现象。检查车辆整车及各系统是否满足 GB 7258-2004《机动车运行安全技术条件》所规定的基本要求。对汽车有关性能的检测，采用专用检测设备对汽车进行规定项目的检测，主要有转向轮侧滑、制动性能、车速表误差、前照灯性能、废气排放、喇叭声级和噪声六项。

②汽车综合性能检测。汽车综合性能检测的目的是对在用运输车辆的技术状况进行检测诊断。对汽车维修行业的维修车辆进行质量检测，以确保运输车辆安全运行，提高运输效率和降低运行消耗。汽车综合性能检测的主要内容包括：安全性（制动、侧滑、转向、前照灯等）；可靠性（异响、磨损、变形、裂纹等）；动力性（车速、加速能力、底盘输出功率、发动机功率和转矩、供给系统和点火系统状况等）；经济性（燃油消耗）；噪声和废气排放状况。

③汽车维修检测。汽车维修检测的目的是对汽车维修前进行技术状况检测和故障诊断，据此确定附加作业和小修项目以及是否需要大修，同时对汽车维修后的质量进行检测。

汽车二级维护前检测的主要内容有：

a. 汽车基本性能：最高车速、加速性能、燃油消耗量、制动性能、转向轮侧滑量以及滑行能力等。

b. 发动机技术状况：气缸压力、机油压力、工作温度、点火系统技术状况、机油质量以及发动机异响等。

c. 底盘技术状况：离合器工作状况、变速器、主减速器、传动轴技术状况（密封、工作温度、异响等）、车轮、悬架技术状况、车架有无裂伤及各部件铆接状况等。

d. 车辆外观状况：检查车辆装备是否齐全，车身有无损伤。车轴及车架有无断裂、变形及有无“四漏”现象等。

汽车二级维护质量检测的主要内容有：

a. 外观：检查车容整齐、装备齐全、无“四漏”现象等。

b. 动力性能：检测发动机功率或气缸压力、汽车的加速性能、滑行能力。

c. 经济性能：检测燃油消耗量。

d. 安全性能：转向轮定位和侧滑量、转向盘自由转动量、制动性能、前照灯发光强度及光束照射位置、车速表误差、喇叭声级及噪声等。

e. 废气排放：汽油车怠速污染物（CO，HC）排放、柴油车自由加速烟度排放。

f. 异响：发动机和底盘各总成有无异常声响。

汽车或发动机修理质量的检测应根据 GB/T 3798-1983《汽车大修竣工出厂技术条

件》和 GB/T 15746.3-1995《汽车修理质量评定标准》进行。

④特殊检测。特殊检测是指为了不同的目的和要求对在用车辆进行的检验。在检验的内容和重点上与上述各类检测有所不同,故称为特殊检测,主要包括:

a. 改装或改造车辆的检测:为了不同的使用目的,在原车型底盘的基础上改制成其他用途的车辆后,因其结构和使用性能变更较大,车辆管理部门在核发号牌及行车执照时,应对其进行特殊检验,包括汽车主要总成改掉后的车辆的检测,有关新工艺、新技术、新产品以及节能、科研项目等的检测鉴定。

b. 事故车辆的检测:对发生交通事故并有损伤的车辆进行检测。一方面是为了分析事故原因,分清事故责任。另一方面是为了查找车辆的故障,确定汽车的技术状况,以保证再行车的安全。

c. 外事车辆的检验:为保证参加外事活动车辆的技术状况,防止意外事故发生,必须对车辆的安全性能和其他有关性能进行检验。

d. 其他检测:接受公安、商检、计量、保险等部门的委托,进行有关项目的检测。

2)临时性检验

临时性检验是指除对车辆进行正常检验之外的车辆检验。车辆临时性检验的内容与年检基本相同,其目的是评价车辆性能是否满足 GB 7258-2004《机动车运行安全技术条件》的要求,以确定其能否在道路上行驶,或车辆技术状况是否满足参加营运的基本要求。

在用车辆参加临时性检验的范围有:

①申请领取临时号牌(如新车出厂、改装车出厂)的车辆。

②放置很长时间后要求复驶的车辆。

③遭受严重损坏,修复后准备投入使用的车辆。

④挂有国外、港澳地区号牌,经我国政府允许,可进入我国境内短期行驶的车辆。

⑤车辆管理部门认为有必要进行临时检验的车辆(如春运期间、交通安全大检查期间)。

营运车辆在下述情况下,应按交通运输管理部门的规定参加临时性检测:

①申请领取营运证的车辆。

②经批准停驶的车辆恢复行驶前。

③经批准封存的车辆启封使用时。

④改装和主要总成改造后的车辆。

⑤申请报废的车辆。

⑥其他车辆检测诊断服务。

2)汽车检测站分类

汽车检测和审验工作是在具有若干必需的技术装备,并按一定工艺路线组成的汽车检测站进行的。根据检测站的服务对象和检测内容,可分为汽车安全检测站、汽车综合性能检测站和汽车维修检测站三类。

①汽车安全检测站。汽车安全检测站主要检测汽车与安全及环保有关的项目,受公安机关车辆管理部门的委托,承担汽车申请注册登记时的初次检验、汽车定期检验、汽车临时检验和汽车特殊检验(包括事故车辆、外事车辆、改装车辆和报废车辆等的技术检

验)。根据中华人民共和国公安部《机动车辆安全技术检测站管理办法》的规定,安全检测站必须具备检测车辆侧滑、灯光、轴重、制动、排放、噪声的设备及其他必要的检测设备。

②汽车综合性能检测站。汽车综合性能检测站是综合运用现代检测技术、电子技术和计算机应用技术,对汽车实施不解体检测、诊断的企业。它具有能在室内检测、诊断出车辆的各种性能参数、查出可能出现故障的状况,为全面、准确评价汽车的使用性能和技术状况提供可靠的依据。

汽车综合性能检测站既能担负车辆动力性、经济性、可靠性和安全环保管理等方面的检测,又能担负车辆维修质量的检测以及在用车辆技术状况的检测评定,还能承担科研、教学方面的性能试验和参数测试,能为汽车使用、维修、科研、教学、设计、制造等部门提供可靠的技术依据。汽车综合性能检测站主要由一条至数条检测线组成。对于独立完整的检测站,除检测线之外,还应有停车场、试车道、清洗站、电气站、维修车间、办公区和生活区等。

③汽车维修检测站。汽车维修检测站是为汽车维修服务的检测站。其任务是:对二级维护前的汽车进行技术状况检测和故障诊断,以确定附加作业和小修项目;对大修前的汽车或总成进行技术状况检测,以确定其是否达到大修标准而需要大修;对维修后的汽车进行技术检测,以监控汽车的维修质量。

拓展阅读

★赵福堂、渠桦、解建光:《现代汽车检测:诊断与维修》,北京理工大学出版社 2005 年版。

★蒲永峰:《汽车检测、诊断与维修》,清华大学出版社 2008 年版。

8.7　汽车美容与装饰

8.7.1　汽车美容服务

汽车美容(Auto Beauty)是指针对汽车各部位不同材质所需的保养条件采用不同性质的汽车美容护理用品及施工工艺,对汽车进行全新的保养护理。“汽车美容”源于西方发达国家,英文名称也可以表示为“Car Beauty”或“Car Care”,指对汽车的美化和爱护。现代汽车美容不只是简单的汽车清洗、吸尘、除渍、除臭及打蜡等常规美容护理,还包括利用专业美容系列产品和高科技设备,采用特殊的工艺和方法,对汽车进行漆面抛光、增光、深浅划痕处理及全车漆面翻新等一系列养护作业。

汽车美容按作业性质不同可分为护理性美容和修复性美容两大类。

护理性美容是指保持车身漆面和内室件表面亮丽而进行的美容作业,主要包括新车开蜡、汽车清洗、漆面研磨、漆面抛光、漆面还原、上蜡及内室件保护处理等美容作业;修复性美容是车身漆面或内室件表面出现某种缺陷后所进行的恢复性美容作业,其缺陷主要有漆膜病态、漆面划伤、漆面斑点及内室件表面破损等,根据缺陷的范围和程度不同分别进行表面处理、局部修补、整车翻修及内室件修补更换等美容作业。

(1)汽车美容的作用

1)保护汽车。汽车漆膜是汽车金属等物体表面的保护层,它使物体表面与空气、水分、日光以及外界的腐蚀性物质隔离,起着保护物面、防止腐蚀的作用,从而延长金属等物体的使用寿命。汽车在使用过程中,由于风吹、日晒、雨淋等自然侵蚀,以及环境污染的影响,表面漆膜会出现失光、变色、粉化、起泡、龟裂、脱落等老化现象,另外,交通事故、机械撞击等也会造成漆膜损伤。一旦漆膜损坏,金属等物体便失去了保护的“外衣”。为此,加强汽车美容作业,维护好汽车表面漆膜是保护汽车金属等物体的前提。

2)装饰汽车。随着人们消费水平的提高,对于一些中、高档轿车来说,已不仅仅是一种交通工具,它已成为人们一种身份的象征。车主不仅要求汽车具有优良的性能,而且要求汽车具有漂亮的外观,并想方设法把汽车装点得靓丽美观,这就对汽车的装饰、性能提出了更高的要求。汽车装饰不仅取决于车型外观设计,而且取决于汽车表面色彩、光泽等因素。通过汽车美容作业,使汽车涂层平整、色彩鲜艳、色泽光亮,始终保持美丽的容颜。

3)美化环境。随着我国国民经济的不断发展和科学技术的不断进步,人们生活水平的不断提高,道路上行驶的各种汽车越来越多。五颜六色的汽车装扮着城市的各条道路,形成一条条美丽的风景线,对城市和道路环境起到美化作用,给人们以美的享受。如果没有汽车美容,道路上行驶的汽车车身灰尘污垢堆积,漆面色彩单调、色泽暗淡,甚至锈迹斑斑,这样将会形成与美丽的城市建筑极不协调的景象。因此,美化城市环境离不开汽车美容。

(2)汽车美容作业项目

1)护理性美容作业项目

①新车开蜡。汽车生产厂家为防止汽车在储运过程中漆膜受损,确保汽车到用户手中时漆膜完好如新,汽车总装的最后一道工序是对整车进行喷蜡处理,在车身外表面喷涂封漆蜡。封漆蜡没有光泽,严重影响汽车美观,且易粘附灰尘。汽车销售商在汽车出售前对汽车进行除蜡处理,俗称开蜡。

②汽车清洗。为使汽车保持干净整洁的外观,应定期或不定期地对汽车进行清洗。汽车清洗是汽车美容的首要环节,同时也是一个重要的环节。它既是一项基础性的工作,也是一种经常性的护理作业。

③漆面研磨。漆面研磨是去除漆膜表面氧化层、轻微划伤等缺陷所进行的作业。该作业虽具有修复美容的性质,但由于所修复的缺陷非常小,只要配合其他护理作业,便可消除缺陷,所以把它列为护理性美容的范围。

④漆面抛光。漆面抛光是紧接着研磨的第二道工序。车漆表面经研磨后会留下细微的打磨痕迹,漆面抛光就是为了去除这些痕迹所进行的护理作业。

⑤漆面还原。漆面还原是研磨、抛光后进行的第三道工序,它是通过还原剂将车漆表面还原到“新车”般的状况。

⑥打蜡。打蜡是在车漆表面涂上一层蜡质保护层,并将蜡抛出光泽的护理作业。打蜡的目的:一是改善车身表面的光亮程度;二是防止腐蚀性物质的侵蚀;三是消除或减小静电影响,使车身保持整洁;四是降低紫外线和高温对车漆的侵害。

⑦内室护理。汽车内室护理是对汽车控制台、操纵件、座椅、座套、顶棚、地毯、脚垫等

部件进行的清洁、上光等美容作业，同时还包括对汽车内室进行定期杀菌、除臭等净化空气作业。

2)修复性美容作业项目

①漆膜病态治理。漆膜病态是指漆膜质量与规定的技术指标相比所存在的缺陷。漆膜病态有上百种，对于各种不同的漆膜病态，应分析原因，采取有效措施积极防治。

②漆面划伤处理。漆面划伤是因刮擦、碰撞等原因造成的漆膜损伤。当漆面出现划痕时，应根据划痕的深浅程度，采取不同的工艺方法进行修复处理。

③漆面斑点处理。漆面斑点是指漆面接触了柏油、飞漆、焦油、鸟粪等污物，在漆面上留下的污迹。对斑点的处理应根据斑点在漆膜中渗透的深度不同，采取不同的工艺方法进行修复。

④汽车涂层局部修补。汽车涂层局部修补是当汽车漆面出现局部失光、变色、粉化、起泡、龟裂、脱落等严重老化现象或因交通事故导致涂层局部破坏时所进行的局部修补涂装作业。汽车涂层局部修补虽作业面积较小，但要使修补漆面与原漆面的漆膜外观、光泽、颜色达到基本一致，还需要操作人员具有丰富的经验和高超的技术水平。

⑤汽车涂层整体翻修。汽车涂层整体翻修是当全车漆膜出现严重老化时所进行的全车翻新涂装作业。其作业内容主要有清除旧漆膜、金属表面除锈、底漆和腻子施工、面漆喷涂、补漆修饰及抛光上蜡等。

8.7.2　汽车装饰服务

汽车的装饰服务主要有：车窗与车身装饰、汽车内室装饰、汽车视听装饰、车载免提电话及汽车安全防护装饰等。

(1)车窗与车身装饰

1)车窗太阳膜。太阳膜的功用如下：

①改变色调。五颜六色的太阳膜可以改变车窗玻璃全部是白色的单一色调，给汽车增加美感。

②提高防爆性能。汽车防爆太阳膜可以提升意外发生时汽车的安全水平，使汽车玻璃破碎可能性降到最低，最大限度地避免意外事故对乘员的伤害。

③提高空调效能。汽车防爆太阳膜的隔热率可达 50%～95%，有效地降低汽车空调的使用，节省燃油，提高空调效率。

④抵御有害紫外线。紫外线辐射具有杀菌作用，但对人的肌肤也具有侵害力，对于乘员来说，长时间乘车时，人体基本上处于静止状态，此时更易受到紫外线伤害，造成皮肤疾病。防晒太阳膜可有效阻挡紫外线，对肌肤起到一定的保护作用。

⑤保证乘车隐秘性。太阳膜的单向透视性可以遮挡来自车外的视线，增强隐蔽性。

2)加装天窗

加装天窗的主要目的有利于车厢内通风换气，车厢内的空气状况直接影响到乘坐的舒适性。另外，天窗还为驾车摄影、摄像提供了便利条件。

3)车身装饰

车身装饰可分为三类：一是保护类，为保护汽车车身安全而安装的，如保险杠、灯护罩等;二是实用类,为弥补汽车载物能力不足而安装的,如行李架、自行车架、备胎架等;三是观赏类,为使汽车外部更加美观而安装的装饰品,加彩条贴、金边贴、全车金标等。

(2)汽车内室装饰

汽车内室包括驾驶室和车厢,它是驾驶员和乘客在行驶途中的生活空间。对汽车内室进行装饰,营造温馨、美观的车内环境,从而增加司乘人员乘坐舒适性。

1)坐椅

装饰汽车座椅是车内占用面积最大,使用率最高的部件,为此对其进行装饰不仅要考虑美观,还要考虑实用。

2)更换真皮座套

目前,国产车和经济型进口车出厂时多数没配备真皮座椅,为营造更舒适、温馨的车内空间,越来越多的轿车开始更换真皮座套。

3)车内饰品

装饰车内饰品种类很多,按照与车体连接形式的不同可分为吊饰、摆饰和贴饰三种:吊饰是将饰品通过绳、链等连接件悬挂在车内顶部的一种装饰。摆饰是将饰品摆放在汽车控制台上的一种装饰。贴饰是将图案和标语制在贴膜上,然后粘贴在车内的装饰。

4)桃木装饰

桃木装饰的特点是美观、高雅、豪华,其优美的花纹具有特殊的装饰效果。主要用于车内控制台、转向盘及变速杆等部位装饰。

5)香品装饰

车用香品对净化车内空气,清除异味、杀灭细菌,对车内空气卫生具有重要作用。市面上的车用香品种类繁多,按形态可分为气态、液态和固态;按使用方式可分为喷雾式、泼洒式和自然散发式等。气态车用香品主要由香精、溶剂和喷射剂组成。液态车用香品由香精与挥发性溶剂混合而成,盛放在各种具有造型美观的容器中,此种车用香品在汽车室内应用最广。固态车用香品主要是香精与一些材料混合,然后加压成型。

(3)汽车视听装饰

汽车视听装饰具有以下作用:减轻旅途疲劳,提供交通信息,减少停车等待中的寂寞。视听装饰的种类:主要有安装汽车收放机、汽车激光唱机、汽车电视机、汽车影碟机等。

(4)车载免提电话

车载免提电话的种类:

1)手机免提电话。这是一种上车后将手机置入机座内就可以使用的免提电话装置。它体积小,不影响车内装置,直接接到汽车点烟器上,无须改装车内结构,来电话时从高保真扬声器传出。这种产品不仅克服了车载电话和手机是两个不同号码的弊端,而且无须更换手机和车载系统,适合任何型号的手机和汽车。

2)声控免提电话。这种电话靠声音控制,只需轻声一呼,电话就自动接通。

3)插卡式车载电话。这是同时具有普通车载电话功能和免提声控功能的高档车载电话。手机所具有的功能应有尽有,而且操作简单,可满足不同用户的需求,真正为用户建立了一个移动的办公室。

(5)汽车安全防护装饰

汽车安全防护装饰包括安装车辆防盗、报警和司乘人员行车保护等装置,它是为提高车辆的安全防护性能而采取的技术措施,对加强车辆及行车安全具有重要作用。

拓展阅读

★阎文兵、姜绍忠:《汽车美容与装饰》,北京理工大学出版社2007年版。

★周燕:《汽车美容与装饰》,机械工业出版社2008年版。

★刘晓锋、高婷婷:《汽车美容与装饰》,科学出版社2009年版。

★宋孟辉、孙涛:《汽车美容与装饰》,机械工业出版社2010年版。

复习思考

1. 汽车4S服务中的4S指的是什么?
2. 目前我国汽车信贷主要存在的问题有哪些?
3. 目前我国的汽车保险的种类有哪些?
4. 索赔的常规程序是怎样的?
5. 简述旧车交易概念及类型。
6. 旧车交易价格评估的方法有哪些?
7. 汽车维护的主要工作有哪些?
8. 我国汽车维护制度包括哪几种类别?
9. 简述汽车修理级别的划分内容。
10. 简述汽车年检内容。
11. 简述汽车美容作业项目的内容。
12. 简述汽车装饰服务内容。

第9章　汽车服务企业信息管理

学习目标

1. 了解汽车服务企业信息化管理现状，理解管理信息系统的基本内涵。
2. 熟悉管理信息系统的基本类型及应用。
3. 了解电子商务及其在汽车服务企业中的应用。
4. 掌握ERP的管理思想及结构。

考核标准

知识要求：了解汽车服务企业的业务基本流程及一般管理方法。

技能要求：能够比较熟练地使用一种常用的企业信息管理软件。

教学建议

教具：个人计算机、汽车服务企业管理软件。

建议：本章建议使用计算机多媒体教学和实训。

教学时参考《汽车服务企业管理》精品课程。

任务导向

学会使用维新、新业等汽车服务管理软件，熟悉4S店工作流程。

9.1　汽车服务企业信息管理系统

随着信息时代的飞速发展，计算机已广泛地应用于各行各业，汽车服务业由于经营品种、企业规模的多样化，对计算机的应用程度也不尽相同，但随着我国汽车保有量的增长，企业内外部信息量急剧增长，这些都促使汽车服务企业对信息处理手段和方法的现代化要求越来越强烈，在汽车服务业推广应用计算机系统，提高服务人员素质，对企业经营管理诸要素进行合理配置和优化组合，使经营活动过程中的人流、物流、资金流、信息流处于最佳状态，以求获得最佳效益，已成为全行业的共识。

9.1.1　我国汽车服务企业信息化管理系统

我国汽车服务行业经过十几年的发展，已进入一个飞速发展和变化的阶段，这个阶段与 20 世纪 90 年代前相比已经产生了巨大的变化，这种变化一方面说明我国汽车服务产业的前景非常广阔，另一方面日益激烈的市场竞争要求服务企业对市场作出更快的反应，提供更优质的服务，这就要求对企业生产、财务、销售、物流、人力资源等管理要素进行科学管理，提高企业内外部运行效率的信息技术的应用，也表明我国汽车服务企业进入了依靠信息求生存、求发展的时代。

我国汽车行业的信息化管理起步于 20 世纪 90 年代，但是由于受管理体制、传统观念等影响，企业的信息化往往流于形式，往往只能在部分领域实现信息系统的部分职能，甚至成为形象工程，耗财耗力，得不偿失，成功的企业信息化案例少之又少。近几年来，汽车行业的信息化日程，提升到长远规划、战略发展的层次上来。我国汽车服务产业信息化是伴随着我国汽车行业信息化的发展而发展起来的，其现状可概括为“21 世纪的网络，20 世纪 90 年代的软件，但是只有 80 年代的应用，70 年代的管理”，其信息化水平参差不齐。除一些“4S”店在汽车制造商的要求下，其信息化管理和应用达到一定层次，其他企业长期以来基本沿用以人工为主的报表方式对企业信息进行管理，其结果是信息量少，管理水平和效率低，致使决策者只能凭主观进行决策，造成很大的损失和浪费。其中虽然也有个别公司在管理中应用了计算机，但主要是利用其进行统计报表、工资发放和文字处理等，给决策者提供的信息较少，无法清晰准确地控制业务过程，对于科学决策意义不大。总的来说，我国汽车服务企业信息管理水平主要存在以下一些问题：

(1)基础薄弱

相对于国外同行来说，我国汽车服务企业信息管理总体应用水平还相当低，尤其是企业间的数据交换，企业集团内部位于不同地理位置上的分公司之间的信息交流，企业之间的数据确认等方面。除了极少数企业应用了 EDl(电子数据交换)系统，更多的则还是以传真加电话的方式进行联系和沟通。数据交换、商业合同等多以书面或其他介质为主，同时辅以 E-mail 进行。企业之间设计信息的传送更多地仍以最原始的图纸传送方式为主，配备 CAD 系统的企业则以数据磁带的方式进行传递，只有少量的信息借助互联网进行传送。大部分汽车服务企业未从企业的高度对企业的管理信息系统进行全面规划和在项目实施过程中严格把关。领导和管理人员对企业信息化的参与力度不强，没有将信息化建设与提升管理水平紧密地结合起来。

(2)信息资源缺乏规范化、标准化的管理

我国汽车制造起源于大而全的方式，直到 20 世纪 90 年代，从零部件到整车的生产基本上是在一个企业(集团)的内部来完成，这导致了产品及零部件标准的封闭性。同时，由于长期手工管理形成的习惯，企业内部的信息编码体系并没有实际得到应用，这又形成了在一个企业内的不同部门之间不能用一个统一的一套识别系统对管理实体进行识别的现象。汽车服务企业作为整车制造企业的下游企业，其编码一般依据的是整车企业的编码，因此，缺乏规范化和标准化。

另外，许多企业在管理信息系统的开发建设过程中，对信息资源的标准化认识不足，往往是重视系统硬件的配置和软件的开发，而对信息表示方法没有重视。造成信息分类编码混乱，互不兼容，很难满足现代信息管理的要求。而国外发达国家，在信息系统建立时，非常重视信息资源标准化、系统分析和整体规划。

(3)信息资源共享问题

由于信息标准的不统一，信息资源的共享性差就成为了一个突出的问题。汽车信息资源共享，是指通过计算机、网络、通信等技术将可公开的有关汽车技术、销售、市场、维修、检测及教育培训等方面的信息资料公布，使不同地域的汽车用户可以随时使用。同时整车生产商与零部件供应商之间能够共享相同的信息标准进行信息交换。目前国家正在建立这样的一套标准，但在这套标准出台之前，企业各自的标准还要继续使用。即使国家推出了一套信息标准，汽车服务企业掌握这套标准，完成用新标准对原有信息系统的改造还需要大量的资金和时间上的投入。汽车行业的信息资源难以共享的问题还将困扰企业较长时间。

另外，目前国内汽车网站多以企业自建为主，其特点是缺乏系统性，信息资源重复建设，缺少权威性、规范性、全面性。

(4)缺乏公共电子商务平台

电子商务正剧烈改变着西方传统的汽车生产与销售，世界各大汽车厂商都想抓住电子商务的良好机遇发展自己。1999 年 8 月，通用汽车公司宣布成立一个名为 e-GM 的业务中心，其职能是充分利用飞速发展的互联网技术，使公司在全球的产品和服务更加贴近其各自的目标顾客，真正实现企业与顾客之间的实时交流与互动。福特汽车公司认为，企业建立网站只是从虚拟世界向真实世界转变的第一阶段；第二阶段是在企业的网站上设立对话功能，顾客可以在网上比较价格和产品，并在线提出问题，由企业的专家及时给予回应；福特汽车公司目前正在实施第三阶段，即开始为订货而生产的过程，与微软公司的联盟就是为此目的而进行的，即顾客可以在福特的网站上根据自己实际需求订货；第四阶段，实现真正的依据订货生产的供应链，届时福特汽车公司的零部件供应商和各整车生产商都可以在网上及时收到用户的特殊订货，并使绝大部分汽车在收到订货后的 10 天以内完成制造并发货。除此之外，以北美的三大汽车厂家为主的汽车生产厂家，以及零部件供应公司共 1300 家公司组成的汽车工业组织建立了覆盖北美的汽车信息交换网络，已于 1998 年开始运转。日本汽车工业协会也在计划建立一个这种模式的组织，并于 1999 年 10 月开始试行。这就意味着必须通过这些网络，才能与这些公司进行业务往来。

在我国，几大汽车集团之间仅存在着竞争关系，并无合作的打算。一个国家级的汽车电子商务平台的建设不可能由某一个大型汽车集团独立完成，而汽车产业的全球化采购和全球化合作又是 21 世纪国际汽车产业发展的趋势，在这样的形势下，尽快推动我国大型汽车集团间的合作，建设以国内主要汽车集团为主要应用对象的汽车电子商务平台迫在眉睫。

(5)客户信息管理严重缺乏

客户满意度贯穿了汽车服务企业服务管理的全过程，由于手段的制约，影响客户满意度的事件时有发生，如客户到服务站维修，客户报上姓名，服务人员不知道该客户是不是企业的销售客户；车辆维修时，业务接待不能及时掌握维修进度，不知道能否按时交车；客户回访时,销售人员回访和服务人员回访口径不统一,回访信息不能共享,彼此不知道客户的回访情况等。这些都说明我国汽车服务业对客户信息还没有进行系统化管理。

9.1.2　汽车服务企业管理信息系统的基本内涵

(1)汽车服务企业管理信息系统的定义

汽车服务企业信息化就是将因特网技术和信息技术应用于汽车服务业生产、技术、服务及经营管理等领域,不断提高信息资源开发效率,获取信息经济效益的过程。汽车服务企业信息管理的主要内容有:对汽车消费者服务的信息化、汽车购买的电子化、与整车制造商的信息传递与共享、汽车服务企业内部管理的信息化以及汽车物流控制的信息化等。它涉及消费者、整车制造、零部件供应、汽车销售、汽车保险金融、汽车技术服务、汽车回收、汽车美容养护、汽车物流和第三方服务机构等。

汽车服务企业管理信息系统是一个以人为主导,利用计算机硬件、软件、网络通信设备以及其他办公设备,进行汽车服务企业管理、业务信息的收集、传输、加工、储存、更新和维护,以企业战略竞优、提高效益和效率为目的,支持汽车服务企业高层决策、中层控制、基层运作的集成化人机系统。汽车服务企业管理信息系统强调从系统的角度来处理企业经营活动中的问题,把局部问题置于整体之中,求整体最优化。它能使信息及时、准确、迅速送到管理者手中,提高管理水平。汽车服务企业管理信息系统在解决复杂的管理问题时,可广泛应用现代数学成果,建立多种数学模型,对管理问题进行定量分析。汽车服务企业管理信息系统把大量的事务性工作交由计算机来完成,使人们从繁琐的事务中解放出来,有利于管理效率的提高。

(2)汽车服务企业管理信息系统的特征

1)为管理服务。汽车服务企业管理信息系统的目的是辅助汽车服务企业进行事务处理,为管理决策提供信息支持,或者是宣传企业,扩大影响,因此必须同汽车服务企业的管理体制、管理方法、管理风格相结合,遵循管理与决策行为理论的一般规律。为了满足管理方面提出的各种要求,汽车服务企业管理信息系统必须准备大量的数据(包括当前的和历史的、内部的和外部的、计划的和实际的)、各种分析方法、大量数学模型和管理功能模型(如预测、计划、决策、控制模型等)。

2)适应性和易用性。根据一般系统理论,一个系统必须适应环境的变化,尽可能做到当环境发生变化时,系统不需要经过大的变动就能适应新的环境,这就要求系统便于修改。一般认为,最容易修改的系统是积木式模块结构的系统,由于每个模块相对独立,其中一个模块的变动不会或很少影响其他模块。建立在数据库基础上的汽车服务企业管理信息系统,还应具有良好的适应性,与适应性一致的特征就是方便用户使用。适应性强,系统的变化就小,用户使用当然就熟能生巧,方便容易了。易用性是汽车服务企业管理信息系统便于推广的一个重要因素,要实现这一点,友好的用户界面是一个基本条件。

3)信息与管理互为依存。汽车服务企业的决策和管理必须依赖于及时正确的信息。信息是一种重要的资源,在物流管理控制和战略计划中,必须重视对信息的管理。

9.1.3 汽车服务企业管理信息系统基本类型

目前，在实践应用中的管理信息系统有四种：业务信息系统、管理信息系统、决策支持系统以及办公信息系统。它们的设计原理、方法和技术基本上是一样的，只是随着应用目的与要求的不同而有所区别。

(1)业务信息系统

业务信息系统是为日常业务处理提供信息的，就制造型企业而言，其日常业务有生产、销售、采购、库存、运输、财务、人事等方面的业务工作。每一类业务工作都形成信息子系统，如销售信息子系统、采购信息子系统、库存信息子系统、运输信息子系统、财务信息子系统等。业务信息系统应具有数据处理功能、数据管理功能、信息检索功能和监控功能。

(2)管理信息系统

管理信息系统简称 MIS(Management Information System)，是以系统思想为指导，以计算机为基础建立起来的为管理决策服务的信息系统。MIS 输入的是一些与管理有关的数据，经计算机加工处理后输出供各级管理人员使用的信息。MIS 不仅能进行一般的事务处理，代替管理人员的繁杂劳动，而且能为管理人员提供辅助决策方案，为决策科学化提供应用技术和基本工具。MIS 是信息化社会发展的必然产物，也是企业管理现代化的重要进程。

对一个企业来说，建立 MIS 以处理日益增多的信息，目的是为了提高企业的管理效率、管理水平和经济效益。管理信息系统一般应具有以下主要功能：数据处理功能、预测功能、计划功能、优化功能和控制功能。

(3)决策支持系统

决策支持系统简称 DSS(Decision Support System)，它是以电子计算机为基础的知识信息系统。DSS 可以提供信息，协助解决多样化和不确定性问题，对决策进行支持。

目前在 DSS 中广泛应用数量化方法，即用数学模型和方法，对提供选择的各种方案进行定量的描述和分析，从而提供数量依据，供决策者权衡选择，从中获取最佳或满意的方案。常用的方法有：数学分析中的优化方法，概率统计中的统计预测、回归分析、相关分析，运筹学中的排队论以及模糊数学中的一系列理论和方法等。

决策支持系统由三个主要部分组成：

1)语言系统。语言系统的主要功能是表示问题，即描述所要解决的问题。一个语言系统可以使用通用的计算机程序设计语言，也可以使用专用的查询语言。

2)知识系统。知识系统是有关问题领域的知识库系统。知识系统由数据库、方法库和模型库三个子系统组成。方法库和模型库子系统起支持作用，在多用户环境下，能够使一个临时用户用最少的程序工作得到最多的系统支持，从而能简便、迅速地解决用户问题。

3)问题处理系统。问题处理系统是决策支持系统的核心。任何一个问题处理系统都必须具备从用户和知识系统收集信息的能力，也必须具备将问题变换为合适的可执行的行动计划的能力。问题处理系统另一个必不可少的功能是分析能力。当问题处理系统完成模型和数据的确认后，分析功能就开始工作，并控制它们的执行。

(4)办公信息系统

办公信息系统是用计算机来处理企业或行政机关办公工作中的大量公文管理工作，办公信息系统也称“办公自动化系统”。

拓展阅读

★《维新汽车4S店管理系统软件》，http://www.weixinsoft.cn/cxxz.aspd＝wx_cqzs_qc

★莫远：《汽车和汽配企业的计算机管理》，机械工业出版社2004年版。

★任振林：《汽车维修企业管理软件运用》，人民交通出版社2007年版。

★东强：《现代管理信息系统》，清华大学出版社2006年版。

★新业汽车维修管理软件。

9.2　互联网络在汽车服务中的应用

自20世纪90年代初开始，Internet商业化的巨大成功，进入了所谓的互联网络经济。互联网络经济的商业模式成功的主要标志为：企业用户将Internet接入和WWW服务委托给ISP管理；企业用户将一些简单应用，如电子邮件，委托给ASP管理；企业用户通过Internet进行商务操作，即电子商务，实现“零摩擦”商务交易。与传统商务操作过程相比，互联网络可以为企业节省约40%的商务开销。这正是互联网络经济的真正驱动力。互联网络的巨大经济效益促进其在企业中的快速普及应用，汽车服务业也不例外。

传统意义上的我国汽车服务业，长期以来一直处于原始、落后的现状，这种落后表现在管理水平、技术水平、人员素质、设备装备等诸方面。信息化和电脑技术把汽车服务企业引向现代管理模式和管理方式。企业发展的根本在于人，在于管理。“服务”将成为未来竞争最重要的手段，对于汽车服务企业来说尤其如此。这种主动服务，就是建立稳定的客户关系，依赖于客户信息和服务档案的建立与管理。而大量的企业经营数据信息，仅凭人工来完成是难以想象的。利用电脑技术，建立企业网络数据库才是必由之路。

事实上，汽车服务企业经常需要处理大量复杂的数据信息，仅仅依靠人力往往难以对客户及车辆档案、企业经营数据等进行准确的统计和分析。而运用电脑管理，速度快、时间短、资料全、效率高。例如，一个30人的维修企业的月度工时统计，如采用人工计算，需要一个统计员1～2天的时间，采用电脑进行统计仅仅需要几秒，效率提高何止几千倍。互联网在汽车服务界的应用前景十分广阔。

1)汽车服务方面的专业互联网在汽车服务企业的应用，会因汽车服务技术人员方便、快捷地查询各类技术支持资料，减少服务时间而显著提高生产效率，仅此一项即可为企业节约可观的经济收入。以欧亚笛威汽车维修互联网为例，该网站目前已有网员600余家，每家会员修理厂利用互联网方便、快捷查询资料，提高生产力，所产生至少5万元/年的经济效益，全年的总经济效益可达3000万元/年，由此产生的影响是十分巨大的。

2)随着电脑的迅速普及，大批掌握使用电脑和互联网的人才将源源不断地进入汽车服务企业,为企业的职工队伍注入新的血液和活力。由于他们的文化素质较高,求知欲强,对新生事物具有很强的敏感性,因此从企业内部产生了掌握现代信息技术的需求,这种需求将会更进一步推动利用互联网获得信息资源在汽车服务业的应用。

3)现代汽车服务企业采用基于互联网的电脑管理方式不仅势在必行,而且时机也已经成熟:其一,电脑硬件的价格已经降低到很低的水平;其二,软件的开发、设计也越来越成熟,功能方面也越来越适合汽车服务企业的实际运作;其三,随着一些大中专汽车专业毕业生进入汽车服务企业,为实行电脑管理奠定了良好的人才基础;其四,远程通信技术的诞生为软件的售后维护工作奠定了坚实的基础。

表 9-1 为汽车服务企业目前可以利用的一些互联网服务项目。

表 9-1　　互联网服务项目

服务	描述
电子邮件	可将文本、声音和图片发送到其他地方
FTP	可将另一台计算机上的文件拷贝到你的计算机上
新闻讨论组	针对一个特定主题进行在线讨论
聊天室	使两个或多个人在线实时地以文本形式进行对话
因特网电话	可与世界各地因特网上其他用户通信
因特网视频会议	支持同时的语音和视觉通信
即时通信	允许两个或多个人在因特网上即时通信
附加的因特网服务	为个人和公司提供各种其他服务

拓展阅读

★王树军:《计算机网络技术基础》,清华大学出版社 2009 年版。

★许正文:《聚合管理:网络时代的汽车服务企业创新之道》,机械工业出版社 2009 年版。

9.3 电子商务

近年来电子商务正在以极快的速度发展,并逐渐进入人们的日常生活。电子商务是世界性的经济活动。它离不开对信息资源的利用和管理,运用了信息技术和系统思想。电子商务能高效利用有限的资源,加快商业周期循环、节省时间、减少成本、提高利润和增强企业的竞争力。从业务流程的角度看,电子商务是指信息技术的商业事务和工作流程的自动化应用。如今电子商务已发展成为一个独立的学科,企业的信息化是它发展的基础。电子商务正在改变工业化时代企业客户管理、计划、采购、定价及衡量内部运作的模式。消费者开始要求能在任何时候、任何地点,以最低的价格及最快的速度获得产品。企业不得不为满足这样的需求而调整客户服务驱动的物流运作流程和实施与业务合作伙伴

(供应商、客户等)协同商务的供应链管理。ERP 为企业实现现代供应链管理提供了坚实的信息平台,是企业进行电子商务的基础。

9.3.1　电子商务的分类

按照不同的方式可对电子商务进行不同的分类,现在主要的分类方式是按交易对象对电子商务分类,主要有以下几种:

(1)企业对企业(Business to Business,B to B,又可简化为 B2B)

即企业与企业之间,通过 Internet 或专用网方式进行电子商务活动。推动这种模式发展的主要力量是传统产业大规模进入电子商务领域,通过电子商务改善市场营销和企业内部管理方式,从而创造出全新的企业经营模式。企业间电子商务可分为两种类型,即非特定企业间的电子商务和特定企业间的电子商务,前者是指在开放的网络当中对每笔交易寻找最佳伙伴,并与伙伴进行全部交易行为。特定企业间的电子商务是指在过去一直有交易关系或者在进行一定交易后要继续进行交易的企业间,为了相同的经济利益,而利用信息网络来进行设计开发市场及库存管理。企业间可以使用网络向供应商订货、接收发票和付款。

(2)企业对消费者(Business to Customer,B2C)

即企业通过 Internet 为消费者提供一个新型的购物环境——网上商店,实现网上购物、网上支付。这种模式着重于以网上直销取代传统零售业的中间环节,创造商品零售新的经营模式。

(3)企业对政府(Business to Government,B2G)

这种商务活动覆盖企业与政府间的各项事务。例如,政府采购清单可以通过 Internet 发布,通过网上竞价方式进行招标,公司可以以电子交换方式来完成。除此之外,政府还可以通过这类电子商务实施对企业的行政事务管理,如政府用电子商务方式发放进出口许可证、开展统计工作,企业可以通过网上办理交税和退税等。

(4)个人与政府间电子商务(Government to Customer,G2C)

即政府通过网络实现对个人相关方面的事务性处理,如通过网络实现个人身份的核实、报税、收税等政府对个人的事务性处理。

(5)消费者对消费者(Customer to Customer,C2C)

消费者对消费者方式是大家比较熟悉的方式,如网上拍卖等。在这些交易类型中,B2B 是主要形式,占总交易额的 70%~80%。这是由于企业组织的信息化程度和技术水平比个体消费者明显要高。

企业级电子商务是电子商务体系的基础。在科技高速发展、经济形势快速变化的今天,人们不再是先生产而后去寻找市场,而是先获取市场信息再组织生产。随着知识经济时代的来临,信息已成为主导全球经济的基础。企业内部信息网络(Intranet)是一种新的企业内部信息管理和交换的基础设施,在网络、事务处理以及数据库上继承了以往的 MIS(管理信息系统)成果,而在软件上则引入因特网的通信标准和 WWW 内容的标准。Intranet 的兴起,将封闭的、单项系统的 MIS 改造为一个开放、易用、高效及内容和形式丰富多彩的企业信息网络,实现企业的全面信息化。企业信息网络应包含生产、产品开发、销售和市场、决策支持、客户服务和支持及办公事务管理等方面。对于大型企业,同时要注意建设企业内部科技信息数据库,如对技术革新、新产品开发、科技档案、能源消耗、原辅材料等各种数据库的建设。当然还要选择一些专业网络和地方网络入网。

9.3.2 电子商务系统构成

电子商务是商业的新模式,各行业的企业都将通过网络链接在一起,使得各种现实与虚拟的合作都成为可能。电子商务是一种以信息为基础的商业构想的实现,用来提高贸易过程中的效率,其主要内容有:信息管理、电子数据交换、电子资金转账。

(1)电子商务处理方式与范围

电子商务的处理方式和范围主要包括以下三方面:

1)企业内部之间的信息共享和交换。通过企业内部的虚拟网络,分布各地的各分支结构以及企业内部的各级人员可以获取所需的企业信息,避免了纸张贸易和内部流通的形式,从而提高了效率,降低了经营成本。

2)企业与企业之间的信息共享和交流。EDl 是企业之间进行电子贸易的重要方式,避免了人为的错误和低效率。EDl 主要应用在企业与企业之间、企业与批发商之间、批发商与零售商之间。

3)企业与消费者之间。企业在因特网上设立网上商店,消费者通过网络在网上购物,在网上支付,为消费者提供了一种新型的购物环境。

在传统实物市场进行商务活动是依赖于商务环境的(如银行提供支付服务、媒体提供宣传服务等),电子商务在电子虚拟市场进行商务活动同样离不开这些商务环境,并且提出了新的要求。电子商务系统就是指在电子虚拟市场进行商务活动的物质基础和商务环境的总称。最基本的电子商务交易系统包括企业的电子商务站点、电子支付系统、实物配送系统三部分,以实现交易中的信息流、货币流和物流的畅通。电子商务站点为顾客提供网上信息交换服务,电子支付系统实现网上交易的支付功能,而实物配送系统是在信息系统的支撑下为完成网上交易的关键环节,但对某些数字化产品则无须进行实物配送而依赖网上配送即可,如计算机软件产品的网上销售。

(2)电子商务子系统的组成

1)客户关系管理系统。客户关系管理系统使企业能够对与客户(现有的或潜在的)有关的各种要素(客户需求、市场背景、市场机会、交易成本及风险)作出分析与评估,从而最大限度地使企业能够获得客户,进而扩大市场。无论企业的客户通过何种方式与企业取得联系,都可以通过 CRM 来实现企业与客户的交流与互动。

2)在线订购系统。在线订购系统适用于中小贸易公司或生产性企业,系统通过互联网,将所有业务关系的单位联系在一起,使企业的客户或企业的分销商、分/子公司、代理等市场渠道可以通过该系统实现随时随地在网上交易,从而降低了传统的采购或订货的成本和时间,从而可以更有效地利用资源,提高工作效率。公司通过在线订购系统可以加强对商品的管理,可以在网上全方位展示商品并配以文字说明,可以随时调整商品价格;对市场销售渠道的订货业务进行管理,可随时查询订单的执行情况,对客户资料进行统计分析,评估市场销售渠道的稳定性;对订单进行汇总处理,建立统一的订单数据库,对订单信息进行自动化处理并打印报表，自动转交后台相关业务部门处理。

3)网上购物系统。网上购物系统即网上商城，可在网上挑选并购买商品，付款可用邮寄方式，也可网上支付。

4)DRP 资源分销管理系统。为解决企业用户利用互联网管理企业信息流，特别研发的应用服务系统。可以依据企业的状态管理需求，量身定制属于企业特有的管理软件，极大地提高企业的业务处理效率，降低运行成本。

5)B2B 电子商务。商品信息交换网站，这种类型的网站主要是提供了一个网上的交易平台，类似于一个自由市场，网站的经营者类似于自由市场的管理者，一般并不直接介入到具体的交易中，而主要由买方和卖方自由进行交易，网站的经营者收取相应的会员费等。这样的网站包括常见的商品信息网、招聘网站等。

【案例】

维新汽车销售管理系统在汽车 4S 店中的应用。

(1)根据企业情况选择使用规模

1)局域网使用。适合 4S 店的经营场所集中在一个地方，所有参与使用 4S 软件的计算机都集中在一个局域网内。前厅销售接待，后厅维修接待、车间管理、财务结算、库房管理等岗位分开，各行其责，严格按照规范流程管理。

2)广域网使用。汽车 4S 店的经营场所分散在不同的地方，每个地方都能上 ADSL 或宽带(必须是同一运营商提供)，且带宽在 1M 或 1M 以上，数据库集中在总部或使用计算机较多的地方。

(2)该计算机管理系统概述

1)系统特点

①先进的客户关系管理。本系统引入先进的客户关系管理理念，全面协助企业管理客户资源。通过对客户资源的有效管理，达到缩短销售周期、提高服务质量、提升客户满意度与忠诚度，增强企业综合竞争能力。

②全面流畅的业务管理。系统功能包括售前的客户接待跟踪、售中车辆订购或销售、财务收款开票、销售代办服务、到售后客户回访等功能，整套软件功能全面、流程清晰，所有业务单据全部可以通过电脑直接打印输出。

③强大的统计查询分析功能。系统除提供各种业务数据、财务数据的查询统计功能外，还提供强大的分析功能，包括客户特征分析、成交率分析、销售周期分析、库存周期分析、销售分类汇总分析等。

④灵活的自定义功能。系统提供较多的个性化功能，允许用户在一定范围内根据自身的需要或喜好自行设计更改系统中常用的表单表格、自由组合数据筛选条件、自行定义常用的基础字典等。

系统的结构是按照配件管理的流程安排的，界面为导航加菜单结构。系统主界面如图 8-1 所示。

图 9-1　系统主界面

系统上部菜单为系统主菜单，系统分为基础数据、客户关系、订购管理、车辆管理、销售管理、财务管理、业务管理、统计查询八大功能模块，点击菜单导航可打开各模块的子模块。中部为汽车销售主要功能模块图标，单击图标可打开功能模块。下部表框内为统计报表模块，放置的是汽车销售管理中经常用到的各主要统计查询报表。

2)主要功能说明

①客户关系管理

本系统全面集中管理客户资源，包括潜在客户与成交客户，记录了客户基本资料与详细资料、包括与客户接触的完整记录。通过对客户资源和关系的有效管理(如图 8-2 所示)，从而达到：

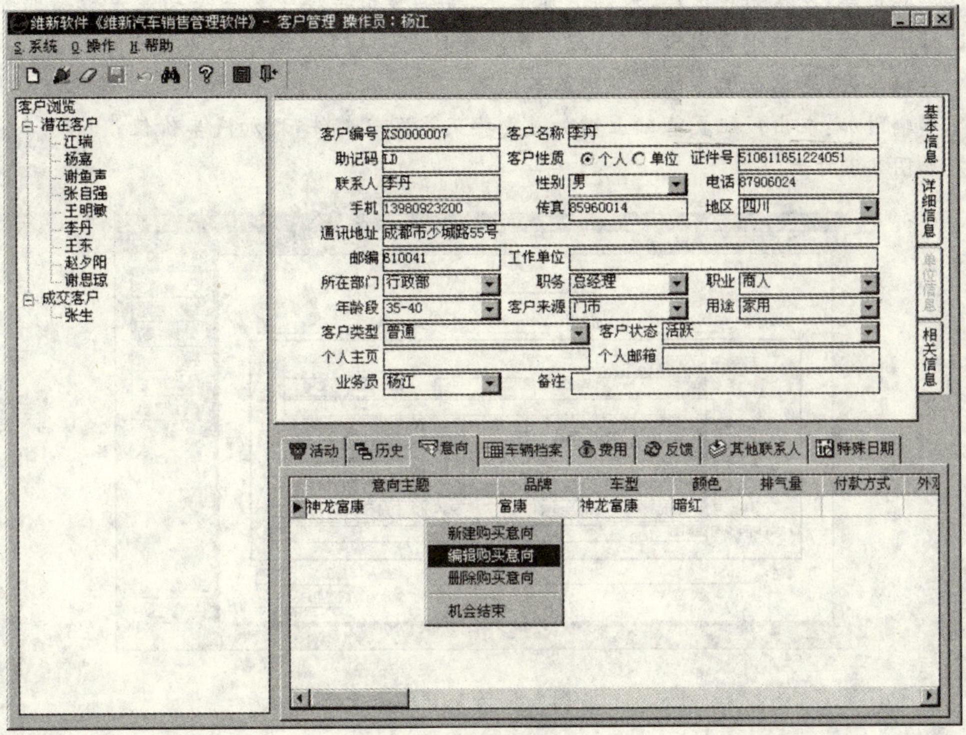

图 9-2　客户管理

a. 防止客源流失。业务员只能看到自己或允许查看的有限的客户资料与业务数据，即使业务员的流动也无法带走其他业务员的客户数据，同时原来的客户数据也完好地保存在数据库内，继续为公司所用便于业绩考核：系统自动通过客户名称、证件号码、联系电话、手机等信息判断提示记录的相同性，有效杜绝业务员间相互争抢客户、争夺销售业绩。

b. 有效监督指导业务员工作。业务员对客户的所有联系活动都有记录，一方面有效监督业务员工作情况，一方面根据业务员联系客户的进展情况予以工作指导。

c. 全面提高服务质量。通过对车辆档案跟踪、特殊日期等资料为客户提供体贴的保养、保险、年检提醒及温馨的节日、生日关怀，从而提高服务质量、提升客户满意度与忠诚度。

d. 为营销策划提供准确数据。通过记录分析客户特征、购车意向、意见反馈等数据，为营销策划提供准确的决策数据，比如客户来源、客户区域、年龄段、意向价位、关注内容等分布情况制定广告策略、促销政策等。

②车辆管理

车辆采购：记录车辆采购渠道、所购车型、配置、颜色、数量、价格、选配内容等信息，并随时可查看采购合同履行情况，并且可根据实际情况更改采购合同数据。

车辆入库：包括车辆采购入库、销售退货入库、车辆移入车库。详细记录入库车辆基本信息，包括车型、配置、颜色、底盘号、发动机号、保修卡号、合格证号、随车附件、入库仓库等信息，并可打印输出车辆入库单。

车辆出库：包括销售出库、采购退货出库、车辆移出车库等。主要功能是根据业务单据进行出库确认，打印输出出库单，减少车辆库存数量。

车辆库存：查询在库车辆及车辆基本信息。

车辆附加：在出厂配置基础上增加或更换某些汽车部件，增加汽车价值。

如图 8-3 所示。

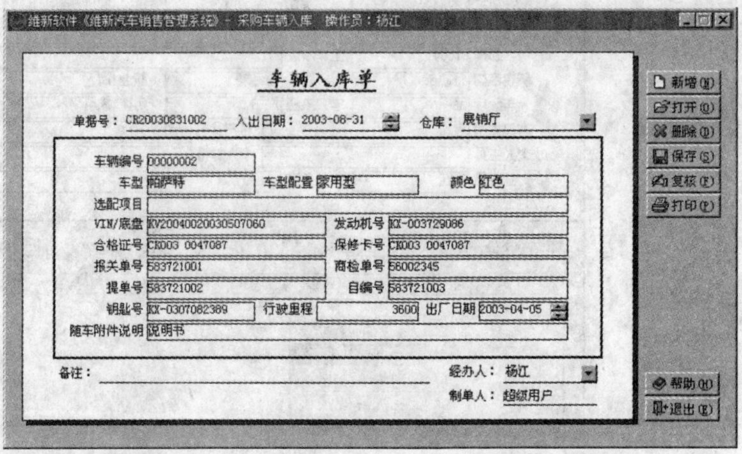

图 9-3　车辆管理

③车辆销售管理

车辆订购：没有现货提供给客户时，系统提供车辆订购功能，主要记录需要的车型、配置、颜色等基本信息，记录车辆价格、付款方式、交货时间等基本约定，有代办的要记录代办项目及收费情况，有赠品的还可进行相关数据的录入。系统还提供订购单、订购合同等打印输出功能。

车辆销售：记录客户及所购车辆详细信息，以及定价、优惠、合同价与实际价、付款方式、车辆流向、车辆用途、业务员等基本信息，有代办的要记录代办项目及收费情况，有赠品的还可进行相关数据的录入。系统还提供销售单、销售合同等打印输出功能。

销售代办：根据合同约定，替客户代办相关项目、登记对方单位、代办成本的数据，便于财务付款及单车收益核算。

合同查询：查询订购合同及销售合同的履行情况，包括是否选车、钱是否付清、销售代办是否完成、发票是否已开、车辆是否出库等。

财务管理：根据采购、销售等业务完成定金、车款、代办款等收款工作及车辆采购、车辆附加、销售代办产生的付款工作，对销售车辆开具销售发票及进行收益核算。

④业务管理

资料文档：管理公司及业务上的相关资料及文档，支持格式包括 WORD，EXCEL，JEPG，POWERPOINT，BMP 等格式，可以方便管理公司合同、规章制度、车辆信息等资料和文档。

商家档案：记录关注商家的基本信息，包括名称、地址、经营车型、联系人、联系电话等信息。

销售询价：记录市场调查的基本信息，包括车辆售价、有无货源、货源基本情况等信息，并可按日期、车型等条件进行查询。

⑤统计查询

系统提供报表涵盖车辆采购、订购、销售、车辆入出库、车辆库存、财务收付、客户管理等相关数据报表，包括采购合同台账、车辆销售台账、车辆入出库明细表、车辆库存报表、客户档案表、车辆库存周期、车辆销售收益、财务收付款明细表、销售业绩统计表等。

拓展阅读

★胡寒玲：《汽车服务企业管理》，化工工业出版社 2010 年版。

★司林胜：《电子商务案例分析》，重庆工业出版社 2007 年版。

★刘可湘：《汽车服务企业经营与管理》，人民交通出版社 2004 年版。

★邓凯：《电子商务》，中国电力出版社 2003 年版。

9.4　汽车服务企业资源计划

ERP 是 Enterprise Resources Planning（企业资源计划）的缩写。这一概念最初是由美国的 Gartner Group（顾能）公司在 20 世纪 70 年代初期提出的，并对其功能标准作出了界定。它通过信息技术手段实现整个企业供应链信息的合成和共享。今天的 ERP 已不仅是一种软件产品的名称，更是一种现代化的经营管理模式和理念，不仅在制造业企业，而且在几乎各行业都可以获得很好的应用，在企业的管理、竞争、信息化建设等方面发挥着巨大的作用。

9.4.1　ERP 系统的发展历程

ERP 系统起源于制造业的信息计划与管理。从 20 世纪 60 年代发展到今天，经历了不同的阶段，根据时间的先后，一般将其分为五个阶段：经济批量法阶段、物料需求计划（MRP）阶段、闭环 MRP 阶段、制造资源计划（MRPⅡ）阶段和企业资源计划（ERP）阶段。这五个阶段的系统虽然名称和内容各有不同，但并不是后面的系统取代了前面的系统，而是后面每一个系统对前面系统的扩充和发展。

9.4.2　ERP 系统的基本原理

(1)ERP 系统的基本概念

ERP 是一种基于“供应链”的管理思想，它在 MRP，MRPⅡ的基础上扩展了管理范围，给出了新的结构，把客户需求和企业内部的制造活动以及供应商的制造资源整合在一起，以提高企业对各种资源的运作能力。

ERP 的基本思想是将企业的业务流程看作一个紧密连接的供应链，其中包括供应商、制造工厂、分销网络和客户等；并将企业内部划分成几个相互协同作业的支持子系统，如财务、市场营销、生产制造、质量控制、服务维护、工程技术等，还包括对竞争对手的监视管理。理解 ERP 概念时，应注意以下几点：

1)ERP不只是一个软件系统,也是一个集组织模型、企业规范、信息技术、实施方法于一体的综合管理应用体系。

2)ERP使得企业的管理核心从“在正确的时间制造和销售正确的产品”,转移到了“在最佳的时间和地点,获得企业的最大利润”。这种管理方法和手段的应用范围也从制造企业扩展到了其他行业。

3)ERP从满足动态监控,发展到引入商务智能,使得以往简单的事务处理系统变成了真正具有智能化的管理控制系统。

4)从软件结构而言,现在的ERP必须能够适应互联网的要求,可以支持跨平台、多组织的应用,并和电子商务的应用具有广泛的数据及业务编辑接口。

因此,今天的ERP,就是要通过信息技术等手段,实现企业内部资源的共享和协同,克服企业中的制约,使得企业业务流程无缝平滑地衔接,从而提高管理的效率和业务的精确度,降低交易成本,提高企业的盈利能力。就本质而言,ERP是企业管理发展到一定阶段的核心理念和技术。

(2)ERP系统的基本模块结构

根据ERP的基本概念和思想,ERP系统涵盖了整个企业内部和供应链上信息的管理。

在考虑ERP的功能模块时,应该首先意识到ERP是由MRP及MRPⅡ发展而来的,三者的关系是不同层次企业应用的不同解决方案,后者是对企业新需求的补充。ERP系统与MRP和MRPⅡ相比,它在前两者的基础上增加了质量控制、服务与维护、投资管理、风险管理、决策管理、获利分析、人事管理、实验室管理、项目管理、配方管理等,这样就从更广阔的范围和深度上为企业提供了更丰富的管理功能和管理工具,从而实现了全球范围内的多工厂、多地点的跨国经营与运作。

事实上,当前一些国际领先的ERP软件不但具备上述功能,而且早已经超出了制造业的应用范围,成为了具有广泛应用范围且适应性很强的企业管理信息系统。

9.4.3 ERP系统的主要特征

ERP实现了广泛的管理功能,在环境上支持多种生产类型、多种经营方式、多种业务;在应用上采用了图形、模拟、决策等多种方法;在技术上支持开放的客户机/服务器(C/S)系统。ERP的主要特征可以概括如下:

第一,体现了供应链管理的思想。ERP除了MRPⅡ系统的制造、分销、财务管理功能外,还支持整个供应链上物料流通体系中供、产、需各个环节之间的运输管理和仓库管理,支持生产保障体系的质量管理、实验室管理,设备维修和产品备件管理,支持对工作流(业务处理流程)的管理。

第二,扩充了生产方式的支持范围。一般可将企业归类为几种典型的生产方式进行管理,如重复制造、批量生产、按订单生产、按订单装配、按库存生产等,每一种类型都有一套相应的管理标准。而在20世纪90年代末到90年代初,为了适应市场的变化,多品种、小批量生产以及看板式生产等则成了企业采用的主要生产方式,由单一的生产方式向混合型生产发展,而ERP则能很好地支持和管理混合型制造环境,满足了企业多元化经营的需求。

第三，加强对企业的控制。MRPⅡ是通过计划及时滚动来控制整个生产过程的，实时性较差，一般只能实现事中控制。而 ERP 系统则支持在线分析处理(Online Analytical Processing，OLAP)、售后服务及质量反馈，强调企业的事前控制能力。它可以通过对设计、制造、销售、运输等的集成来并行地进行各种相关作业，为企业提供了对质量、市场变化，客户满意、绩效等关键问题的实时分析功能。

第四，实现跨国经营和管理。现代企业的发展，使得企业内部各个组织单元之间、企业与外部业务单元之间的协调变得越来越多，越来越重要。ERP 系统应用完整的组织架构，可以支持跨国经营多国家(地区)、多工厂、多语种、多币制的应用需求。

第五，使用先进的信息技术。随着 IT 技术的飞速发展，网络通信技术的应用，使得 ERP 系统可以对整个供应链信息进行集成管理。ERP 系统采用客户机/服务器体系结构和分布式数据处理技术，可以支持 Internet/Intranet/Extranet、电子商务(E-business 或 E-commerce)、电子数据交换(EDI)的应用。此外，它还能实现在不同平台上的交互操作。

【案例】

上海通用汽车公司的柔性生产与精益物流

毋庸置疑，上海通用汽车公司(简称上海通用)的生产物流是中国乃至全世界柔性生产与精益物流的典范。可以想象，在上海通用的车间，无数各式各样的零部件聚集到部件装配车间或者总装配车间，被准确无误地送入自动化生产线，又被丝毫不差地安装到不同类型的汽车上，组成一辆辆具有人类灵气和生命力的汽车。整个生产过程如此复杂，而又如此精益而美丽，这就是现代企业生产物流的无限魅力。

柔性化生产源自汽车业发达的欧美，是 20 世纪末国际上先进的生产理念，是“以客户为中心”的理念在生产上的延伸，是多品种、小批量产品生产的最优方法，其所带来的时间与成本优势，能快速将具有价格竞争力的优质产品带到市场。国内许多生产厂家，如东风汽车公司都在尝试进行柔性生产。上海通用项目设计规划之初，投资双方就决心改变国人对汽车厂家的看法，以现代国际化企业的要求来进行汽车厂的建设，从而为中国汽车消费者带来最具吸引力的产品，因此必须引进柔性生产系统。上海通用汽车生产线投产后，不同品种、不同规格的各型各款轿车实现了共线生产，成为通用公司全球范围内柔性最强的生产线之一，在世界汽车制造业中也屈指可数。

柔性生产的前提条件是对生产线物料及时准确地供给。如果把资金比作公司的血液，那么物料供应无疑就是生产线的血液，物料供应系统就是生产线的供血系统。与公司的营销体系相对应，上海通用实行的是拉动式的物料供应系统，这是目前国际上较为先进的拉动式经营策略，是保持生产过程中库存量最小的系统。也就是说，公司根据收到的客户订单安排生产，与此同时，生成相应的物料计划发给各个供应商。这样既保证生产时有充足供货，又不会有库存而占用资金和仓库。

如何保证生产线前的物料供应及时准确呢？同样也是依靠高科技信息系统支持的简单实用的看板拉动式体系来完成。当生产线工人发出物料需求指令，该指令由处于物料箱内带有条码的看板来传递。当工人开始使用零件时，就把看板卡放在工位旁固定地点。物料人员定时收取看板卡，使用条码、扫描仪和光缆通信等工具，排出下一次供料时间。

司机根据看板卡从临时仓库取出新的物料，并在每一箱中放入一张看板卡，然后将新的物料送至操作工处。此外，生产线工人还可通过物料索取系统，使用按钮、灯板等设备作为电子拉动信号传递对消耗物料进行补充的信息。当生产线货架或货盘中用到仅剩最后几个零件时，操作工按动按钮，物料索取灯启动，司机立即将索取卡送到物料存储区，取出物料送到工位，并将物料索取灯关闭，确认物料发送。这套电子拉动系统确保了信息的准确性，基本上消灭了由于数据传递失误而引起的物料短缺现象。

另一部分物料，如保险杠、座椅等较大的选装零件通过联网计算机系统将即时的需求计划传递给供应商，其中包括交货时间、排序信息及交货数量，供应商将经过排序的物料准确及时地送到生产线旁。为了配合柔性生产的需求，物料系统还作了其他调整。其中之一就是对部分零部件实施排序配送。举例来说，三种不同尺寸的车窗玻璃，由同一个工人共线装配，如果不对玻璃进行排序，生产线旁必须安放三个不同的料架，而工人也必须花费时间进行辨别，根据车型不同从不同料架上取货。因此排序法对节省生产线物料空间，提高工作效率有很大作用。此外，物料部门还增加了车间的货物窗口，采用新型料架，改进物料摆放，提高了配送化程度。上海通用物流系统对柔性生产的支持更多地体现在一点一滴的细微之处。无论是生产线大量使用的空中悬链输送系统、随行夹具、标准多样的物流容器等，还是大量使用的地面有轨平移输送车、自动回转输送台以及为生产线配送物料的电动牵引拖挂车等，无一不体现标准、规范、精益之特色。可以说正是大量物料输送装置的精心设计、标准精巧的物料集装器具的充分使用、现场整齐规范的物料摆放等为上海通用实施精益物流管理打下了良好基础。

通过精益物流管理，上海通用取得了降低库存、节省占地空间、减少搬运、便于操作、简洁系统、使用最少设备等效果，既保障了柔性生产线的正常运行，对产品质量不断提高也有巨大促进作用，从而也强化了企业的核心竞争力。

拓展阅读

★胡寒玲:《汽车服务企业管理》，化工工业出版社 2010 年版。

★晋东海:《汽车服务企业管理实务:永续发展篇》，机械工业出版社 2009 年版。

复习思考

1. 信息系统是如何构成的?
2. 简述互联网络在汽车服务中的应用。
3. 电子商务的基本模式有哪些?
4. 电子商务的功能主要有哪些?
5. 电子商务系统的基本构成是怎样的?
6. 电子商务支付系统具有什么特点?
7. 简述我国汽车服务企业信息化管理的现状。
8. 汽车服务企业信息管理系统的基本内涵是什么？特征是什么?
9. 汽车服务企业管理信息系统的基本类型有哪些?
10. 什么是 ERP？其作用有哪些?
11. ERP 的管理思想主要体现在哪些方面?

第10章 企业文化与企业形象

学习目标

1. 掌握企业文化的内涵和内容。
2. 会分析企业文化建设的原则和程序,掌握企业建设的方法。
3. 了解企业形象的内容以及常见分类。

考核标准

知识要求:企业文化概念、内容;企业文化建设的程序和方法;企业形象的内容以及常见分类;企业形象设计的内容。

技能要求:要求能够理解企业文化和企业形象,能够构建简单的企业文化和企业形象。

教学建议

建议:建议使用多媒体教学。

教学时参考《汽车服务企业管理》精品课程。

10.1 企业文化概述

随着市场经济的不断发展和企业制度的逐步创新,企业文化日渐成为企业竞争力的重要组成部分,并成为人们研究企业运行机制、探索企业成功奥秘、构建企业发展动力的一种不可缺少的管理理论。企业文化的内涵、特点以及企业文化对企业竞争力的影响,对打造新型的企业文化、不断提升企业自身竞争力,在国际竞争中立于不败之地具有重要作用。它一方面是为了保证企业的生存,使企业组织具备不断改进的能力,提高企业组织的竞争力;另一方面更是为了实现个人与工作的真正融合,使人们在工作中体会生命的意义。因此,致力于人的发展的企业文化,才能成就强大的公司。

10.1.1 企业文化概念

随着经济全球化和信息社会化的发展,企业间的竞争日趋激烈,主导企业成败的核心竞争力已由过去的资本、劳动力和自然资源升级为信息、知识和文化的竞争。企业文化激励员工发挥聪明才智，凝聚企业分散的力量。企业竞争的深层内涵就是企业文化的竞争。

文化是一个内涵深邃、外延广阔的概念。企业作为社会的细胞，企业文化便是一种微观文化。企业文化跨越经济和文化双重学科，对它的理解众说纷纭，莫衷一是。20 世纪 80 年代，西方学术界和企业界就提出了企业文化的概念。有人认为，应该把企业文化界定在物质文化、制度文化和精神文化三个方面；也有人认为，企业文化应该从物质和精神两方面加以分析和区别。目前，获得广泛认同的关于企业文化的定义是：企业文化是处于一定经济社会文化背景下的企业在长期生产经营过程中逐步生成和发展起来的日趋稳定的独特的企业价值观、企业精神以及以此为核心而生成的行为规范、道德准则、生活信念、企业风俗、习惯、传统等等；另一方面还应包括在此基础上生成的企业经营理念、经营指导思想、经营战略、科技战略和科技管理方法、政策以及企业自身的科学技术知识。简单而言，企业文化就是企业信奉并付诸实践的价值理念。

综上所述，企业文化是一种在从事经济活动的组织之中形成的组织文化，它所包含的价值观念、行为准则等意识形态和物质形态均为该组织成员所共同认可。

总之，企业文化有广义和狭义之分，广义的企业文化是指企业物质文化、行为文化、制度文化、精神文化的总和，狭义的企业文化是指以企业价值观为核心的企业意识形态。

10.1.2 企业文化的内容

根据企业文化的定义，其内容是十分广泛的，但其中最主要的应包括如下几点：

(1)企业哲学

企业哲学也称“经营哲学”，是一个企业特有的从事生产经营和管理活动的方法论原则。它是指导企业行为的基础。企业哲学主要有企业的价值体系和综合处理信息的方法，它在总体上规范了企业的经营宗旨和行为。一个企业在激烈的市场竞争环境中，面临着各种矛盾和多种选择，要求企业有一个科学的方法论来指导，有一套逻辑思维的程序来决定自己的行为，这就是企业哲学。例如，日本松下公司“讲求经济效益，重视生存的意志，事事谋求生存和发展”，这就是它的战略决策哲学。

(2)经营理念

经营理念是企业经营的指导思想，是经过整理后可以宣示于人的理性思想，是企业的使命和经营目标。它直接决定了企业的经营行为。

(3)企业精神

企业精神是指企业在生产经营实践活动中形成的，促进企业发展并能激发职工干劲的一种无形的力量，包括创新精神、独立与协作精神、顽强拼搏的精神、务实的精神等。企业精神要通过企业全体职工有意识的实践活动体现出来。因此，它又是企业职工观念意识和进取心理的外化。企业精神是企业文化的核心，在整个企业文化中起着支配的地位。企业精神以价值观念为基础，以价值目标为动力，对企业经营哲学、管理制度、道德风尚、团体意识和企业形象起着决定性的作用。可以说，企业精神是企业的灵魂。

企业精神通常用一些既富于哲理，又简洁明快的语言予以表达，便于职工铭记在心，时刻用于激励自己；也便于对外宣传，容易在人们脑海里形成印象，从而在社会上形成个性鲜明的企业形象。

(4)价值观念

企业的价值观，是指企业职工对企业存在的意义、经营目的、经营宗旨的价值评价和为之追求的整体化、个异化的群体意识，是企业全体职工共同的价值准则。只有在共同的价值准则基础上才能产生企业正确的价值目标。有了正确的价值目标才会有奋力追求价值目标的行为。因此，企业价值观决定着职工行为的取向，关系企业的生死存亡。只顾企业自身经济效益的价值观，就会偏离社会主义方向，不仅会损害国家和人民的利益，而且还会影响企业形象；只顾眼前利益的价值观，就会急功近利，搞短期行为，使企业失去后劲，导致灭亡。

(5)企业道德

企业道德是指调整本企业与其他企业之间、企业与顾客之间、企业内部职工之间关系的行为规范的总和。它是从伦理关系的角度，以善与恶、公与私、荣与辱、诚实与虚伪等道德范畴为标准来评价和规范企业。

企业道德与法律规范和制度规范不同，不具有那样的强制性和约束力，但具有积极的示范效应和强烈的感染力，当被人们认可和接受后具有自我约束的力量。因此，它具有更广泛的适应性，是约束企业和职工行为的重要手段。

(6)团体意识

团体意识是企业内部凝聚力形成的重要心理因素。企业团体意识的形成使企业的每个职工把自己的工作和行为都看成是实现企业目标的一个组成部分，使他们对自己作为企业的成员而感到自豪，对企业的成就产生荣誉感，从而把企业看成是自己利益的共同体和归属。因此，他们就会为实现企业的目标而努力奋斗，自觉地克服与实现企业目标不一致的行为。

(7)信息网络

企业文化的信息网络是连接企业组织中各种信息通道的网状结构，包括正式渠道、非正式渠道和纵横交错的立体式渠道三种。正式渠道犹如一个人的动脉血管，非正式渠道犹如静脉血管与经络系统。只有全身的动、静脉血管与所有经络系统都通畅，人体才是健康与充满活力的。在企业的信息网络中，各种信息往往不是以单一的渠道或方式发布，而是纵横交错的。因此，这些网络组成了纵横交错的立体式渠道信息网络。

(8)行为规范

企业文化的行为规范包括人们一般都认可的制度文化，但它又比制度文化广泛得多。事实上，企业的行为规范不是规章制度所能概括的。除了企业正式制定的规章制度能对企业和人的行为进行规范以外，非正式制度所引导的行为规范，也就是企业的潜规则，对企业和人的规范作用也很大，确实甚至超过正式的规章制度所起的作用。非正式制度形成的行为规范可能是建立在正式制度基础之上，并且形成对正式制度的一种反映和强化；也可能不是建立在正式规章制度之上，而是由有一定权力与威望的人引导的、企业真正实施的行为规范。由于不同企业所信奉的管理哲学不同，企业领导层身体力行的效应不同，所以他们所实施的管理制度和实践结果也会不一样，而这种管理制度与实践的不同则会导致具有不同行为方式的企业文化。

(9)企业形象

企业形象是企业通过外部特征和经营实力表现出来的,被消费者和公众所认同的企业总体印象。企业形象包括外部形象和内部形象。由外部特征表现出来的企业的形象称外部形象,如招牌、门面、徽标、广告、商标、服饰、营业环境等,这些都给人以直观的感觉,容易形成印象。通过经营实力表现出来的形象称内部形象,它是企业内部要素的集中体现,如人员素质、生产经营能力、管理水平、资本实力、产品质量、企业风尚、工作氛围、设施摆放组合、装束等。

只有将企业文化的全部内涵作为一个整体来考察,找出其中的不同层次及其内在联系,才能准确地理解企业文化。企业文化的体系是一个有机的整体,它主要是以企业的信息网络为载体,存在于任何企业的任何时间与空间,外部导入的东西不易融入企业的血液和经脉,而一旦融入,就已经成为了企业文化。因此,企业文化不是可以简单地从外部导入的。企业文化是一个复杂的整体,只有分清层次,理顺关系,整个企业文化才能提纲挈领、一目了然,在操作上也才能分层设置目标,制定具体措施以达到良好效果。

10.1.3 企业文化的特征

对企业文化的认识,应当根据其基本特征并结合本企业的实际,完整地理解。尽管企业文化内涵丰富,所包含的内容涉及许多方面,但总的来说,它具有以下几个基本特征:

(1)特色性

企业文化作为一种微观文化,必然受到社会文化和民族文化的影响,不同的文化氛围,必然会产生具有不同风格的企业文化。在企业文化的形成和发展过程中,社会文化和民族文化潜移默化的影响,使得不同文化背景下的企业呈现出不同的特色和魅力,这种与众不同的企业文化一旦形成就会产生巨大的感召力、凝聚力,并能够有效激励企业的员工,团结员工队伍,铸就企业的文化竞争力。

(2)共识性

尽管企业中员工的素质参差不齐,需求也有所差异,对企业的文化理念不能达到完全的共识,但仍可以通过努力,针对员工的需求和观念,结合企业的发展战略和经营理念,追求相对的"共识",达到多数人的"共识"。企业文化是一种共同的价值判断和价值取向,不仅是员工对于企业发展方向、前途和目标的共识,也是对企业实现自身价值所采取的方式的共识,共识的达成程度直接影响企业的效率。因此,应当尽可能地追求最广大员工的"共识"。

(3)人本性

现代企业文化提倡精神激励,追求管理的灵活性,强调和谐的人际关系,是对传统理性管理模式的突破和创新。日本著名企业家松下幸之助"企业即人"的名言,充分揭示了人是企业盛衰的决定性因素,强调重视人的因素,将企业管理的效率更多地诉诸于人的自觉性和自我激励性,这更适应未来企业的发展模式。只有重视人的因素,才能调动企业员工的积极性和创造性,进而使企业强盛。

(4)变化性

企业在建立之初已经具有了自己的文化,但企业文化的发展是一个变化、前进的过程。随着宏观环境的不断变化以及企业自身的成长，企业会学习和形成适应新形势的企业文化，在新的企业背景下需要不断推陈出新，有选择地发扬和摒弃，这符合企业文化发展适应生产力发展的一般规律。

10.1.4　企业文化的层次

企业文化分为三个层次：第一是物质文化层次，即企业环境以及一些文化建设的"硬件"设施等；第二是制度文化层次，包括企业中那些长期形成的习俗、礼仪、习惯、成文与不成文但已约定俗成的制度等；第三是最核心的精神文化层次，主要指价值观念。

这样分层清楚直观，与海尔集团的同心圆层次理论相近。青岛海尔集团以创新的价值观，构建了先进的精神文化、制度行为文化和物质文化，创立了"三层次说"的企业文化构建模式。海尔集团在总结他们的企业文化层次理论时说，画三个不同半径的同心圆，那么最里面是海尔文化的观念层，这一层也叫"精神文化"，观念层中核心的东西是价值观。海尔文化观念层里面主要包括三个方面的内容：第一，海尔理念；第二，海尔精神；第三，海尔目标。中间半径稍微大一点的同心圆是海尔文化的制度层，制度层主要包括企业的一些制度、规范、工作标准等。外面半径最大的同心圆是海尔文化的物质层，物质层主要包括企业的厂容厂貌、工作服饰、文体活动、产品、服务等。

10.2　企业文化建设

企业文化是企业在长期经营活动中逐渐形成的，是企业管理认识论和方法论的高度概括，所以对企业文化发展历史的梳理、对企业文化个性形成历史的梳理是企业文化建设非常重要的环节。

企业文化建设的目的是通过总结成功原因，清晰核心价值，理顺价值差异，统一管理思想，澄清共同语言和准则，通过对内的整合达到对外部竞争环境的适应，提高组织运作效率，塑造整体形象，提高企业核心竞争能力，实现企业经营业绩的持续健康增长。而业绩的持续增长是衡量企业管理能力和工作价值的几乎无法代替的最重要的指标。因此，文化在管理中的渗透和深植（内部整合与外部适应）比文化体系本身更重要。

10.2.1　汽车服务企业文化建设的意义

（1）企业文化的价值

企业形象是公众心目中对企业所持的看法和观念，是企业文化的一种外在表现。人们会根据对企业的看法和观念来处理与企业之间的关系，因此，企业形象就是"潜在的销售额"、"潜在的资产"。随着市场竞争的逐步升级，众多企业决策者已经认识到：没有文化的企业尽管可以红火一时，却不可能成为百年老店。美国通用电器公司总裁杰克韦尔奇说："资金、技术决定企业的下限，文化决定企业的上限"。不只通用电器公司是这样，优秀的企业都有着优秀的文化。IBM 公司的成就也与企业文化分不开，该公司强调员工应具有相同的信念和价值观，员工之间讲究友善和民主。

有大量案例证明，在企业发展的不同阶段，企业文化再造是推动企业前进的原动力，企业的核心竞争力是企业文化中的企业理念和核心价值观。随着全球经济一体化，特别是我国加入WTO后，企业不仅要面对国内企业的竞争，而且还要面临国际的竞争。通过企业文化建设、企业理念的营造来增强企业的核心竞争力，将引发我国企业界越来越多人士的关注，因为哪一个企业能够在企业文化建设方面领先，哪一个企业就能建立起竞争优势。

汽车技术已进入到智能化高级阶段，汽车服务行业特别是汽车维修业，它们本应随之而成为高科技企业，但是现在人们提起维修行业，在许多人的心目中仍然是“下九流”的行业。提起汽车修理工，在许多人心目中仍然是“浑身黑糊糊，两手全是油，傻大黑粗”的机械修理工。如今维修行业管理水平低下，人才流失严重，究其原因，主要是维修行业缺乏一种良好的企业文化。汽车服务企业容易传承汽车生产企业的产品文化内涵，而且本身也蕴含着汽车服务的人文关怀，其企业形象更凸显其价值所在。

许多维修企业的经营管理者潜意识中认为，企业文化与企业的经济效益没有多大关联。实际上，企业文化的力量是巨大的，它发挥作用的方式是独特的。企业文化通过个体文化的引导、规范，达到群体意识的和谐统一，通过思想的共鸣，达到行为的同步，通过精神的内化，达到物质的扩张，导致企业、社会的一致性，使企业管理由过去的主要依靠具有强制行为特征的制度管理，升华到把人放在核心位置。精神引导和制度约束相结合的现代管理，正是企业文化在更广阔、更深刻的领域解放了人的能力，使企业产生了以往任何时代都难以比拟的生存力和竞争力，这种强劲的生存力和竞争力必将为企业带来巨大的经济效益。把企业的价值观念变成企业成员共有的价值观念，通过共有的价值观念进行内化控制，使企业成员以这种共有的价值观念为准则，自觉监督和调整自己的日常行为，借以增强企业的凝聚力、向心力和能动力，齐心协力去实现企业的战略目标。

所以说，良好的企业文化，可以激发员工的创造能力，挖掘员工的潜能，可以产生良好的经济利益，增强企业的竞争能力。

(2)企业文化的功能

企业文化具有多种功能：

1)导向功能

汽车服务企业的各部门和企业既有相同的目标，也有不同的目标。企业文化就是在一面旗帜下统一整个企业和全体人员的行动方向，使大家深化共同的利益和目标，与此同时整个汽车服务行业也会被引向一个高水平、高素质的层次。

2)凝聚功能

企业文化使企业各方面的力量凝聚起来，同舟共济。企业的成员既有共同利益，又有不同的利益，企业文化使大家认识到共同的利益大于一己之利，企业的利益是大家共荣共存的根本利益，特别是当前，企业的兴衰关系到每一个人的收入和饭碗。

3)约束功能

通过建立共同的价值体系，形成统一的思想和行为，对企业中每一个员工的思想和行为都具有约束和规范作用，使企业的员工能够协调行为，自我控制。

4)辐射功能

它作为社会文化大系统的子系统，对城市或地区这个宏观社会群体具有辐射功能，能推动企业的发展。

5)改善人际关系功能

有没有共同语言是人与人能否结合在一起的关键因素之一,许多人就是为了这个共同语言放弃了其他不熟悉的企业、更高的位置或机会。企业文化所形成的共同语言为全体职工创造了和谐的工作环境,使人们能够融洽地工作在一起。

另外,企业文化还有教育功能、激励功能、规范企业形象功能、促进有效管理功能、提高经济绩效功能等。

10.2.2 企业文化建设原则

企业文化的建设原则要体现企业的竞争精神,这种竞争精神可以包容在八种基本价值观之中,这些价值观与创新、忠诚及提高生产力密切相关。企业文化的八大原则如下:

(1)目标原则

企业行为是有目标的活动。企业文化必须把有价值的目标反映出来,使每个员工都明确他们的工作是与这一目标相联系的。这样,员工就会感到自己的工作意义重大,并且“自我实现”的需要可以得到满足。领导者的任务是要把目标传达给每个员工,借此带动员工,这就是“目标驱动”。具有竞争力的领导者会把“我们的灵魂”与“我们的工作”连在一起,并因为有真正的拥护者和追随者而使企业实现其崇高而长远的目标。对于目标原则,可以从以下两条来检验:

1)员工是否了解自己企业的长远目标,是否认为自己的工作具有真正的社会价值。

2)管理阶层在制定政策时是否考虑到企业的目标,还是只针对眼前的情况而采取的权宜之计。

(2)共识原则

企业成功与否,要看它能否聚集众人的创意,看它能否激励员工和管理人员一起从事创造性的思考和工作:如今的员工都受过专门的教育和训练,文化知识素质较以前有大幅度提高。他们不再习惯于一味地跟着别人跑,不再需要俯首帖耳、唯命是从,他们都有自己的头脑,有自己的价值目标,他们要求领导和管理方式从“指挥式”转向“共识式”。管理者的重要使命在于决策,决策有指示式、咨商式和共识式。共识式决策就是在决策时召集较多同事或部属进行坦诚地、充分地商讨而达成一致,因而人人都有主人翁感,人们将企业的决定视为自己的决定,因而全身心地为企业服务。对共识原则的实施,主要根据以下两条来检验:

1)影响整个企业的重大决策,是否采取共识方式判定。

2)管理人员是否具备采取共识式决策所需要的作风和技能。

(3)卓越原则

追求卓越就是“求好”,一个企业的一切工作都应以卓越的方式完成。卓越是关于杰出工作信念的理想境界,是一种精神,一种动力,一种工作伦理,并不只指工作绩效的完美无缺。卓越掌握着一个人或一个企业的生命和灵魂,所有成功的企业都培养出了追求卓越的精神,这就是求新求变、更上一层楼的精神。对于卓越原则的实施,主要根据以下三条来检验:

1)是否所有员工和管理人员都定期进行自我评价并注意自我教育和改进。

2)管理人员一般对目前的成绩感到满意或一直不满意。

3)企业对员工的创新作为是否一贯采取主动奖励措施。

(4)一体原则

坚持一体原则,就是要追求企业全体成员的"一体感",也就是员工认识到个人利益与企业利益休戚相关。个人是企业的所有者之一,当企业能够满足自己"拥有的需要"时,员工是愿意保护企业、使其免受伤害的,员工会为企业的成功而感到喜悦、鼓舞,为企业的失败而感到沮丧、痛苦,进而能做到为整体利益而牺牲眼前利益。创造这种"一体感"的关键在于:减少不必要的管理层次,并尽量让企业最基层的人员担当重任;不再强调管理阶层与员工之间的界限,而是最大限度地强调企业全体员工的参与和共识;管理者通过个人的表率作用,表现出对员工的信任和引导员工产生"自我拥有"的满足感。对一体原则的实施,可以考虑根据以下三条加以检验:

1)管理者是否认为员工也在决策过程中有所贡献。员工是否觉得自身努力的目标对整个企业目标的实现有帮助。

2)晋级、加薪和奖赏是否依据个人的能力而非根据其他,如地位等。

3)当企业整体受益时,企业内部的各阶层是否都分享到了奖励与荣誉。

(5)成效原则

企业成员的每一项成就都应该得到企业和领导者的肯定和鼓励。成效原则是把员工的利益与工作的成绩联系起来。如员工的工资可以按工作的成绩来支付,而不是按权力和资历来定。但更重要的是要给员工带来优胜感和光荣感,即精神上的奖赏,因为没有别的奖赏能比上司、同行给予的由衷赏识更能激励人心、更具威力了。对于成效原则的实施,可根据以下三条来检验:

1)企业给出的最重奖赏是按成效还是按资历来决定的。

2)是否依据企业内不同机构的优异程度而分别设立不同的奖金制度的。

3)是否根据个人的成绩来决定晋升。

(6)实证原则

企业成功的概率,在一定程度上取决于是否把基本的数学观念、数学工具运用到企业决策中,以及是否具有一般意义上的科学态度,也就是讲不讲实证原则。科学的态度就是善于思考,对被认为"已知的"事物追根究底,这是一种极好的素质,它与智力的怠惰恰好相反。对于实证原则,可以从以下三点来检验:

1)每个管理者与员工所组成的团队,是否知道本身负责的资料;是否能看到这些资料;以及是否如期把资料绘成图表。

2)当问题出现时,是否搜集资料并作分析,以便决策采取何种相应措施。

3)分析资料是否运用统计程序。资料是否在工作场所公布。

(7)亲密原则

亲密原则是就企业中人与人之间的关系而言的。亲密感是存在于企业及其成员之间的一条看不见的线,是一种非常基本的人性追求。所谓亲密感,指的是给予和接纳爱的能力。也就是说,一个人在与企业内的其他成员相处时必须以真诚、友善、尊重、信任和关心他人的方式把自己投入，并使对方给自己以同样的真诚、友善、尊重、信任和关心。当个人与企业之间的关系健全时，亲密感大都能存在。有了亲密感，才能提高信任、牺牲和忠诚的程度。对于亲密原则的实施，可以从以下三点加以检验：

1)企业是否经由它的政策与行动来显示关心每位员工在企业内的发展。

2)员工在企业中，是否感到如鱼得水般的快乐，是否获得了必需的安全感。

3)员工们是否经常愿意自觉组合以贡献自己的创意。

(8)正直原则

“正直”是企业文化赖以建立的磐石，也是领导者不可或缺的品质。正直就是诚实、前后一致、表里一致、以负责的态度采取行动。领导者要使企业的目标得以实现，就必须取得下属的信任和支持。而正直的精神是最富有人格说服力的，它能鼓舞员工，激发他们的干劲。未来的领导者拥有传统的指挥权将越来越有限，他们必须依靠他们人格的力量，通过鼓舞和引导来强化他们的号召力。对于正直原则的实施，可以从以下三点加以检验：

1)制定决策时是否优先考虑到对客户与员工的长期利益。

2)企业内的沟通渠道是否会让员工知道企业的真正目标以及作某种决定的动机。

3)管理人员是否具有足够的魅力吸引员工，使之心悦诚服，长期跟随。

(9)其他

此外，企业文化的建设要特别做到以下几点：

1)企业文化建设必须与企业和整个社会的物质文明水平相适应，不能脱离实际。

2)企业文化建设必须要由企业员工共同参与，不能仅靠少数人关起门来做文章。

3)企业文化建设要抓住企业的主要矛盾和主要特征，有鲜明的特点和个性，不能千篇一律。

4)企业文化建设要尊重本国、本民族优良的传统和习惯，与宏观文化融为一体，而不能脱离本国国情。

10.2.3　企业文化建设程序

建设企业文化是一项复杂而艰巨的系统工程，它需要企业有意识、有目的、有组织地进行长期的总结、提炼、倡导和强化。

企业文化的建设应该在企业内外部环境综合分析的基础上，建立具有本企业特色、适合企业自身、反映企业发展要求的企业文化，图 9-1 给出了企业文化建设的一般程序。

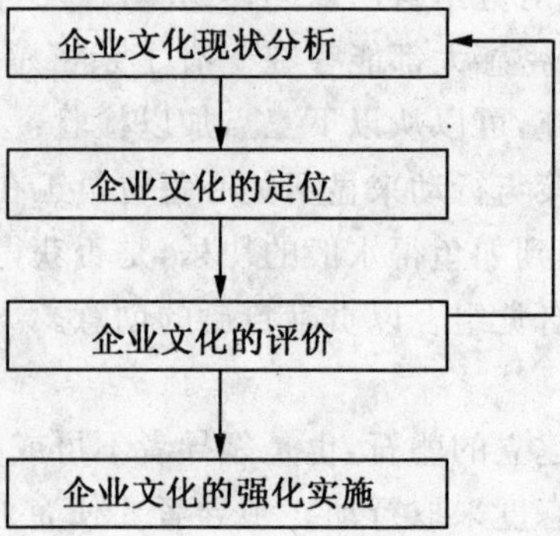

图 10-1　企业文化建设的程序

(1)企业文化的现状分析

企业文化的形成是一个长期复杂的过程,会受到许多因素的制约。要倡导优秀的企业文化,首先要对本企业进行企业文化的诊断,认真考察本企业的企业文化现状,分析对企业文化产生影响作用的各种内外部环境,从而确定企业文化建设的发展方向。企业文化的诊断可从以下几个方面入手:

1)民族文化环境分析

民族文化环境分析大体包括三个方面:第一,民族文化传统分析。由于企业文化只能植根于民族文化的土壤之中,所以,对待民族文化环境因素,要尽量分清哪些是有利因素,哪些是不利因素,以便利用有利因素,摒弃或改造不利因素。如中华民族有质朴善良、吃苦耐劳、重义轻利的优良传统等。第二,除了大的民族传统外,还要分析企业所在地的地方文化特色,即风土环境,地方文化特色同样是企业文化建设不可缺少的重要因素之一。第三,涉外企业还需要分析有关国家的民族文化。

2)政治经济环境分析

社会政治经济环境对企业文化建设具有强有力的影响与制约作用。在我国的社会主义制度下,企业文化建设要始终坚持在党的领导下,以马克思列宁主义、毛泽东思想和邓小平理论为指导。同时,还要坚持党的基本路线、方针和政策,并根据市场经济的要求来建构与之相适应的企业文化模式。

3)企业内部环境分析

企业内部环境就是企业自身对企业文化建设所能提供的有利条件以及不利因素。如企业的经营领域;部门、行业的特点;领导者的政治、业务、文化素质、个人修养和企业领导能力;员工队伍的政治、业务、文化素质、团结协作能力和需求特点;企业的优良传统及成功经验;企业现有文化理念及其适应性;企业面临的主要矛盾;企业的工艺、技术、设备条件是先进还是陈旧;企业内部的机制是高效率、充满活力,还是低效率、人浮于事。此外,还应对企业文化的现状进行分析,包括企业的成长及其发展过程、经济发展现状、行为习惯、传统作风、企业形象和人际关系现状等。通过分析,明确哪些是企业文化建设所应发掘的因素,哪些是企业文化建设所应改革的因素。

(2)企业文化的定位

企业文化定位是指企业根据内外部环境条件及社会发展趋势的要求,确定本企业的文化价值观导向,提炼企业精神,形成自身的企业文化风格。

企业文化定位除应遵循企业文化的八大原则之外,还应注意以下几个方面:

1)明确指导思想

企业文化建设的目标,是要使企业成为一个理想、权力、利益和命运的共同体,使员工真正成为企业的主人,从而最大限度地发挥其主动性和创造性,增强企业活力,推动企业发展。企业文化的根本要求,是要在大力提高员工整体素质上下工夫——努力造就一支有理想、有道德、有文化、守纪律的员工队伍。

2)确立价值观念

共同的价值观念是企业文化的核心。要建立一个企业的企业文化,首先必须根据本企业的实际,归纳、提炼本企业的价值观念。价值观念一经确定.就应以本企业员工容易理解和接受的语言、方法、形式表达出来,通过各种传播手段不断灌输和强化,并真正落实到实际工作中,以此来带动企业文化建设的全面进行。

3)形成独特风格

企业文化应突出企业的个性,没有个性,也就失去了事物存在的基础。企业文化不能千人一面、众口一词、空洞雷同,否则便不会有生命力和感染力。不同企业有着不同的环境背景、不同的发展背景、不同的生产经营方式和不同的人员素质结构,这就要求每一个企业根据本企业的实际,构建具有本企业特色的企业文化,形成自己独特的企业文化风格。

(3)企业文化的识别式评价

企业文化是存在于企业中的一种知觉,其可以通过评价一个企业具有的 10 个特征来识别或评价。

1)成员的一致性。员工与作为一个整体的企业保持一致的程度,而不是只体现出他们的工作类型或专业领域的特征。

2)团体的重要性。工作活动围绕团队组织而不是围绕个人组织的程度。

3)对人的关注。管理决策要考虑结果对企业中人的影响程度。

4)单位的一体性。鼓励企业中各单位以协作或者相互依存的方式运作的程度。

5)控制。用于监督和控制员工行为的规章、制度及直接监督的程度。

6)风险承受度。鼓励员工进取、革新及冒风险的程度。

7)报酬标准。同资历、偏爱或者其他非绩效因素相比,依员工绩效决定工资增长和晋升等报酬的程度。

8)冲突的宽容度。鼓励员工自由争辩及公开批评的程度。

9)手段——结果倾向性。管理更注意结果或成果,而不是取得这些成果的技术和过程的程度。

10)系统的开放性。企业掌握外界环境变化并及时对这些变化作出反应的程度。

以上 10 个特征是一个复合体,并且相对稳定和持久,如通用汽车公司被普遍描述成冷静的、正规的、不愿冒险的公司,宝马则是锐意进取、时尚和高贵典雅的象征等。

(4)企业文化的强化与实施

企业文化建设,不可能一蹴而就,要创造条件付诸实践并加以巩固,必须通过传播,在员工中不断得到强化,即把企业文化所确定的价值观全面地体现在企业的一切经济活动和员工行为之中,同时采取必要的手段,强化新理念,使之在实践中得到员工的进一步认同,使新型的企业文化逐步得到巩固。具体做法是:

1)领导表率。企业领导是企业文化的倡导者和塑造者,更是企业文化的实施者。一方面,领导通过归纳提炼,将企业文化升华,并通过宣传鼓动,使企业文化在企业中得以推广和实施;另一方面,领导以自己的作风、行为在企业文化建设过程中起着潜移默化、率先垂范的作用。事实说明,要使企业的价值观念和行为规范真正成为企业员工的共同观念和自觉行为,不是靠行政命令和强制性压力,很大程度上依赖于企业领导对员工的感染力。因此,企业领导言传身教、身体力行,是企业文化建设中最关键的环节。

2)榜样示范。榜样是企业文化的要素之一。在塑造优秀企业文化的过程中,榜样起着引导作用和示范作用。企业中的榜样是企业文化主动体现,他们为全体员工提供了角色模式,建立了行为标准。榜样往往成为一个企业文化的具体象征。在建设企业文化过程中,要特别注意发现、培养、宣传企业自己的榜样人物。

3)故事熏陶。企业文化的价值观往往会反映在企业的一些"故事"或"传说"当中,在一个有着强有力文化的企业中,"故事"或"传说"往往很多,如企业是如何艰苦创业的、如何在竞争中取胜、如何走出困境、如何开发新产品,如何对待企业的"功臣"等。每一个事件都会留下一串故事。企业经历的事件越多,企业文化就越成熟,留下的"故事"或"传说"也就越多。通过"故事"、"传说"、"比喻"或其他口头或非口头的方式,企业可以广泛地在员工中传播它的思想意识和价值观。这种方式对新加入企业的成员理解企业文化背景尤为有效。

4)仪式强化。企业文化的生长需要通过各种具体的活动和一定的形式来强化。其中企业的仪式起着重要的作用。仪式是价值观的载体,使价值观外在化。如日本企业的"朝礼",我国某些商场早晨的"迎宾仪式",都从某个方面展示了本企业的文化。仪式是一种动态的文化,而且它有形、具体,具有很强的可操作性,便于企业运作。仪式是企业运行的兴奋点,特别是一些大型的庆典仪式具有戏剧化特征,可以对企业文化起强化作用。

5)网络影响。美国《西方企业文化》一书的作者狄尔(T. E. Deal)和肯尼迪(A. A. Kennedy)把企业文化网络看作是由消息探听者、轶事传播者、说教者、背后议论者和小集团五个方面的人所形成的"一个隐蔽的等级集团"。文化网络实际上是企业中重要的文化沟通与传播枢纽。在企业文化好的企业中,管理者为了确切知道人们真正在想什么,以及想要影响人们的日常行为方式,他所采取的高明的办法,就是承认这种文化网络的存在和重要性,因势利导地管理和开发此种网络,通过文化网络不断传播和强化企业的信仰和价值观,以保持文化的生命力,并使之深深渗透到企业的各阶层、各部门和员工的内心中去。

10.2.4 企业文化建设的基本方法

就像可口可乐、好莱坞和麦当劳构成美国生活方式和美国文化的一部分一样,全聚德、同仁堂构成了中华文化的一部分。我们应当承认当前汽车服务行业的企业文化还远远没有形成社会文化之势。汽车服务行业的企业文化建设是一个具有广阔前景的全新领域,那么究竟如何去创造汽车服务行业的企业文化呢?建设企业文化的方式与方法是多种多样的,它与企业经营管理活动相伴随,相互渗透、相互推动。但从相对独立的角度讲,建设企业文化的方式与方法主要有以下几个方面:

(1)创立企业文化礼仪

1)企业文化礼仪的概念及作用

企业文化礼仪是指企业在长期的文化活动中所形成的交往行为模式、交往规范性礼节和固定的仪式。它规定了在特定文化场合企业成员所必须遵守的行为规范、语言规范、着装规范,若有悖礼节,便被视为"无教养"行为。企业文化礼仪根据不同的文化活动内容具体规定了活动的规格、规模、场合、程序和气氛。这种礼仪往往有固定的周期性。不同企业的礼仪体现了不同企业文化的个性及传统。

企业文化礼仪在企业文化建设中的作用主要表现在:使企业理性上的价值转化为对其成员行为的约束力量;企业文化礼仪是企业文化传播最现实的形式;企业文化礼仪是企业成员的情感体验和人格体验的最佳形式。

2)企业文化礼仪的类型

企业文化礼仪不是企业文化活动中的静态构成,而是在实践中不断补充、丰富和创新的。具有优良传统的企业,其文化礼仪是丰富多彩的。

①工作惯例礼仪、生活惯例礼仪、纪念性礼仪:这一类主要是指对企业具有重要意义的纪念活动中的礼仪,举行这类礼仪的目的是使员工产生强烈的自豪感、归属感、增强自我约束力。

②服务性礼仪:主要是指在营销服务中接待顾客的礼仪,规定这类礼仪的目的主要是提高企业服务质量和服务品位,满足顾客的精神需要。

③交往性礼仪:主要是指企业员工在社会公众联系、交际过程中的礼仪,规定这类礼仪的目的主要是对内创造文明、庄重的工作氛围,对外树立企业良好的形象。

3)创立具有自身特色的企业文化礼仪

企业文化礼仪既可以是自发产生的,也可以由企业组织推行。企业如果能够自觉地创立具有自身特色的企业文化礼仪体系,使企业文化礼仪与企业价值观相一致,就能更有效地发挥企业文化礼仪在建设、强化、传播企业文化中的积极作用。企业文化礼仪有自身活动的特点,若不注意,则易流于形式,浮于表层,不但起不到对企业文化的促进作用,还可能压抑企业的活力。

(2)营造企业文化氛围

1)企业文化氛围的概念

所谓氛围,一般是指特定环境中的气氛和情调,能够形成氛围,必定使人产生一种强烈的感觉,这种感觉来自特定环境中所体现的精神。企业文化氛围是指笼罩在企业整体环境中,体现企业所推崇的特定传统、习惯及行为方式的精神格调。企业文化氛围是无形的,以其潜在的运动形态使企业全体成员受到感染,体验到企业的整体精神追求,因而产生思想升华和自觉意愿。因此,企业文化氛围对于企业成员的精神境界、气质风格的形成都具有十分重要的作用。

2)企业文化氛围的构成

企业文化氛围由物质氛围、制度氛围、感情氛围等三部分构成。

①物质氛围。主要是从企业物质要素及其组合中所反映出的企业主体的情趣、格调。良好的物质氛围表现为企业环境(厂区、车间、办公室、生活区等)洁净、井然有序。

②制度氛围。主要是企业成员对企业各项政策、制度及规定的态度、情绪等。良好的制度氛围表现为制度与企业成员行为的一体化。企业成员形成了自觉维护、遵守企业各项政策、制度及规定的习惯和气氛。

③感情氛围。主要是企业成员在相互交往及工作中所表现出来的气氛和态度。良好的感情氛围,表现为企业成员之间相互尊重与信任,工作配合默契,心情舒畅,相互之间的摩擦、冲突和矛盾现象较为少见,员工对企业有强烈的归属意识。工作中追求成就,追求创新,人人不言落后。

上述企业文化氛围构成的诸要素中,感情氛围是核心,它是企业文化最直接的表现。物质氛围和制度氛围的好坏从根本上讲取决于感情氛围。因此,创造企业文化氛围的重点是创造企业文化的感情氛围。

3)创造良好的企业文化氛围

在积极创造物质氛围和制度氛围的基础上,要把创造良好的企业感情氛围作为重点。企业创造良好的感情氛围,第一,要从思想上、事业上关心员工,如关心员工政治思想上的进步,文化、技术水平的提高,在工作上给予支持和帮助等,使员工感受到企业的重视与尊重,感觉到事业上有发展前途,从而促使上下级之间感情的融合;第二,应善于利用各种文化活动,沟通员工个体与个体之间、个体与群体之间、群体与群体之间的感情,协调相互关系,增进情谊;第三,应从生活上关心员工,尽力为其办实事解决实际困难,增强员工的归属感;第四,要利用各种场合进行感情投资,建立企业领导者与员工相互信任、相互支持的新型关系;第五,要通过做思想政治工作、宣传企业目标、开展民主管理、进行物质和精神激励等办法加强对企业内部各类非正式组织的引导,使之在思想感情上与企业保持一致;第六,要创造良好的学习环境,鼓励企业成员求知上进,使企业内形成浓厚的学习气氛。

某汽车技术服务中心是一家私营企业,有74名员工,其中90%为青年员工,而且青年员工的绝大部分为刚走出校门的大中专学生。利用这种条件,该中心成立了共青团支部,作为工作、学习的先锋队组织,活跃了全厂的技术学习气氛,全体员工树立了“刻苦学习,改变世俗,为提高汽车服务行业的素质而奋斗”的思想观念。在私企建立团支部,这种富有生机的群体动力,在客户中和社会上产生了良好的效果,为企业的进一步发展和经济效益的提高奠定了坚实的基础。

(3)引入全新的经营理念

文化本身就具有交叉性、渗透性与广泛性,如果能将其他行业的理念、特色、运作方式等以恰当的方式引入到汽车服务行业中来,必将带来汽车服务行业的崛起。有一家汽车维修公司,投资两千万元建起一个一类汽车维修企业,刚开始经营时车源屈指可数。该公司将全新的营销理念融入到车源的开发上,成立了业务开发部,组织了一批大学生开发车源业务。在企业处于最困难的时候,企业不仅没有裁减一个人,而且将业务人员的数量从最初12人增加到40人,并找准投资重点,加大开发力度。不到三个月,该企业的车源迅速上来了,经济效益很快好转。经营管理者在企业文化建设过程中,一定要注重多方吸纳各行各业的文化风格,并要与自身企业实情有机结合。

(4)建设企业文化的其他方法

在建设企业文化的过程中,除了创立企业文化礼仪、开展企业文化活动、创造企业文化氛围等基本方法外,还可以根据企业的具体情况有针对性地采取一些具体的方法。

1)教育输入法。当企业文化的积累达到一定的量度,企业内外环境迫切需要推行新的价值体系时,企业文化的倡导者应通过各种形式,如会议、讲座、报告、办报刊、黑板报、墙报、宣传栏、广播、网络及发放宣传材料等向员工输入企业新的价值观,使员工尽快了解、理解企业的意图,从而在较短的时期内,在企业价值观上达成"共识"。

2)舆论导向法。当企业发展进入关键时刻,新旧文化的冲突和摩擦非常激烈,企业员工所信奉的价值观不一致。企业应有目的地组织各种系统的宣传活动:包括内部宣传和对外宣传,让员工知道,什么是好的,什么是不好的,什么行为是正确的,什么行为是错误的,从而为员工提供正确的价值导向和行为导向。

3)领导垂范法。企业领导者作为企业文化的发起者和新文化的积极倡导者,他的言行和形象对文化的发展影响极大,如总经理、骨干技术人员、劳动模范等,他们的个人风格融入到企业之后形成了企业文化的一部分,如雷厉风行、稳重谨慎、技术过硬、求实认真、灵活多变等。对机制健全的企业,这种影响不是缩小,而是扩大。企业领导者只有使自身的品德、情感、能力、作风、行为等更充分地展示所倡导的文化的特点,身体力行,率先垂范,才有可能在企业培养出一种好作风,展现良好的精神面貌。

4)行为激励法。当企业员工的某些需要长期无法实现时,企业员工个体或某些群体意识与行为就会出现惰性,以至于对企业倡导的价值体系持淡漠或反感态度。这时就应采用激励的方法,如物质激励、目标激励、反馈激励、强化激励、成就激励、参与激励、信息激励、情感激励等,满足员工物质上或精神上的迫切需要,激发员工的积极性,使员工看到并体验到企业倡导的价值观并不是空洞无物、脱离实际的,促使员工调整自己的心理和行为。

5)活动感染法。即通过举办各种形式的政治、文化、娱乐活动,如英模报告会、革命传统报告会、读书会、经验交流会、运动会、文艺晚会、智力竞赛、技术比赛、合理化建议以及各种主题营销和服务活动等,突出体现企业价值观的主题,创造良好的活动气氛,使员工在其中潜移默化地受到企业优秀文化的感染,思想得到升华,士气得到提高,尤其是使价值取向、追求、行为准则等渐渐得到调整,并向着企业倡导的文化方向发展。

6)利用事件法。即积极利用企业发展或对外交往中正反两个方面的重大事件,如技术发明或泄密事件,生产、经营、管理成功事例或责任事故,质量评比获奖或消费者投诉事件,新闻报道中的表彰或批评事件,参与社会公益活动或破坏环境事件等,大力渲染,强调某一事件的积极意义或给企业带来的重大损失,借以给员工带来心理震撼和震动,使员工产生强烈的印象,无形之中受到教育和启发,从而接受正确的价值观及行为方式。

7)塑造服务特色。服务特色是客户和社会对一个汽车服务企业特别的社会理念形象。员工在为客户的服务过程中同时也会增强自己树立企业形象的思想意识。

8)增强广告意识。当今社会已逐步进入一个完全信息时代,广告效应已潜移默化地渗入到了人们的意识当中，对人们日常生活、行为起着越来越重要的引导作用。对于日趋规范化、正规化的汽车服务企业来讲，要想求得更大的发展，赢得更多的客户，就必须将营销理念引入到汽车服务企业中来，改变过去那种只靠关系或有限宣传的方式，而走向加强品牌意识、包装企业、宣传企业、提高广告意识的方式。

上述方法在使用中不是孤立的，根据企业文化建设的特点和难度，可以以一种方法为主、其他方法为辅，也可以把几种方法结合在一起使用，相互渗透、相互补充，综合发挥作用。

汽车服务行业正逐步走向规范化、市场化，企业文化建设对于一个汽车服务企业来说非常重要。在建厂初期，经营管理者凭借社会关系往往可以带来暂时相对稳定的服务，但是汽车服务企业进入到后期建设时期，如果企业忽视文化的建设，就无法树立自己的品牌与形象以吸引客户，而那些曾经“施恩”于企业的关系客户往往又会拖生产经营的后腿，对企业的向前发展造成一定的阻力。没有企业文化作为依托，必定无法吸引新客户，稳定老客户。

汽车服务企业属于服务性企业，无论从技术角度还是经济角度来看，汽车服务企业都具有极强的时代色彩。要为成千上万种车辆和形形色色的客户提供优良的服务，没有不断更新的高超技术，没有卓越超常的经营技巧是做不到的。要做到这一点，首先必须要有优秀的企业文化环境。随着我国经济走向市场经济和汽车技术的迅猛发展，社会大文化环境已经发生了变化，并在继续变化着。要经营管理好现代汽车服务企业，实现市场需求的高品质服务，每一位管理者都要重视企业文化的建设。汽车服务行业企业文化的创造与变革一定会带来社会对行业、对从业人员观念上的转变，而良好的企业文化必将成为推动汽车服务行业进一步发展的不可替代的重要力量。

10.2.5 汽车服务行业企业文化塑造案例

成立于1993年的深圳市某汽车(集团)有限公司是致力于世界知名汽车品牌售后服务的运营商。1999年经广州本田汽车有限公司和日本本田技研株式会社授权建成“4S”样板店。2002年通过整合资源、优化配置，开始集团化经营，形成规模优势。经营的品牌主要有：广州本田、北京现代、一汽丰田、一汽大众奥迪和各类进口汽车等。投资2亿多元，建成多家“4S”店，每家店均有按星级标准建成的1000m^2的接待大厅、5000m^2的维修中心和办公室、2250m^2的停车场、客户休息室、音乐茶座、试音室、精品安装、汽车美容中心等各种功能配套设施。2003年实现营业总规模15.8亿元，同品牌汽车市场占有率中，整车销售达40%，售后服务收入达60%。

公司针对汽车服务企业的特点，以客户为中心，注重企业文化建设，取得了良好的效果。下面以该公司“家”文化导入为例。

(1)“家”文化的导入：企业核心文化的整合

2001年公司一个月推出四次自驾车游活动，公司仔细地研究了自己的客户：35至45岁，有事业基础，有家庭，有社会地位，社会活动能力强，因此不能简单地追求活动的次数、频率。所以，这四次活动每次都有自己的主题和侧重点：第一次是本着对车主小孩教育的目的，安排自驾车游的行程是边远山区——“识苦知福”；第二次则是“浪漫之旅”，车主都有事业,平时都很忙,策划这次活动的目的是希望他们可以多陪陪自己的伴侣、爱人;第三次则是对父母、长辈尽孝的“健康之旅”;第四次则是全家人亲密出游的“天伦共享”。由于考虑得细致周到,主题明确,四次活动出游车次近 200 辆,产生了良好的效果。

总结这四次主题自驾车游活动的成功经验,2002 年公司开始整合企业核心文化,重新确定了企业的核心价值观,开始全面导入“家”服务文化,赋予“家”文化以最新内容。在这个理念下,在服务方式和服务内容上努力寻找突破口,寻找与客户需求的结合点。“本田之家”就成了一个结合点,一个平台,它把车主的需求、企业理念、服务文化等融入其中。该公司一直在挖掘“家”的内涵和外延,并坚持专业、诚挚、温馨的服务特色。

他们提出的服务口号是:“为家人服务,我们精益求精。”他们把客户视为家人,赋予客户第一主义的真实含义。每天来公司维修保养的车近百台,维修人员的劳动强度非常大。为让每一个消费者都满意,公司推出金牌服务三套车,实行首问负责制,实施“微笑服务大使”评比活动。这些活动的实际效果是由“人”来体现的,也就是由每个员工在与客户沟通时来传达的。

在服务时间上,公司于 2002 年 9 月份开始了“廷时服务便家人”工程。将每天的服务时间由 18 点延长至 22 点,大大便利了相当一部分客户选车、维修保养的需求。尽管这项服务在效益上不能为企业带来利润,但从长远的发展角度看,有利于品牌价值的提升。

(2)“家”文化的推广:企业营销形象的树立

自从售后服务成为销售的延伸,4S 特约店就成为了广大车主维系人与车的重要桥梁。作为广州本田的 4S 特约销售店之一,公司一直在努力营造更为中国化的企业文化氛围。经过对车主年龄构成、社会地位等的细致了解和半年的周密策划,于 2002 年 3 月份成立“本田之家——车友社团组织,其宗旨是:通过会员制的形式,以车为载体,为所有会员提供金融信贷、文化活动、消费服务等立体式综合服务。

2002 年新年推出历时三个多月的“家的春天”系列活动,使“家”文化概念迅速在车主之间传播开来。6 月推出“本田之家”俱乐部金融卡,使众多车主在理财、维修服务、车辆使用过程中逐渐成为银行、车行、车主之间的又一座情感桥梁,并为车商同各行业之间的交流开拓了一条不同行业强强联合、共拓市场的有效合作之路。此外,9 月份还推出了“家在金秋”的大型秋季优惠活动,“十一”长假又组织“家爱大使献爱心”深圳云南自驾游活动,这些系列活动体现了企业、车主、深圳人富而不忘回馈社会的精神,引发了深圳车市的“家文化年”。家文化,不仅赢得了可观的经济效益,而且还赢得了社会的认可,并创造了与许多合作伙伴更为紧密合作的机会。

由此可见,企业文化是企业发展的重要资源,只有不断地挖掘丰富的企业文化,不断以提高顾客满意度为目标,努力使顾客在接受服务的同时感到来自内心的喜悦之情,企业的发展才能有强大的原动力。

10.3 企业形象

企业文化结构建设中有一个重要的内容就是企业形象建设。作为现代市场竞争条件下的战略手段——企业形象塑造已成为众多企业制胜的法宝。企业文化与企业形象是两个相互包含的概念和范畴，是一种你中有我、我中有你的相辅相成的关系，二者共同构成企业的精神资源，企业文化具体反映和表现企业理念，同时也丰富企业理念的内涵。

10.3.1 企业形象概述

(1)企业形象的含义

企业形象是指人们通过企业的各种标志(如产品特点、行销策略、人员风格等)而建立起来的对企业的总体印象。企业形象是企业精神文化的一种外在表现形式，它是社会公众与企业接触交往过程中所感受到的总体印象。这种印象是通过人体的感官传递获得的。企业形象能否真实反映企业的精神文化，以及能否被社会各界和公众舆论所理解和接受，在很大程度上决定于企业自身的主观努力。

(2)企业形象要素

企业形象虽然以“知名度”、“信誉”、“声望”等形式存在于社会大众的观念之中，但是这些观念都是人们在对企业客观实在形象的接触中形成的。一般的企业形象是指企业通过产品及包装、建筑装饰等各种物品和自身行为等表现出来，在社会上和消费者中形成的对企业的整体看法和最终印象。企业文化管理中形成的企业形象是指企业在自己的价值观和经营理念的指导下，为适应社会公众和消费者的需要，按照一定的标准和要求，综合运用创意策划、企业标志、广告宣传、商标选型和公共关系等手段以及各种媒介传播，把以企业价值观为基础的企业经营理念和产品服务特色，展示给社会公众和目标消费者，使他们对企业产生良好印象和认同感，并转化为相应的基本信念和综合评价，从而为企业创造一种理想的经营环境。

企业的物质要素、品质要素、制度要素、精神要素和习俗要素在经营中的表现，构成了客观实在的企业形象，企业形象的内容如下：

1)物质要素

物质要素可以喻为企业形象的骨架，其直观性最强，衡量尺度最硬，是构成企业形象的基础。物质要素包括企业向社会提供的产品和服务；企业的厂房、厂区环境及设备技术水平；企业的经济效益和物质福利待遇以及企业排放废物对生态环境的影响情况等。无论哪个企业，在上述各方面做扎扎实实的改进，都会有益于客观企业形象的提高。

2)品质要素

品质要素可比喻为企业形象的血肉，这是由企业全体员工的因素而展现的企业形象.企业领导人的素质、作风和领导才能对企业形象所起的作用最大。在一定条件下，企业领导的形象就代表着企业形象；企业各岗位上的职工，特别是与公众直接交往的销售、服务、公关人员，他们的工作精神、态度和作风，随时都在影响企业形象的形成；企业英雄、模范人物的形象、事迹都能为企业形象添光彩。

3)制度要素

制度要素可以被喻为企业形象的内脏。一个企业如果具有合理的机构，科学、健全的规章和制度，而且这些规章制度都能得到严格的遵守，那么这个企业就会具备灵活的、应变性很强的运行机制。有了这种内部机制，企业就能主动地自我更新，不断使企业形象更完美。

4)精神要素

精神要素即企业的价值观、精神状态、理想追求等,可以将它喻为企业形象的灵魂,这些是无形的东西但却体现在有形东西之中。没有它们,企业形象就没有生气,没有活力,就会像服装店中身着华丽服装摆出各种姿势的模特人型一样。模特人型与演员模特尽管穿着同一套服装,但给人留下的印象却完全不同。原因就在于演员的精神、气质、态度与服饰融为一体,大大提高了整体形象的优美程度。

5)习俗要素

习俗要素是以物质性、活动性为特征的风俗习惯,其直观性很鲜明,因此可以像服饰一样地修饰企业形象。如企业的礼仪或公关礼节、传统作风、商标、品牌、厂徽、厂服等都是构成企业独具个性的形象的一部分。

以上五种要素有的有形,有的无形,有的是静态的,有的是动态的,它们互相联系,彼此渗透,和谐统一,共同构成企业完整的形象。

(3)企业形象的分类

企业形象是一个多维度、多层次的概念,可以从不同的角度对企业形象进行分类。

1)总体形象与特殊形象

按企业形象的内容,企业形象可分为总体形象和特殊形象。总体形象是企业呈现在社会公众面前的整体形象,主要体现于企业的知名度和美誉度。比如企业的发展史、市场占有率、经济效益及社会贡献等。特殊形象是企业因某种需要而将企业的某一方面展示给社会公众而形成的形象。如某股份有限公司在经营管理中,对职工、股东、管理者、用户、政府、传播媒介、社区等公众树立的不同形象,就是特殊形象。针对企业形象的某一个方面,企业所留给公众的印象,也是特殊形象,如某企业良好的厂区环境、优质的产品、完善的服务等都属此类。

2)内部形象与外部形象

按评价主体和认定尺度的不同,企业形象可以分为内部企业形象和外部企业形象。企业文化管理的目标主要是对内增强凝聚力,对外提高竞争力与协调力。

①内部企业形象又称"主体企业形象",是指企业职工通过对本企业综合考察、认识后形成的总体印象,它是企业形象各要素在职工头脑中的反映和评价。它包括企业制度的制定与实施,企业风尚、民主氛围、设施摆放组合等有形与无形的表现。内部企业形象完美,能使全体员工增强对企业的满意感、自豪感和荣誉感,从而增强企业的凝聚力,强化职工与企业共同体的群体意识;反之,则会减弱和淡化这种荣辱与共的意识。

②外部企业形象又可称为"社会企业形象",是一个企业在社会公众(消费者、社区居民、机关公务员等)心目中留下的印象,或者说是企业形象要素在社会公众头脑中的反映。它包括企业的知名度、名称、标志、产品及包装、广告宣传、建筑及装饰等物质性形象,企业高层管理者及窗口员工向社会展示的人为的形象,以及知名度、美誉度的总和等心理形象。所有这些,都是企业在一定价值观的基础上有意无意地必然的表现,是企业外部形象的有形或无形的展示,也是企业竞争力的表现。

3)有形形象与无形形象

按企业形象的可见性,可以分为有形形象和无形形象。有形形象是可以通过人们的感觉器官感受到的企业有关实体。它主要包括企业的产品形象、员工形象、环境设施形象等，如企业的外观、环境、设备、产品、职工等具有物质化特征的形象。无形形象是指在有形形象的基础上，通过人们的记忆、思维等心理活动在头脑中升华形成的企业形象，是潜伏隐藏在企业内部的企业精神、管理风格、企业信誉、经营战略等无形因素在社会公众中形成的观念印象。

4)现实形象与理想形象

按企业形象的塑造过程，企业形象可以分为现实形象和理想形象。现实形象是企业塑造形象之前现实的为社会公众所认同的形象。现实形象可能是良好的、受公众欢迎的，也可能是平庸的，甚至是低劣、不符合公众意愿的形象。理想形象亦称期望形象或目标形象，是企业期望在公众心目中达到的最佳形象，它是企业改善自己形象的努力方向。理想形象往往在企业新创立或有重大改变如转产、扩产时进行评定，作为企业以后塑造形象的奋斗目标。

(4)企业形象的特征

企业形象形成以后，就在一段时间内保持不变，具有相对稳定性。这一形象通过各种传播渠道如大众传播媒介和个体传播媒介，逐渐影响社会公众对这一企业的态度。而公众的态度将会支配着公众对这一企业的情感倾向、所作的判断、思考、舆论和行为。最后，公众对这一企业的情感倾向、判断、舆论和行为通过传播又反过来构成了有关这一企业的信息的一部分，从而影响其他人对企业的印象，形成一个循环过程。公众正是在这种不断的循环中修正他们心目中有关这一企业的形象的，这就是企业形象发生作用的机制。

因此，企业形象作为某一特定范围内人们对企业印象的综合，它既不等同于企业所发生的所有客观事实，也不等同于某个个体的印象，而具有其自身的一些特征。

1)整体性

企业形象是企业在长期的生产经营活动中给社会公众留下的整体印象。企业形象是由多种要素构成的，主要表现在以下五个方面：

①综合因素，包括企业的发展历史、社会知名度、美誉度、市场占有率、经济效益等。

②企业人员素质及服务水平。包括人员知识结构、文化素养、服务态度、服务方式、服务功能、服务质量等。

③生产与经营管理水平。如产品品种、产品结构、质量、经营方式、经营特色、基础管理、专业管理、综合管理水平等。

④物质设施。包括厂址、设备、营业场所陈列和布局等。

⑤公共关系。如公关手段、信息沟通形式、广告宣传形式及置信度等。

2)社会性

企业形象是由很多人的印象汇总而成的，因此，离开了社会，没有社会交往和商品交换，人们就不可能对企业产生印象，更不可能产生企业形象了。企业形象的社会性主要表现在两个方面：其一，企业形象是社会的产物，是不以人的意志为转移的社会现象。虽然企业形象的具体产生过程是人们的主观意识对企业这一客观事物的反映，是主观性的东西，但是，企业形象本身不是人们想它有就有、不想它有就没有的，而是由企业的社会存在决定的。尽管人们不能左右它的存在，但可以认识它，主动去塑造它，为企业的经营管理服务。其二,企业形象受一定的社会环境影响制约,它不可能脱离一定的社会、文化、政治、经济条件而独立存在。在某一社会环境中好的企业形象,在另一社会环境中就不一定是好的企业形象,社会环境的变化也会影响企业形象的变化。

3)多层次性

企业形象在不同的群体对象中有不同的理解和认识。可以根据公众的背景、职业、层次划分为不同的社会群体,如各级政府部门、企业领导、职工、消费者等。据此,可以将一个企业的形象划分为在各级政府部门行政人员心目中的形象、在本企业领导者心目中的形象、在消费者心目中的形象等。不同的社会群体对企业形象的认识途径、认识方法均有所不同,印象也不尽一样。

4)相对稳定性

当社会公众产生对企业的总体印象之后,相对而言,这一印象不会很快或轻易地改变,反映出企业形象是企业综合行为的结果。企业的行为可能发生这样或那样的变化,但是,这种变化却不会马上改变企业已存在的形象模式。这是因为公众是倾向于原有企业已存在的形象,他们不会因为企业行为的某种变化而马上改变对企业的看法,这是公众心理定势作用的结果。其结果有两种,一是相对稳定的良好企业形象,也就是说,企业美誉度高,企业信誉强,它可以产生巨大的物质力量产生强大的"名厂"、"名店"、"名牌"效应;另一种形象则是相对稳定的低劣形象。企业如果忽视了企业形象的建设,把假冒伪劣产品打入市场,就会长时间难以摆脱社会公众对自身的不良印象,这就需要企业经过较长时间的艰苦努力,才能挽回影响,重塑企业形象。

5)传播性

企业形象的塑造有其客观性,但其感受者是公众。企业为了能够主动地在广大公众心目中建立良好的企业形象,必须借助传播这一主要的渠道和手段。企业形象塑造过程离不开传播的事实使得企业形象的塑造具有了传播性的特点。不同层次的公众对企业形象的看法可以通过个体传播媒介如聊天、交谈的方式产生相互影响,也可以通过大众传播媒介如报刊、广播和电视产生相互影响。

10.3.2 企业形象设计

企业形象的构成要素通过企业识别系统集中而统一地表现出来,传达给社会公众。企业识别系统的英文缩写为CIS,企业系统识别主要由企业理念识别(MI)、企业行为识别(BI)和企业视觉识别(VI)三个部分构成。这些要素相互联系、相互作用、有机配合。企业形象正是通过企业识别系统设计展示出来的。

企业形象设计完成后,就要通过静态、动态和具体化的视觉传播形式,有组织、有计划地传达给社会,树立企业统一的视觉形象。企业要全方位、全媒体地以各种方式传播企业的信息,社会大众不仅可以从商品和服务信息中,而且可以从企业的社会行为中,在不同场合得到各种不同内容、不同角度、不同形式的企业信息,而且各种企业信息的共同性和互补性起到树立形象的效果。

企业形象设计(CI设计)是集经营、专业、公关、管理、营销、组织行为等各种要素于一体的知识密集型创造性活动,是现代企业管理、体制改革和社会经济发展的要求。汽车服务企业应该树立自己的形象设计工程。

(1)创立CI形象的必要性

汽车服务企业创立CI形象，是时代和社会发展对汽车服务企业提出的迫切要求。

随着市场经济的发展，汽车服务企业无法回避受到的挑战。首先是顾客的挑战。顾客对于现代企业来讲是产品转化过程中的具体接受单位。在市场经济不断发展和完善的过程中，市场将不断地从卖方市场转向买方市场。企业要调查、分析市场，确定目标市场，预测潜在市场，才能赢得现实的和潜在的顾客。其次是竞争的挑战。同行业间、全国企业间、国内企业与国外企业之间都有竞争。竞争出活力，活力来自竞争。市场经济的法则就是竞争，汽车服务企业也要服从这一规律。再次是“变化”的影响。社会经济结构在发生变化，汽车服务企业也在不断变革。汽车服务企业的理念建设、产业建设、经营手段、管理方式、营销方式、人才结构、思想观念都要适应这些变化。变则通，通则强。目前由于汽车服务企业对企业外部环境的变化反应比较迟钝，甚至缺乏对自己和“顾客”必要的分析，更不用说对未来的预测，在制定发展战略时仍然简单地把按照当前或者几十年来形成的经营思路所做的事情看成是自己事业的全部，或者狭隘地把战略限制在一个特定的行业之中，这样就限制了企业发展的空间。一旦宏观环境发生变化，就会给企业的发展带来风险。

汽车服务企业为了适应社会的变化和产业发展的需要，必须注重整体形象的设计与塑造，全方位审视自己，在动态的形象设计中适应变化，在社会的挑战中不断运用形象设计。

(2)企业形象设计的内涵

1)企业形象设计概念

企业形象设计，意为企业识别，是指将企业的文化理念通过统一的行为识别、视觉识别设计，予以系统化、规范化、可视化，并借助整合营销传播，在公众中树立良好的组织形象，从而为企业经营提供良好的经营环境的设计工程。

2)CI三要素

CI三要素是指MI(Mind Identity)理念识别、BI(Behavior Identity)行为识别、VI(Visual Identity)视觉识别。理念是基础，行为是主导，视觉是桥梁，三者互为因果，不可或缺。

①MI是企业的最高层思想系统和战略系统，对内可以形成凝聚力，对外形成吸引力。它主要包括以下内容：经营理念、企业文化、管理原则、发展战略、企业伦理、企业精神口号等。

企业理念是企业文化的核心。企业的成功来自于成功的企业理念，企业理念统驭企业的行为、经营方向以及企业与外界的联系，企业的外显文化，如典礼、仪式、企业英雄、管理仪式、工作仪式等都是企业理念的外化、即直观感觉的形象。在市场竞争中，没有独特经营理念的企业，没有优秀文化的企业，就创造不出先进的经营成果，培养不出一流的业绩，也催生不出优秀的管理行为。企业理念必须是可以操作的同时又要有特色，切忌雷同。一个具有独特个性的优秀理念应该是在借鉴中外著名企业的经营思想和管理经验的基础上，融合本企业的特点经长期实践、高度提炼而形成的。

②BI 是企业运行的所有规章制度和行为规范，是企业实践经营理念的具体行为。它将经营理念渗透到日常工作管理之中，渗透到员工的心中，通过企业各部门的彼此协调、整合，产生整体性的创新活动，塑造企业的完美形象。BI 可以分为企业外部行为识别系统 BI(外)与企业内部行为识别系统 BI(内)。BI(外)包含市场调查、公共关系、宣传广告、促销活动、服务水准、公益活动等。BI(内)包含产品设计、建筑物外观、办公业务用品、室内装潢、广告包装设计、员工服饰、交通工具等。

BI 规范着企业的经营、生产以及一切社会活动。对内是建立完善的组织制度，管理、经营、生产制度，职工的福利制度与行为规范，各种奖惩制度。对外则是通过企业的社会公益文化活动、经营、生产水平、人才等产生一种识别，即人们通过企业的行为特征去识别、认知这一企业。

③VI 是通过视觉传播，将企业的经营理念、文化特质、专业特点、规范等抽象语言转换为具体符号概念，以有形的方式展示出来，通过组织化、统一化、标准化、系统化的视觉方案，体现企业的经营理念和精神文化，以形成独特的企业形象。VI 是 CI 中最外在、最直观的部分，是传递企业整体信息的最佳手段。同时，又可艺术地提升企业形象，其内容包括企业命名、企业品牌、企业标志、企业象征图案、企业宣传标语、企业歌、专用字体、标准色、公务用品、传播媒介、交通工具、公共指示系统以及富有特色的景点、建筑等，其所形成的独特的视觉识别系统，有助于顾客在众多的企业中把目标企业分辨出来。

3)CI 的特点

现代企业的 CI 设计工程具有以下几个特点：

①系统性：一个完整的 CI 设计是由 MI，BI，VI 构成的一个系统，具有整体性、结构性、层次性、历史性。通过三个子系统的协调与统一，功能的彼此耦合，可从不同侧面准确地反映企业的文化、理念、组织、管理、人才、经营、专业、发展战略、社会责任等深层次的要素。因此，企业在设计 CI 时，必须要从 MI，BI，VI 整体导入。此外，CI 系统还表现为 CI 的设计是一个涉及美学、计算机科学、经济学、心理学、管理学、语言学、广告学等一系列学科的整体化设计工程，不是几个人，更不是几个负责人在一起合计合计就可以完成的。

②统一性：尽管 CI 有层次性，但在内容上各层次之间应具有广泛的统一性，具体表现为企业理念与视听传达的协调性. 企业的经营宗旨与其精神文化的和谐性，经营、生产水平、员工形象与企业整体形象的一致性。无论 CI 中的哪个部分或要素发生变化，都可用 CI 所开发的基本形象加以包装，从而较快地得到社会认同，不会因变化导致整体 CI 形象的调整。

③差异性：表现为不同企业的 CI 设计应有自己的特色，与其他企业相比应有较大的差异性。这种差异，既表现为内容上的差异性，也表现为形式上的特殊性，千篇一律的 CI 是不能唤起人们对这个企业的记忆和关注的。现代企业应是一个不断推陈出新的孵化器，CI 的差异性正是展示一个企业创新能力和创新精神最好的象征。同时，CI 的三个部分从内容和其侧重点上也存在着差异性。例如，不同的企业形象应体现出不同的历史、文化、艺术的特点与不同的专业特色和管理模式，通过这种差异性产生独具魅力的企业形象。

④操作性：CI 是实实在在可以具体操作，能付诸实施的战略与战术，而不是空洞、抽

象的哲理。这种操作性表现为三个方面：a. 具有一套渗透宣传企业经营理念的具体方法；b. 必须有一套可具体执行的行为规范；c. 要有一套能直观体现经营理念的视觉传达计划和方案。

⑤动态性：CI设计中各部分的内容随着时间的发展都会相应地滚动变化。CI设计的导入一般需要好几年的时间，在这期间，企业发展的内、外部环境都会发生一些变化，因此CI各部分的内容也要随着内、外环境的变化而不断调整。

4)CI的功能

①改善企业的“体质”。各企业处在全面变革的时代，企业必须全面反省和调整自己的经营思路、组织行为。CI通过周密、严谨、有序的系统工程，对企业各方面进行全面彻底的检讨，并根据发现的问题，设计出解决问题的程序、模式、标准及方向，以帮助企业转变机制，更新观念，规范行为，重塑形象，使企业具有自我适应、自我调整和自我更新的能力。充分挖掘企业内的各种经营资源，提高生产、销售、服务的水平和档次，从而推动企业的发展。

②统一和提升企业的形象。企业形象是一个包容面非常广泛的综合体，它既包括企业名称、企业徽标等有形要素，也包括信誉、经营思想、生产水平、创新精神、人才质量、行为规范等无形要素。CI通过对以经营理念为核心的所有形象要素进行整合，以形成一个统一、独特的企业形象。它或者以一个简单的视觉符号，或者以一句高度精炼的口号，使人一看到或听到它就能马上CI出各个企业，从而形成对“顾客”的“说服力”和“感染力”。

③凝聚功能。CI能起到增加内部凝聚力的作用，表现为两个方面：其一，通过对员工价值观和行为观的造就与规范，使人们超脱低层次的狭隘眼光，动员其为共同的企业发展理念、发展战略而主动调节个人与集体之间的关系，培养大家的归属意识、群体意识和参与意识，从整体上提升员工的创新精神；其二，标准化、规范化的视觉综合设计，可以达到为企业美容的目的。一句响亮的口号，能给人以耳目一新、朝气蓬勃的感觉，能激发员工的士气。

④产生良好的外部经营环境。一个企业良好的形象，犹如一个巨大的磁场，吸引着“顾客”，人才、资金、国内外生产经营合作的伙伴，保持企业持久、旺盛的创新活力和生命活力。卓越的CI能吸引人才不断加盟，拓展合作空间，为企业的发展创造良好的外部环境。

⑤推动企业的文化建设。现代企业的文化包括三方面内容：精神文化、制度文化和物质文化。现代企业的CI工程是其文化建设的重要内容。两者在内容上有着同质的吻合性：MI属于精神文化的范畴；BI属于制度文化的范畴；VI则紧密地与企业的物质文化层面相连。现代企业的文化建设着眼于人才培养素质的全面发展、内部管理的科学与规范、科学与技术的创新、社会责任感的建立与提高。而企业形象设计则着眼于企业形象的建树、传播与认同，促进企业的发展。因此，现代企业文化建设与形象设计相得益彰，企业要塑造良好形象，必须依靠企业文化建设的直接成果；而企业良好形象的树立又必然推动企业文化整体建设向新的、更高层次的发展。

(3)CI 设计的要求

1)群策群力。CI 设计需要诸如美学、艺术、营销、广告、计算机、组织、心理、经济、管理等方面人才的协作才可以实现,绝对不是凭感官意识就可以产生的。在 CI 设计过程中,切忌以感官意识来代替 CI 设计人员和其他专家的意见和创意,需要协调好企业决策人与 CI 主创者及专家、顾问集团之间的关系,以谋求共识。在此过程中,不同的参与者对 CI 的各组成部分内容可能存在着不同的看法,任何固执己见都可能破坏 CI 设计整体的和谐性。因此,在 CI 形成的过程中,只有经过上述人员之间各种意见的多次协调和反复修改、提炼,才能形成最能体现企业精神和形象的 CI 系统。

2)广泛调研。CI 在具体实施过程中,需要时间和经费的支持,其中包括企业、人才、市场的调查与分析,同行业与整个现代企业的调查与分析,国外现代企业状况的调查与分析,内部员工情况的调查与分析。闭门造车不可能产生卓越的 CI 工程,这些工作需要时间、经费和人员的支持。尽管 CI 设计人员的创意是重要的,但这些创意是否符合企业的实际,都需建立在上述调查与分析的基础之上。

3)专题化研究。在整体的 CI 设计中,需要研究的专题有:企业发展理念和发展战略的提炼,产业结构及经营结构的科学性探究,日常管理的规范性,机构设置运行机制的合理性,企业歌、企业标志、企业象征图案等的制作,经营手段、基础设施的建设,企业景点的协调性设计,以及在体现美的同时,如何进一步体现历史的厚度、文化的厚度和如何实现经营环境的文化艺术性等等。

(4)企业形象设计

1)汽车服务企业的理念(MI)设计

①理念(MI)设计原则

a. 实践性原则。企业最高目标、哲学、精神、道德、作风、宗旨等等不是从天上掉下来的,也不是企业领导者脑海中凭空臆造出来的,而是对企业长期经营发展过程中不断总结提炼并积极吸收外部先进因素的结果;同时,企业理念作为对企业过去丰富的实践活动的经验总结和理论概括,又必须用以指导今后的企业实践,并在实践中经受检验、得到发展。脱离企业实践的“企业理念”不是真正的企业理念,因此,实践性原则是 MI 策划的第一原则。来自实践,并不等于企业理念和实践活动处在一个水平上,而是要有所升华、有所超越,没有超越的理念是僵死的东西。

b. 差异性原则。企业形象战略历来强调独特鲜明的个性,既要不同于企业外的经营者,又要不同于行业内的竞争者。借助符号形象使自己远离竞争者,这是策划企业形象战略的重要特征。在企业整体形象设计中,无论是企业战略形象、文化形象、员工形象,还是行为形象、视觉形象、品牌形象、媒介形象,均强调自己的特色,忌讳雷同或相似,突出个性化,以便各种公众在琳琅满目的企业、商品中迅速识别出自己的企业及其商品,力求以个性赢得公众,赢得市场。这种谋求“人无我有,人有我新”,追求“独到、创新”效应的品质,就是现代企业形象战略的差异性特征。

为了突出差异性色彩,推行企业形象战略时可以从以下几个方面入手:一是开辟独特的事业领域。经营唯一化的商品与服务项目。二是抢先经营特色化的项目。如百货商店经营提供的业务大家都基本相似,但是某家百货公司持久地开设“残疾人日用商品专柜”,

这不仅可以强化公司的个性特色，而且能够有效地展示企业乐于服务、富有爱心的良好形象。三是推行风格化、一贯化的经营业务。如某服饰公司一年四季都开展“让利”营销，推行系列化的降价促销策略，这样，公司便以“让利”促销的特色经营方式赢得了公众的注意与信任。四是宣传企业个性化的经营理念与标语、口号，以独特的符号系统建立起企业的特色形象。值得注意的是，企业形象战略强调差异性，期盼与众不同，但并不是主张“稀奇”、“离谱”或背离常规、违背社会文化常识，它主张的是基于科学知识与文明规范的“差异性思维”。也就是说，企业形象战略的差异性、个性化，有其特殊的前提，即符合行业形象化和产品形象化，符合公众的常规心态，符合社会文化的要求。如果背离这些前提而盲目追求“新奇”，违反了社会的正态思维，那么公众是不可能接受或认同的，企业形象战略就不可能产生好的效果。

c. 一致性原则。企业形象战略相对于外部竞争者，强调显著化的差异性，而相对于企业内部系统，则运用标准化规划、设计模式，谋求一致性。企业形象战略要求企业整个系统(包括各个分支机构)的所有方面都采用同一主题的理念、同一模式的造型、同一基调的形象，塑造出强大的整体感、一体感效果，通过战略上、目标上、文化上、行为上、视觉上的有机整合和科研、生产、营销、服务、管理各个环节上一致化规定，强化企业的整体形象，并以此协调企业内部的部门关系、员工的人际关系以及企业与外部公众的关系。为了强化企业形象战略的一致性，企业常常在CI手册中以制度的形式规定了标准化的操作要求，不容许任何程度上的变动。

企业形象战略的一致性与企业机制的系统性、整体性特征，是企业发挥CI系统工程效应的保障，也是企业以强大的整体气势震撼公众的基础。企业形象战略的一致性，主要表现在视觉形象之中。为了强化企业形象战略的一致性特色，设计企业视觉形象时，可采取如下策略：一是标准化策略，即把企业形象战略的研究结论和设计作品，如标志、标准字、标准色等，制作出具体的指标或参数形式，以便在企业各个方面全面推广、应用，以量化的形式提高企业形象塑造工程的一致化程度；二是简化策略，即对企业各项工作中过于复杂的动作内容和视觉符号系统进行适度浓缩、提炼和概括，化繁为简，以便于塑造一致化的企业形象；三是统一化策略，即把企业内部各个子公司、各种产品的外观形态、名称、标志、色彩等统一起来，以统一的表现形式展现企业的一致性风格与特色；四是规范化策略，严格意义上的企业形象战略，无论是企业设计、市场战略、经营管理模式，还是企业名称、字体书写款式、字体布局、图案色彩、员工言行举止诸方面，都要严格按照CI手册的技术参数、标准和样本进行操作，按章办事，不容许随意篡改，从而提高企业形象的一致性；五是系列化策略，即根据企业形象战略的主题，在遵循统一理念、统一风格的前提下，设计出模式化、层次化的表现形式，进一步强化企业形象的统一性；六是通用化策略，即把设计出的企业形象运用于各种视觉媒介和场合中，以增强企业形象的视觉冲击感；七是组合化策略，即规定出企业标志、标准色、标准字的组合性情形，明确必须使用的组合方式和不可使用的组合样式，进一步强化企业礼仪形象的一致性。

除了上述原则，还有文化性原则、时机性原则等。

②汽车服务企业的理念设计内容

企业理念设计是企业文化战略整合的核心部分，主要用以确定企业的战略发展追求，以及为实现这一战略追求所规定的指导思想、精神规范、道德准则和价值取向。它由企业理念、企业经营哲学和企业精神三部分构成。

汽车服务企业理念设计首先要对汽车服务企业发展战略定位进行准确把握，进而提炼出能够推进这一战略实施的企业文化的核心，这是指导理念设计的原点和依据。它的设计理念是：揭示本质，抓住规律，产生效果。设计的原则是：适用即管用，有效即最佳，既要体现汽车服务企业发展的传统，又要体现现代企业的经营观念。设计的方法是：正确把脉，理性思考，双方结合，科学推断。

a. 企业理念。即企业的理想、哲学与信念，是一个战略发展的主导思想，是指导和影响企业战略追求的灵魂，是企业理念设计的核心，它对企业精神、经营哲学、企业道德的定位起着决定性的作用。任何一个组织都要求有一个统一的理念来协调组织的行动，否则就会变成一盘散沙。企业理念展示了企业的基本性格和经营宗旨，左右着企业员工的共同远景和行为规范，影响着企业的根本信念和发展航向。企业理念也包含企业的价值观，是企业和企业员工共同的价值取向，它主要解决企业与员工、员工与企业的价值趋同与价值追求问题。

成立于1997年的长春通立汽车服务有限责任公司是一家民营企业，它把“立业先立身，经营先做人”作为企业理念，以“诚忠勤精、励精图治”为企业精神，不断增强企业可持续发展的能力，短短几年来内抓管理，外拓市场，背靠一汽集团和一汽大众公司，公司由小变大，由弱变强，一举建成了目前一汽和一汽大众轿车国内最大的轿车经销商服务贸易企业，连续三年被评为吉林省“小巨人”企业，具有良好的企业信誉和企业形象。

企业理念的概括可以自下而上、自上而下、由内而外、由外而内地进行广泛征集，然后请专家进行诊断。如国内某知名汽车服务公司展开了一次企业理念的公开征集活动，通过这次征集活动，激励了员工投身企业文化建设的热情，保证了企业理念的群众性及可执行性，紧接着召开公司企业理念方案研讨会，邀请专家对公司企业理念方案进行咨询和论证，保证了企业理念的前瞻性、科学性。

b. 企业经营哲学。它是关于企业经营活动的思想、原则的概括，是对企业全部行为的根本指导。企业经营哲学就是要在人、文化和经济规律之间寻求和谐，致力于企业、社会、环境的协调发展。企业作为从事经营活动的社会单位，对内、对外、对社会、对国家都承担着责任和义务。因此，企业经营哲学必须能够显示企业的博大胸怀和远大志向。对内，它是引导和规范企业和企业员工的强大思想武器；对外，它是企业向社会发出的宣言和承诺，反映了企业存在的价值，是引导消费者和社会公众的一面鲜明的旗帜。企业的经营哲学是由一系列观点构成，现阶段根据汽车服务企业的现状，可以把客户观、诚信观、质量观作为企业的经营哲学。

客户观：不同于原来的服务观念，客户观是一种由注重企业内部资源转向注重外部资源的管理文化变革，要树立与客户建立一对一互动沟通的观念，把提升企业自我价值转为提升客户价值。

诚信观：真诚守信是立业之本，汽车服务企业容易产生短视行为，最后把企业带入死胡同。树立诚信形象观是沟通员工、赢得商誉的法宝。

质量观：由于许多汽车服务企业缺乏质量标准和现代质量意识，而汽车是一个质量优先的产品,因此,谁拥有现代质量观,谁就拥有市场,谁就能发展。

成立于1993年的大连环球汽车服务有限公司是一家集进口贸易、车辆汽车服务、配件销售于一体的综合性汽车服务企业。十年来一直奉行“最好的产品、最低的价格、最佳的服务”的经营哲学,获了长足的发展。它的这一经营哲学就具有较强的指导意义,代表了时代的强音。

c. 企业精神。是企业的最高思想境界,体现了企业的核心价值观念,它是现代意识与企业个性相结合的一种群体意识,它以简洁而富有哲理的语言形式加以表达,是企业文化的精髓。企业精神具有以下基本特征:首先,企业精神是企业现实状况和现有观念意识中积极因素的提炼;其次,企业精神是全体员工共同拥有的具有普遍掌握的理念;第三,企业精神反映了企业家的主导思想;第四,企业精神通常通过口号、短语、企业歌等明白地表达出来。

汽车服务企业在树立自己的企业精神时要使其朴实,易于理解,有鲜明的个性,深奥、抽象在这个行业是不可取的。创立于1997年的百援汽车连锁服务有限公司以“倡导有中国特色的车居文化”为企业经营理念,以“有所学、有所为、有所成”为企业精神,这一精神简洁易懂、具有可执行性,因而有较强的号召力。正是百援的这一精神,使它作为汽车市场的先驱者迅速发展成为行业中颇具实力和影响力的企业。

2)汽车服务企业的行为(BI)设计

企业理念要通过一定的形式加以体现,企业行为设计就是企业理念的外化和表现。如果说企业的理念是“想法”,那么企业的行为则是“做法”,它通过各种行为或活动将企业理念进行贯彻、执行、实施。

企业行为包括的范围很广,主要分企业内部行为和企业外部行为两个方面。企业各种行为只有在企业理念的指导下规范、统一,并加以特色化,才能被公众识别、认知和认可。

①对内部的行为设计:汽车服务企业的员工直接面对消费者和各种用户,并通过他们的实际工作传播企业的理念,创造汽车服务企业的形象和信誉,因此,员工的形象也是企业形象的重要因素之一。制定企业内部的行为设计,首先要建立一套组织机构和管理制度,然后使之贯穿到员工们的每项工作行为之中。

a. 管理规范。是体现在企业设置、人才管理、质量管理、技术管理、计划与财务管理、信息管理等方面的管理规范,它通过一系列全体员工必须遵守的规范和准则得以体现。企业规章制度包括生产技术规程,管理工作制度和责任制度等,大体上有以下几类:

基本制度:如企业领导制度、民主管理制度、民主监督制度、职工培训制度等。

工作制度:包括计划、生产、技术、劳动、物资、销售、人事、财务等方面的制度。

责任制度:它是依据企业的生产、劳动分工和协作的要求制订的,是规定每个员工在自己岗位上应承担的任务、责任和权力的制度。

b. 行为设计的培养。行为设计的培养需要有效的沟通和教育培训才能得以实现。

有效的沟通:一套科学的制度要由员工来遵守,如何使制度成为员工的行动,有效的沟通是至关重要的。定期召开员工大会宣讲,小型会议讨论,通过公告牌、员工手册宣传,举行展示活动、庆典活动、演出活动等都是贯彻企业理念、促进企业与员工之间沟通的有效形式。

教育培训：优秀的企业是培养人才的摇篮，企业通过培训，可以统一员工的思想，规范员工的行为，传达企业的精神，激发员工的工作热情。对于汽车服务企业，应重点培养员工的职业道德、工作作风、技术和管理水平、服务态度、应变技巧等方面，通过员工的规范行为表现出企业的经营理念。

②对外部的行为识别：企业对外部的行为识别，是指企业通过市场营销、公共关系活动、社会公益活动等，向消费大众、销售渠道、金融界、政府主管部门、社区公众等对象传播企业的经营理念、价值观念、经营方针、产品和服务信息、企业现状和发展规划，以求得到社会大众的认同，为企业的经营创造理想的外部环境。

a. 企业的市场营销活动。企业的市场营销是指企业按消费者的需要将其产品通过有力的销售渠道、有效的广告促销手段、合理的销售策略、完善的服务传递到广大消费者手中的整个活动过程。市场营销是一个战略计划体系，包括了从市场调查、产品开发计划到广告、促销、售后服务整个过程的活动。企业通过促销措施和销售服务，从各个不同传播角度传播企业的信息，在争取良好的市场销售成果的同时，建立良好的企业形象，有了良好的企业形象，通过多种大众传媒的广告宣传，传播和建立企业的市场形象。

b. 企业的公共关系活动。企业的外部公共关系活动主要是针对消费者、社区公众、政府和新闻媒介部门的，旨在通过全面、长期、一贯的信息传播活动，塑造良好的企业形象。

针对消费大众的信息传播活动：企业与消费者的良好关系是以满足消费者的需求、维护消费者的合法利益为基础的，以树立真正为消费者谋福利的思想为前提。良好的服务质量、公平的价格、可靠的信誉是企业与消费者关系的物质基础。汽车服务企业与消费者的沟通方式可分为直接沟通和间接沟通。

直接沟通指通过销售渠道、展览和展示与消费者直接接触和交流。企业要加强与代销商的联系，全心全意提供产品的资料，争取代销商的配合，向消费者介绍企业的商品。企业通过良好的售后服务，征询消费者的意见，认真处理消费者的投诉.来获得消费者的信任，提高信誉，加强与消费者的感情联系。

间接沟通指企业可以通过大众传媒发布新闻，刊登广告，提供专题片或专文介绍企业的产品和服务，或通过出版自己的消费者刊物，邮寄信函等方式与消费者取得联系，传播商品知识；也可以通过技术培训、产品试用、介绍示范、或通过新闻媒介来宣传商品信息；还可以通过出版商品说明书、小册子等，向消费者宣传。

针对社区公众的信息传播活动：企业的社区公众是指企业所在地的居民、社会组织与社会团体。良好的社区关系是企业生存和发展不可缺少的基本条件。社区公众是最靠近企业的公众，他们对企业的看法和意见具有广泛意义与代表性。

汽车服务企业针对社区公众的传播活动常采用的手段有：通过社区的报纸、杂志、广播、电视等大众传媒，及时把企业的信息传达给社区公众；邀请社区公众到企业参观，让社区公众了解企业，通过直观的感觉和印象，建立起相互信任的感情基础；举办各类展览和展示活动，向社区公众介绍企业的成果、业绩，加深社区大众对企业的了解，积极参与、协助和赞助社区的文化、体育、教育等公益事业，以扩大企业的影响；由企业有关领导与杜区公众的代表座谈，建立起相互沟通的桥梁；走访社区的机构，如学校、社团、文化、研究、福利、政府等，对这些团体公众示以关心和重视。

针对媒介公众的传播活动：良好的媒介关系是企业建立良好公众舆论关系的主要环节。媒介公众是指编辑、记者等工作人员。企业应与媒介建立起相互支持的关系，向媒介提供具有新闻价值的企业信息，借助媒介去营造气氛、扩大影响。

汽车服务企业针对媒介公众传播活动的常用手法有：访问新闻媒介，举行新闻发布会、记者招待会，邀请记者到企业参观、访问，与媒介联合举办各种具有社会影响的活动，加强与媒介的合作关系。

3)汽车服务企业的视觉识别(VI)设计

企业视觉识别系统由体现企业理念和业务性质、行为特点的各种视觉设计符号及其各种应用因素所构成，是企业理念系统和行为识别系统在视觉上的具体化、形象化。企业通过形象系统的视觉识别符号将企业经营信息传达给社会公众，从而树立良好的企业形象。

根据心理学理论，人们日常接受外界刺激所获得的信息量中，以视觉感官所占的比例最高，达到83%左右，而且视觉传播最为直观具体，感染力最强。对于汽车服务企业而言，它主要面对的是广大的消费者，采取某种一贯的、统一的视觉符号，并通过各种传播媒介加以推广，造成一种持久、深刻的视觉效果，使消费者能够一目了然地识别企业，从而对宣传企业的基本精神及独特性，树立企业的公众形象起到很好的效果。

企业视觉识别系统涉及的项目最多、层面最广、效果最直接，与社会公众的联系最为广泛、密切。归纳起来，可分为基本要素和应用要素两部分。

①视觉识别系统的基本要素

主要包括：企业名称、企业品牌标志、企业品牌标准字体、企业标准印刷字体、企业标准色、企业造型、象征图案、企业标志和企业标准字组合系统及其使用规范。这些内容归结起来为企业标志、企业标准字、企业标准色、辅助性视觉要素四个方面。

a. 企业标志。是企业形象视觉特征中应用最广泛、出现频率最高的，是统一所有视觉设计要素的核心，它在消费者的心目中集中体现了企业特征和品牌形象。

企业标志应具备的特点有：识别性、领导性、同一性、造型性、延展性、系统性、时代性。

企业标志设计的要求：构思深刻，构图简洁；形象生动，易于识别；新鲜别致，独具一格；符合美的效果，运用世界通用的形态语言。

企业标志的设计步骤：

第一步，明确设计目的，提出设计预案。

第二步，拟定设计要求，落实设计任务。

第三步，进行方案评价，确定中选标志。

第四步，企业标志定稿，进行辅助设计。

b. 企业标准字体。是将企业的规模、性质、经营理念、精神，通过文字的可读性、说明性等明确化特征，创造独特风格的字体，以达到企业识别的目的，并进而据此塑造企业形象，增进社会大众对企业的认知和美誉。标准字的设计是根据企业名称、品牌名称、活动主题、广告口号等精心设计创作的。

企业标准字应具备的特征：识别性、易读性、造型性、延展性、系统性。

企业标准字主要分为以下种类：(a)企业名称标准字体，它是企业统一设计的名称，是其他标准字的基础；(b)字体标志，是将企业或品牌名称设计成具有独特风格和完整意义的标志；(c)品牌名称标准字体，即将品牌的标准字与商标组成完整的信息单位，来强化企业的个性特点；(d)产品名称标准字体，是企业为推出新产品或系列化产品，为表现产品的个性化特征而取的产品名称；(e)活动标准字体，是企业为了举行某些大型活动，如庆典活动、纪念活动等而设计的标准字；(f)标题标准字体，主要用于广告文案、专栏报道、连载小说等的开头。

标准字体设计步骤：

第一步，调查研究。目的是避免与其他企业的标准字雷同，以确定本企业标准字的一些基本特色。

第二步，提出或征集不同的设计方案。

第三步，评估方案。

c. 企业标准色。是指企业制定某一特定色彩或一组色彩系统，统一运用在所有视觉传达设计的媒体上，通过色彩的知觉传达刺激与心理反应，以表现企业的经营理念或品牌的内容特质。标准色即所谓的“公司色”，象征着独特的企业形象，具有强烈的识别效应。

企业标准色的特征：

科学化：即色彩要符合企业特点和市场需求，符合消费者偏好；

差别化：即色彩要表达企业的理念特点和经营特色，与竞争对手的色彩有明显差异；

系统化：即要将抽象的语言形象与色彩形象统一起来，具有较强的逻辑关系和实用性。

标准色设计的主要原则：

充分反映企业理念。

具有显著的个性特色。既要考虑企业个性特点，又要避免与同行业雷同。

符合社会公众心理。首先避免禁忌色，其次尽量采用公众的喜色。特别是汽车服务业，因为经营的产品许多具有国际性，更应该注意色彩的使用。

d. 辅助性视觉要素

企业的象征物：是企业为了强化企业的个性，诉求产品特征而设计的漫画式的人物、动物、植物、非生命物及风景等。其亲切、可爱、生动的形象，通过反复在各种媒体上使用，会产生强烈的印象，是塑造企业形象的造型符号。

企业的象征物的特点：说明性、亲切感、统一性、传达中的灵活性。

企业的象征物主要应用在两个方面：印刷媒介，包括报纸、刊物、书籍、宣传招贴、说明书、产品目录、宣传品、商业往来信函等；影视媒介，可以在企业象征物的基础上加以发挥，利用动画的形式、时间维度的变化编成故事，并辅以背景语言、音乐等，使之更加生动形象。

企业的专用图案：亦称“装饰图案”，作为平面设计要素，具有附属要素的功能和作用，与其他基本要素形成主辅关系，可以增强平面设计应用的统一化和多样性。

企业专用图案的特点：其一，强化了企业视觉识别系统的诉求力；其二，增强了设计要素的适应性；其三，增强了视觉上的美感。

②视觉识别系统的应用要素

企业在确立了理念和形象要素后，就必须考虑如何将信息传达出去。企业在传播各种信息项目上，要坚持标准化、统一化、实用性、程序化的原则，并通过各种形式和渠道来准确地传达企业的信息。主要体现在以下几个方面：

a. 产品设计：包括产品的概念、原理、外观、附属品设计等。

b. 包装设计：包括封套、包装盒、包装箱、胶带、包装纸、手提袋等。

c. 员工制服设计：包括各种岗位人员的制服。

d. 交通工具应用设计：主要指乘用车、载货车的车身外观设计。

e. 办公事务用品：包括名片、各种文具用品、信封、信纸、请柬、贺卡、明信片、证书、奖牌、赠品等等。

f. 业务用品：包括各种表格、发票、单据等。

g. 室内环境与设备：包括室内造型设计、办公室布置、橱窗布置、标示牌、部门牌、公告栏等。

h. 招牌、旗帜、标志牌设计。

i. 陈列展示：包括展会、展板设计等。

j. 建筑外观：包括建筑物外装修、装饰、环境设计等。

【案例】

在中国汽车产业界，有这样一个企业，它成立短短八年，就在全国8个省市地区共重组兼并了14个多种所有制企业，员工人数由原来2400人激增至2万～5万人。8年时间，该企业产销汽车100万辆，创造了中国汽车史上的速度之最。这个企业就是北汽福田汽车股份有限公司。

福田汽车高速扩张的企业格局在为企业提供快速发展的资源支撑同时，也为企业的文化整合带来了巨大的挑战。2004年开始，福田汽车高层开始关注到一些内部现象：企业总部信息纵向传播不到底，管理效能相应下降；横向信息传递渠道严重不足，部门壁垒开始出现，管理协调成本升高。同时，一些重组事业部出现亚文化变异，部分员工工作积极性降低，出勤率下降，流动率增加，甚至波及高层。福田汽车决策层认为这些“企业病”的端倪初现，也是导致2004年上半年福田汽车增速放缓的内因之一。

福田汽车因时应变，提出要变“外延式扩张”为“内涵式增长”的经营思想，推动以“文化变革、经营方式变革、技术变革、生产方式变革、管理变革”为核心的“五项变革”，从而消除管理瓶颈。作为企业文化变革的首要任务，福田汽车公关传播部在企业决策层的直接支持下，在全公司各事业部和职能部门的积极配合下，策划并执行了福田汽车文化整合内部公关活动。

福田汽车文化整合内部公关活动分为两大部分：一是有效地建立起了企业内部完整高效的信息系统，并成功实现双向互动，使企业内部上情下达和下情上达都有了顺畅的渠道；部门壁垒也基本消除，企业团队作战能力明显增强，协调成本大大降低；二是通过一系列公关活动，尤其是围绕8月28日福田汽车成立8周年开展的旨在促进文化融合的各种活动，营造出的情境极大地影响了员工，使他们增强了集体荣誉感和企业归属感。企业取得的成就引起了全国媒体的关注，而媒体对福田汽车的报道又反过来增强了员工对企业发展的信心，促进员工士气高涨。

由于前期准备工作充分，调研科学，方案合理，执行中采用多种手段调动了广大员工的积极性，加上媒体的推波助澜，福田汽车的文化整合取得了成功。具体表现为：

(1)搭建起了完整高效的内部信息传播体系，实现了信息双向沟通互动。

(2)多渠道的内部信息横向交流，使得“部门墙”逐渐瓦解，部门间支持与配合的意识增强，协调成本降低，企业整体管理效率显著提高。

(3)员工对企业核心文化认同度大幅提高，员工对企业理念和价值观的认同度上升到85%以上，并导致了行为的显著改善。

(4)文化整合成功给福田汽车再次注入了快速发展的动力，企业业绩增长显著，稳居“中国商用车第一品牌”宝座，并获得“2005CCTV 我最喜爱的中国品牌”等多项殊荣。

拓展阅读

★卢燕、阎岩：《汽车维修企业管理》，机械工业出版社 2005 年版。

★胡寒玲：《汽车服务企业管理》，化学工业出版社 2010 年版。

★朱刚、王海林：《汽车服务企业管理》，北京理工大学出版社 2008 年版。

复习思考

1. 企业文化分为哪三个层次？
2. 企业文化的功能有哪些？
3. 企业文化建设的基本原则是什么？
4. 简述汽车服务企业的理念设计内容。
5. 试结合某一企业的综合情况，设计其企业文化和企业形象。

主要参考文献

1. 胡寒玲:《汽车服务企业管理》，化学工业出版社 2010 年版。

2. 朱刚、王海林主编:《汽车服务企业管理》,北京理工大学出版社 2008 年版。

3. 刘同福:《汽车维修企业 8 项管理》,机械工业出版社 2008 年版。

4. 北京市运输管理局编写:《汽车维修企业管理制度编写指南》,北京理工大学出版社 2005 年版。

5. 吴敬静编著:《如何做好汽车售后服务》,机械工业出版社 2009 年版。

6. 赵晓宛、马骊歌、夏英慧主编:《汽车售后服务管理》,北京理工大学出版社 2010 年版。